O que Einstein disse a seu cozinheiro - 2

ROBERT L. WOLKE

O que Einstein disse a seu cozinheiro – 2

MAIS CIÊNCIA NA COZINHA

INCLUI RECEITAS

Tradução:
Maria Inês Duque Estrada

ZAHAR

Dedico este livro – assim como minha vida – a minha mulher, Marlene Parrish, companheira, motivadora e a mais adorável das críticas, que caracteriza a si mesma como a cozinheira de Einstein.

Título original:
What Einstein Told His Cook 2
(Further Adventures in Kitchen Science)

Tradução autorizada da primeira edição norte-americana
publicada em 2005 por W.W. Norton,
de Nova York, Estados Unidos

Jorge Zahar Editor Ltda.
rua Marquês de S. Vicente 99 – 1º | 22451-041 Rio de Janeiro, RJ
tel (21) 2529-4750 | fax (21) 2529-4787
editora@zahar.com.br | www.zahar.com.br

Grafia atualizada respeitando o novo Acordo Ortográfico da Língua Portuguesa

Projeto gráfico e diagramação: Mari Taboada
Capa: Sérgio Campante

CIP-Brasil. Catalogação na fonte
Sindicato Nacional dos Editores de Livros, RJ

W843o Wolke, Robert L.
v.2. O que Einstein disse a seu cozinheiro, 2: mais ciência na cozinha/Robert L. Wolke; tradução, Maria Inês Duque Estrada. — Rio de Janeiro: Zahar, 2005.
il.

Tradução de: The what Einstein told his cook 2: Further adventures in kitchen science
Inclui receitas
ISBN 978-85-7110-892-9

1. Culinária. 2. Ciência – Miscelânea. I. Título.

05-3235 CDD: 641.5
CDU: 641.5

SUMÁRIO

6. Nas ondas verdes do mar ▸ 182

7. Um carnaval para os carnívoros ▸ 205

8. O tempero é diversidade ▸ 243

INTRODUÇÃO

Este é meu segundo livro dedicado à comida e o quarto no total do que acabou por ser minha "série Einstein", conjunto que não previ ao escrever o primeiro volume. Mas também nunca planejei o curso de minha carreira. Simplesmente segui o conselho de Yogi Berra e, sempre que chegava a uma bifurcação na estrada, tomava os dois caminhos. Uma sucessão de bifurcações me levou do ensino e da pesquisa em química nuclear à autoria de livros didáticos, à administração universitária, ao jornalismo e aos livros de divulgação, território onde você me encontra agora. Faz alguns anos, deixei para trás minha carreira acadêmica para dedicar-me em tempo integral a seguir um amor, igual a meu amor pela ciência e pelo magistério: escrever. Os livros da "série Einstein" são o resultado disso.

Mas por que um professor de química escreveria um livro sobre comida? A boa comida sempre me intrigou desde que a encontrei pela primeira vez – não nos joelhos da minha mãe, mas uns 20 anos depois, no curso de graduação. Na Faculdade de Economia Doméstica (hoje Divisão de Ciências Nutricionais) da Universidade de Cornell funcionava uma lanchonete na qual aquilo que era produzido pelos alunos nas aulas de culinária era vendido a preços que um assistente de graduação podia pagar. Os menus incluíam comidas que eu nunca tinha visto antes, preparadas com o cuidado e a dedicação que só a perspectiva de uma nota A podia inspirar. Era talvez previsível que um dia eu combinasse meus amores por ensino, escrever, ciência e comer – e os reunisse entre as capas de um livro. O golpe de sorte que coroou tudo isso foi meu casamento com um quinto amor (em ordem de cronologia, não de prioridade): Marlene Parrish, comentarista de restaurantes e culinária, jornalista cheia de paixão por... bem, por tudo que também me apaixona.

Em 1935, quando Albert Einstein entrou pela primeira vez em sua cozinha, no número 112 da Mercer Street, em Princeton, Nova Jersey, ele viu, é claro, um fogão. Mas em sua mente viu também um equipamento para transformar a energia química do carvão e do gás em energia térmica e para transportar essa energia térmica para uma galinha. Isso acrescentou um tempero extra a seu jantar, um tempero não detectado por intelectos menos concentrados cientificamente.

A ciência, portanto, é uma espécie de tempero intelectual que adiciona profundidade e encanto às coisas rotineiras, e entre elas está uma das não menos importantes: a comida. Comer nos dá prazer e alimenta. Mas *compreender* a nossa comida – de onde ela vem, de que é feita, o que acontece quando a cozinhamos, tudo isso no contexto das muitas experiências e circunstâncias que criaram o mundo da gastronomia – alimenta nosso intelecto e pode contribuir bastante para a nossa satisfação, tanto em cozinhar quanto em comer.

É quase um clichê dizer que cozinha é química. Isso é verdade, mas outras ciências têm igual relevância para o que acontece em nossas cozinhas. Encontramos ali a física da transmissão de calor, a mecânica da emulsificação, a microbiologia da fermentação, a fisiologia das carnes, a engenharia dos utensílios e equipamentos, e a tecnologia da produção e do acondicionamento de comidas pré-preparadas –, tudo isso precedido pela agronomia e pelo manejo animal que tem lugar nas nossas fazendas. A ciência da cozinha não é simplesmente a química do cozinhar. Ela requer muito daquilo que chamo de "pensar o lado de fora da panela".

Este livro, assim, é uma viagem exploratória pelos meandros da fazenda, do mercado e da cozinha feita por um cientista – não um Einstein, certamente, mas um cientista com uma curiosidade congênita por tudo o que vê e uma necessidade de compartilhar a alegria do conhecimento com outras pessoas.

****

A entusiástica acolhida ao primeiro volume de *O que Einstein disse a seu cozinheiro*, juntamente com o número ilimitado de oportunidades para o escrutínio científico do mundo da comida, inspirou a presente "continuação". Ao contrário de seu predecessor, que se centrava sobretudo em alimentos específicos, como açúcar, sal e gorduras, este volume está organizado em oito grandes categorias: bebidas, laticínios e ovos, legumes, frutas, cereais e carboidratos, frutos do mar, carnes, ervas e temperos. Há também um capítulo sobre utensílios e equipamentos de cozinha, e um punhado de "cortesias" para agradar não apenas ao paladar de quem come, mas também à mente inquiridora do leitor.

Como no livro anterior, minha esposa, Marlene, elaborou e testou (em mim) uma série de receitas tentadoras e acessíveis que põem os princípios científicos para funcionar no "laboratório" doméstico.

Também como no livro anterior, as perguntas partem principalmente de leitores da minha coluna no *Washington Post*, "Food 101", e representam, portanto, as reais preocupações de cozinheiros e consumidores reais, frequentemente confusos com produtos e rótulos que disputam sua atenção nos mercados bem abastecidos como os de hoje. É um raro privilégio para um autor estar em correspondência direta com uma amostragem de seus leitores, de uma maneira que lhe permite adaptar o que escreve a necessidades e preocupações reais.

Uma das mais difíceis decisões que se enfrenta ao escrever um livro de divulgação científica popular está em que nível calibrar as explicações científicas. Um nível alto demais, naturalmente, afastaria os leitores menos sofisticados em matéria de ciência. Mas não vejo risco semelhante em escrever para aqueles que não estudaram ciência além do mínimo requerido pela maioria dos currículos do ensino médio, e que admitem prontamente que nem aquilo "serviu para nada". Escrevo, por conseguinte, para este último tipo de leitor, sem pedir desculpas, depois de ouvir de cientistas, engenheiros e *chefs* que até eles aprenderam com meus livros anteriores. Para esse segmento do meu público, procuro empregar novas abordagens explanatórias que possam produzir ideias novas.

Expliquei todos os conceitos em linguagem não técnica, usando analogias e metáforas relacionadas à vida cotidiana sempre que possível. Entretanto, decidi apresentar a terminologia científica pertinente, de modo que o leitor possa relacioná-la a outras leituras e, se desejar, aprofundar-se, além de procurar referências técnicas.

Acredito que as palavras – na verdade apenas símbolos para conceitos – costumam ser entendidas mais facilmente se conhecemos suas origens. Por essa razão, incluí as etimologias de alguns termos científicos que, sem isso, poderiam intimidar os não iniciados.

O atual volume é um pouco mais profundo e rico em ciência que o anterior, em reconhecimento ao apetite crescente por esse tema entre os amantes da comida, tanto os diletantes quanto os profissionais. Entretanto, separei os detalhes mais técnicos nos boxes que chamo de "Ciência paralela", que cada leitor pode escolher se lê ou pula, dependendo da profundidade de seu interesse científico. Pular esses segmentos não quebrará a sequência do texto, em especial porque as unidades pergunta/resposta foram planejadas para serem lidas de modo independente, não importando em que página se abra o livro.

Se, como Miguel de Cervantes escreveu em *Dom Quixote*, "a fome é o melhor tempero do mundo", então o humor é o melhor *digestif*. Na minha opinião, existem poucos (se houver algum) assuntos e circunstâncias que não possam se tornar mais palatáveis e digeríveis quando temperados com humor. Do mesmo modo como a comida e a cozinha podem ser divertidas, assim também pode e deve ser a ciência da comida. Nesse sentido, de vez em quando injetei uma observação irônica sempre que julguei apropriado.

Afinal, não se pode apreciar a comida sem às vezes ter uma certa malícia.

1

O que deseja beber?

Quais são as duas primeiras coisas que um garçom fala quando você se senta à mesa num restaurante? (1) "Meu nome é Bruno (ou Alice), e estou aqui para servi-lo." (2) "O que deseja beber?"

Até hoje consegui refrear as respostas: (1) "Muito prazer. Meu nome é Bob e sou seu cliente." E (2) "Obrigado, mas estou aqui em primeiro lugar para comer."

Concordo que seria útil saber o nome do garçom, se fosse admissível gritar o nome dele ou dela para o outro lado do salão: "Oi! Bruno/Alice, venha cá!" Mas isso seria uma falta de educação.

Desconfio que muitas pessoas respondem à pergunta "Deseja beber alguma coisa" indicando o primeiro líquido que lhes vem à cabeça, desde um aperitivo ou um coquetel até um chá gelado, ou o onipresente refrigerante *diet*, apenas porque pressentem o que se espera delas. Ou talvez tenham medo de responder "Só água, por favor", porque receiam que em seguida venha a próxima pergunta, "Garrafa ou copo?", cuja resposta exige uma atitude que afaste a pecha de pão-duro.

Ao pensar em algo para beber, precisamos evitar o significado corriqueiro de "uma bebida" em nossa sociedade. "Vamos beber alguma coisa" raramente é um convite para dividir um suco de cenoura. A frase está fortemente associada ao consumo de bebidas alcoólicas. E quando se diz que uma pessoa "bebe demais" certamente não se faz referência a sucos de frutas.

Claro que você não precisa que eu explique a diferença entre comer e beber, entre alimentos sólidos e bebidas líquidas. Mas vamos colocar tudo em pratos limpos para fazer um escrutínio objetivo e imparcial, como se fôssemos extraterrestres desembarcando de um disco voador de um planeta onde a comida é gasosa e consumida por inalação.

Beber é o processo pelo qual "comemos" líquidos, e não sólidos ou semissólidos. Levamos alimentos sólidos à boca mordendo-os ou empurrando-os para dentro. Levamos líquidos à boca sugando-os – mesmo de um copo. Antes que um alimento sólido possa ser engolido, ele deve ser mastigado e misturado com saliva para se tornar macio o suficiente e escorregar goela abaixo. Os líquidos, contudo, podem ir garganta abaixo sem qualquer tratamento prévio.

Quando falamos de líquidos, estamos nos referindo basicamente à água. Todas as bebidas que consumimos são cerca de 90% água, o líquido universal sobre a Terra, sem o qual não podemos viver.

Coca-Cola e Pepsi têm 89% de água; leite e suco de laranja, 88% de água; café e chá, mais de 99%. A média nos vinhos é de cerca de 87%, enquanto o uísque, por ter um conteúdo significativo de outro líquido, o álcool etílico, tem apenas 67% de água.

Como a nossa fisiologia elabora a digestão de todos esses líquidos?

Logo atrás da boca, numa região chamada faringe, ficam as aberturas de dois tubos, a traqueia – para a respiração – e o esôfago – para comida e bebida. Assim, engolir, tanto líquidos como semissólidos, pode se tornar um risco, no caso de os alimentos descerem pelo "tubo errado" e obstruírem nosso abastecimento de ar. Mas a natureza nos proporcionou uma série complexa de reflexos musculares e válvulas que se abrem e fecham para impelir a comida e a bebida pelo esôfago até o estômago, tornando difícil que ela desça pela traqueia ou que suba para as cavidades nasais (exceto quando as crianças dão gargalhadas enquanto bebem leite).

Depois de me deter sobre o óbvio, em benefício de algum visitante extraterrestre, tratemos de compartilhar nosso repasto literário com uma variedade de "coisas para beber".

GELO BONITO

Alguém na minha casa (desconfio que sei quem foi) colocou uma garrafa de plástico de Coca-Cola cheia pela metade no congelador. Quando descobri isso, uns dois dias depois, fiquei espantado ao ver que havia se formado uma camada de cristais semelhante a uma renda de gelo puro e branco sobre um fundo escuro não congelado. Por que a Coca-Cola congelada não ficou marrom, da mesma cor que o líquido original?

Vamos acompanhar o destino da Coca-Cola desde o momento em que aquele espertinho a colocou no congelador, provavelmente com a intenção equivocada de mantê-la gostosa e efervescente até o próximo ataque de sede.

Todos os líquidos se transformam em sólidos – isto é, eles se congelam – quando sua temperatura baixa a um determinado ponto. A água pura se congela a 0°, mas seu refrigerante não é água pura. Longe disso. Ele contém condimentos, ácido fosfórico, colorantes e adoçantes – açúcar, xarope de milho ou adoçantes artificiais.

Mesmo assim, a grande maioria das moléculas contidas na garrafa é a boa e velha H_2O. E quando esfriam o suficiente para congelar, elas se unem numa rede rígida – um arranjo geométrico regular e tridimensional de moléculas de H_2O que chamamos de gelo. As moléculas no gelo de fato se fixam de modo tão rígido em seus lugares que é difícil separá-las umas das outras. Por isso o gelo é (surpresa!) um material muito mais duro que a água em estado líquido.

Entretanto, com todas essas moléculas não H_2O aglomerando-se no mesmo lugar, as moléculas de água têm mais dificuldade em se encontrar umas com as outras para se unir e formar cristais de gelo. Assim, o refrigerante tinha que esfriar mais que a temperatura de 0° normal para conseguir congelar.

Mas ele acabou congelando. As moléculas de água finalmente estacionaram confortavelmente em seus lugares. Ao fazer isso, elas conseguiram empurrar para o lado todas aquelas moléculas intrusas e formaram um gelo relativamente puro, que é o gelo branco que você viu. Todas as "moléculas marrons" foram deixadas para trás.

Pela mesma razão as massas de gelo do Ártico são formadas por gelo relativamente livre de sal, embora tenham se congelado a partir da água salgada do mar.

CHÁ NEBULOSO

Quando acabo de fazer chá, ele fica com uma bela coloração transparente. Mas, depois de gelado, em geral adquire um aspecto nublado. Por que isso acontece, e como posso impedir que aconteça?

As folhas de chá contêm tanino, uma combinação de várias substâncias químicas que dão à bebida muito do seu sabor e textura, especialmente aquele efeito adstringente característico na boca. Elas se dissolvem na água para formar uma solução transparente, desde que a água não seja fria demais ou ligeiramente alcalina.* Sua nebulosidade ocorre quando uma parte dos taninos do chá quente cai fora da solução (precipita-se) como pequenas partículas sólidas quando o chá é esfriado. Do mesmo modo, a nebulosidade pode se formar também quando os taninos reagem com a cafeína contida no chá.

Os taninos também estão presentes, em alguma medida, na maioria dos vegetais, mas são particularmente abundantes em galhas de carvalho, madeiras, cascas e raízes de certas árvores e nas cascas das nozes.

Todos os taninos são solúveis em água, mas a quantidade que pode ser dissolvida numa determinada quantidade de água (sua *solubilidade*) depende da temperatura da água e de sua acidez ou alcalinidade. Quando se usa água quente para fazer um chá forte (primeiro passo para fazer chá gelado), ela extrai a maior parte do tanino contido nas folhas. Depois, quando a solução é esfriada com cubos de gelo, todos esses taninos não podem mais se manter dissolvidos, e então se precipitam como partículas finas e sólidas em suspensão, que dão ao chá essa aparência nublada.

Os taninos se dissolvem melhor em soluções acidíferas, por isso, quando um ácido, como suco de limão, é incorporado ao chá, as partículas sólidas de tanino se dissolverão, e a nebulosidade desaparecerá.

Também quando o chá é fervido inicialmente com água dura – ou seja, água contendo cálcio dissolvido ou sais de magnésio –, esses minerais podem reagir com os taninos para formar um complexo de substâncias relativamente insolúveis e da mesma forma causar nebulosidade, sobretudo quando o chá em seguida é esfriado.

Se a água que você usa é pesada, experimente adicionar um pouco de suco de limão para clarear as nuvens. Ou prepare seu chá com água destilada. Ou mude para um outro tipo de chá, porque alguns deles são mais ricos em taninos e, assim, mais propícios a ficarem enevoados que outros. Ou mude para café, no qual nunca terá problema de nuvens.

* Em química, chama-se base o oposto de um ácido. Ácidos e bases neutralizam-se mutuamente. Mas como base é uma palavra com muitos significados não técnicos, uso as palavras álcali e alcalino neste livro, em lugar de base ou básico. Falando de maneira estrita, contudo, a palavra álcali deve ser reservada para as bases muito fortes de hidróxido de sódio (lixívia) e hidróxido de potássio.

CURTINDO UM BRONZEADO!

As palavras *tanino* e *ácido tânico* são usadas com frequência como sinônimos, mas nunca pelos químicos e outros caras cheios de frescuras. *Ácido tânico* é um componente químico específico de alto peso molecular, a penta-m-digaloil-glucose, também conhecida como ácido galotânico, cuja fórmula é $C_{76}H_{52}O_{46}$. Por sua vez, a palavra *tanino* se refere a toda uma classe de substâncias químicas complexas encontradas em plantas e que incluem o ácido tânico. Elas são chamadas genericamente de *taninos*, não por alguma similaridade química especial (embora sejam, em sua maioria, conhecidas como polifenóis), mas porque vêm sendo usadas desde os tempos pré-históricos para curtir* peles de animais, convertendo-as em couro, com a finalidade de aumentar sua durabilidade e torná-las mais resistentes ao calor, à água, bactérias e fungos.

Os polifenóis de tanino transformam as peles dos animais em couro ao reagir com as proteínas delas para formar substâncias insolúveis com propriedades adesivas que colam as fibras das proteínas bem apertadas. Desta forma, apertada e seca, a pele fica muito mais forte e mais durável que ao natural.

Curtir a sua própria pele – ganhar um bronzeado – é algo completamente diferente. Mergulhar seu corpo numa solução forte de chá ou em extrato de galhas de carvalho fervidas não é recomendável. Mas a exposição ao sol induz a pele humana a produzir um pigmento escuro, a melanina. As soluções chamadas autobronzeadoras contêm em geral diidroxiacetona, ou DHA, uma substância química incolor que reage com os aminoácidos nas células mais exteriores da epiderme (o *stratum corneum*) provocando uma variedade de misteriosas reações que produzem manchas escuras na pele.

* Em inglês, *tan*. (N.T.)

Meu *chai*

Chai é como o chá é chamado em muitas partes da Ásia, de onde a planta se origina. O uso do chá difundiu-se na Ásia por terra e finalmente conquistou a Europa (sobretudo a Inglaterra) por mar.

Quando os navios da Companhia das Índias Orientais levaram o chá da China para a Europa no século XVII, os holandeses mudaram a palavra chinesa *t'e* para *tee*. Os ingleses, então, mudaram a ortografia para *tea*. Na Ásia, onde o chá era transportado por longas estradas, algumas regiões ao longo do caminho chamavam-no de *cha* ou *chai*.

Uma versão indiana do *chai* é doce e leitosa, e tornou-se cada vez mais popular no mundo inteiro.

- 2 xícaras de água
- 2 colheres de chá (ou 2 saquinhos) de chá-preto
- 1 pequeno bastão de canela, mais ou menos de 5cm de comprimento
- 1 vagem de cardamomo levemente esmagada
- 1 cravo-da-índia pequeno inteiro
- 1 fatia de gengibre fresco, do tamanho de uma moeda, sem casca
- 2 xícaras de leite de vaca, de soja, ou de arroz
- mel a gosto

1. Ponha todos os ingredientes, exceto o mel, numa panela e leve-os lentamente à fervura. Mexa a mistura por cerca de três minutos, ou até chegar à concentração desejada e os condimentos exalarem seus aromas.

2. Despeje nas xícaras coando e acrescente mel para adoçar. O *chai* é melhor quando fica bem forte e bem doce. Algumas pessoas gostam de acrescentar o leite depois que o chá foi coado e adoçado.

- Rende 4 xícaras

É MELHOR SER VERDE

Fala-se muito a respeito do chá-verde hoje. Mas, afinal de contas, todo chá não é verde? Existem outras plantas de chá com folhas de outra cor, ou elas são colhidas depois que perderam a cor verde? Comprei um pouco de chá-verde outro dia, e ele me parece bem preto, não tem nada de verde.

Alguns tipos de chá provêm da mesma e única planta, *Camellia sinensis*, e suas folhas certamente têm o verde da clorofila quando vivas. Mas, de acordo com o modo como as folhas são processadas, há três tipos de chá: verde, consumido principalmente no leste da Ásia; preto, favorito dos britânicos e outros povos ocidentais; e *oolong* ("dragão preto" em chinês), cujo sabor fica entre o do verde e o do preto.

Além disso, há um número surpreendente de nomes para dezenas de tipos de chá, de acordo com seus lugares de origem, tamanho das folhas ou sabores incorporados a ele, como jasmim, bergamota e flores de laranjeira.

Em todos esses casos, as folhas primeiro são colhidas, secadas e desidratadas, em geral com ar quente ou no modo mais tradicional, pela exposição ao sol. Depois disso, o chá-verde, o chá-preto e o chá *oolong* seguem caminhos diferentes.

As folhas destinadas a serem vendidas como chá-verde são desidratadas com vapor ou torradas em panelas de ferro para desativar enzimas das células da planta (veja "O que é uma enzima?", p.21) e prevenir a chamada fermentação a que são submetidos os chás pretos e *oolong*. As folhas para o chá-verde são secadas (desidratadas) até que sua umidade fique em torno de 3%, e depois são esmagadas ou pulverizadas.

No caso dos chás pretos e *oolong*, as folhas murchas são enroladas numa máquina que as torce e depois abre suas células, expondo simultaneamente seu interior ao oxigênio e liberando uma enzima que oxida os taninos ou polifenóis nas folhas. Entre os produtos das reações de oxidação incluem-se compostos de cor laranja e bronze chamados flavina e rubigina, que dão ao chá sabor e colorido forte, respectivamente.

Esse processo de oxidação é chamado quase universalmente, mas de modo equivocado, de fermentação, pois nada tem a ver com fermentos e bactérias. Trata-se de um processo puramente químico, e não biológico. A diferença entre o chá-preto e o *oolong* está no tempo de oxidação, que é de algumas horas, para o preto, e de um pouco menos para o *oolong*. O tempo e a temperatura devem ser controlados rigorosamente para a produção de um chá de boa qualidade.

A oxidação é interrompida, pela desativação da enzima que a propicia, com ar quente, do mesmo modo que na produção de chá-verde.

As propriedades do sabor final dependem não só de como as folhas foram processadas, mas de como e onde as plantas crescem, do clima local, da estação durante a qual as folhas são colhidas e da posição das folhas na planta.

Aliás, se você pretendia que eu expusesse os louvados benefícios para a saúde decorrentes do consumo de chá-verde, lastimo desapontá-la. Tudo o que sei é o que li, e o que li parece encorajador, mas o júri ainda não chegou a um veredicto unânime. Possivelmente, qualquer benefício para a saúde deve-se ao fato de que seus polifenóis não se oxidaram, e os polifenóis são antioxidantes: eles devoram os radicais livres, causadores de envelhecimento e doença, presentes no organismo.

Eu bebo chá-verde todo dia de manhã, em lugar do café.

ALIMENTO TORNASSOL

Por que meu chá fica com uma cor mais clara quando acrescento limão? E, também, por que minha avó colocava uma pitada de fermento no seu chá, e ele ficava escuro como conhaque? O que é que ela sabia que eu não sei?

Você tem certeza de que não era mesmo conhaque? Talvez a vovó estivesse disfarçando com uma xícara de chá... Mas, tudo bem, vou acreditar nela. Eis o que se passa com as duas xícaras de chá.

Você já ouviu alguém falar sobre o "teste de tornassol"? Pois bem, o tornassol (matéria azul extraída de várias espécies de liquens) é uma tinta obtida de liquens; ele é cor-de-rosa num ambiente ácido e azul num ambiente alcalino.

O tornassol é o que os químicos chamam de *indicador de ácidos e bases*. Alguns dos taninos no chá também são corantes indicadores de ácidos e bases: têm uma cor num ambiente ácido e outra num ambiente alcalino. Seu suco de limão, ácido, faz alguns dos taninos do chá ficarem amarelos, e o fermento alcalino da vovó o tornava marrom avermelhado.

Outro exemplo de indicador de ácidos e bases é o pigmento do repolho roxo, que pertence à classe dos colorantes químicos alimentícios chamados de antocianinas. As antocianinas são responsáveis pelas cores de muitas flores e frutos, inclusive maçãs, ameixas e uvas.

A cor da principal antocianina do repolho muda de acordo com a acidez ou a alcalinidade do que está em volta. Vai do vermelho, em ambiente fortemente ácido, até roxo, num ambiente neutro (nem ácido nem alcalino), e vai do azul ao amarelo esverdeado em ambientes de alcalinidade crescente. O repolho parece mais apetitoso quando atinge o fim avermelhado do espectro, e por isso muitas vezes é cozido com maçãs (ácidas), cuja doçura pode ser contrabalançada por um pequeno toque de vinagre, que realça a cor vermelha, antes de servir.

O QUE É UMA ENZIMA?

As enzimas têm sido mal compreendidas, como se fossem um manual de videocassete. Todo mundo sabe que desempenham papéis essenciais em todas as coisas vivas, mas o que são exatamente?

Elas são vivas, como as bactérias? Não. São substâncias químicas, quase sempre proteínas, que aceleram as complexas reações químicas essenciais para os seres vivos, tanto vegetais quanto animais. Em outras palavras, são *catalisadores*, substâncias que ajudam as reações químicas a serem mais rápidas, mas não são utilizadas no processo. Sem as enzimas, a química da vida se processaria de modo incrivelmente lento.

A molécula de uma enzima cumpre sua missão catalisadora quando uma determinada parte dela, chamada princípio ativo, reage diante de um agente químico específico, o seu *substrato*, permitindo que este participe dos processos químicos vitais milhares ou milhões de vezes mais depressa do que normalmente participaria. As moléculas de cada tipo de enzima têm uma forma própria, que pode reagir apenas com um substrato específico, e assim catalisam apenas uma reação química específica. Há uma única enzima para cada uma das centenas de reações químicas essenciais para a vida de todas as plantas e de todos os animais.

Por exemplo, a dissolução do dióxido de carbono dos tecidos de nossos corpos para a corrente sanguínea e a sua "in-dissolução", quando retorna ao estado de gás para ser expirado de nossos pulmões, são processos vitais absolutamente básicos. Mas, se não fosse pela enzima *anidrase carbônica*, esses processos seriam tão demorados que não sobreviveríamos. A anidrase carbônica faz com que eles ocorram dez milhões de vezes mais depressa. Cada molécula de anidrase carbônica pode cumprir sua ação sobre um milhão de moléculas de dióxido de carbono por minuto.

Uma enzima recebe seu nome pelo acréscimo do sufixo *ase* a uma sucinta descrição do que ela faz. A enzima do chá é chamada de polifenol oxidase porque oxida polifenóis.

UM TESTE DE TORNASSOL

O que faz com que os corantes indicadores de ácidos e bases mudem de cor?

O ácido tânico é um exemplo do que os químicos chamam de ácido fraco, para indicar que ele não é – naturalmente – um ácido forte. (Está vendo como química é fácil?) As moléculas de um ácido fraco consistem em duas partes: um *íon de hidrogênio* (átomo de hidrogênio com carga positiva) e um *ânion*, átomo ou grupo de átomos com carga negativa. Chamemos o átomo de hidrogênio de H e o ânion de A; quando eles estão juntos numa única molécula ácida, temos HA.

É a parte A da molécula de ácido tânico que tem cor. Quando a vovó adiciona seu fermento alcalino, ele engole um pouco do H do ácido, deixando um excesso de A livre e, desta forma, uma cor mais escura. Por outro lado, quando você adiciona o suco de limão, ácido, ele contribui com alguns de seus próprios Hs, que se combinam com muitos dos As, mas os inibem e restringem seus efeitos. Por isso a cor se torna mais clara; o marrom se transforma em amarelo.

Os taninos, ao longo da história, vêm sendo usados para tingir, como cedo aprendi na vida graças a meu avô, um imigrante russo. Ele tinha uma magnífica barba branca, mas seu bigode ficava permanentemente tingido de amarelo por causa do seu hábito de beber chá num copo.

SEM CAFEÍNA

Gosto de chá, mas estou tentando cortá-lo por causa da cafeína. Será que adianta usar uma xícara menor? Quer dizer: se eu puser um saquinho numa xícara menor e outro numa xícara grande, e encher as duas com água fervente, e deixar em infusão durante alguns minutos – a xícara menor conterá menos cafeína?

Ideia curiosa. Mas não funciona.

A cafeína é muito solúvel em água; até 150g de cafeína podem se dissolver em uma xícara de água fervente. Mas um saquinho de chá está muito longe de ter toda essa quantidade. Em geral, não tem mais de um milésimo disso.

O que há de cafeína ali é extraído de um saquinho um minuto depois de ele se encharcar. Assim, tanto na xícara grande quanto na pequena, toda a cafeína do saquinho está no chá. Você pode muito bem usar a xícara grande para degustar mais tempo o chá sem, por isso, ingerir mais cafeína.

CHÁ (E CAFÉ) PARA DOIS

Eu bebo chá e meu namorado café. Logo que a chaleira começa a apitar, ele quer tirá-la do fogo e despejar a água no filtro. Gosto de deixar a chaleira mais tempo no fogo, porque acho que a água para o chá deveria ser mais quente. Mas ele diz que ela nunca ficará mais quente, por mais que eu espere. Quem está certo?

Você está certa a respeito do chá e ele está ao mesmo tempo certo e errado a respeito da água. Acho que podemos resolver isso sem que vocês tenham que recorrer a chaleiras separadas.

A maioria dos especialistas concorda com você que, para extrair a quantidade adequada de sabor das folhas de seu chá-preto ou *oolong*, a água deve estar o mais quente possível. Mas não importa quanto você a aqueça: a água nunca ficará mais quente que seu ponto de ebulição: 100°, mais ou menos, dependendo da altitude e da temperatura ambiente. Isso acontece porque a água ferve – se transforma em vapor – quando suas moléculas adquirem energia suficiente para superar a pressão atmosférica e soltar-se no ar. Se uma molécula consegue adquirir mais que essa quantidade de energia, esse excedente irá com ela quando se desprender. Essa energia extra, portanto, não fica na água contida na chaleira e não está disponível para elevar sua temperatura. Assim, seu namorado marca um ponto nessa questão.

Mas o apito das chaleiras pode ser enganoso. Quando a chaleira emite seus primeiros apitos fracos, só algumas das bolhas mais robustas terão conseguido abrir caminho até a superfície para liberar vapor e fazer a chaleira apitar. A água ainda não estará toda fervendo. Então, para o seu chá-preto ou *oolong*, você deverá manter o aquecimento até que toda a água esteja borbulhando furiosamente, e aí a chaleira apita em volume máximo por vários segundos.

O chá-verde, entretanto, segue regras diferentes. Os especialistas dizem que a infusão deve ser preparada com água a uma temperatura mais baixa, entre 74 e 82°, presumivelmente porque uma temperatura mais elevada poderia promover a oxidação de seus preciosos polifenóis (ver p.20).

Com o café é totalmente diferente. A água que ferve vigorosamente não é desejável para se fazer café porque seu vapor carregaria consigo muitos dos componentes voláteis responsáveis por seu sabor e seu aroma, muito mais presentes no café que no chá. É por isso que o método mais simples e direto de fazer café – ferver o pó numa vasilha com água – produz uma qualidade de infusão mais adequada para o interior da bateria de um carro que para seu desjejum matinal.

Os melhores métodos para fazer café, na minha opinião, são os que utilizam o filtro, no qual a água quente é despejada sobre os grãos recém-moídos num cone de papel e desce pela ação da gravidade, e o método francês, por compressão, no qual a água é despejada sobre o pó de café na parte inferior de um jarro alto e o embebe durante cerca de três minutos, findos os quais um êmbolo perfurado é empurrado para baixo, comprimindo a mistura.

Seja qual for o método, se a água não estiver quente o bastante, não conseguirá extrair as centenas de componentes químicos já identificados no café. Todos eles são muito sensíveis ao calor, ao ar e às interações mútuas. Quais deles e quanto de cada um perfuma a sua xícara, isso depende de coisas como tipo do café, as quantidades relativas de café e água, o tamanho das partículas dos grãos moídos, a ação de misturar no utensílio usado, a temperatura da água e o tempo que ela fica em contato com o pó de café. Mas, a despeito de tudo isso, a temperatura ideal para a água do café fica em torno de 88° a 93°, ou seja, quando ela "levanta fervura".

Portanto, para solucionar sua disputa doméstica, recomendo que você faça a água ferver e borbulhar com toda força, e rapidamente despeje um pouco dela sobre as folhas de chá ou os saquinhos dentro do bule preaquecido. Depois conte até dez, enquanto a água esfria o suficiente, e passe a chaleira para seu namorado, que então tratará de preparar o café.

Nem Salomão poderia fazer melhor!

VOCÊ QUER SEU CREME COM O QUÊ?

Gosto do meu café com creme, mas gosto também que ele esteja o mais quente possível ao bebê-lo. Sei que o creme o esfriará, então, quando devo colocá-lo? Assim que despejar o café na xícara, ou apenas quando estou pronta para bebê-lo? Em qual dos casos o café estará mais quente na hora de ser bebido? Ou não faz diferença?

Duvido que os filósofos da Grécia Antiga dedicassem tanto tempo a essa questão, mas trata-se de um problema desafiador, e até embaraçoso.

Você poderia resolvê-lo com um termômetro de precisão, mas teria de medir exatamente as mesmas quantidades de café e de creme no mesmo tipo de xícara, tudo isso exatamente nas mesmas temperaturas iniciais etc. Mas realizar um experimento científico controlado em uma cozinha tem seus problemas, portanto vamos deixar isso de lado.

Se todas as outras coisas forem iguais, seríamos levados a pensar que os dois métodos chegam à mesma temperatura na mistura final, porque você combina x calorias de calor no café com y calorias de calor no creme, para um total de $x + y$ calorias, seja como for. (Sobre o uso da palavra *caloria*, veja p.27.)

Infelizmente, de acordo com a lei da perversidade pervasiva de Wolke, todas as outras coisas nunca são iguais. Seja café puro ou café com creme, ele vai ficar parado até que você esteja pronto para bebê-lo. Enquanto isso vai esfriando, porque o ar é mais frio que o líquido na xícara, e o calor, portanto, sairá do líquido para o ar. O calor sempre sai de uma substância com temperatura mais alta para uma substância adjacente cuja temperatura é mais baixa.

Mas há duas diferenças importantes entre o café com creme e o café puro: (1) a xícara de café com creme contém uma quantidade ligeiramente maior de líquido por causa do volume acrescentado de creme; e (2) o café com creme é mais frio que o café puro.

A diferença número 1 significa que o café com creme, com seu volume maior, levará mais tempo para esfriar. Isto é, mais calor precisa ser removido para baixar sua temperatura até um determinado número de graus. (Uma banheira cheia de água leva mais tempo para esfriar que um balde com água na mesma temperatura.) A diferença número 2 tem o mesmo resultado: o café com creme ligeiramente mais frio esfriará mais lentamente que o café puro ligeiramente mais quente, porque quanto menor a diferença de temperatura entre um objeto quente e o ambiente circundante, mais lenta será sua taxa de resfriamento. A colocação imediata do creme ganha novamente.

Portanto, meu conselho é que o creme seja acrescentado o mais cedo possível. O café estará mais quente um ou dois graus na hora de bebê-lo, e estou certo de que sua vida melhorará bastante.

ESFRIANDO TUDO

Quanto mais alta a temperatura de um objeto, mais depressa ele perderá seu calor pela irradiação. Esta é a lei de Stefan-Boltzmann. Também, quanto maior a diferença de temperatura entre dois objetos em contato um com o outro (assim como o café e o creme, por exemplo), mais depressa o mais quente perderá calor para o mais frio, por condução. É a lei de resfriamento de Newton. Existem fórmulas matemáticas precisas para ambas as leis, mas não vejo razão para sobrecarregar essa página com elas. Voltarei à lei de Newton no Capítulo 9.

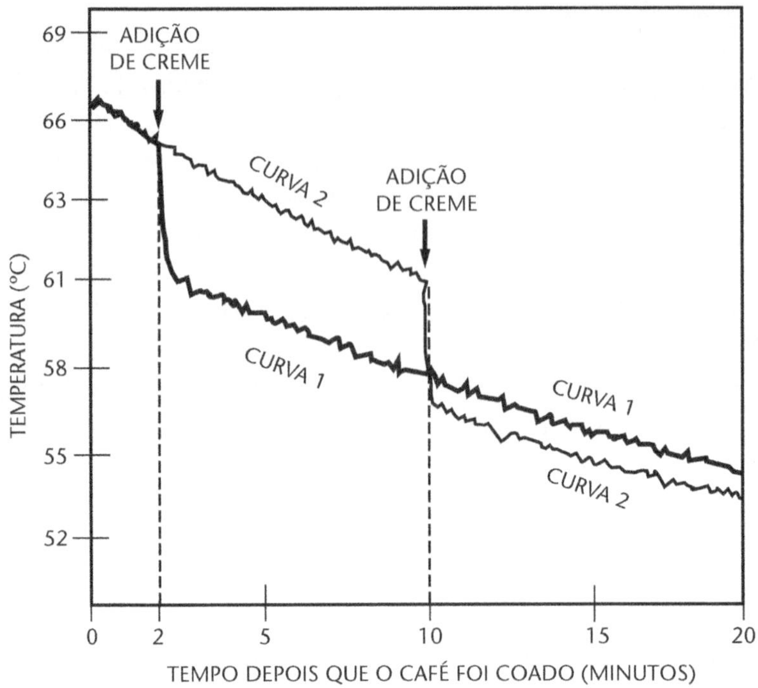

Esfriamento do café quando se adiciona o creme dois minutos depois de ter coado o líquido (curva 1) e quando o creme é acrescentado dez minutos depois de o café ser coado (curva 2). Quando se coloca o creme mais cedo, o café fica mais quente na hora de ser bebido.

Tenho a satisfação de informar que esse problema foi tema de um experimento científico cuidadoso, realizado pelo aluno de graduação Jonathan Afilalo e publicado na primavera de 1999 no *Dawson Research Journal of Experimental Science*. Trata-se de uma publicação prestigiada, que publica trabalhos resultantes de pesquisas originais e de qualidade profissional realizadas por graduandos do Dawson College, em Montreal, Quebec (veja o *site* http://www.place.dawsoncollege.gc.ca/~drjes/issues/1/coffee/htm).

Os experimentos dos alunos chegaram à mesma conclusão que a minha, como se vê pelas curvas de medidas de resfriamento registradas no gráfico. Na curva 1, o creme foi adicionado dois minutos depois que o café foi coado, enquanto na curva 2 só dez minutos depois. Observe que depois disso a temperatura na curva 1 permaneceu cerca de 2,5° mais alta que na curva 2. A adição imediata do creme conserva o café mais quente.

QUANDO UMA CALORIA NÃO É UMA CALORIA

Existe uma diferença entre o que o químico e um nutricionista chamam de caloria. A caloria do químico é a quantidade de energia calorífica necessária para elevar a temperatura *de um grama* de água em um grau centígrado, enquanto a caloria do nutricionista, a caloria que você vê nos livros de dieta e nos rótulos dos alimentos, é a quantidade de energia calorífica requerida para elevar a temperatura de mil gramas (um quilo) de água em um grau centígrado. Então, é óbvio que a caloria do nutricionista é mil vezes maior que a do químico, e o químico a chama de quilocaloria, ou kcal.

Neste livro, encontro-me na posição incômoda de ser um químico escrevendo sobre comida para um público que abrange os dois campos. Em favor da coerência do livro – e meus colegas químicos vão me desculpar –, uso a palavra *caloria* no sentido do nutricionista, a menos que faça alguma observação em contrário. Em muitos casos, uso a palavra *caloria* simplesmente para indicar uma quantidade não especificada de energia calorífica, caso em que a dicotomia entre o químico e o nutricionista não faz diferença.

(Nota para os usuários do Sistema Internacional de Unidades: uma caloria nutricional, kcal, é igual a 4,19 quilojoules, ou kJ.)

NOSSOS PARENTES ALCOÓLICOS

Sei que existem o álcool etílico, o álcool metílico e o álcool para friccionar no corpo. Qual deles pode ser ingerido e qual não pode? Todos os álcoois têm o mesmo começo antes de passar por várias modificações ou adições?

Não. Embora sejam membros da mesma família química, há vastas e cruciais diferenças entre os álcoois, e conhecê-las pode ser uma questão de vida ou morte.

Os álcoois são uma grande família de substâncias químicas orgânicas (que contêm carbono) que têm duas características: suas moléculas contêm um ou mais *grupos hidroxila* (OH), e eles reagem com ácidos orgânicos para formar substâncias químicas conhecidas como ésteres.

Os cientistas classificam tudo, desde animais a substâncias químicas, de acordo com as características comuns – características que podem não ter qualquer interesse prático, ou até mesmo confundir os que não são membros da confraria científica. Não se espante, portanto, ao saber que a berinjela

(*Solanum melongena*) e as batatas (*Solanum tuberosum*) estão na mesma família botânica que a mortalmente venenosa dulcamara (*Solanum dulcamara*); ou que as lagostas e o tatuzinho (também chamado de baratinha) pertencem, ambos, à família dos crustáceos.

Da mesma forma, os álcoois incluem o álcool metílico, altamente venenoso, CH_3OH, também conhecido como metanol ou álcool da madeira; o isopropil, CH_3H_7OH, também chamado de isopropanol ou álcool para friccionar no corpo, um pouco menos tóxico; e o ainda menos tóxico – mas ainda assim potente – álcool etílico, C_2H_5OH, conhecido como etanol ou álcool de cereais, presente na cerveja, no vinho e nas bebidas destiladas. Tudo isso sem mencionar álcoois que nunca pensaríamos pertencer a essa categoria, como o colesterol, $C_{27}H_{45}OH$, e o glicerol ou glicerina, $C_3H_5(OH)_3$. (Como você percebeu, os químicos batizam todos os álcoois com o sufixo *ol*.)

Portanto, não deixe o nome "álcool" enganar você, levando-o a crer que é uma substância química relativamente inofensiva. Estar morto é muito pior que embriagado.

LÚPULO PARA TUDO

O rótulo da minha garrafa de cerveja diz que ela é feita com "o melhor lúpulo". O que é lúpulo?

Lúpulo é uma planta conhecida pelos botânicos como *Humulus lupulus*. É uma trepadeira alta da família do cânhamo, e suas flores são responsáveis pelo amargo suave das cervejas, equilibrando a doçura do malte. Elas também contribuem com seu sabor de erva e seu aroma agradável, dependendo da etapa do processo de fermentação em que são adicionadas ao mosto de cerveja não fermentada – a mistura dos grãos que vai passar pelo processo de fermentação.

Na Bélgica, a primeira brotação do lúpulo, na primavera, é uma iguaria quando cozida e servida como os aspargos.

A história do lúpulo tem alguns aspectos interessantes. Um deles é que possui plantas masculinas e femininas. Mas, por causa de sua resina sem igual, são as flores femininas maduras que, depois de secas, vêm sendo usadas há cerca de mil anos para dar sabor a bebidas fermentadas e tônicas. Aliás, as plantas femininas passam muito bem sem nenhum macho por perto: suas flores apenas não desenvolvem sementes e não se reproduzem. A maioria dos fabricantes de cerveja prefere o lúpulo sem sementes, e por isso as plantas masculinas em geral não são cultivadas.

Praticamente todas as qualidades, de sedativas a diuréticas e afrodisíacas, já foram atribuídas, em diversas ocasiões, ao lúpulo fêmea, e, ao longo da história, a planta foi usada como ingrediente para elixires e cocções destinadas a tratar todos os males. Seu sabor amargo provavelmente tem muito a ver com a crença tradicional de que um remédio bom tem que ter gosto ruim.

Botões das flores do lúpulo (*Humulus lupulus*). O lúpulo é um ingrediente essencial na cerveja.

Será que a velha reputação das propriedades sedativas do lúpulo tem algo a ver com a sonolência em que as pessoas caem depois de beber cerveja? Ninguém sabe de fato. Um galão de cerveja é feito com 30 ou 60g de lúpulo, mas pode conter quatro ou cinco vezes mais de álcool, um sedativo bem conhecido. Nunca conheceremos o papel soporífero do lúpulo até que alguém realize os experimentos adequados com cervejas alcoólicas e cervejas não alcoólicas que contenham a mesma quantidade da planta. (Você não estará procurando um tema para um trabalho universitário?)

O lúpulo é um ingrediente essencial na cerveja, e não só por seu aroma e sabor amargo. Ele torna a cerveja clara, ao precipitar as proteínas dos seus ingredientes não fermentados, e tem propriedades antibióticas que ajudam a conservá-la. Entre os mais de 150 compostos químicos que foram identificados em seu óleo essencial estão as substâncias (*terpenos*) chamadas iso-humulonas, muito sensíveis à luz. Quando submetidas à luz visível ou ultravioleta, elas se quebram em radicais livres muito ativos que reagem com o enxofre nas proteínas da cerveja, produzindo compostos malcheirosos chamados "cheiro de gambá", que os sentidos humanos de paladar e olfato conseguem detectar em níveis de algumas partes por trilhão. Eles são quimicamente similares ao composto tiol presente nas glândulas dos gambás, responsável pela má reputação desses animais.

Cervejas que tenham sido expostas à luz até por 20 minutos podem, portanto, adquirir um "gosto de gambá". É por isso que a cerveja é acondicionada em latas ou em garrafas marrons à prova de luz. Para estar a salvo, então, não deixe a sua cerveja descansar muito tempo no copo. Beba-a o mais depressa que puder.

Pão feito com cerveja

Você pensa que cerveja só serve para beber? Então veja. Com este pão de cerveja é possível fazer ótimas torradas e excelentes sanduíches de queijo quente. Seu sabor varia de acordo com a cerveja usada. Fiz a minha receita com cerveja preta amarga. O pão fica mais gostoso no mesmo dia em que é preparado.

- 3 xícaras de farinha com fermento
- 3 colheres de sopa de açúcar
- 1 lata ou garrafa (350ml) de cerveja, de preferência não clara

1. Coloque um tabuleiro na parte mais baixa do forno. Acenda previamente o forno a uma temperatura de 180º. Unte uma fôrma de pão de 23 x 12,5 x 8cm (aproximadamente).

2. Numa vasilha grande, misture bem a farinha com o açúcar. Acrescente a cerveja aos poucos, mexendo com uma colher de pau até que toda a farinha seca seja incorporada. (Não bata demais, senão o pão ficará duro ao cozinhar.) A massa fica grudenta. Transfira-a para a fôrma e espalhe-a até os cantos.

3. Cozinhe por 50 a 60 minutos, ou até que um palito enfiado bem fundo no meio do pão saia limpo. A parte de cima do pão fica arredondada.

4. Desenforme o pão sobre uma grelha e deixe esfriar por no mínimo uma hora. Use uma faca afiada ou serrilhada para fatiá-lo. A crosta estará crocante, e o interior, macio e úmido.

- A receita dá para um pão

MAIS OU MENOS SULFITOS

Por que muitos rótulos de garrafas de vinho trazem escrito "Contém sulfitos"? Disseram a meu marido que ele é alérgico a sulfitos, mas quando perguntamos na loja de vinhos, falaram que todos os vinhos contêm naturalmente sulfitos. Então por que esse aviso? Nas embalagens de café não vem escrito "Contém cafeína".

Os sulfitos – não confundir com sulfatos – são uma família de sais químicos derivados do dióxido de enxofre (SO_2). Eles se formam durante a fermentação do vinho, a partir de compostos de enxofre naturalmente presentes nas uvas, portanto uma pequena quantidade deles é natural e inevitável.

Além disso, o sulfito (ou o próprio gás dióxido sulfúrico) vem sendo acrescentado aos vinhos há milhares de anos para protegê-los contra oxidação e descoloração. Mais ainda: os sulfitos são usados para matar bactérias prejudiciais e células de levedura selvagem nas uvas prensadas para garantir que os fermentos orgânicos "domesticados" possam dar partida de um modo biologicamente limpo. Sem o efeito preservativo dos sulfitos adicionados, os vinhos não poderiam ser bebidos depois de um ou dois anos, o que não constitui um problema para os que são melhores quando bebidos "jovens", como os do tipo Beaujolais, mas é uma tragédia para os que envelhecem lentamente, como o Bordeaux.

Cerca de uma pessoa em cem é sensível aos sulfitos, que podem até mesmo provocar crises nos asmáticos. Os indivíduos sensíveis devem evitar alimentos que contêm qualquer uma das seguintes substâncias: dióxido de enxofre, bissulfito de potássio, metabissulfito de potássio, bissulfito de sódio, metabissulfito de sódio e sulfito de sódio. Repare que, exceto no próprio dióxido de enxofre, a pista está no sufixo *ito* da denominação química.

Como acontece com todas as substâncias ingeridas, não se trata simplesmente de "bandidos e mocinhos". Qualquer substância química não é segura ou perigosa por si mesma. Tudo é uma questão de quantidade. O limite legal dos sulfitos no vinho é, nos Estados Unidos, de 350 partes por milhão (ppm), embora a maioria dos vinhos com sulfitos adicionados contenha apenas 25 a 150ppm. De acordo com a lei federal, se um vinho contém 10ppm ou mais de sulfitos, o rótulo deve indicar que ele "contém sulfitos".

Com a ajuda de seu vendedor de vinhos, procure o rótulo "Sem adição de sulfitos", aprovado pelo FDA (U.S. Food and Drug Administration). Você o encontrará em algumas garrafas de vinho. Seu marido pode experimentar e verificar se a pequena quantidade de sulfitos naturais lhe provoca reação.

E, falando nisso, uma pessoa que diz que algo "cheira como enxofre" certamente nunca estudou química. O elemento sólido enxofre é absolutamente inodoro, mas muitos de seus compostos têm mau cheiro. O dióxido de enxofre tem odor asfixiante e o sulfito de hidrogênio cheira a ovos podres.

O XEREZ É ESPECIAL

O que torna o xerez uma categoria separada de vinho?
É a uva, a região, ou o método de produção?

É tudo isso.

Em primeiro lugar, devo confessar que não sou um especialista em vinhos. Existem cerca de cinco mil variedades de uvas brancas, combinadas com quase cem *appellations d'origine* só na França, mais 70 na Califórnia, sem mencionar a Austrália, o Chile, e dezenas de outros países produtores de vinho. Talvez multiplicadas por dez anos de vindimas, essas quantidades ultrapassam 37 milhões de garrafas de vinho, sem contar as misturas. Essa amplitude de escolhas me deixa absolutamente atordoado, e há muito desisti de tentar aprender sobre elas.

Sei algumas coisas sobre xerez, por ter visitado o único lugar do mundo onde ele é produzido: nas vizinhanças de Jerez de la Frontera e nesta cidade que fica a poucas horas de Sevilha, na província de Cádiz, sul da Espanha. Ali fui quase literalmente mergulhado em xerez.

Talvez você pergunte o motivo da palavra inglesa *sherry*? Várias das companhias produtoras de xerez em Jerez foram fundadas no século XIX por empresários britânicos para promover a exportação dessa bebida para a Inglaterra, onde os tipos de xerez seco eram e são muito apreciados como aperitivos, e os adocicados, como vinhos para acompanhar a sobremesa. A palavra inglesa *sherry* deriva de Jerez, mas entre os povos de língua espanhola ele continua sendo conhecido como *vino de Jerez*.

A identidade do xerez é controlada rigidamente por um conselho regulador. Para merecer a denominação de origem "jerez-xerez-*sherry*", as uvas precisam ser Palomino ou, menos comumente, Pedro Ximénez ou Muscat, e devem crescer dentro do triângulo formado pelas cidades de Jerez de la Frontera, Sanlúcar de Barrameda e El Puerto de Santa Maria. (O conselho regulador exclui zelosamente o estado norte-americano da Califórnia.) Essa pequena região tem um microclima ímpar, influenciado pelo oceano Atlântico, pelos rios Guadalquivir e Guadalete, e pelos ventos mornos e úmidos que sopram da África do Norte. Provavelmente o fator de maior influência para o desenvolvimento das características das uvas é o *albariza*, solo calcário e quase branco, que tem uma capacidade fora do comum de absorver e reter o ar e a água.

Sem dúvida muitos grandes vinhos se originam em microclimas e solos excepcionais. Mas o que diferencia os xerezes de todos os outros é o processo singular pelo qual eles são misturados e envelhecidos.

Depois que as uvas são prensadas, o "mosto" – como as espremeduras são chamadas – é colocado para fermentar durante 40 a 50 dias em enormes tanques de aço inoxidável, sob temperatura controlada, adquirindo então um teor alcoólico de 11 a 13%. Findo esse período, o vinho jovem vai para barris de 130 galões de carvalho norte-americano (tonéis), onde seu envelhecimento tem início.

É então que chega a hora da decisão, em que cada vinho é classificado como adequado para transformar-se em um *fino*, seco, ou em um *oloroso*, adocicado, as duas grandes categorias do xerez. Os *finos* incluem *manzanillas* e *amontillados*, enquanto os *olorosos* incluem Cortados e várias misturas da uva Pedro Ximénez, muito doce. Os vinhos destinados a se tornarem *finos* são fortificados (com o acréscimo de álcool) até 15%. Nos *olorosos*, até 17%.

A razão para essa diferença é que a *flor*, uma camada de leveduras naturais que se forma na superfície, não pode sobreviver numa concentração alcoólica superior a 15%, e todos os *finos* devem cumprir seu envelhecimento sob uma camada de *flor*, para que possa desenvolver o sabor e a leveza que lhe são próprios. Os *olorosos* são envelhecidos sem essa camada, o que permitirá que o ar

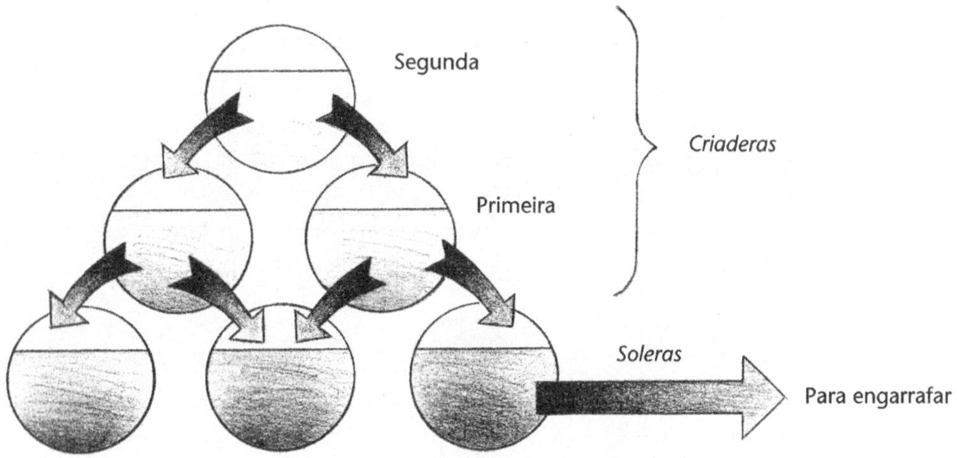

Parte do processo de decantação e envelhecimento. Porções de vinhos mais novos, nos barris de cima (*criaderas*), são desviadas para barris de vinho mais antigo, na parte de baixo. O vinho do último barril (*solera*) é engarrafado.

oxide-os até adquirirem uma coloração mais escura, mais corpo e um cheiro forte (*oloroso* significa perfumado). Os *amontillados* começam seu envelhecimento sob a *flor* e o terminam depois que ela é eliminada por uma fortificação de 17% de álcool.

Durante o envelhecimento, ocorre um processo intricado de sangria exclusivo dos xerezes. Esse processo, denominado *soleras y criaderas*, consiste em fazer o vinho percorrer uma grande quantidade de tonéis que contêm vinhos de idades crescentes. Do mais velho, chamado de *solera*, uma terça parte do vinho é retirada para ser engarrafada. Ele é então completado com o mais próximo em idade (a primeira *criadera*) que, por sua vez, é completado com o seguinte em idade, e assim por diante, até que os tonéis de vinho mais novo, que ficam no alto da pilha de tonéis sejam "refrescados" – isto é, preenchidos – com prensagens novas em folha. (*Criadera* vem da palavra espanhola para berçário; as *criaderas* são os tonéis de cima, nos quais os vinhos mais novos são criados. *Solera* refere-se ao chão de pedra, onde a camada inferior de tonéis conserva o vinho maduro, pronto para engarrafamento.) O ciclo completo demora anos, com vários meses de envelhecimento entre os sucessivos engarrafamentos na *solera*. Com esse método, os vinhos jovens vão ganhando gradualmente as características dos mais velhos, chegando-se assim a um produto consistente, que pode conservar suas características únicas ao longo de décadas.

É isso que torna o xerez tão especial.

UMA COLHER NO CHAMPANHE

Uma amiga veio me visitar e abrimos uma garrafa de champanhe, mas não a bebemos toda. Ela sugeriu que eu colocasse uma colherinha de prata com o cabo enfiado no gargalo da garrafa antes de guardá-la na geladeira. (Ela viu isso na televisão.) Acredite ou não, no dia seguinte o champanhe continuava borbulhante. Como isso funciona? Com um garfo o truque também daria certo?

Daria. Da mesma forma que uma estaca. Ou uma varinha mágica. O truque da colher é pura trapaça. Ou, se a sua amiga preferir, embuste e conversa fiada.

O champanhe não fica choco como a cerveja e os refrigerantes. Ele estaria borbulhante da mesma forma no dia seguinte sem a colher. Tudo que realmente interessa é que você o mantenha gelado. Isso é importante porque o dióxido de

Frango dourado em xerez com alho

Sempre que Bob e eu visitamos uma amiga nossa, Janet Mendel, autora de livros de culinária, em sua casa no sul da Espanha, ela prepara este prato para nós.

Use uma caçarola de ferro de 30cm para refogar o frango e um xerez *oloroso*, que tende levemente para o adocicado. Ele dá à carne um brilho lustroso de mogno. Não tenha medo de usar toda a quantidade de alho indicada na receita. Ao cozinhar, seu sabor se suaviza e também adocica. Despeje o molho abundante – um suco saboroso composto de azeite, xerez e alho – sobre os pedaços de frango.

- 1 quilo de coxas e sobrecoxas de frango (mais ou menos 4 coxas grandes e 3 sobrecoxas caberão na caçarola de 30cm)
- sal *kosher* e pimenta-do-reino moída
- 1 cabeça de alho (com cerca de 15 dentes)
- ⅓ de xícara de azeite extravirgem, de preferência espanhol
- ½ de xícara de xerez meio seco, *amontillado* ou *oloroso*
- 2 colheres de sopa de *brandy* ou conhaque espanhol (opcional)

1. Lave os pedaços de frango em água fria e seque-os com toalha de papel. Salpique os dois lados com sal e pimenta.

2. Aperte ligeiramente os dentes de alho com a parte larga de uma faca para soltar a pele. Reserve 8 com a pele. Tire a pele dos outros e corte-os em fatias uniformes.

3. Aqueça o azeite na caçarola (que deve ser pesada e funda) em fogo médio. Adicione as fatias de alho e refogue por um a dois minutos, apenas até ficarem dourados. Retire-os com uma escumadeira e escorra-os sobre uma toalha de papel. Reserve.

4. Aumente o fogo, ponha os pedaços de frango na caçarola e frite-os (use uma tampa para frituras, se tiver uma), virando-os quando necessário, por cerca de 15 minutos, ou até que fiquem dourados.

5. Junte os dentes com pele, o xerez e o conhaque. Deixe o frango cozinhar em fogo entre médio e alto, virando os pedaços de vez em quando, por 8 a 10 minutos, até o líquido se reduzir quase todo e a carne começar a fritar.

6. Transfira o frango e os dentes de alho para um prato quente e despeje por cima o molho que ficou na caçarola. Guarneça com as fatias de alho frito.

- Rende 4 porções

carbono, como todos os gases, se dissolve e se mantém assim, dissolvido, durante bastante tempo em líquidos gelados.

Para que um gás dissolvido escape de um líquido, as moléculas do gás devem possuir uma partícula microscópica de material (uma zona de nucleação) sobre a qual possa se congregar até que haja uma quantidade delas suficiente para formar uma bolha. A principal razão pela qual o verdadeiro champanhe se mantém borbulhante mais tempo é que ele é extremamente puro e livre de partículas. Se o rótulo da garrafa traz escrito *méthode champenoise*, ele foi clarificado por *dégorgement* – processo em que se deixam todos os sedimentos se acomodar no gargalo da garrafa de cabeça para baixo, e depois disso o gargalo é congelado, e o tampão de gelo que nele se formou (com os sedimentos) é extraído. As cervejas raramente são clarificadas a esse ponto, e portanto perdem sua efervescência mais depressa.

Para conservar para o dia seguinte o champanhe que sobrou, guarde a garrafa na geladeira com uma rolha bem apertada – e não um talher – no gargalo.

A respeito da rolha: você pode chegar a gastar um bom dinheiro por uma interessante "tampa de champanhe" numa dessas lojas frequentadas pelos entusiastas de vinhos. Depois de prendê-la em torno da borda do gargalo, você deve baixar um disco de borracha até vedar totalmente a boca da garrafa. É ótima para manter a pressão caso você pretenda sacudir a garrafa. Mas é totalmente desnecessária em circunstâncias normais. A rolha com arame da garrafa de champanhe foi concebida para manter a alta pressão de gás produzida durante a fermentação que se processa dentro da garrafa. É por isso que o champanhe estoura quando você tira a rolha. Mas depois que a garrafa foi aberta, não fica muita pressão. Qualquer rolha conservará o gás residual, desde que a garrafa seja mantida gelada e que não seja sacudida.

(Observação: Noticiou-se que um grupo de cientistas na Universidade de Stanford descobriu em 1994 que o vinho espumante permanecia borbulhante por mais tempo quando a garrafa era deixada aberta do que quando se colocava novamente a tampa. Mas eles tiveram que fazer muitos testes de degustação durante o longo experimento, e assim a observação pode não ter sido, digamos, bem orientada.)

PONHA UMA ROLHA NELE!

Por que as rolhas de champanhe têm um formato peculiar, como um cogumelo? Ao serem enfiadas na garrafa, elas são cilíndricas como qualquer rolha usada nos vinhos (não destilados), só que maiores. Uma rolha normal de garrafa de vinho tem 24mm de diâmetro; ela é comprimida e inserida num gargalo de 19mm com uma "máquina para arrolhar". (A cortiça de que é feita se comprime facilmente.) As rolhas de champanhe, por sua vez, têm 31mm de diâmetro e são apertadas em um gargalo de 17,5mm, com terça parte da rolha para fora, protuberante como uma "cabeça" que possa ser agarrada para abrir a garrafa. Assim que é liberada de seu confinamento, a parte mais baixa da rolha, macia e molhada, se expande até atingir o diâmetro original. (A cortiça também é muito elástica.)

É possível observar a compressibilidade e a elasticidade da cortiça mergulhando uma rolha usada de champanhe na água durante alguns dias para amaciá-la, com o que ela se expandirá, readquirindo a sua forma cilíndrica original. Ela também voltará a ter essa forma se você a colocar num micro-ondas por uns poucos minutos.

(Cuidado: não ligue o micro-ondas vazio ou quase vazio. A radiação que não é absorvida pela comida ou pela água pode voltar violentamente para dentro do gerador de ondas – o *magnetron* – e danificá-lo. Ponha uma xícara com água no forno junto com a rolha.)

A GUERRA ENTRE DOIS ESTADOS

Uma coisa que sempre me intrigou é a peculiaridade do bourbon *de Kentucky e do uísque de malte do Tennessee. Nos Estados Unidos, só esses dois estados parecem ter um controle sobre suas bebidas alcoólicas. O que os mantém à parte, e por que os mesmos produtos não podem ser feitos em outros estados?*

O que os mantém à parte é, em grande parte, o orgulho local, porém uísque praticamente idêntico ao deles pode ser produzido em qualquer lugar. Só não pode usar o nome desses estados.

Primeiro, o que torna um *bourbon* um *bourbon*? Este nome é definido oficialmente, nos Estados Unidos, pelo Birô Federal de Impostos e Comercialização de Tabaco e Álcool (TTB), que foi desmembrado do Birô do Álcool,

Tabaco e Armas de Fogo (ATF), ridiculamente concebido pela Lei de Segurança Nacional de 2002. O *bourbon* é definido como um uísque *unblended* (puro), produzido com um máximo de teor alcoólico de 80% por volume a partir de mistura fermentada que contenha no mínimo 51% de milho, e envelhecido a um máximo de teor alcoólico de 62,5% em barris de carvalho jovem chamuscado. Na prática, contudo, a maioria dos uísques *bourbon* é destilada com cerca de 60% de álcool e engarrafada com cerca de 40%, e feita de pelo menos 60% de milho, mais uma quantidade menor de outros cereais como malte, centeio e trigo.

Segundo o TTB, a palavra *bourbon* não pode ser usada para descrever qualquer bebida destilada produzida fora dos Estados Unidos. Mas nenhum nome de estado é mencionado nessas regulamentações, exceto na determinação, bastante razoável, de que um *bourbon* não pode levar o rótulo de "*bourbon* de Kentucky" a menos que tenha sido produzido no estado de Kentucky. Há cerca de 162 destilarias que produzem genuíno *bourbon* nos Estados Unidos. A maioria delas, o que não significa todas, se localiza no Kentucky.

E quanto ao uísque Jack Daniel's do Tennessee? É um *bourbon*? Para ser exato (e é melhor que eu mantenha a exatidão aqui), não. Ele se ajusta a todas as definições legais do *bourbon* – feito basicamente de milho, envelhecido em barris chamuscados de carvalho novo; e está dentro das especificações de teor alcoólico – exceto por uma coisa: ele passa por uma etapa adicional. Depois de destilado e antes de envelhecer, é gotejado através de uma camada de carvão vegetal embebido com açúcar de bordo, com 30cm de espessura, processo patenteado pela Jack Daniel's como "maturação por carvão", mas conhecido oficialmente como "processo do condado de Lincoln". Esta é a única diferença de procedimento entre o Jack Daniel's e a maioria dos ungidos e consagrados *bourbons*.

A Jack Daniel's se vangloria de produzir um uísque de malte fermentado, querendo dizer que parte da mistura usada no processo de fermentação consiste nos resíduos extraídos de uma fermentação anterior. Mas o processo de fermentação do malte é empregado na fabricação da maioria dos *bourbons* e outros uísques hoje.

Molho Jack Daniel's para churrasco

Seria um desperdício limitar uma garrafa de Jack Daniel's apenas a ser bebida, quando ela pode acrescentar um toque especial a este molho. Para duas grelhas de costelinhas, você vai precisar de cerca de 1 xícara de molho. Reserve a outra xícara para jogar sobre a galinha assada durante a semana. Garanto que você vai querer incluir a receita entre seus molhos favoritos para churrasco.

- 1 xícara de *ketchup*
- ¼ de xícara de Jack Daniel's rótulo preto
- ¼ de xícara de melado
- ¼ de xícara de vinagre de sidra
- 1 colher de sopa de molho inglês
- 1 colher de sopa de suco de limão
- 1 colher de sopa de molho de soja
- ½ colher de chá de pimenta-do-reino moída
- ½ colher de chá de mostarda em pó
- 1 dente de alho amassado

Misture todos os ingredientes numa panela pequena. Leve a fogo médio, dê uma fervura, abaixe o fogo e deixe cozinhar por dez minutos, mexendo de vez em quando.

- Rende 2 xícaras

(adaptação de uma receita da destilaria Jack Daniel)

O SUL DÁ A RECEITA

Numa festa no Kentucky, meus amigos serviram-me Mint Juleps, um coquetel feito de hortelã, gelo moído e bourbon. *Observei que logo depois que o anfitrião misturava cada drinque, uma camada de gelo formava-se do lado externo do copo. Sei que um copo alto de Tom Collins (drinque de limão, gim e açúcar), por exemplo, fica úmido por fora, mas nunca fica frio a ponto de congelar. O que há de especial com o Mint Julep?*

Pergunte a qualquer sulista ferrenho e a resposta será: "Muita coisa."

Quando é sugada com a velocidade da fala arrastada do Missouri numa noite de verão, sob o perfume de uma magnólia em flor, nenhuma bebida é mais refrescante que um Mint Julep – ou mais insidiosamente embriagadora, porque a sedução de sua doçura dissimula o fato de que ela é constituída, basicamente, de *bourbon* puro. Mas também é embriagadora (para alguns de nós) a ciência que está por trás do congelamento do copo.

Despojado de seus fundamentos mundanos, um Mint Julep é feito esmagando-se folhas de hortelã com açúcar dentro de uma caneca ou coqueteleira de metal, enchendo-a com gelo picado e completando com *bourbon*. Porém, se em lugar de *bourbon* se usasse água comum, o gelo e a água logo chegariam à mesma temperatura: uma temperatura na qual ambos coexistiriam, sem que todo o gelo se derretesse ou toda a água ficasse congelada. (Ambos chegariam ao *equilibrium*.) Essa temperatura, como você deve ter adivinhado, é o ponto de congelamento da H_2O, normalmente de 0°.

Mas o *bourbon*, felizmente, contém álcool, além de água. O álcool (com a ajuda do açúcar) baixa o ponto de congelamento, assim como o anticongelante baixa o ponto de congelamento do líquido do radiador dos automóveis nos lugares frios. Como o ponto de congelamento então fica mais baixo, também fica mais baixa a temperatura da coexistência entre gelo e água: as duas temperaturas são iguais. Se o gelo e o líquido devem coexistir, ambos devem descer a essa temperatura mais baixa através do derretimento de uma parte do gelo, processo que absorve calor e torna a mistura mais fria. Trata-se do mesmo fenômeno que faz a mistura de gelo e sal tão fria que consegue congelar o creme nas sorveteiras usadas antigamente. O sal, neste caso, faz baixar o ponto de congelamento, da mesma maneira que o álcool no Julep.

O resfriamento do conteúdo da coqueteleira pelo álcool do *bourbon* pode ser tanto que, num dia úmido, a umidade do ar não só se condensará do lado externo do copo como se congelará ali, formando uma camada de gelo. Um Tom Collins nunca ficaria frio o bastante para que a umidade se congelasse assim porque é preparado com alguns cubos apenas de gelo e álcool insuficiente para baixar muito a temperatura. Na coqueteleira de Julep, contudo, todo aquele gelo picado tem uma enorme área de superfície na qual o equilíbrio entre gelo e água pode desempenhar seu papel de baixar a temperatura em grande escala.

Para uma apresentação ainda mais espetacular, os Mint Juleps devem ser preparados e servidos em copos de prata de lei – não apenas prateados –, e não em copos de vidro. O vidro é mau condutor de calor (e de frio), enquanto a prata de lei tem 92,5 de prata – e a prata é o melhor condutor de calor entre todos os metais.

AGITE & MEXA

Para gelar os drinques, mexendo ou agitando o líquido numa coqueteleira com cubos de gelo, quanto gelo deve-se usar, e qual será o fator de diluição? Um amigo meu diz que usa muito gelo, para gelar mais depressa e diluir menos. Concordo que, com esse processo, o drinque ficará gelado mais depressa, mas acho que o fator de diluição será o mesmo: menos água de cada cubo, mas o total do líquido será igual. Agradeço qualquer ajuda.

Estou com o seu amigo.

Primeiro: quanto mais frio o gelo, melhor. O gelo mais frio gelará o líquido mais depressa, da mesma forma que pedras geladas. E derreter não é necessário para gelar. As pedras geladas fariam esse trabalho perfeitamente.

Se duas substâncias ficam em contato, o calor sairá automaticamente da mais quente para a mais fria. Em outras palavras, o gelo chupa o calor do líquido. Quanto mais frio o gelo estiver ao ser misturado com o líquido, mais calorias ele conseguirá chupar do líquido antes de chegar a seu ponto de derretimento/congelamento de 0º, quando então começará a pensar em derreter. Então, se o gelo estiver bastante frio – bem abaixo de 0º – o derretimento será praticamente nulo, assim como a diluição.

Segundo: quanto mais gelo, melhor. Montes de gelo na coqueteleira forçam o líquido pelos interstícios entre os cubos, criando camadas delgadas de líquido que produzem um contato térmico eficiente com as superfícies dos cubos de gelo e esfriam mais depressa do que camadas grossas de líquido. Outro modo de apresentar a questão: quanto mais cubos de gelo houver, maior a superfície de gelo disponível para a troca calorífica com o líquido. Portanto, também nesse caso haverá um esfriamento mais rápido e menos – se houver – diluição, se você não deixar o gelo dentro do recipiente por muito tempo.

Assim, o melhor mantra para gelar a bebida é "Muito gelo, pouco tempo". Aliás, é bom notar que estamos falando de *cubos* de gelo, não de gelo picado. O gelo picado tem uma área superficial tão grande, e a troca de calor entre ele e o líquido é tão eficiente, que começará a derreter e a soltar água em sua bebida antes que você consiga dizer as palavras "Jack Daniel's".

Por infelicidade, o gelo da maioria dos *barmen* não é muito frio. Provavelmente ele ficou à espera no depósito durante horas, subindo alguns graus em direção a seu ponto de derretimento, e portanto não tem muita capacidade de resfriamento antes de começar a derreter e diluir seu drinque.

Mas o gelo não derrete logo que atinge o ponto de derretimento. Cada grama de gelo precisa absorver outro trago de calorias (até seu *ponto de fusão*) para que a estrutura sólida se quebre e transforme em fluido. Assim, mesmo o gelo não muito frio fará direito o seu trabalho de esfriar o líquido, embora acompanhado de algum derretimento e diluição. Apenas não deixe o *barman* mexer (pelo amor de Deus!) ou sacudir seu martíni por muito tempo.

Como queremos que algum derretimento ocorra no martíni (o drinque ficará muito forte a menos que contenha cerca de 10% de água adicionada pelo gelo), é preciso descobrir o equilíbrio adequado entre a quantidade de gelo, sua temperatura e o tempo de mistura. É por isso que tanta gente torce o nariz para o martíni que, em princípio, deveria ser o drinque mais fácil do mundo de se preparar.

CUIDADO COM A SUA ALEGRIA

Bebo moderadamente: um copo de vinho no jantar e em ocasiões sociais, às vezes tomo um ou dois drinques. Na verdade, é só. Mas na temporada das festas de verão às vezes é fácil perder o controle, enquanto belisco algum tira-gosto e converso, e assim já me aconteceu ir um pouco além do que é confortável para mim, e, receio, também para os outros. Sei que cada pessoa é diferente, mas será que não existe uma orientação para se saber que efeitos o álcool, em quantidades variadas, pode causar?

Depois de passar anos em um *campus* universitário (não, eu não levei todo esse tempo para me formar; eu trabalhava lá (fazia parte do corpo docente), cansei de ouvir histórias sobre o que os alunos chamam de "uma festa animada". Tradução: bebedeira geral.

Mas os estudantes de graduação não detêm o monopólio da bebedeira, deliberada ou acidental. Para nós, da pós-graduação, a *overdose* ocasional das festas pode se tornar mais sinistra, porque não podemos ir simplesmente cambaleando até o dormitório. Na maioria dos casos, temos que dirigir até chegar em casa. E, ao mesmo tempo que esse pensamento é ajuizado, o motorista infelizmente não o é.

Um estudo feito no ano de 2000 pela Administração Nacional de Segurança de Tráfego nas Autoestradas dos EUA mostrou que o desempenho na direção começa a se deteriorar quando a concentração de álcool no sangue é de apenas 0,02 – um quarto da concentração (0,08) com que o motorista é multado por dirigir sob influência de álcool segundo a lei norte-americana.

Então, como podemos regular nosso consumo alcoólico para atingir o estágio 1 da embriaguês (relaxamento e simpatia) sem disparar para os estágios 2 (tagarelice e inibição reduzidas), 3 (má condição física e fala embrulhada), 4 (perda de controle) , 5 (letargia e estupor), 7 (coma) e 8 (morte)?

A resposta desanimadora é que não podemos. Pelo menos de modo confiável. A verdade é que existem muitos fatores despistadores. Entre as muitas variáveis que determinam a reação de uma pessoa a uma determinada quantidade de álcool estão a genética, a taxa de metabolismo (nas mulheres ela é em geral mais alta que nos homens), o peso corporal e a história pessoal do indivíduo com o álcool (bebedores contumazes aguentam mais). Acima de todos esses fatores está como a determinada quantidade de álcool é consumida: se diluída ou ingerida pura, se consumida com ou sem alimento e por quanto tempo é consumida. Quanto maior a diluição, quanto mais alimentos e quanto mais longo o tempo, menor é o efeito do álcool.

O fator preponderante é a quantidade total de álcool etílico consumida. A proverbial queixa "mas eu só tomei dois drinques" pode não significar nada. Na Inglaterra, o padrão de "unidade de bebida" é qualquer bebida com 8g de álcool puro. Nos Estados Unidos, "drinque" passa a significar 12 a 15g de álcool puro, enquanto no Japão é 20g. Mas você nunca vê "gramas de álcool" num rótulo de cerveja, vinho ou outra bebida alcoólica.

Que efeito todas essas quantidades de álcool terão sobre você, pessoalmente? Nenhum, até que cheguem à sua corrente sanguínea. É por isso que se mede o nível de embriaguês pela concentração de álcool no sangue (Blood Alcohol Concentration – BAC): o número de gramas de álcool por 100 mililitros de sangue. O BAC não é medido diretamente (exceto em autópsias), mas pode ser avaliado no hálito porque o álcool é transferido do sangue para a respiração nos pulmões. Descobriu-se que a concentração de álcool no sangue é de cerca de 2.100 vezes a concentração na respiração, e assim os bafômetros podem ser calibrados para ler diretamente em BACs.

O álcool ingerido é absorvido uniformemente em toda a água do corpo; cerca de 80% da absorção ocorre no estômago e 20% no intestino delgado. O BAC, portanto, dependerá da quantidade de água que o corpo de uma pessoa contém: quanto mais água houver na forma de sangue, mais baixa será a concentração de uma dada quantidade de álcool, e menores serão os seus efeitos. Mais uma vez, cada pessoa é diferente da outra, mas em média os homens têm 58% de água em relação ao seu peso e as mulheres 49%, enquanto o sangue tem 80,6% de água, tanto nos homens quanto nas mulheres.

Fazendo uma ginástica de cálculos com esses números, e levando em conta o fato de que a densidade do sangue é de 1,06g por mililitro, concluo que, para cada 10g de álcool puro absorvidos por um homem que pese aproximadamente 80kg, seu BAC subirá para 0,019. Em uma mulher com cerca de 55kg, os mesmos 10g de álcool puro levarão o BAC a 0,032. Isso significa que, para o BAC de 0,080 sobre o qual a multa por direção sob influência de álcool é aplicada, um homem de cerca de 80kg deverá ter ingerido 42g de álcool puro, e uma mulher de 55kg, apenas 25g.

Em números redondos, isso se traduz em:

- **Destilados** (média 40% de álcool): 140g para um homem de 80kg e 85g para uma mulher de 55kg.
- **Vinho** (média 13% de álcool): 392g para um homem de 80kg e 224g para uma mulher de 55kg.
- **Cerveja** (média 5% de álcool): 1.036g para um homem de 80kg e 616g para uma mulher de 55kg.

Essas estimativas são muito simplificadas, não só porque os indivíduos diferem tanto entre si, mas também porque os cálculos consideram uma pronta e total absorção do álcool, sem levar em conta a absorção retardada por ingestão concomitante de alimentos, o contínuo processamento do álcool pelo fígado, ou a eliminação do álcool pela urina durante a festa. Trata-se de um sistema complexo de entrada/saída. Entretanto, para uma avaliação prudente e de simples estimativa, mantenha o olho nos gramas que você consome e considere as quantidades acima, ajustadas pelo peso corporal e a ingestão de alimentos, como seu provável "limiar de embriaguez".

É claro, você vai querer parar bem antes disso. Mas é difícil contar gramas enquanto está brindando com seus amigos sob uma luz difusa. O que você pode fazer, contudo, seja do sexo masculino ou feminino, corpulento ou magro, bebedor contumaz ou social, é o seguinte: a cada meia hora em ponto, invoque uma experiência extracorpórea e observe seu próprio comportamento com um distanciamento objetivo. O momento em que você se vir ou ouvir entrando no estágio 2, ou no máximo no estágio 3, afaste-se do bar, coma mais alguma coisa e aproveite a celebração.

UMA PROPOSTA MODESTA

A medida da concentração de álcool no sangue (BAC) usada pela polícia urbana e pela polícia rodoviária é o número de gramas de álcool multiplicado por 100ml. Esses números têm dois decimais; por exemplo, o máximo legal para motoristas é de 0,08, ou oito centésimos de grama por 100ml. Mas muitas pessoas têm dificuldade em interpretar esses números tão baixos, que de fato são incômodos. Portanto, em vez de definir o BAC como gramas de álcool por 100ml de sangue, por que não redefini-lo como miligramas de álcool por 100ml de sangue. Desta forma, o BAC sempre será expresso em números inteiros. O limite para o motorista será então de 80, em lugar de 0,08. As concentrações menores de álcool seriam então de 70, 60, 50 e assim por diante.

SÍNDROME DE ESTRESSE PÓS-GASTRONÔMICO

Já me falaram sobre todos os processos de remoção de manchas de vinho tinto de toalhas de mesa e roupas. Na maioria das vezes, referem-se a água gaseificada e sal, mas tentei ambos os processos sem sucesso. Deve haver algum meio que realmente funcione. Você tem alguma receita?

Sabedores de que tenho um doutorado em química, muitos conhecidos meus procuram aconselhamento especializado sobre questões científicas profundas como esta. Será que foi para isso que passei 20 anos na faculdade?

Mas tudo bem. Nesse momento, deixo de lado meu papel de escrever sobre comidas e bebidas que entram em nossas bocas em favor daquilo que erra o caminho e cai em lugares inesperados.

Quando um convidado desastrado derruba um copo de vinho tinto na toalha de mesa da anfitriã, inevitavelmente se ouve um coro de gritos do grupo em volta da mesa: "Traga um pouco de água mineral!" "Passe vinho branco por cima!" "Ponha vinagre!" "Cubra com sal!". Tudo com boas intenções, mas inútil. No que diz respeito ao sal, sua única função é absorver o excesso de líquido por capilaridade, o que a areia também faria perfeitamente. De qualquer modo, não haverá excesso de líquido se você enxugar logo o vinho derramado, primeiro passo essencial no tratamento de qualquer mancha.

Quanto aos três líquidos louvados – água mineral, vinho branco e vinagre –, a ironia é que todos eles são acidíferos e podem, na verdade, aumentar a mancha. Vou explicar por quê.

Os pigmentos da casca da uva, pertencentes à família dos pigmentos alimentares conhecidos como antocianinas, comportam-se como indicadores de ácidos-bases. Isto é, ficam vermelhos num meio ácido, e violeta claro num meio alcalino (base). Adicionar um líquido ácido à mancha já ácida do vinho tinto nada adianta, exceto talvez diluir a mancha, o que a água pura também faria.

Sempre suspeitei do tratamento com água mineral, que é louvado ainda mais que qualquer outro. Só que eu não conseguia ver nenhuma razão química para que ele funcionasse, e então decidi testá-lo.

Primeiro, tratei uma mancha recente de vinho tinto sobre algodão branco com água carbonatada comum, ou água de Seltz, conhecida entre os químicos como ácido carbônico. Sendo ácida, ela em nada atenuou a cor vermelha da mancha de vinho.

Depois, experimentei a lendária água mineral, que é água carbonatada com uma pequena quantidade de bicarbonato de sódio (bicarbonato de uso culinário) e, em alguns casos, também uma pequena quantidade de citrato de sódio. As duas substâncias reduzem a acidez, mas verifiquei que a água mineral ainda era um pouco ácida e não alterava a cor da mancha. De nada adiantou. E isso é tudo o que tenho a dizer para os muitos membros do Clube da Água Mineral.

Então, o que funciona? Há poucos anos, pesquisadores da Universidade da Califórnia, em Davis – o professor de enologia (química do vinho) Andrew L. Waterhouse e sua aluna Natalie Ramirez –, testaram uma variedade de formulações, comerciais e preparadas em casa. Vários produtos comerciais "para remover manchas de vinho" mostraram-se totalmente ineficazes. Mas foram obtidos bons resultados com uma mistura meio a meio de peróxido de hidrogênio a 3% e uma determinada marca de detergente líquido para lavar pratos.

Não há necessidade de preparar tal mistura e mantê-la guardada para emergências: aliás, ela não se conserva bem. Mas o peróxido de hidrogênio no teste de Davis me forneceu uma pista importante, porque os peróxidos são branqueadores, embora muito menos potentes que a água sanitária – que remove não só a mancha como também todas as cores do tecido. Os peróxidos são o que os fabricantes de detergentes chamam de "branqueadores que não desbotam as cores" (branqueadores de uso seguro). Eles oxidam as substâncias químicas coloridas transformando-as em formas sem cor.

Decidi testar vários produtos novos que contêm percarbonato de sódio, descrito como um produto da adição de carbonato de sódio (solução de carbonato de sódio) com peróxido de hidrogênio, que chegaram às lojas depois que o experimento de Davis fora concluído. Verifiquei que eles são milagrosos com as manchas de vinho tinto.

Testei três dos produtos com percarbonato disponíveis no supermercado. Salpiquei-os (todos eles são pós brancos) sobre manchas de vinho em algodão branco, borrifei-os generosamente com água e deixei-os agir por cerca de dez minutos.

Enquanto observava, o carbonato de sódio, alcalino, mudou a cor da mancha para azul, e então o peróxido de hidrogênio tomou seu lugar e branqueou a cor azul quase por completo. (Uma das marcas fez isso mais depressa que as outras.) Aí joguei os panos na máquina de lavar, com percarbonato e tudo mais, e lavei-os com detergente. Não ficou sequer um vestígio da mancha em nenhum deles!

Portanto, ao escolher um produto de limpeza no supermercado, confira o rótulo dos ingredientes. Se disser "percarbonato de sódio", compre e conserve à mão. Ele é bom para remover muitos outros tipos de mancha também.

E a água mineral, reserve para seu uísque.

SEQUESTRADORES DE ELÉTRONS

Em química, oxidação se refere a uma gama de reações muito mais ampla que a simples interação de uma substância com o oxigênio. Num sentido mais geral, refere-se a qualquer reação na qual um átomo ou molécula perde elétrons. O peróxido de hidrogênio e outros peróxidos são agentes oxidantes que podem subtrair elétrons das moléculas de muitos outros compostos químicos.

Mas veja que os compostos químicos coloridos devem sua cor a seus elétrons, que absorvem certos e específicos comprimentos de onda ou cores da luz do dia (uma mistura de todos os comprimentos de onda visíveis) que cai sobre eles, ao mesmo tempo que refletem de volta para nossos olhos todos os demais comprimentos de onda. O que vemos, então, é a luz refletida à qual faltam algumas das cores incidentes. Por exemplo, uma pétala de narciso absorve uma parte dos comprimentos de onda do azul da luz do dia, portanto reflete de volta para nós uma luz deficiente em azul, que percebemos como amarelo. Dizemos então que a flor, em si, é "amarela". Mas se um agente oxidante agisse subtraindo os elétrons que absorvem a luz azul, a cor amarela desapareceria. A flor seria "branqueada".

Uma advertência cautelosa: a remoção de uma mancha pode ser um desafio nem sempre previsível, dependendo da natureza exata da substância que a causou, da idade da mancha, do tipo e da cor do tecido. Meus testes foram feitos com manchas frescas de vinho do tipo *merlot* em algodão branco liso. Nunca use qualquer técnica de remoção de manchas – inclusive a descrita acima – sem primeiro testá-la num canto discreto da toalha de mesa ou da roupa.

VINHO TINTO EM TOALHA BRANCA

Esteja preparado. Tenha sempre na cozinha um produto de limpeza contendo percarbonato de sódio. Todos eles são pós brancos.

1. Despeje o vinho nos copos. Sirva o jantar. Desfrute da comida, do vinho e da alegria.
2. Observe, silenciosamente horrorizado, um dos convidados derramar vinho tinto na toalha de mesa.
3. Sem pestanejar, use uma toalha de papel para absorver o excesso de vinho, enquanto diz ao desastrado (o culpado) para não se preocupar.
4. Salpique pó de percarbonato sobre a área manchada.
5. Distribua água generosamente (com um borrifador) sobre o percarbonato, para formar uma pasta.
6. Deixe a pasta ali por dez minutos, enquanto conversa abobrinhas e imagina o culpado ardendo no inferno.
7. Na primeira oportunidade, leve a toalha de mesa para a máquina de lavar, com a pasta de percarbonato.
8. Lave a toalha da forma habitual, com a quantidade normal de detergente.
9. Vá se confessar por seus maus pensamentos.

2

Lá na fazenda

É na fazenda que tudo começa. O planeta. A terra. O solo. Há uns nove mil anos, quando nós, seres humanos, começamos a complementar nossa existência de caçadores e coletores com o manejo de animais e a agricultura, plantamos as sementes da fazenda moderna. Embora ainda pratiquemos a caça e façamos a coleta nos mares (veja Capítulo 6), a principal fonte da alimentação humana é a agricultura, o cultivo da Boa Terra, para criação de gado e colheitas.

Há muitos tipos de fazendas. De longe as mais numerosas são as voltadas para o cultivo de cereais (veja Capítulo 5), como o arroz, o milho e o trigo que sustentam praticamente toda a população mundial. Outras cultivam frutas (Capítulo 4) e membros dessa categoria abrangente que chamamos de vegetais (Capítulo 3). Outras, ainda, criam animais de olho em sua carne (Capítulo 7), seu leite, ou ovos.

Este capítulo tematiza os dois últimos produtos das fazendas: laticínios e ovos. Nelas, os dois fundamentos da existência animal – o ovo iniciador da vida e o leite que alimenta a primeira infância nos mamíferos – são obtidos de animais domesticados. Nós os consumimos como são ou os transformamos, através de processos mecânicos, químicos ou biológicos, em produtos como manteiga e queijo, e então os incorporamos a centenas de pratos presentes nas culinárias do mundo inteiro.

Você não vai encontrar aqui a resposta para um mistério que me assombrou por muitos anos, porque eu não consegui desvendá-lo. Por que falamos de laticínios e ovos como se houvesse uma conexão óbvia entre eles, assim como há entre frutas e vegetais ou entre carne e peixe? Uma olhada rápida nos animais envolvidos deveria convencer até mesmo o observador mais distraído de que vacas e galinhas de fato têm muito pouco em comum.

Entretanto, vou perpetuar a associação "laticínios e ovos" abordando-os juntos no mesmo capítulo.

Sempre usei leite desnatado até recentemente, quando ficou mais fácil encontrar o leite isento de gordura. Porém não gostei muito dele, e meu neto, quando me visita, se recusa a bebê-lo. Então comprei o leite com baixo teor de gordura. Isto me fez pensar: qual a diferença entre esses produtos? De fato, o leite desnatado era branco azulado, e sua borda em volta do copo ficava translúcida. Por que não posso ter o meu antigo e bom leite desnatado de volta?

Nos dias atuais, quando vemos um cartaz no supermercado lembrando "Já pegou o leite?", somos tentados a replicar: "Seja mais específico, por favor. Você está me oferecendo leite cru, pasteurizado, homogeneizado, asceticamente embalado, integral, desnatado, com 2% de gordura, com 1% de gordura, sem gordura, evaporado, condensado ou leitelho?"

Primeiro, vejamos se você sabe o que é o leite. De acordo com a agência federal das regulamentações (FDA) dos Estados Unidos, título 21, vol.8, cap.1, parte 1240, subparte A, seção 1240.3 (j), inciso 13, leite é "a secreção láctea obtida de um ou mais animais saudáveis produtores de leite, como vacas, cabras, ovelhas, búfalas, incluindo os (mas não se limitando aos) seguintes produtos: leite de baixa gordura, leite desnatado, creme, meio a meio, leite em pó, leite em pó sem gordura, creme em pó, leite condensado ou evaporado, coalhada, leite cultivado ou acidificado, ou produtos lácteos..." e assim por diante, numa lista de mais 88 palavras.

Agora que sabemos do que estamos falando, tratemos de atacar primeiro o problema da gordura. Vou me restringir à "secreção láctea" das vacas (gênero *Bos*), admitindo que você sabe o que elas são sem a ajuda de um zoólogo ou do código federal das regulamentações dos Estados Unidos.

A sociedade norte-americana contemporânea parece ter concluído que 8g de gordura num copo de aproximadamente 200ml de leite integral típico constituem uma séria ameaça à nossa sobrevivência como civilização. Então, o comércio nos oferece uma estonteante variedade de leites com conteúdos cada vez menores de gordura.

Em épocas mais simples, era possível obter "leite desnatado" deixando que a maior parte dos glóbulos de gordura subisse para o gargalo de uma garrafa com leite integral e não homogeneizado, retirando o que chamávamos de nata, como se o leite e a nata fossem dois produtos distintos. Mas hoje, até o creme vem numa variedade de conteúdos de gordura: leve, leve para ser batido, pesado para ser batido e aquele mestiço, metade leite e metade algum tipo de creme.

As seções de laticínios de nossos supermercados nos oferecem uma profusão confusa de escolhas possíveis – um amplo espectro de conteúdos de gordura em produtos lácteos produzidos, de acordo com o código, título 21, vol.8 etc. etc., "pela modificação das características do leite, do creme, ou soro com o uso de enzimas, solventes, calor, pressão, resfriamento, vácuo, engenharia genética, fracionamento, ou outros processos similares, [ou] pela adição ou subtração da gordura do leite, ou a adição de ingredientes opcionais seguros e adequados para a fortificação do produto em proteína, a vitamina ou minerais".

Então, o que o consumidor pode fazer?

Por sorte, o que a indústria de laticínios deu, o governo retirou. A FDA juntou os conteúdos de leite e creme em quatro categorias apenas de leite e seis de creme, incluindo duas variedades de creme azedo. O número de gramas de gordura e calorias é uma compilação das composições médias de praticamente todos os alimentos. As marcas individuais, entretanto, variam um pouco entre si.

Saiba que mesmo havendo nove calorias num grama de gordura, o número de calorias num determinado produto lácteo não é necessariamente nove vezes seu número de gramas de gordura: há calorias também em suas proteínas e carboidratos. Como os vários tipos de leite diferem em outros detalhes além dos conteúdos de gordura, o número de calorias por xícara não irá necessariamente aumentar ou diminuir na mesma proporção que o conteúdo de gordura.

A eliminação de virtualmente toda a gordura do leite integral reduz o número de calorias por xícara apenas de 149 para 86, proporcionando uma economia de meras 63 calorias. Por outro lado, a substituição de um tipo de creme por outro pode fazer uma diferença de até 500 calorias.

Uma xícara de creme integral pasteurizado, aliás, faz duas xícaras de creme *chantilly*, dividindo pela metade nossa culpa ao consumi-lo. A segunda xícara é simplesmente ar, não calórico.

Nós cometemos crimes ainda maiores contra o leite que retirar dele a riqueza que a gordura lhe dá. Por exemplo, removemos cerca de 60% da água do leite integral, depois o enlatamos e chamamos isso de leite evaporado (19,1g de gordura e 338 calorias por xícara). Toda a gordura do leite é retida, exceto nas inevitáveis versões com baixo teor de gordura e sem gordura do leite evaporado. Por exemplo, o leite evaporado desnatado contém 0,5g de gordura e 200 calorias por xícara. O leite condensado adoçado (26,6g de gordura e 982 calorias por xícara) é leite evaporado misturado com cerca de 45% de açúcar.

E assim por diante. Seu precioso leite desnatado ainda existe, embora oculto por alguma das várias alcunhas modernas.

LA CRÈME DE LA CRÈME

Qual é a diferença entre os vários tipos de creme expostos na mercearia: creme integral pasteurizado, creme* chantilly, *creme* light, *creme meio a meio (metade água, metade creme) etc.?

O creme é feito estimulando-se a percentagem de gordura do leite além da percentagem que a vaca colocou nele. Isto é, um pouco da parte aguada, não gordurosa, do leite original (o "leite desnatado") é removida para que aumente sua "riqueza": a sensação macia e untuosa que sentimos ao bebê-lo.

Como? Bem, a gravidade fará isso automaticamente, se deixarmos o leite integral e não homogeneizado quieto por algum tempo. A gordura, por ser mais leve (menos densa) que a água, vai boiar na superfície, e a porção rica em gordura – o creme – pode ser retirada.

Mas os produtores de laticínios separam os glóbulos de gordura muito mais depressa e com eficiência maior do resto do leite usando centrífugas, as chamadas máquinas separadoras de creme, que fazem o leite integral girar milhares de vezes por minuto. A parte mais pesada e aguada (mais densa) do leite é dirigida para fora com mais força que a gordura e migra para os componentes externos do recipiente em forma de tigela, enquanto os glóbulos de gordura, menos densos, depositam-se no centro. Pás cônicas recolhem produtos de várias densidades, isto é, produtos com diversas densidades de gordura.

Os cremes são rotulados de acordo com os diferentes conteúdos de gordura. O creme integral pasteurizado, às vezes chamado creme para ser batido, é literalmente *la crème de la crème*, porque contém o percentual mais alto de nata de leite: de 36 a 40%. Os cremes para serem batidos, mais leves, podem conter de 30 a 36% de nata de leite, mas nenhum com menos de 30% poderá ser batido. Cremes leves, às vezes chamados de creme para café, contêm entre 18 e 30% de nata de leite.

Uma pequena máquina manual separadora de creme. O creme chega de um dos canos (à esquerda), e o leite do outro.

O creme meio a meio é considerado metade leite e metade creme, mas isso não deve ser compreendido ao pé da letra: seu conteúdo de nata de leite varia conforme a metade "creme" seja mais pesada ou mais leve. O percentual de nata de leite no creme meio a meio vai de 10,5 a 18%.

Como os dizeres dos rótulos podem ainda variar, escolha seu creme no mercado examinando o conteúdo de gordura indicado na embalagem.

Balas de travesseiro

Esta é uma adaptação de uma receita manuscrita pela pintora norte-americana Mary Cassatt (1844-1926). Ela fazia esses caramelos macios quando recebia amigos como o pintor Edgar Degas em Paris. Os livros de receita de Cassatt não chegaram até nós, e esta é a única receita que se pode atribuir a ela. Cobertas com chocolate, com o formato de um travesseirinho, essas balas foram colocadas sobre os travesseiros dos convidados para a grandiosa inauguração do Renaissance Hotel, em Pittsburgh (na época Allegheny City, na Pensilvânia), onde Cassatt nasceu.

Siga exatamente a receita. Se a cozinha estiver quente demais, os docinhos tendem a amolecer e esparramar. Num ambiente mais frio, manterão seu formato. Se você gosta de caramelo, vai adorar os travesseirinhos.

- 170 g de chocolate meio amargo
- 3 ½ xícaras de açúcar
- 6 colheres de sopa de manteiga sem sal
- 1 xícara de mel
- 1 xícara de creme pasteurizado
- ¼ de xícara de cacau em pó para polvilhar

1. Unte uma mesa de mámore ou um tabuleiro para assar biscoitos. Não use placa de Teflon ou revestida de material semelhante. Deixe-a separada para usar depois.

2. Rale o chocolate no ralo grosso sobre uma tigela de tamanho médio.

3. Acrescente os ingredientes (exceto o cacau em pó) e misture-os com colher de pau.

4. Leve a mistura ao fogo médio, mexendo ocasionalmente, e cozinhe até que atinja a temperatura de 120° num termômetro para calda. Isso levará cerca de dez minutos.

5. Despeje com cuidado a mistura na superfície untada – sem espalhar – e deixe esfriar.

6. Usando uma espátula, separe a massa em quatro bolas e polvilhe cada uma delas, levemente, com um pouco do cacau em pó. Enrole cada bola formando rolinhos de 2,5cm de diâmetro. Polvilhe novamente com cacau em pó, coloque num tabuleiro e cubra com plástico. Deixe na geladeira por várias horas, para que a massa fique firme, ou de um dia para o outro.

7. Retire o plástico e corte os rolinhos em pedaços de 2,5cm de comprimento. Ao cortar, use a lâmina da faca para dar aos caramelos a forma de travesseiros. Coloque-os uns ao lado dos outros numa caixinha, bem cobertos.

8. Deixe na geladeira até o momento de servir. Esses caramelos podem ser guardados por cerca de uma semana. Para servi-los, embrulhe cada um em papel de bala ou arrume-os em forminhas para doce.

▸ Rende cerca de 48 balas

BICHO BOM, BICHO RUIM

O rótulo de uma embalagem de iogurte comum inclui pectina entre os ingredientes. Se eles adicionam pectina para engrossá-lo, o produto não fica mais próximo a uma gelatina que a um iogurte?

Em princípio – e em muitos países do mundo –, iogurte é uma coisa muito simples. É feito pela adição de certas classes de bactérias vivas benéficas ao leite de vaca, cabra ou ovelha. As bactérias se alimentam da lactose (açúcar do leite), metabolizando-a em ácido láctico e outras substâncias químicas com sabores interessantes, algumas das quais (os ácidos entre elas) coagulam ou coalham a proteína do leite em um gel espesso. Mas na indústria moderna e mecanizada nada é tão simples assim.

O leite integral, com toda a sua gordura intacta, produzirá um iogurte rico e espesso. Mas há uma grande demanda dos consumidores por iogurte com baixo conteúdo de gordura. Então, para evitar que o produto fique fino e aguado, os fabricantes podem adicionar um espessante ou estabilizador: sólidos do leite, pectina (um carboidrato hidrossolúvel obtido em geral das frutas) ou uma pequena quantidade de gelatina.

Há muitos séculos faz-se iogurte na Europa Oriental e no Oriente Médio, mas só há pouco tempo, relativamente, ele conquistou os Estados Unidos, onde se alardeou sua reputação não comprovada de nos manter saudáveis, esbeltos e em boa forma. Os produtores comerciais de iogurte travam a guerra das calorias fazendo seus produtos a partir de leite com baixo teor de gordura ou desengordurado para que possam grudar em seus rótulos essas palavras tão agradáveis ao consumidor. Mas, como muitos norte-americanos não apreciam o sabor do iogurte comum, a maioria dos nossos iogurtes é adulterada com açúcar ou doces de frutas, e de qualquer maneira o cálculo das calorias aumenta.

Será que comer iogurte faz você perder peso? Certamente, se você o comer em lugar dos lanches generosos e das balinhas do fim de tarde. Mas esqueça-se dos atraentes adjetivos nas embalagens e leia a tabela de informação preparada pelo governo: ela apresenta o número real de calorias por porção.

Entre milhares de espécies de bactérias e fungos, existem os mocinhos e os bandidos, como nos velhos filmes de faroeste. Os bandidos podem nos fazer adoecer, mas acolhemos os mocinhos e os usamos para produzir uma galáxia de comidas maravilhosas, desde o iogurte até centenas de queijos, cervejas e vinhos.

O primeiro passo para fazer o iogurte é matar qualquer bactéria patogênica que possa estar se escondendo no leite. A pasteurização comum, que consiste em aquecer o leite a 72° durante 15 segundos ou a 63° durante 30 minutos, pode resolver a questão, mas os produtores de iogurte em geral usam temperaturas mais altas: 95° por 10 minutos ou 85° por 30 minutos. As temperaturas mais altas ajudam a engrossar a textura do produto ao coagular algumas das proteínas do leite. O leite pasteurizado é então esfriado a 43°, uma temperatura agradável e confortável na qual os mocinhos podem florescer.

As bactérias usadas para fazer iogurte são o *Lactobacillus bulgaricus* (LB) e o *Streptococus thermophilus* (ST), misturadas em quantidades iguais. (Outras bactérias, como *Lactobacillus acidophilus*, podem também ser adicionadas.) Os LB e os ST têm uma relação simbiótica especial. Enquanto jantam juntas a lactose do leite, o LB também quebra as proteínas em aminoácidos (os blocos construtores de proteínas) e peptídeos (dois ou mais aminoácidos ligados entre si), que o ST pode comer. Em troca, o ST produz o gás dióxido de carbono, que estimula o crescimento de LB.

Entre os principais flavorizantes químicos que essas bactérias produzem estão o ácido láctico, o ácido acético (ácido do vinagre) e o acetaldeído, um componente com sabor acre de nozes ou de maçã verde, também criado durante a fermentação do vinho e da cerveja. São os ácidos láctico, acético e outros mais que fazem o truque de engrossar o leite transformando-o em iogurte de consistência cremosa.

No que deve ser a quintessência da ingratidão, logo que as bactérias terminam seu trabalho, produzindo o sabor e a textura desejados, a maioria dos magnatas do iogurte as elimina usando calor. Nesse caso, o rótulo provavelmente dirá "tratado com calor após cultura".

Algumas pessoas acreditam que comer bactérias vivas possa de algum modo torná-las mais saudáveis, mas não existe uma evidência científica convincente disso. Entretanto, se você prefere iogurte com bactérias ainda vivas e ativas, procure algo como "contém culturas vivas de iogurte" no rótulo. Com isso, você tem a garantia de que o produto, ao ser manufaturado, continha pelo menos dez milhões de bactérias por grama, ou mais de dois bilhões em uma xícara de 200ml. Não se deixe enganar por um rótulo de iogurte que diz "feito com culturas ativas". Claro que elas eram ativas originalmente, caso contrário não teriam transformado o leite em iogurte. A questão é se elas ainda estão vivas quando você leva o iogurte para casa e come.

É possível que pessoas com uma leve intolerância à lactose e que tenham problemas em digerir laticínios tolerem o iogurte porque as bactérias já engoliram praticamente toda a lactose. Se as bactérias são ingeridas ainda vivas, elas podem conseguir sobreviver a nossos processos digestivos e continuar a recolher sua lactose em nosso aparelho digestivo. Mas essa suposição ainda não foi suficientemente investigada.

Repulsão x atração

Na conversão do leite para iogurte, os ácidos produzidos por bactérias atuam sobre a proteína do leite, que é sobretudo caseína, para fazer com que seus glóbulos microscópicos e amplamente dispersos (suas micelas) se agrupem numa massa sólida. Isso acontece depois que as bactérias agiram durante algum tempo e produziram um certo nível de acidez. Para a caseína, esse nível é um pH de 4,6 – o chamado ponto isoelétrico, no qual as micelas perdem suas cargas elétricas, que se repelem mutuamente e podem se grudar umas às outras. O que se observa quando esse nível de acidez é alcançado é que o leite coagula, e os coalhos separam-se do soro. Lá onde o iogurte é feito, eles então homogeneízam os coalhos, o soro e a gordura do leite em uma textura uniforme e macia.

Queijo de iogurte

Se você gosta de iogurte, mas prefere uma consistência mais firme, pode fazer queijo com ele, depois de escorrer o soro. O queijo de iogurte pode substituir os queijos semimacios. Funciona também como uma boa pasta para servir com *baguette* ou *bruschetta* e fica ainda melhor misturado com ervas. Adoçado com mel, pode ser servido como "queijo de sobremesa", acompanhado de bolachas *cream-crackers*.

- 2 xícaras de leite integral comum ou de iogurte com baixo teor de gordura (não serve sem gordura)

1. Esvazie o iogurte sobre uma peneira fina ou sobre um coador forrado com várias camadas de talagarça. Em ambos os casos, não deixe de colocar uma vasilha por baixo da peneira ou do coador.

2. Ponha tudo na geladeira e deixe o iogurte pingar e escorrer durante duas a 24 horas. Quanto mais tempo escorrer, mais compacto ficará. O líquido que se acumula é o soro. Pode ser jogado fora.

3. O queijo de iogurte semimacio que fica na peneira ou no coador terá uma consistência entre a do creme azedo e a do queijo de cabra fresco.

- Rende 2 xícaras

O QUE ACONTECEU COM O SORVETE CREMOSO?

Comprei uma embalagem de um litro de sorvete cremoso especial e coloquei-a no freezer. *Para minha surpresa, no dia seguinte o sorvete estava tão duro quanto qualquer sorvete comum. Eu imaginava que os sorvetes desse tipo fossem feitos de acordo com uma receita especial que os mantivesse cremosos, como os que são servidos em taças nas sorveterias. O que aconteceu?*

Como também sou um fã desse tipo de sorvete, especialmente o de chocolate, fiz o mesmo que você por duas vezes. Em cada uma delas, logo que pus a embalagem

Creme azedo "faça você mesmo"

Você pode fazer o "creme azedo artesanal" usando os "mocinhos" do soro do leite: *Streptococcus lactis*, *Streptococcus cremoris*, e/ou *Streptococcus diacetylactis*, com um pouco de *Leuconostoc citrovorum* para dar um bom sabor. Eles se alimentarão da lactose do creme, produzindo ácido láctico com agradável sabor azedo. Como o leitelho é feito de leite desnatado ou semidesnatado, combiná-las com o creme mais cheio de gordura resultará num produto muito mais rico.

Ao contrário do creme azedo comercial, o artesanal pode ser batido – desde que você o faça com creme integral pasteurizado. Neste caso, tenha cuidado para não bater demais porque subitamente pode virar manteiga. O creme azedo feito em casa, batido ou não, é uma ótima cobertura para tortas de frutas e acompanha bem muitas sobremesas feitas com chocolate.

O creme pasteurizado à moda tradicional se torna espesso em 24 horas e ganha um sabor forte, delicioso. O creme ultrapasteurizado requer um pouco mais de tempo e tem uma textura mais macia. Ambos podem ser conservados durante um mês na geladeira, onde o creme azedo vai ficando mais espesso e mais gostoso.

- 2 xícaras de creme de leite espesso
- 5 colheres de chá de leitelho cultivado

1. Misture o creme e o leitelho numa jarra de vidro com tampa de rosca. Sacuda a jarra durante um minuto.

2. Deixe a jarra descansar a temperatura ambiente durante 24 horas, enquanto o líquido se espessa até a consistência de creme azedo. Se o dia estiver especialmente frio, isso levará mais tempo (mais umas 12 horas talvez).

3. Conserve na geladeira por, no mínimo, 24 horas (de preferência, mais), para obter melhor sabor e mais consistência, antes de usar.

- Rende 2 xícaras

dentro do carro, medi a temperatura mergulhando no meio dela um termômetro de leitura instantânea e esperando alguns instantes para fazer a leitura final. Nas duas ocasiões, obtive -10º e -9º. Aí, depois de dois dias no meu *freezer*, já um pouco diminuídas em quantidade pelos "testes científicos" realizados depois do jantar, cada uma das embalagens indicava -18º. Meu sorvete cremoso, como o seu, tinha se tornado quase tão duro quanto o sorvete de qualidade inferior.

Assim, qualquer uma das marcas de sorvete cremoso nada mais é que sorvete comum em temperatura mais alta. Nós adoramos sorvete cremoso não só porque têm uma textura mais macia, mas também porque nossos palatos são mais sensíveis a sabores quando o que comemos está mais aquecido.

Alguns fabricantes dizem que os ingredientes do sorvete cremoso de baunilha que produzem são: gordura de leite e leite desengordurado, açúcar, xarope de milho, soro, mono e diglicerídeos, aromatizante artificial, goma guar, polissorbato-80, carragenana (os três últimos são espessantes) e vitamina A palmitato. O principal ingrediente, gordura de leite, é naturalmente nata de leite, e a manteiga é mais dura em temperaturas baixas porque sua gordura fica cristalizada. Os mono e diglicerídeos comportam-se de forma semelhante às gorduras integrais da butirina (triglicerídeos), enquanto a goma guar e a carragenana também tendem a enrijecer em temperaturas baixas. Portanto, não surpreende que seu sorvete especial estivesse mais macio quando foi comprado e que endureça no *freezer*.

Nas sorveterias e em outras lojas, rios de marcas de sorvetes cremosos, inclusive dietéticos (que, perversamente, contêm menos leite que sorvete), fluem de máquinas com ar pretensioso que engolem pilhas de misturas semiprontas descarregadas em suas goelas. As máquinas efetuam a mistura e o congelamento, ajustam-lhes a temperatura e viscosidade, e as enriquecem com uma infinidade de sabores, incluindo dois sabores ao mesmo tempo para os clientes indecisos que não conseguem optar entre chocolate e baunilha.

FIQUE FRIO, HOMEM!

Será que tomar sorvete com o tempo quente esfria a gente?

As pessoas parecem achar que sim. Na sorveteria perto da minha casa, toda noite, depois do jantar, há uma fila enorme de clientes procurando se refrescar, mas assim que chega a primavera, o lugar começa a ficar deserto.

A resposta para sua pergunta na verdade é não. Afinal, somos criaturas de sangue quente, com termostatos ajustados para 36,5º, e comer alguma coisa fria não pode alterar isso. Nosso mecanismo de esfriamento é um fenômeno puramente superficial: a evaporação do suor na nossa pele, ajudada, quando estamos com sorte, por uma brisa que acelera o processo. Pôr sorvete na boca serve apenas para esfriar a boca.

Segundo meus cálculos, um cubo de gelo de 2,5cm, com -18° ao se derreter na nossa boca absorveria somente 1,3 caloria. Distribuída por todo o corpo, essa perda de calor faria a temperatura de uma pessoa de aproximadamente 70kg baixar apenas 0,004°.

CELEBRANDO A INFLAÇÃO

Deixei um copo de sorvete pela metade na geladeira de um dia para o outro e ele derreteu, enchendo somente uma quarta parte do copo. Por que o sorvete encolheu tanto?

Metade dele era ar.

As regulamentações federais especificam que a quantidade de "excedente" no sorvete deve ser menor que 100%. Excedente é o aumento em volume entre os ingredientes do produto e o produto final, aerado. A duplicação do volume, conhecida como excedente 100%, significa que o produto contém 50% de ar.

Ora, você não sabia que seu sorvete pode conter legalmente 50% de ar? Pois é. A quantidade varia bastante de fabricante para fabricante, mas isso não é considerado desonesto porque o ar faz o sorvete ficar macio. Sem o ar batido incorporado, um tijolo de sorvete seria quase tão duro quanto um tijolo de barro. Em contrapartida, um sorvete contendo o máximo legal de 50% de ar daria ao consumidor a impressão de um produto aguado e de qualidade inferior.

Os sorvetes comercializados, sejam eles do tipo cremoso ou comum, devem pesar por lei não menos de cerca de 2kg por galão, o que dá aproximadamente 500g por um quarto de galão.

Experimente pesar um galão de sua marca favorita. Se pesar por volta de 750g é porque contém aproximadamente 50% de excedente, ou seja, 25% de ar. Se pesar menos de 500g, chame a polícia.

CREME DE QUEIJO DE PITTSBURGH

Só por curiosidade, contei as quase duas dezenas de tipos de queijo na seção de laticínios do mercado "para gourmets*", e acho que existem ainda muitas centenas mais no mundo. Mas os dois que estavam sempre presentes na minha infância –* o cream cheese *e o queijo* cottage *– parecem ser diferentes de todos os outros. Quando eu era criança, era só o que eu conhecia. O que faz esses queijos tão diferentes? Eles são queijos genuinamente americanos?*

Genuinamente americanos não, mas basicamente sim.

O que o *cream cheese* e o queijo *cottage* têm em comum, junto com o francês Neufchâtel e alguns outros, é que eles não são envelhecidos ou amadurecidos. O leite, ou a combinação de leite e creme, é coalhado por meio de um ácido (em geral ácido láctico), em lugar de coalhos, e o produto coalhado fica pronto para o consumo logo que se separa do soro.

Variações do *cottage*, que é o mais simples dos queijos, são feitas no mundo inteiro – provavelmente em chalés (*cottages*) no campo – embora ninguém mais saiba a origem do nome. Ele foi conhecido como queijo envasado, queijo de fazendeiro, coalhada (na Irlanda) e Schmierkase ("queijo para ser espalhado", na Pensilvânia holandesa).

Nos Estados Unidos, onde o queijo *cottage* tem a maior popularidade e onde foi pela primeira vez comercializado, no início do século XX, ele é feito com a adição de uma cultura de *Streptococcus lactis* ao leite desnatado ou com baixo teor de gordura. Essas bactérias alimentam-se do açúcar contido no leite e produzem a coagulação do ácido láctico. Em geral, outra cultura bacteriana, *Leuconostoc citrovorum*, que produz compostos saborosos, mas não ácidos, também é adicionada. Depois de um período de fermentação de algumas horas, os coágulos são cozinhados, e uma parte da água é escorrida, deixando grupos soltos e esfarelentos de coalhos. Isto é o queijo *cottage*. Se mais água for retirada para que se obtenha um produto mais seco, o resultado pode ser chamado de queijo envasado. Pressione os coalhos numa forma de bolo ou de pão e terá o queijo de fazendeiro.

Por ser um queijo muito úmido (mais de 80% de água), ele também se deteriora rapidamente, constituindo um meio muito favorável à proliferação de bactérias patogênicas que podem pousar nele. Por isso, deve ser mantido na geladeira.

Uma xícara (226g) de queijo *cottage* com 2% de gordura contém 203 calorias, enquanto a mesma xícara com queijo de 1% de gordura contém 163 calorias. Ambos têm um conteúdo protéico de 28g, ou 12,4%. É por isso que o queijo *cottage* tem boa reputação nas dietas: elevado teor de proteína, quase nenhuma gordura e poucos carboidratos.

Com o *cream cheese* a história é muito diferente. Ele é mesmo uma invenção norte-americana, como você pode deduzir do fato de que parece existir apenas uma marca com o nome de uma cidade da Pensilvânia (Philadelphia). O *cream cheese* surgiu em 1872, numa leiteria em Chester, Nova York. Em 1880, foi batizado de "Philadelphia" por um distribuidor de Nova York, porque na época a cidade de Filadélfia era famosa por seus produtos alimentícios de alta qualidade. (O *cream cheese* de Pittsburgh aparentemente não foi bem-sucedido...)

Hoje o *cream cheese* tem um conteúdo mínimo de gordura de 33% e um máximo de umidade de 55%. A marca Philadelphia tem 34,9 de gordura e contém 810 calorias por xícara. Contudo, sua consistência especial, cremosa e grudenta, não é um resultado automático. Ela é produzida por vários aditivos, inclusive alginato, um espessante derivado da alga; goma de alfarroba, das sementes da alfarrobeira; goma tragacanta, obtida de várias plantas da Ásia e da Europa Oriental; e goma guar, derivada da semente de um arbusto da família das leguminosas.

Cheesecake danado de bom

A receita deste bolo de queijo aveludado e cremoso nunca falha. Use de preferência uma fôrma de torta que tenha bordas e fundo removíveis. Sirva-o com frutas vermelhas frescas, *coulis* de ruibarbo (p.96) ou com doces de frutas. O queijo que dá melhor resultado é o clássico *cream cheese.* Não use queijos com baixo teor de gordura.

Massa:

- cerca de 10 bolachas *cream crakers*
- 1 colher de sopa de açúcar
- 2 colheres de sopa de manteiga sem sal derretida

Recheio:

- 3 caixinhas (cerca de 150g cada uma) de *cream cheese* em temperatura ambiente
- 4 ovos, também em temperatura ambiente
- 1 colher de chá de essência de baunilha
- 1 xícara de açúcar
- 1 pitada de sal

→

Cobertura:

- 2 xícaras de creme azedo (que não seja de baixo teor de gordura)
- 1 colher de sopa de açúcar
- 1 colher de chá de essência de baunilha

1. Coloque a grelha na altura média do forno aquecido com antecedência. Unte uma fôrma de torta de 22,5cm de diâmetro.

2. Prepare a massa. Moa as bolachas no liquidificador ou processador. Se não tiver um, coloque-as num saco plástico e amasse-as com um rolo de pastel. Meça uma xícara de migalhas e coloque-as numa tigela pequena (as que sobrarem você não vai usar). Adicione o açúcar e a manteiga. Misture com um garfo até ficar uma massa uniforme.

3. Espalhe a mistura na fôrma deixando as bordas mais altas (com cerca de 1,5cm) e pressione-a levemente com os dedos. Ponha para gelar enquanto prepara o recheio.

4. Faça o recheio. Numa tigela grande, com uma batedeira em velocidade média, bata o queijo por um minuto. Junte os ovos e o açúcar e continue batendo por dois minutos, ou até que a mistura fique cremosa.

5. Despeje o recheio na fôrma preparada com a massa e coloque-a no forno, dentro de um tabuleiro ou de uma fôrma de pizza para garantir sua estabilidade. Deixe cozinhar durante 35 minutos.

6. Faça a cobertura. Numa tigela média, junte o creme azedo, o açúcar e a baunilha com uma espátula de borracha até a mistura ficar cremosa e leve.

7. Retire o *cheesecake* do forno. Ele estará um pouco mole no centro. Com uma colher de sopa, vá colocando porções da cobertura na sua superfície e arrumando-a das bordas para o centro até que esteja bem distribuída e cubra toda a torta. Leve-a de volta ao forno para cozinhar por mais cinco minutos.

8. Retire o *cheesecake* do forno e deixe que esfrie na fôrma. Depois cubra-o com um filme plástico e ponha na geladeira durante pelo menos seis horas, ou de um dia para o outro.

9. Para servir, passe a lâmina de uma faca em toda a borda da fôrma para soltar a massa, depois remova os lados da fôrma, transferindo o *cheesecake* para um prato. Corte-o em fatias.

- Rende 10 a 12 fatias

SOBRE O *BRIE*

O que o sinal "%" significa nas embalagens de queijo brie? *Vejo com frequência esse queijo à venda marcado, por exemplo, "*Brie *– 60%".*

É a percentagem de gordura no queijo, mas expressa de acordo com o que os químicos chamariam de "com base no peso seco" – o percentual de gordura existente em um queijo se toda a umidade fosse removida.

No seu exemplo, esse famoso e antigo (data do século VIII) queijo francês, chamado *brie* por causa do nome de uma região a leste de Paris, pode ser feito com misturas de creme e leite com percentagens variadas de gordura. O conteúdo de gordura da maioria dos queijos é detalhado na embalagem como percentagem de gordura do leite na matéria seca do queijo.

As quantidades de umidade variam nos queijos, mesmo em diferentes lotes dos mesmos tipos. Assim, quando desejamos expressar o percentual de gordura num queijo – o número de gramas de gordura por 100g de queijo –, o que deveríamos usar como 100g de queijo: o queijo úmido ou o material seco do queijo? Obviamente, o resultado será mais acurado e significativo se eliminarmos do cálculo as quantidades variáveis de umidade e apresentarmos a percentagem de gordura como uma percentagem do material seco.

Para isso, uma mostra do queijo é aquecida num forno de laboratório para que toda a umidade seja removida, restando sobretudo proteína seca e gordura. Então, a quantidade de gordura é medida e expressa como percentagem da matéria seca. Essa percentagem será maior que o percentual de gordura no queijo integral (não seco).

Por exemplo, digamos que um queijo *brie*, úmido e inteiro, tenha 20% de água. Depois de secas, 100g dele renderiam 80g de matéria seca. Se essas 80g, medidas, demonstrassem ter 40g de gordura, o rótulo do queijo diria "50 % de gordura" (40/80). Mas isso significa 40g de gordura no que era, originalmente 100g do queijo inteiro, não seco. Portanto, o queijo inteiro, úmido, tem na verdade apenas 40% de gordura (40/100).

O processo de secagem não é inteiramente um expediente para fazer com que o queijo pareça mais alto em gordura de leite/butirina que de fato é. Como a água contida nos alimentos pode variar muito de amostra para amostra, os cientistas dos alimentos preferem secar as amostras, primeiro, para eliminar a água, e então expressar a composição do alimento com base no seu peso seco – as quantidades de ingredientes expressas como percentuais da matéria seca. É uma prática-padrão para expressar a composição de alimentos e muitos outros materiais que têm conteúdos variáveis de água.

ÁGUA MINERAL?

Os fornecedores de certos sais marinhos tipo *gourmet* (leiam-se "caros") se vangloriam de que seu produto contém tantos "minerais saudáveis" que tem apenas 85% de cloreto de sódio. Mas a trapaça é que o sal não está completamente seco, e os outros 15% são na maior parte água. Na pesagem do conteúdo seco, o sal teria mais de 97% de cloreto de sódio, exatamente como as outras marcas aprovadas para consumo humano.

QUEIJEIRO, QUEIJEIRO, FAÇA UM QUEIJO PARA MIM!

Sou aprendiz de queijeiro. Ao fazer o queijo do tipo camembert, *acrescentamos* Penicillium candidum *(ou alguma outra forma de penicilina) ao leite, ou a aspergimos pelo lado externo. Minha mãe tem alergia a penicilina, mas nunca manifestou qualquer reação ao meu* camembert. *Por quê? Outra coisa: as regulamentações norte-americanas exigem que o leite para fazer queijo seja pasteurizado, ou que o queijo seja envelhecido pelo menos por 60 dias. Sei que a pasteurização acaba com as bactérias nocivas, como a listeriose e brucelose, mas como pode o envelhecimento nos livrar delas?*

Primeiro vamos corrigir a terminologia. Você está confundindo a bactéria com a doença que ela causa, o medicamento com o fungo, e o fungo com o alérgeno – a substância que desencadeia as reações alérgicas em algumas pessoas. Estas são as coisas certas:

- **Penicilina** (não *penicillium*) é o nome do medicamento.
- ***Penicillium*** (não penicilina) é o gênero do fungo que produz o medicamento.
- **Listeriose e brucelose** são doenças causadas pelas bactérias, não os nomes das próprias bactérias.

O medicamento: a história frequentemente contada sobre o "remédio maravilhoso" chamado penicilina data de 1928, quando o médico bacteriologista escocês Alexander Fleming tirou férias de seu emprego no St. Mary's Hospital, em Londres. Ao voltar, semanas depois, descobriu que alguns esporos do fungo *Penicillium notatum* haviam penetrado em seu laboratório e estacionado sobre suas culturas da bactéria patogênica *Staphyloccus aureus*. (Conta-se que Fleming era muito relaxado e costumava deixar seus pratos de cultura descobertos.)

Ele percebeu que a bactéria se recusava a crescer perto do lugar onde a colônia de fungos se desenvolvia, e deduziu que o fungo *Penicillium* liberava alguma espécie de substância antibacteriana. Batizou essa substância de "penicilina" e ganhou o Prêmio Nobel por sua descoberta, em 1945.

Hoje a penicilina é produzida em larga escala com o cultivo de esporos do fungo *Penicillium chrysogenum*, um produtor de penicilina bem mais prolífico que *P. notatum*, em tanques de aço, onde eles são alimentados com "milho hidratado", um subproduto rico em carboidratos e nitrogênio obtido da moagem do milho destinado à produção de amido de milho.

É importante entender o que causa alergia em sua mãe e o que não causa. Ela é alérgica à própria penicilina química (fórmula $R\text{–}C_9H_{11}N_2O_4S$, em que R representa um dos grupamentos atômicos), e não ao fungo *P. chrysogenum*. Os fungos *Penicillium* usados na fabricação de queijo não geram penicilina, portanto não causam problema para quem é alérgico à penicilina.

Os fungos: eles se desenvolvem em matéria orgânica úmida e morna. Como os micófilos (apreciadores de cogumelos) sabem muito bem, há mocinhos e bandidos entre os fungos. Até mesmo algumas das espécies de *Penicillium* produzem toxinas que podem tornar uma comida intragável ou perigosa. Por exemplo, o fungo verde azulado que aparece em sua comida já meio passada é um *Penicillium*. Mas não é penicilina. Portanto, jogue fora toda comida mofada, junto com qualquer coisa comestível que estiver perto dela e que possam ter sido exposta aos esporos trazidos pelo ar. Não deixe a cozinha ficar como o laboratório de Fleming.

Várias espécies diferentes de *Penicillium* são usadas na fabricação de queijo, seja injetando-se a cultura de fungos no queijo (maturação interna do queijo), seja envolvendo-o com fungos (maturação da superfície do queijo). Os fungos dão um bom sabor ao queijo e um "aveludado" macio à sua casca. Entre as espécies usadas mais comumente estão *P. camemberti*, para o queijo *camembert*; *P. glaucum*, para gorgonzola, *P. candidum* para o *brie*, o *coulommiers*, e vários queijos franceses de leite de cabra, e o *P. roqueforti* para o *roquefort*, o dinamarquês azul e o *stilton*.

A bactéria: é claro que entre as bactérias também existem mocinhos e bandidos. Entre as patogênicas mais comuns estão *Listeria monocytogenes* e certos membros do gênero *Brucella*. Os sintomas da infecção por essas bactérias são chamados de listeriose e brucelose, respectivamente. A brucelose recebe diferentes denominações – febre de Malta, febre do Mediterrâneo, febre de Chipre etc. –, dependendo da parte do mundo onde as várias espécies de *Brucella* causaram maior perturbação.

Tanto a *Listeria* quanto a *Brucella*, junto com outros vilões patogênicos como *Campylobacter jejuni*, várias espécies de *Salmonella* e a sempre popular *Escherichia coli* (O_{157}:H_7) podem se reproduzir na atmosfera úmida das fábricas de queijo e de laticínios.

O queijo: há mais de 55 anos, a FDA exige que todos os queijos vendidos nos Estados Unidos, sejam eles fabricados no país ou importados, atendam às três condições seguintes: (1) o leite tenha sido pasteurizado por aquecimento a 63° durante 30 minutos, ou a 72° durante 15 segundos; (2) o próprio queijo tenha sido submetido a condições idênticas de aquecimento; ou (3) o queijo tenha sido envelhecido durante pelo menos 60 dias em uma temperatura não inferior a 1,7°. O envelhecimento prolongado para produzir queijos mais duros, como o *gruyère* ou o *cheddar*, ao mesmo tempo aumenta a acidez do coalho e o resseca, e muitas bactérias não conseguem se multiplicar em meios secos e ácidos. Mas os queijos macios, que não são envelhecidos por tanto tempo, não podem ser feitos com absoluta segurança com leite não pasteurizado.

Nos últimos anos, a FDA tem falado em eliminar a opção do envelhecimento por 60 dias, isto é, em proibir a distribuição de qualquer queijo, envelhecido ou não, que seja feito de leite não pasteurizado, ou "cru", sob a alegação de que se descobriu que a *Listeria* e a *E. coli* sobrevivem a esse período de envelhecimento. (A segunda opção, pasteurizar o queijo já pronto, na maioria dos casos é impraticável.)

Objeções iradas a esse balão de ensaio partiram de vários lugares, inclusive dos produtores e exportadores de queijo europeus, que usam leite cru em muitos dos produtos de que tanto se orgulham; dos produtores artesanais de queijo norte-americanos; e também dos meros apreciadores de queijo, muitos dos quais acreditam que a pasteurização prejudica o sabor, e que os casos de doença causada por queijo contaminado com *Listeria* são muito raros. (Nas poucas centenas de mortes anuais por listeriose nos Estados Unidos, é muito difícil determinar quantas foram causadas pelo consumo de queijo, porque outros alimentos, principalmente cachorros-quentes, carnes em conserva e frango, são as principais fontes de contaminação por *Listeria*, e em muitos casos a fonte não é identificável.)

Então, será que ainda podemos comprar queijos feitos com leite não pasteurizado? Sim. No momento em que escrevo, eles são vendidos legalmente em muitos mercados. Os rótulos dirão que são feitos com "leite cru". Será que alguns produtores trapaceiam, deixando seus queijos de leite cru envelhecerem por menos de 60 dias? Sem dúvida. Será que a FDA vai proibir todos os queijos não pasteurizados? Se eles fizerem isso, terão que passar sobre os cadáveres de milhares de amantes de queijo.

UM PROCESSO ENROLADO

O que dá ao queijo de trança sua textura peculiar? Ele se separa em cordões?

O queijo de trança é uma nova variação da mozarela, um queijo branco, macio e elástico.

A mozarela que comemos, feita de leite de vaca, é um parente pobre da mozarela italiana (*mozzarella di bufala*), da região que corresponde à tíbia da bota que é o mapa da Itália. A *mozzarella di bufala* é feita com o leite da fêmea do búfalo aquático asiático, introduzido na Itália no século VII – um animal totalmente diferente do chamado "búfalo" das pradarias norte-americanas, que na verdade não é absolutamente um búfalo, e sim um bisão... A *mozzarella di bufala* italiana é infinitamente mais úmida, cremosa e saborosa que o produto do leite de vaca, cujo hábitat natal nos Estados Unidos é a cobertura de uma pizza.

Na feitura da mozarela, o leite é coagulado e separado nas proverbiais coalhadas (a proteína e a gordura) e em soro (o líquido que sobra). A coalhada é então misturada com um pouco de soro quente, esticada e amassada até que se torne macia e elástica como borracha.

Para fazer o queijo de trança, o coalho é derretido e aquecido a 75°, depois puxado e esticado como um caramelo, mas principalmente numa só direção, para que as moléculas de proteína do leite (caseína) se alinhem e deem ao queijo uma estrutura direcional. Ele é vendido em rolos no formato de charuto que podem ser descascados como uma banana em tiras compridas e fibrosas que parecem, digamos, cordões.

QUAL A CULPA DO QUEIJO PROCESSADO?

Vejo sempre muitos tipos de queijo "processado" nos supermercados. Qual é a relação deles com queijos tradicionais, como o cheddar, *o suíço e outros? Todos eles contêm queijo "de verdade" e, se contêm, quanto?*

Além das centenas de queijos clássicos que apareceram ao longo de mais de mil anos em várias partes do mundo, somos abençoados com muitas opções para acrescentar gosto de queijo, seja natural ou artificial, a nossas torradinhas e comidas. Dezenas de misturas industriais nos acenam das vitrines refrigeradas dos supermercados. Quase todos contêm "queijo de verdade", mas sua ligação com esse "de verdade" pode ser muito distante.

A virtude básica dos chamados "queijos processados" é que, ao contrário de muitos queijos clássicos, eles derretem facilmente e são fáceis de misturar com outros ingredientes. Isso acontece porque contêm agentes emulsificantes e/ou porque foram batidos até amolecer muito antes de chegarem à sua cozinha.

Sua classificação, como você pode imaginar, é muito difícil, mas a FDA está empenhada nisso. Estas são as categorias definidas para acabar com a fidelidade ao conceito histórico e reverenciado de queijo:

- **Queijo processado pasteurizado**: uma mistura de duas ou mais variedades de queijo que foram aquecidas e mescladas junto com um emulsificante e ingredientes opcionais, como água, sal ou colorante, para formar o que se chama apetitosamente "uma massa plástica, homogênea", com um mínimo de 47% de gordura de leite. A esses produtos chamados queijos podem ser acrescentados creme ou gordura, o que facilita o derretimento, mas eles devem ter pelo menos 51% de "queijo de verdade". Exemplo: a maioria dos queijos norte-americanos.
- **Alimento com queijo processado pasteurizado** (observação: não é um "queijo", é uma "comida"): um queijo processado pasteurizado, contendo ingredientes como creme, leite, leite desnatado, soro da manteiga ou do leite coalhado, que reduzem o percentual do "queijo de verdade" no produto a menos de 51%. Pode conter emulsificantes como fosfatos, citratos ou tartaratos, mas deve conter pelo menos 23% de gordura de leite.
- **Pasta de queijo processado pasteurizado**: um produto feito de queijo processado pasteurizado que pode conter um adoçante mais emulsões estabilizadoras e espessantes como xantina ou carragenana. Deve conter no mínimo 20% de gordura de leite.

• **Imitação de queijo**: feito de óleo vegetal. Mínimo de gordura de leite: 0%. Pode ser encontrado com o nome de molho de queijo. Depois do soro, seu principal ingrediente é o óleo de canola. Gordura de leite? Menos de 2%.

E espera-se que os consumidores pensem que esses produtos são "queijo"?

ENGROSSANDO O MOLHO

Quando faço um molho removendo a crosta da panela com vinho ou caldo depois de refogar a carne, o resultado em geral é muito líquido para o meu gosto, mesmo depois que o deixo reduzir. Então, de acordo com a prática culinária francesa, finalizo o molho adicionando uma "noz" de manteiga e batendo-a rapidamente, o que faz com que o molho fique espesso, como num passe de mágica. Quando uso qualquer outra gordura, como azeite de oliva, isto não acontece. Por que a manteiga engrossa o molho?

Chamar a manteiga de gordura é o mesmo que chamar trufa de cogumelo. A magia da manteiga vem de sua singularidade, não só em sua história e sabor renomados, mas também em sua composição. A manteiga contém uma quantidade relativamente grande de água, e é a água que dá a ela suas propriedades não gordurosas, como a capacidade de engrossar um molho e espumar quando aquecida na frigideira. Voltarei a esses dois fenômenos um pouco adiante, mas primeiro quero fazer uma pequena recapitulação.

A manteiga é uma mistura complexa de gordura (pelo menos de 80 a 82%) e água (16 a 18%), mais 1 a 2% de proteína (na maior parte caseína), e, quando salgada, 1,5 a 3% de sal, o que ao mesmo tempo realça o sabor e evita que fique rançosa. Um toque de pigmento amarelo-laranja, solúvel na gordura, costuma ser acrescentado, sobretudo no inverno, quando as vacas da maioria das raças produzem leite mais pálido nas regiões frias da Terra, porque suas dietas ficam sem o caroteno obtido da vegetação. O pigmento, também usado para colorir queijo, é o urucum, obtido das sementes da árvore sul-americana *Bixa orellana*.

Gordura e água normalmente não se misturam. Mas, na manteiga, a parte gordurosa (a nata) e a parte aquosa do leite (o leitelho) combinam-se no que parece ser uma massa homogênea. Em escala microscópica, veríamos que a água está presente sob a forma de mínimos glóbulos (medindo menos de 0,0005cm), dispersas uniformemente no mar de gordura, como grãos de areia numa gelatina. Tal configuração estável de dois líquidos que normalmente não se misturariam é chamada de emulsão. A manteiga é uma emulsão de água em óleo.

O fato de que a manteiga seja feita de nata é aparentemente um paradoxo, pois o creme é uma emulsão com uma estrutura exatamente oposta. Ele consiste em glóbulos microscópicos de gordura dispersos num líquido aquoso: uma emulsão do tipo óleo em água. Quando o creme é batido para virar manteiga, a ação mecânica quebra as membranas que cercam os minúsculos glóbulos de gordura, e eles podem então se aglutinar – primeiro em grupos do tamanho de um grão de arroz e, finalmente, depois de serem espremidos e amassados, numa massa uniforme que incorpora os glóbulos microscópicos de água.

Mas (você dirá) a manteiga é, na maior parte, gordura sólida, não um óleo líquido. De fato, ela é ambos. Por um lado, em química, a mesma palavra, gordura, é usada quando a substância é sólida ou líquida em temperatura ambiente. Além disso, a gordura do leite está na manteiga parcialmente na forma de um mar de "gordura livre", macia e quase líquida, e parcialmente na forma de cristais sólidos. Manteigas que foram batidas sob diferentes temperaturas e depois esfriadas e temperadas de formas diferentes (assim como um *chef* confeiteiro tempera o chocolate para controlar seus cristais de gordura) acabam com diferentes proporções de cristais livres de gordura, e portanto com diferentes graus de consistência que vão da manteiga macia, que se espalha facilmente, até as que se fragmentam.

É aí que entram os pequenos animaizinhos. Várias classes de bactérias, algumas delas boas para nós e outras ruins, veem o açúcar do leite (lactose) como vitualha apetitosa e proliferarão no creme, se deixarmos. As ruins podem ser eliminadas pela pasteurização, enquanto as boas podem ser estimuladas pelas temperaturas mornas a prosseguir na sua degustação, gerando alguns produtos de sabor maravilhoso com sua presença. Ambas as medidas têm consequências importantes para a manteiga.

Nos Estados Unidos, todo creme usado para fazer manteiga comercial deve ser primeiro pasteurizado a 74° durante 30 minutos, processo que, segundo insistem os *connoisseurs*, confere à manteiga um sabor ligeiramente passado, se comparada com a manteiga fresca da fazenda, não pasteurizada. A melhor palavra para isso – embora, infelizmente, pouco usada em nossa parte do mundo – é que o creme será cultivado (ou "amadurecido", "maturado ou "azedado") pela adição das bactérias boazinhas, uma mistura das classes *Lactococcus* e de *Leoconostoc*, produtoras de ácido láctico e diacetila. O ácido láctico acrescenta um sabor forte e agradável à manteiga, enquanto a diacetila é a substância química que lhe dá o sabor característico mais dominante. É pena que a maioria dos norte-americanos produtores de manteiga em grande escala (mais de 3.600kg por lote) não realizem essa etapa da cultura porque ela consome tempo.

A essa altura, você deve estar imaginando que a manteiga faz espuma na frigideira porque a água se transforma em vapor, que então borbulha ao procurar sua saída ruidosamente. Mas, a despeito do alto conteúdo de água, a manteiga quente não respinga na frigideira como qualquer outra gordura quente em presença da água. Em vez disso, a manteiga simplesmente faz espuma em volta da comida. É porque a água da manteiga está na forma de glóbulos individuais e microscópicos. Eles não se juntam em gotículas que, em contato com a gordura quente, explodiriam em jatos de vapor relativamente grandes, projetando ao mesmo tempo respingos de gordura quente.

Como, então, a manteiga faz um molho ficar homogêneo e espesso na frigideira? De duas maneiras. Primeiro, o conteúdo de gordura da manteiga pode absorver a gordura do molho na frigideira, enquanto seu conteúdo de água pode absorver o vinho ou caldo de carne, levando-os a uma espécie de harmonia matrimonial. Mas o matrimônio não durará muito tempo se a manteiga não contiver uma pequena quantidade (cerca de 0,24%) de lecitina, um agente emulsificador. As moléculas de um emulsificante estabilizam a emulsão, segurando as moléculas de gordura e de água ao mesmo tempo e mantendo-as unidas com eficácia. Assim, quando todo o conteúdo da frigideira se torna uma emulsão de gordura e água, ele obviamente ficará mais espesso, mais brilhante e untuoso que o vinho ou o caldo de carne sozinhos. Agora você sabe por que os *chefs* franceses, desde Escoffier, terminam de fazer seus molhos com manteiga.

BONS OVOS TIRAM BOAS NOTAS

Há tantos tipos de ovos à venda que não sei qual escolher.
Todos eles parecem ser do tipo A, que (imagino) é bom,
mas como julgar seu tamanho e ter certeza de que são frescos?

Os tipos de ovos são estabelecidos segundo a qualidade – e não segundo a frescura –, e, nos Estados Unidos são AA, A ou B. Para ganhar um grau AA, um ovo deve ter uma célula de ar com menos de 3mm de profundidade dentro da extremidade mais larga; a casca bem formada e limpa, com bem poucos sulcos ou pontos ásperos; e, ao se quebrar sobre uma superfície plana, a gema fica saliente como uma cúpula no centro de uma clara firme, transparente e espessa.

Os graus A e B encaixam-se nesses critérios com menos rigor. Eles podem não parecer tão bonitos depois de fritos ou escaldados, porque as gemas talvez fiquem mais achatadas, e as claras um pouco mais aguadas, mas são perfeitamente bons para usos em que não serão apresentados inteiros.

Se você encontrar em uma caixa ovos que não pareçam ser do mesmo tamanho, desconfie. Em geral determina-se seu tamanho médio pelo peso da dúzia. Nos Estados Unidos, as medidas padrão do ovo são jumbo, extragrande, grande, médio, pequeno e nanico. Por dúzia, eles pesam respectivamente 840g, 756g, 672g, 588g, 504g e 420g.

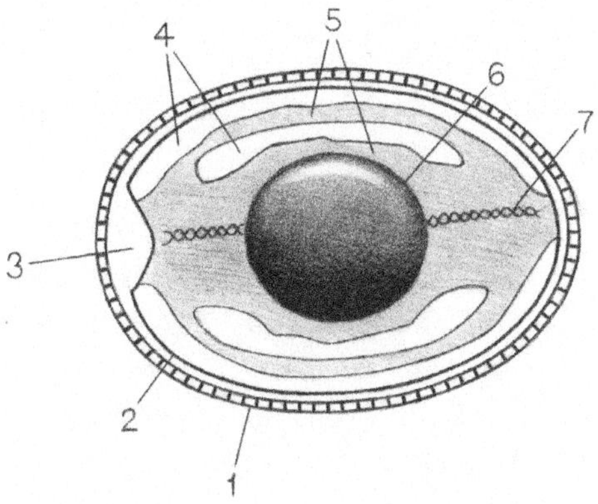

Diagrama simplificado de um ovo de galinha: (1) casca; (2) membrana; (3) câmera de ar, (4) albumina fina; (5) albumina grossa; (6) gema; (7) calaza.

A menos que haja indicação em contrário, pode considerar que todas as receitas, inclusive as deste livro, foram testadas com ovos grandes. Mas se você tem apenas ovos médios, eis como fazer: se a receita pede um, dois ou três ovos grandes, use o mesmo número de médios. Para quatro, cinco ou seis ovos grandes, acrescente um médio. Você só tem extragrandes? Para um, dois, três ou quatro ovos grandes, use o mesmo número de ovos extragrandes. Para cinco ou seis ovos grandes use menos extragrandes. Se ficar em dúvida, ¼ de xícara de ovo batido para cada ovo especificado na receita.

Mas será que eles estão frescos? Como muitas outras coisas, a gema do ovo tende a afrouxar com a idade. Sua clara fica mais rala e opaca; sua célula de ar aumenta de tamanho. Mas não podemos saber disso antes de comprar e quebrar os ovos. Caixas de ovos de produtores inspecionadas e regulamentadas devem exibir a data na qual os ovos foram embalados, que é quase sempre no mesmo dia da postura. O empacotador ou o supermercado podem – mas isso não é obrigado por lei – determinar a data máxima de consumo, que não deve passar de 30 dias depois do empacotamento.

Os ovos devem ser conservados numa prateleira interna da geladeira, não naquelas prateleirinhas bonitas, com depressões ovais, que ficam na parte interna da porta. Os *designers* de geladeiras aparentemente consideram essas prateleiras um espaço econômico, mas elas não são boas para conservar os ovos por causa de sua temperatura mais alta e variável. Na geladeira, os ovos se manterão por quatro a cinco semanas após a data de empacotamento, apenas com uma leve deterioração de seu sabor e textura. Mantenha-os dentro de suas caixas para protegê-los contra odores na geladeira: as cascas dos ovos são porosas e podem absorver cheiros desagradáveis. Os ovos de venda comercial, contudo, podem estar revestidos com um filme fino de óleo para selar os poros e ampliar sua vida na geladeira ao reduzir a perda de umidade e impedir que bactérias penetrem na casca.

Bolo esponja de laranjas frescas

Um aspecto maravilhoso dos ovos é que você pode separar as gemas das claras e aproveitar separadamente as características únicas de cada parte. Neste bolo, as gemas agem como liga e contribuem com gordura, cor e sabor rico, enquanto as claras, batidas, produzirão uma estrutura leve como espuma.

Delicado na textura e bonito de se olhar, esse bolo é tradicional nas festas. Os bolos do tipo "espuma" são leves como o ar. A lista inclui os chamados bolo *chiffon* e bolos de claras (*angel cake*). Todos eles têm uma coisa em comum: as claras batidas em neve, que garantem a sua leveza.

Importante: nunca unte a fôrma para qualquer bolo desse tipo. Sua massa requer uma fôrma bem limpa e seca para crescer.

A textura e o sabor dos bolos esponja são tão deliciosos que eles em geral são comidos sem cobertura, porque seu peso os faria baixar. Mas um pouco de açúcar-de-confeiteiro espalhado por cima não os prejudica.

Este bolo pode ser feito com antecedência e guardado à temperatura ambiente por dois dias, na geladeira, por cinco, ou no *freezer*, por dois meses. Porém deixe que volte à temperatura ambiente antes de servi-lo. Sobrou bolo? (Dificilmente você terá essa sorte.) Sirva em fatias ligeiramente torradas no café da manhã.

- 6 claras de ovos grandes
- 1 ¾ xícara de farinha de trigo comum
- ½ colher de chá de sal
- 1 ½ xícara de açúcar
- 6 gemas de ovos grandes
- óleo de laranja (opcional)*
- 6 colheres de sopa de suco de laranja fresco
- 1 colher de sopa de casca de laranja recém-ralada
- açúcar-de-confeiteiro para polvilhar (opcional)

1. Numa tigela média, deixe as claras ficarem à temperatura ambiente por cerca de uma hora.

2. Enquanto isso, coloque a grade na prateleira mais baixa do forno. Separe uma fôrma com furo no meio com 25cm de diâmetro. Acenda o forno a 110º.

* O óleo de laranja só é encontrado em lojas muito especializadas.

3. Passe por uma peneira fina a farinha e o sal e reserve numa outra tigela média.

4. Com a batedeira elétrica em velocidade média, bata as claras até espumarem. Gradualmente acrescente ½ xícara de açúcar, batendo após cada adição. Continue batendo até que se formem picos macios quando a pá da batedeira é levantada lentamente. Reserve.

5. Com a batedeira em alta velocidade, bata as gemas numa tigela grande enquanto incorpora aos poucos a xícara restante de açúcar até que a mistura fique espessa e cor de limão. Esta operação demorará de cinco a oito minutos. Acrescente 1 ou 2 gotas de óleo de laranja, se for usá-lo, e bata mais até incorporá-las à mistura.

6. Remova as pás da batedeira, sacuda-as para tirar os restos de gemas, e continue a fazer a receita usando uma espátula de borracha ou um batedor manual.

7. Acrescente o suco e a casca ralada de laranja à mistura de gemas e bata com o batedor manual. Junte a mistura de farinha de trigo e bata mais com o batedor manual até que manchas brancas se tornem visíveis.

8. Com a ajuda da espátula movimentada de baixo para cima, junte uma terça parte das claras à mistura de gemas. Depois junte delicadamente os dois terços restantes até incorporá-los à massa.

9. Despeje delicadamente a massa fofa na fôrma. Asse por 35 a 40 minutos, ou até que o bolo tenha subido para o alto da fôrma. Quando estiver pronto, a parte de cima fica com uma cor morena; um palito inserido no bolo deve sair limpo.

10. Se a sua fôrma tem pés, inverta-a sobre uma grelha. Se não tiver, inverta-a apoiada no pescoço de uma garrafa. Não tenha receio: nem a fôrma nem o bolo vão cair. Deixei-o assim, durante uma hora, até esfriar completamente.

11. Coloque a fôrma sobre a mesa da cozinha. Com uma espátula de metal, solte cuidadosamente as bordas do bolo e transfira-o para o prato de servir. Se quiser, espalhe uma nuvem de açúcar-de-confeiteiro na parte de cima. Use uma faca serrilhada para cortá-lo.

▸ Dá para 12 pessoas

E AGORA, OVOS VERMELHOS?

Um restaurante orgânico muito conhecido diz que usa ovos vermelhos fertilizados, afirmando que eles são "os mais nutritivos que existem". Há fatos científicos que confirmem essa afirmação?

Infelizmente não.

Junto forças aqui com cada uma das dissertações já publicadas sobre ovos para garantir-lhe que não foram verificadas diferenças de sabor ou de valor nutritivo entre os ovos de casca branca e os de casca marrom, que nós chamamos de vermelhos. Assim como pessoas de pele marrom produzem filhos de pele marrom, as galinhas de penas marrons põem ovos de casca marrom. Entre elas, estão as raças Barred Plymouth Rock e Red Rock Cross, enquanto entre as de penas brancas mais conhecidas estão as Leghorn brancas, que põem ovos brancos. A Columbian Rock, que exibe penas pretas e brancas, bota ovos marrons. Ela é uma das várias exceções. A cor da gema, aliás, depende da dieta da galinha: dietas baseadas em trigo produzirão gemas com cor de limão, enquanto dietas baseadas em alfafa produzirão gemas cor de laranja.

Então, por que os ovos marrons são mais caros? Em geral, eles são ovos de espécies de galinhas de maior porte, que comem mais e põem ovos maiores. Pode-se também especular que as pessoas que pensam que os ovos marrons são superiores estão dispostas a pagar mais por eles.

Há quem acredite que os ovos fertilizados são mais saudáveis para nós porque contêm uma "força vital" ausente nos alimentos "mortos". Não expressarei minha opinião sobre essa ideia porque sou uma pessoa muito tolerante, com a mente aberta e sem ideias preconcebidas, que acredita que todo mundo tem o direito de acreditar no que quiser.

Não importa que seja um absurdo.

GALINHAS VIRGENS

Outro dia, ao preparar meu café da manhã, quebrei um ovo e encontrei um ponto vermelho dentro dele. Parecia um pouco de sangue na gema. Joguei o ovo fora, mas não tenho certeza se ele estava bom para comer. O que era aquilo?

Aquilo não significa que o ovo estivesse fertilizado. As galinhas que botam ovos para distribuição comercial jamais viram ou muito menos "ficaram" com um galo. As poedeiras simplesmente não são reprodutoras.

Os pontos vermelhos são de fato sangue, de rupturas de canais sanguíneos na superfície da gema que ocorreram durante a formação do ovo, ou por má-formação similar na parede do oviduto. Menos de 1% dos ovos tem pontos de sangue.

O processo rotineiro de inspeção dos ovos com a luz – isto é, a rotação dos ovos, diante de luzes de alta intensidade (antigamente eles eram inspecionados diante da chama de uma vela), para revelar suas qualidades internas – identifica a maioria dos ovos com pontos de sangue, e eles são removidos. Mas alguns, inevitavelmente, escapam e chegam ao mercado. Eles podem ser comidos sem problema, embora as leis dietéticas judaicas os rejeitem como um alimento não *kosher*.

Creme de baunilha instantâneo *(Crème anglaise)*

Eis aqui um truque que aprendi com o *chef* Jerry Traunfeld, do restaurante Herbfarm, em Seattle. No início de sua carreira, quando era mestre-confeiteiro no Stars, em São Francisco, Traunfeld tinha de fazer litros e litros de *crème anglaise* diariamente. Ele perdia muito tempo com isto, como me contou, quando devia estar preparando doces e tortas. Então, desenvolveu um método inverso para cozinhar o molho, que é rápido e sem risco.

Em vez de adicionar as gemas ao leite fervendo, ele adiciona o leite fervendo direta e rapidamente às gemas ligeiramente aquecidas. O leite cozinha as gemas instantaneamente, sem risco de encaroçar. Na mesma hora o creme envolve a colher, o teste-padrão para saber se ele está pronto, e fica mais consistente depois de ir para a geladeira. É difícil de acreditar, até que se experimenta.

Seja pelo nome em inglês – *custard sauce* – seja pelo francês – *crème anglaise* –, esse molho é delicioso quente ou frio, servido sobre torta ou folheados de maçã, *strudel*, bolo de chocolate, pudim de pão ou até mesmo frutas cozidas. Para servi-lo quando tem visitas, substitua a baunilha por uma colher de sopa de licor Grand Marnier ou Cointreau. E, quando faz frio, transforme-o numa boa gemada, acrescentando noz-moscada ralada e rum.

- 6 gemas de ovos grandes, em temperatura ambiente
- ½ xícara de açúcar
- ⅛ de colher de chá de sal
- 2 xícaras de leite integral
- ¾ de colher de chá de extrato de baunilha

Para a gemada:

- ¼ de colher de chá de noz-moscada recém-ralada
- 1 colher de sopa de rum ou mais, a gosto

1. Encha uma tigela média com água quente para aquecê-la; escorra a água e enxugue-a. Ponha as gemas de ovo na tigela e coloque-a dentro de um recipiente maior, com água apenas morna (é só para tirar o gelado das gemas).

2. Antes do próximo passo, tire a tigela com as gemas do recipiente e deposite-a em cima de um pano umedecido. Isto impedirá que a tigela deslize quando você começar a bater o creme.

3. Numa caçarola média, misture açúcar, sal e leite. Leve a fogo médio e mexa sem parar até que o açúcar se dissolva no leite e comece a fervura.

4. Logo que o leite ferver, tire a caçarola do fogo e rapidamente despeje-o sobre as gemas, batendo vigorosamente nos primeiros três a cinco segundos e depois passando a um movimento mais lento, misturando bem, por mais dez segundos. As gemas cozinharão sem precisar mais calor.

5. Adicione a baunilha.

6. Passe a mistura por uma peneira fina, para retirar qualquer resíduo das claras. Ponha para gelar até a hora de servir. A mistura vai engrossar à medida que esfria.

- Rendimento: 3 xícaras de creme.

UMA PARELHA DE GEMAS

Como se formam os ovos com duas gemas? Será que as gemas ocupam o espaço que seria ocupado pelas claras? Ou se trata de um ovo maior?

Em geral, as gemas são menores que o normal, mas o ovo é maior.

Cerca de 3 a 5% dos ovos de galinha têm duas gemas. Algumas galinhas, por fatores genéticos e à conformação de seus ovidutos, parecem se especializar na produção desses ovos gêmeos. Quando você encontrar um ovo de duas gemas no meio de uma dúzia de ovos "normais", trata-se de um engano – não da galinha, mas dos inspetores da granja produtora, porque todos os ovos passam pelo teste da luz (ou da vela) antes de serem vendidos. Esse teste revela os ovos de gema dupla, que são separados para usos especiais. Não há nada de errado em comer ovos com duas gemas.

OVOS COM FISSURAS

Li recentemente em algum lugar que adicionar sal à água antes de cozinhar os ovos evita que as cascas se rachem. Comigo, funcionou nas três vezes que experimentei. Qual é a explicação química para isso?

Não há explicação química porque não procede. O sal (cloreto de sódio) não tem qualquer efeito sobre as cascas dos ovos (carbonato de cálcio), seja química seja fisicamente.

Uma casca de ovo pode rachar quando ocorre uma súbita diferença de temperatura entre o ovo frio e a água quente. O calor faz a casca se dilatar de modo muito rápido e desigual, porque ela tem diferentes espessuras. O aquecimento desigual causa pressões que podem fraturar o ovo em seus pontos mais fracos. (Segure um ovo contra uma luz bem forte e muitas vezes você perceberá rachaduras muito finas em cascas que parecem perfeitamente intactas por fora.) Um ovo pode também quebrar se a bolha de ar que fica dentro de sua extremidade mais larga se dilatar muito depressa, antes de conseguir filtrar-se suavemente através da casca porosa. Uma boa precaução é furar essa extremidade mais larga com uma tachinha ou um percevejo para permitir que o ar escape sem risco enquanto o ovo cozinha.

Para cozinhar ovos com fissuras, evite mergulhá-los ainda gelados na água quente. Em vez disso, coloque-os numa panela com água fria e esquente a panela até a água levantar fervura. Logo que a água começar a borbulhar, tampe a panela e apague o fogo. Dependendo de quanto tempo o ovo ficar na água, você terá vários estágios de cozimento, desde o ovo quente (um a dois minutos) até o ovo duro (12 a 15 minutos).

Então, como explicar sua experiência? Com o devido respeito, três testes não formam um experimento científico. Como sabermos se os ovos teriam rachado sem o sal? Por favor, repita sua experiência com seis dúzias de ovos, metade deles cozidos com sal e metade sem, registre o número de rachaduras em cada caso, e depois me envie seu relatório.

Mas espere! Há de fato alguma sabedoria em salgar a água do ovo. Leia adiante.

O HOLANDESINHO NA GARRAFA

Várias pessoas já me aconselharam a colocar um pouco de vinagre na água quando preparo ovos cozidos para evitar que a casca rache. É verdade? Por quê?

Não é verdade. E isso me deixa sem um gancho para responder à sua segunda pergunta.

O ácido acético do vinagre coagula a proteína em qualquer albumina (a clara do ovo) que possa escapar da casca quando ela tem uma pequena rachadura. É assim que os ácidos funcionam com as proteínas em geral. Mas o sal tem o mesmo efeito. Assim, acrescentar vinagre, suco de limão (ácido cítrico) ou sal à água é uma garantia para os pessimistas que acham que os ovos vão quebrar e querem deter o êxodo da albumina. Ácido e sal fazem cessar os vazamentos, mas não podem impedir que aconteçam; são como dedos tentando tapar o buraco de um dique na Holanda, por assim dizer.

OLIMPÍADA DOS OVOS QUE GIRAM

Quando faço ovos cozidos, por que as cascas às vezes se desprendem mais facilmente, e às vezes ficam grudadas às claras?

Quando os ovos estiverem cozidos, esfrie-os rapidamente debaixo da torneira. Isso faz a clara encolher um pouco da casca e os torna mais fáceis de descascar. (Também impede que as gemas fiquem esverdeadas; veja a pergunta seguinte.) Ovos muito frescos são mais difíceis de descascar porque a clara tende a aderir à membrana interna da casca. Mas após alguns dias a membrana se retrai e a tendência a grudar diminui.

Aliás, depois que os ovos estiverem cozidos, ponha-os na geladeira. É mais simples se você os colocar na caixa de ovos junto com os que não estão cozidos. Mas como você distinguirá uns dos outros? Fácil. Ponha o ovo em cima da mesa e faça-o girar. Se ele resiste, é porque está cru. Mas se ele girar feito um pião, está cozido. Esse efeito fica mais aparente se você girar o ovo com a parte mais larga para baixo.

Ou então você faz uma marquinha a lápis na casca dos cozidos, mas que graça tem isso?

GIRE O OVO

A gema e a clara, no ovo cru, são líquidas e livres para rodar levemente dentro da casca. Quando você vira o ovo depressa, na tentativa de girá-lo, elas resistem ao movimento. Ou seja, a gema e a clara têm inércia, um desejo de permanecer imóveis até serem empurradas por alguma força. Esta é a primeira lei do movimento de Newton: uma gema de ovo em repouso permanecerá em repouso até ser sacudida por algo mais potente que uma simples clara. Quando você aplica uma força à parte externa do ovo para virá-lo, essa força não é transmitida de modo eficiente através da clara. Os conteúdos do ovo tentam permanecer imóveis e ficar para trás. Na verdade, um pouco dessa força se perde, e o ovo não virará tanto quanto você esperava, diante da força empregada. No ovo cozido, em contrapartida, os conteúdos sólidos transmitem sua força à massa inteira do ovo, e ele gira como você espera.

Quer saber alguma coisa mais sobre a física do ovo? Se você o girar verticalmente sobre a parte mais larga, e não sobre o lado, ele girará mais depressa. A explicação é a mesma que faz uma patinadora no gelo girar mais depressa quando mantém braços e pernas juntos (mais próximos a seu eixo de rotação). Seu impulso de rotação (ou *momentum* angular) é proporcional, ao mesmo tempo, à sua velocidade de rotação (sua velocidade angular) e à distância média entre as partes de seu corpo e o eixo de rotação (seu raio de rotação). Seu impulso total deve permanecer constante (isto é, o impulso angular se mantém), de modo que, se ela reduzir o raio de rotação aproximando os membros, sua velocidade de rotação aumentará. No caso do ovo, o raio de rotação é menor quando você o gira sobre a parte mais larga que sobre a lateral, de modo que ele assim também girará mais depressa.

OVOS VERDES SEM PRESUNTO

Sempre joguei fora os ovos cozidos quando as gemas estão esverdeadas ou acinzentadas. Mas tenho um filho de quatro anos que adora o livro Green Eggs and Ham *(Ovos verdes e presunto), do dr. Seuss, no qual, entre os personagens, há alguns ovos com gemas verdes. Isso não é um mau exemplo para as crianças?*

O que causa essa cor esverdeada nas gemas dos ovos cozidos? É uma pergunta muitas vezes feita e muitas vezes respondida, mas não me importo em respondê-la mais uma vez.

Antes de mais nada, a cor é inofensiva. Mesmo que a substância colorida fosse um componente tóxico (e não é), ela está presente numa quantidade mínima (vestígios, apenas).

À medida que um ovo envelhece, parte da proteína da clara que contém enxofre se decompõe gradualmente, formando uma pequena quantidade de ácido sulfídrico – H_2S –, um gás malcheiroso. O calor acelera muito essa decomposição: à temperatura da água fervente, o ácido sulfídrico é produzido no ovo quase 200 vezes mais depressa que à temperatura ambiente. O gás se espalha pelo ovo e, ao alcançar a gema, que contém uma pequena quantidade de ferro, reage com esse ferro formando sulfitos de ferro, FeS e Fe_2S_3, conhecidos pelos químicos como sulfito ferroso e sulfito férrico, respectivamente. O sulfito ferroso é preto-amarronzado, e o sulfito férrico é amarelo-esverdeado. *Et voilá*! Uma gema de ovo que parece suja. A cor exata dependerá de quanto ar está disponível dentro do ovo, porque na presença do ar o acinzentado do sulfito ferroso muda (é oxidado) para o esverdeado óxido férrico. Como os ovos mais velhos contêm mais ar, suas gemas tendem a ficar mais verdes.

Quanto maior o tempo de aquecimento do ovo, mais gás ácido sulfídrico se produz, e maior quantidade dele migra para a superfície da gema, o que faz com que esta fique mais verde e mais escura. Se fosse possível cozinhar os ovos sem fervê-los, mas simplesmente deixando-os numa panela tampada com água em temperatura abaixo da fervura, essa pequena diferença de calor faria uma grande diferença ao retardar a produção de ácido sulfídrico. Logo que os ovos estivessem cozidos, você deteria essas reações químicas em sua progressão, esfriando os ovos com água da torneira.

Sobre ovos estragados

O albume, ou clara do ovo é 88% água e 11% uma mistura de cerca de 12 proteínas diferentes. Mas a maioria (54%) dessa proteína é ovalbumina, cujas enormes moléculas contêm, cada uma, mais de três mil átomos, incluindo seis de enxofre.

Entretanto, essa pequena quantidade de enxofre pode produzir um cheiro muito ruim quando convertida na forma do sulfeto de hidrogênio, H_2S, um gás quase tão venenoso quanto o cianeto de hidrogênio usado nas câmaras de gás. Por sorte, contudo, o ácido sulfídrico tem um cheiro tão terrível que as pessoas o percebem muito antes de ele chegar a uma concentração prejudicial no ar. Ele é capaz de esvaziar num minuto uma sala repleta de gente.

→

Os compêndios de química insistem em nos dizer que o ácido sulfídrico tem o cheiro "familiar" dos ovos estragados. Se você algum dia cheirar um ovo estragado, saberá imediatamente o que é ácido sulfídrico. Na verdade, porém, as mínimas quantidades desse ácido são responsáveis por grande parte do aroma e do sabor de um ovo fresco cozido.

Como é que os ovos se estragam? Ao contrário da crença comum, os ovos velhos não estragam, eles apenas desaparecem gradualmente.

Para testar a velha crença, mantive um ovo não aberto sobre minha mesa, à temperatura ambiente, durante seis meses, um pouco desconfiado de que a qualquer momento eu seria afugentado dali por um cheiro fétido de sulfeto de hidrogênio. Mas isso nunca aconteceu. Quando finalmente abri o ovo, seu conteúdo havia encolhido no espaço interno da casca. O resto do espaço estava cheio de ar perfeitamente fresco, sem um traço do odor de ácido sulfídrico. O ovo pode ter morrido de velhice, mas não apodreceu.

O apodrecimento de um ovo é semelhante ao apodrecimento de qualquer matéria orgânica: decorre da ação de bactérias que produzem deterioração. Não havia na casca aberturas por onde as bactérias pudessem entrar, portanto meu ovo não foi contaminado e nenhuma putrefação ocorreu.

Embora a casca seja porosa e, assim, ostensivamente vulnerável à invasão de bactérias, os ovos possuem vários mecanismos de defesa. Primeiro, ovos de postura recente são revestidos com um filme protetor chamado cutícula. As duas membranas logo atrás da casca são uma segunda defesa. Em terceiro lugar, o albume tem várias propriedades antibacterianas; além de outras coisas, contém a enzima lisozima, que combate as bactérias dissolvendo as paredes de suas células. (A lisozima presente em nossas lágrimas luta contra as infecções em nossos olhos.)

Logo que se quebra, entretanto, o ovo é uma festa para todos os microrganismos, e a partir daí é só decadência.

Mais uma história de ovos podres. Recentemente tive o duvidoso privilégio de examinar um ovo cozido com quatro anos de idade, tingido para a Páscoa. Parece que, por alguma razão, minha querida esposa, Marlene, prometera guardá-lo para o nosso neto de quatro anos, Oscar, até que ele entrasse para a faculdade. Agora ele tem oito anos. Sem que eu percebesse, o ovo ficara todo esse tempo na nossa geladeira. Quando nos visitou, recentemente, Oscar perguntou sobre o ovo, e Marlene o mostrou. Eu não quis comer um pedaço, porém ele estava perfeitamente inofensivo, demonstrando mais uma vez que, sem bactérias e sem as condições nas quais elas possam se desenvolver, o ovo não apodrece.

OVOS ADORÁVEIS

Por que alguns ovos cozidos e descascados têm uma covinha funda em uma das extremidades?

Um ovo de galinha contém uma pequena bolsa de ar logo atrás da casca, do lado mais largo, cuja finalidade é permitir que o pinto respire enquanto está abrindo com o bico a sua saída, no dia em que nasce. Como as cascas são porosas e permeáveis a gases, o ar exterior pode se espalhar e se trocar com o ar do interior. À medida que o ovo envelhece e seu conteúdo encolhe dentro da casca, mais ar entrará para preencher o espaço deixado, e a bolsa de ar aumentará. Um ovo realmente fresco afunda na água, mas quando envelhece e a bolsa de ar aumenta ele tende a virar a extremidade mais larga para cima. Finalmente, um ovo velho flutuará totalmente na superfície.

Quando você cozinha um ovo, o calor expande o ar contido na bolsa e a pressão dele aumenta. Enquanto a clara ainda está líquida, ela não pode passar para o espaço do ar por causa da pressão. Quando a clara está cozida, ela se solidifica em torno da bolsa de ar – daí a covinha.

E, por falar nisso, aquelas cordas de albume espesso que se estendem da gema até as membranas, em ambas as extremidades do ovo, e que ficam penduradas na gema quando você a separa da clara não são o começo de um embrião. Elas são chamadas de calaza, uma palavra derivada inexplicavelmente do grego *khalazae*, que significa "chuva de granizo". Elas servem para manter a gema centralizada na clara. As calazas são mais proeminentes nos ovos muito frescos. Não há necessidade de removê-las, exceto talvez quando você fizer um suflê ou um creme e queira que ele fique o máximo possível sem grumos.

COMO PLANTAR UM OVO

Sempre pensei que um ovo com mil anos fosse um mito, até que vi um à venda num mercado chinês. Como as pessoas no século XI sabiam que íamos querer esses ovos no século XXI? E onde eles foram conservados durante todo esse tempo?

Muito bem, você está brincando comigo?

Ovos com mil anos, chamados *pidans* em chinês, são um exagero atrevido. Chineses menos líricos diriam que são ovos de cem anos. Para dizer a verdade, contudo, eles têm apenas cerca de cem dias, o que já pode surpreender.

Eis como são feitos. Pegue um ovo fresco de pato, com casca, e cubra-o com uma camada espessa de massa feita de sal, cal (encontrado em loja de jardinagem), cinzas de pinheiro da sua lareira (ou de carvão da churrasqueira), e chá-preto bem forte, tudo isso amarrado com palhas de arroz ou aparas de grama. Depois você enterra a coisa no jardim durante cerca de três meses. Findo esse tempo, você a desenterra, lava, retira a casca e deleita-se com ela acompanhada de molho de soja e gengibre picado como aperitivo – embora ela pareça mais própria para tirar o apetite, com a gema verde escuro e sua "clara" cor de âmbar escuro.

Eu sei do que falo. Vários anos atrás, quando navegava em volta do mundo num navio de Taiwan, fui convidado para jantar no camarote do capitão. Ele estava apenas com seu *chef* particular, que preparou uma quantidade estonteante de iguarias chinesas extravagantes (para mim), entre elas sopa de barbatana de tubarão, pepino-do-mar, tripa de intestino e ovários de porco, e um desses ovos de idade incerta. Ele tinha um sabor picante, parecido com queijo, a textura cremosa de um abacate, uma gema verde e uma "clara" mosqueada de azul, preto e âmbar. Não era de todo mau, embora eu não desejasse comer um todas as manhãs no café.

MELHORANDO (?) COM A IDADE

As mudanças que ocorrem num "ovo de mil anos" são causadas primeiramente pelas cinzas da madeira e pela cal, ambas, fortemente alcalinas. (Cal é oxido de cálcio, CaO, e as cinzas de madeira contêm carbonato de potássio, K_2CO_3.) Com o correr do tempo, essas substâncias alcalinas impregnam o chá, que penetra pela casca e age sobre as proteínas da clara, reconfigurando suas moléculas de modo semelhante ao que ocorre durante o cozimento. Enquanto isso, algumas das alterações químicas normais que ocorrem – digamos – numa gema de ovo já bem sofredora também estão ocorrendo e gerando produtos químicos, entre eles aldeídos e cetonas, responsáveis pelo realce dos sabores.

3

O que um homem semear...

...*Ele também colherá.*

Sem ser excessivamente bíblico, permitam-me começar este capítulo com uma versão moderna do livro do Gênese.

No início, havia um *big-bang* infernal!

Nove bilhões de anos depois, Deus criou a Terra. E a Terra não tinha forma, e era o vazio.

E Deus disse: "Que as águas sob o céu se juntem em um lugar, e que o chão seco apareça"; e assim aconteceu. E Deus chamou o chão seco de Terra.

Mas o chão seco não era o que chamamos de chão seco hoje. Não era solo. Era rocha liquefeita (magma) que, depois de mais dois bilhões de anos, esfriou e se tornou rocha sólida. E não havia ninguém ali para cultivar nada.

Então, quando será que apareceu o solo na superfície do nosso planeta, para que os nossos ancestrais pudessem começar a semear, colher e comer plantas?

Enquanto as eras das estações iam e vinham, as rochas desgastaram-se e partiram-se por fatores físicos e químicos. Fisicamente se expandiram nas estações quentes e contraíram-se nas frias, o que causou rachaduras e fissuras. A água infiltrou-se nas rachaduras durante as estações frias subsequentes e elevou as rochas com o poder de sua expansão, ao congelar. As geleiras em movimento elevaram a superfície rochosa, fazendo a rocha esfarelar, enquanto o vento e a água corrente contribuíam para a degradação física das rochas, até torná-las fragmentos cada vez menores, desde pedregulhos até grãos muito finos.

Ao mesmo tempo, reações químicas entre as águas freáticas e o dióxido de carbono atmosférico transformaram os minérios componentes da rocha original em novos minérios, rochas mais macias e compostos solúveis que foram transportados pelos rios e correntezas até outros lugares.

Finalmente, a "terra seca" de Deus transformou-se em pequenas partículas de cascalho, areia, sedimentos e barro, distribuídos onde pudessem se alojar em toda a face da Terra. Eles agora eram solo. Quando as plantas começaram a crescer e morrer nessa nova camada rica em minerais, a matéria orgânica resultante de seu decaimento enriqueceu o solo, tornando-o ainda mais fértil para o cultivo pelos seres humanos. E assim nasceu a agricultura, nos últimos dois milhões de anos da história do nosso planeta.

A variedade de alimentos que hoje cultivamos no solo da Terra é limitada apenas pelo clima e pelas oportunidades. No capítulo anterior, demos o exemplo dos produtos de um tipo de fazenda: a fazenda de gado leiteiro. Nos capítulos seguintes, irei me concentrar de modo específico nos frutos e cereais, que têm papel especial no panteão da subsistência humana. Mas agora caminho entre os campos verdes, detendo-me para examinar algumas das centenas de plantas alimentícias que misturamos nessa categoria abrangente chamada "legumes".

UMA PALETA PARA O PALATO

Sempre que passo pela seção de produtos agrícolas do supermercado fico impressionada com as cores exuberantes, principalmente verdes, vermelhos e alaranjados, e com os amarelos que surgem entre as frutas e os legumes. Se não for muito complexo, gostaria de saber quais são os agentes químicos responsáveis por essas cores e quais são seus objetivos?

O caleidoscópio de cores brilhantes de frutas e legumes – o vermelho de tomates, melancias, morangos, beterrabas; o alaranjado de cenouras, abóboras e mangas; o amarelo de laranjas e tangerinas; o arroxeado de uvas, ameixas e repolhos; e o verde de vagens e hortaliças folhudas – tudo isso se deve a uma variedade de fitoquímicas que podem ser classificadas em três grandes grupos: clorofilas, carotenoides e flavonoides, o último dos quais inclui as antocianinas e as antoxanteínas.

Uma fitoquímica, termo que vem do grego *phyton* (planta), é qualquer composto químico produzido por plantas. Mas ultimamente os adeptos da alimentação saudável apropriaram-se do termo usando-o para qualquer substância química – além das proteínas, carboidratos, gorduras, sais minerais e vitaminas – que possa ser rotulada como "boa para você". Isso inclui muitos dos pigmentos vermelhos, alaranjados, amarelos, verdes e azuis contidos nas frutas e legumes, os quais, de fato, trazem benefícios para a saúde. Mas a nicotina e a cocaína também são fitoquímicas, não é mesmo?

A clorofila não precisa de apresentação. É um composto verde cujas moléculas contêm, cada uma delas, um átomo de magnésio. Mas a clorofila nos ensinou que não é fácil permanecer verde. Quando as moléculas da clorofila são reconfiguradas (desnaturadas) pelo calor, seus átomos de magnésio liberam-se, o que converte a clorofila em feofitina e pirofeofitina, as desanimadoras cores de oliva dos legumes excessivamente cozidos (ver p.89).

A cor dos carotenoides varia do amarelo ao alaranjado e ao vermelho. O betacaroteno da laranja se converte em vitamina A no corpo. Os carotenoides embelezam tudo, desde cenouras a milho, pêssegos, frutas cítricas, abóboras, páprica, açafrão, tomates, melancias e toranjas. Os três últimos, especialmente os tomates, contêm o carotenoide licopeno, solúvel em gordura, um antioxidante que tem ganhado prestígio na prevenção do câncer de próstata.

As antocianinas são pigmentos hidrossolúveis encontrados em uvas, morangos, amoras, framboesas, ameixas, berinjelas, repolho roxo, cerejas e nas folhas que caem no outono. Roxos ou azuis em ambientes alcalinos, eles se tornam vermelhos no meio ácido. Com muito poucas exceções, você pode pensar nos carotenoides como o amarelo, o alaranjado e o vermelho vivo nos vegetais; e nas antocianinas como o azul, o roxo e o verde-escuro.

Entre as cores menos comuns em alimentos estão as betaínas, os pigmentos hidrossolúveis de cor vermelha muito intensa das beterrabas. Quando as cortamos antes de cozinhar, muito dessa cor se dissolve na água. Mas quando as cozinhamos inteiras e com casca, elas permanecem despudoradamente vermelhas.

E qual é o propósito da natureza ao pintar todos esses vegetais com cores tão bonitas? Não foi só para os pintores de naturezas-mortas. As cores vivas atraem os animais, que comem as plantas com benefício recíproco: os animais tiram proveito das propriedades saudáveis que a natureza construiu em muitos compostos químicos coloridos, enquanto as plantas se beneficiam da polinização de suas flores e da dispersão de suas sementes proporcionadas pelos animais.

TOMATES VERMELHOS, VIOLETAS AZUIS

A cor vermelha característica dos tomates, frequentemente atribuída ao licopeno, de fato resulta de uma combinação de pigmentos carotenoides, dos quais o licopeno é o mais abundante. A cor do fruto nem sempre está relacionada à quantidade de carotenoides, e menos ainda à quantidade de licopeno. Portanto, não se pode tirar uma conclusão válida sobre o conteúdo de licopeno com base na vermelhidão de um tomate. Entretanto, todos os tomates constituem uma fonte muito boa de licopeno.

Para justificar o título acima, vejo-me forçado a explicar que o azul das violetas e o vermelho das rosas se devem, tanto um quanto o outro, a uma antocianina que é indicador de ácidos-bases (veja "Um teste de tornassol", p.22]. Ela fica vermelha nas pétalas ligeiramente ácidas das rosas e azul nas pétalas ligeiramente alcalinas das violetas.

QUANDO O VERDE FICA SOMBRIO

Por que os legumes verdes adquirem uma cor escura depois de cozidos?

A cor verde das plantas e das algas deve-se a uma molécula miraculosa chamada clorofila, que absorve a energia do Sol e a utiliza para converter o dióxido de carbono e a água em glicose e oxigênio. As plantas, então, usam a glicose diretamente como fonte de energia para crescer ou a polimerizam (conectam milhares de moléculas de glicose juntas) para formar amidos, que armazenam para uso futuro. E como os animais ganham vitalidade alimentando-se com os carboidratos do açúcar e do amido das plantas, a molécula de clorofila pode ser vista como a fonte da maior parte da vida do planeta.

Mas a clorofila é uma amiga inconstante dos seres humanos, única espécie que cozinha os vegetais para torná-los mais tenros. Quando fazemos isso, a cor verde tende a mudar para uma cor cáqui, triste e pouco apetitosa. Vou mostrar por que isso acontece e como impedir que aconteça.

Uma molécula de clorofila consiste num conglomerado de átomos de carbono, hidrogênio, oxigênio e nitrogênio chamado de porfirina, que tem um átomo de magnésio no centro. Há dois tipos principais de clorofila, que os químicos denominaram clorofila-A e clorofila-B. A primeira é azul-esverdeada, enquanto a segunda é verde-amarelada. Diferentes taxas de A e de B (na maioria das vezes são duas ou três A para cada B) determinam as tonalidades exatas das plantas verdes.

Quando cozinhamos ervilha, vagem, couve-de-bruxelas, brócolis, espinafre e chuchu, o calor primeiro muda as formas das moléculas de clorofila (elas se isomerizam), e, se o vegetal é ligeiramente ácido, como a maioria deles é, seus átomos de magnésio podem ser desalojados e substituídos por dois dos muitos átomos de hidrogênio do ácido. Isso transforma as clorofilas em substâncias químicas chamadas feofitinas. A clorofila- A se transforma numa feofitina verde-acinzentada, e a clorofila-B em uma feofitina verde-azeitona. Como a clorofila- A em geral é predominante e passa por essa mudança mais rapidamente que a clorofila-B, o verde-acinzentado é o resultado que vemos.

O fato de que os ácidos iniciam as reações de perda na clorofila faz com que as pessoas às vezes fiquem tentadas a colocar uma pitada de bicarbonato de sódio na água de cozimento para torná-la alcalina. Mas a alcalinidade ataca os carboidratos complexos que cimentam as células vegetais, e então se substitui a feiura da cor pela textura de papa – com o agravante de um certo gosto de sabão proporcionado pelo bicarbonato.

Outra singularidade química que ocorre quando cozinhamos legumes verdes é que o sódio, o magnésio e o cálcio inibem as reações de perda de clorofila, presumivelmente ao tornar mais difícil para os átomos de hidrogênio atravessar a membrana das células e desalojar os átomos de magnésio. Assim, cozinhar os legumes verdes em água com sal (contendo cloreto de sódio) ou com água pesada (contendo sais de magnésio e de cálcio) ajuda a conservar a cor verde.

A mensagem prática de tudo isso é que, quanto mais depressa um legume verde é cozido, menos de sua clorofila se transformará em feofitina de cor terrosa. Um estudo mostrou que os brócolis perdem 17,5% de sua clorofila depois de cozidos por cinco minutos e 41,1% depois de dez minutos.

A BATALHA DOS GERMES

Qual é a melhor maneira de lavar frutas, legumes e outros produtos agrícolas para garantir que eles não ficarão com bactérias, pesticidas ou inseticidas?

Não é nada pessoal, mas será que nossa sociedade não está ficando um pouco paranoica? As lojas e supermercados alimentam nossos medos (ou será que os encorajam?) exibindo dezenas de sabonetes antibacterianos, *sprays*, géis, loções, produtos para lavar as mãos, o corpo, a boca, desodorantes etc. Os anúncios da televisão infundem terror aos nossos corações ao sugerir que talvez haja um germe ou dois escondidos na beirada dos nossos vasos sanitários. Chamo tudo isso de "histeria bacteriana".

O que isso tem a ver com comida? Examinando minha correspondência não respondida (desculpem, mas eu me esforço), encontrei 130 mensagens que traziam as palavras germes ou bactéria e 195 que traziam algum sinônimo da palavra perigo com referência à contaminação de alimentos. Às vezes parece que hoje há mais pessoas com medo de comida que pessoas que a saboreiam. Será que não estamos nos tornando uma nação de verminófobos, misófobos, toxífobos e sitófobos? (Veja as definições abaixo.)

Em geral evito escrever sobre assuntos de saúde porque não sou microbiologista, nutricionista ou médico. Mas direi algumas palavras acerca de possíveis patógenos e toxinas em nossa comida – em particular nas frutas e legumes. Afinal, é inevitável que eles tenham contato com micro-organismos abrigados no solo e tenham sido submetidos a produtos químicos agrícolas, como herbicidas e inseticidas, sem mencionar esterco e fertilizantes "naturais" usados para cultivar alimentos orgânicos.

Têm aparecido no mercado vários produtos destinados a lavar alface, escarola, tomates, maçãs, supostamente para remover tanto as bactérias quanto as substâncias químicas tóxicas. No outono de 2000, um fabricante norte-americano lançou um produto que continha uma mistura de água, ácido oleico, glicerol, álcool etílico, óleo de toranja, hidróxido de potássio, bicarbonato de sódio e ácido cítrico.

Por que esses ingredientes, exatamente? Glicerol, álcool e ácido oleico eram presumivelmente destinados a dissolver e remover os agentes químicos como pesticidas, que em geral são insolúveis em água. O hidróxido de potássio atacava as ceras, embora elas sejam aprovadas como proteção inofensiva para legumes como pepinos. Pelo que posso dizer, o bicarbonato e o ácido cítrico estavam ali apenas para reagir um com o outro e emitir o gás dióxido de carbono, produzindo borbulhas semelhantes ao sal de frutas para dar a impressão de que o produto atuava para valer.

Ainda no mercado, no momento em que escrevo, há produtos cujos rótulos declaram não conter ingredientes animais (deveríamos esperar que contivessem?) e que são aprovado pela Sociedade Protetora dos Animais (mas será que não matam aqueles pobres micro-organismos?). Podem ser feitos com "extrato de lima e limão, extrato de sementes de toranja, surfactantes de coco, óleo de laranja prensado a frio e água pura filtrada". Não sei se esses ingredientes *tutti-frutti* têm algum efeito além de fazer a coisa parecer saborosa, mas os "surfactantes de coco" por acaso são um produto químico sintético (que nada tem de natural) chamado cocoil isetionato de sódio, detergente que produz muita espuma e é usado em sabonetes e xampus.

Outros produtos se vangloriam de serem "não tóxicos, não espumantes, não cáusticos e hipoalergênico". O outro contém "um surfactante aniônico derivado de coco" – muito possivelmente o mesmo cocoil isetionato de sódio. Todos garantem que são mais eficientes que a água para limpar frutas e legumes.

A maioria dos especialistas, contudo, diz que lavar os alimentos vigorosamente em água corrente ainda é o melhor processo. A água corrente remove as partículas de terra das folhas verdes, e é nelas que as bactérias danosas – se houver – têm mais probabilidade de se esconder. A água não as mata, mas nenhum desses produtos o fará também. Se o fizessem, eles poderiam deixar resíduos de materiais tóxicos (para os seres humanos) no alimento. Além disso, se afirmassem que matam micro-organismos, eles precisariam ser testados para a segurança humana e registrados nas agências de proteção ambiental como pesticidas. Portanto, os produtos especiais para lavar frutas e legumes vendidos no varejo para os consumidores são meros produtos para lavagem, e não desinfetantes.

Para frutos cuja casca é aderente como uma pele, como maçãs, tomates, peras, pêssegos, pepinos, limões e laranjas, algumas gotas de detergente usado para lavar pratos aplicadas vigorosamente com uma escovinha e enxaguadas farão um bom trabalho na remoção de qualquer material contaminador. Esta é uma ideia boa especialmente para limões e laranjas quando você pretende usar suas cascas ou peles em alguma receita.

Uma das melhores defesas contra bactérias em produtos agrícolas é lavá-los numa solução de uma colher de chá de cloro para cada litro de água (uma solução de hipoclorito de sódio em água). Quando a própria água da torneira é suspeita, deixe essa solução pronta por várias horas antes de empregá-la em alimentos.

Outro tratamento antibacteriano seguro e simples foi concebido em 1996 por cientistas de alimentos da Universidade de Nebraska-Lincoln. Consiste em borrifar as frutas e legumes com uma solução de peróxido de hidrogênio (aquele concentrado a 3% vendido nas farmácias como desinfetante) e depois com vinagre branco, ou vice-versa. Os dois líquidos misturam-se sobre o alimento e reagem, liberando um gás de oxigênio mortal para os germes. Qualquer peróxido de hidrogênio residual na alface se decomporá rapidamente e, de qualquer maneira, não tem gosto, enquanto o vinagre residual já será um começo para o molho da salada.

Tanto o método do cloro quanto o do vinagre com peróxido desinfetarão ao mesmo tempo as tábuas e outras superfícies usadas para preparação dos alimentos, sobretudo depois de escovadas com detergente. Se as suas tábuas de cortar cheirarem a cloro depois desse tratamento, basta enxaguá-las com um pouco de vinagre.

Já que estamos falando sobre isso, existem muitos *sprays* nos supermercados para desinfetar tudo, desde a bancada da pia até todos os cantos do banheiro – mas eles não são adequados para a comida. Contêm dimetilbenzeno de alquila, um poderoso catalisador que acelera enormemente a decomposição dos ésteres e amidas, que são os principais componentes de todos os organismos vivos, desde micróbios até pessoas. Em doses altas, essas substâncias químicas podem matar qualquer um de nós, mas nesses *sprays* desinfetantes estão presentes numa concentração de apenas 0,2%. Mesmo assim, não devem ser usados em superfícies que entram em contato com alimentos, como tábuas para cortar carne e legumes.

Ah, sim, as definições. Um verminófobo é alguém que tem um medo exagerado de vermes; um misófobo é quem tem medo de sujeiras e contaminação; um toxífobo é aquele que teme ser envenenado; e um sitófobo tem medo de comer e de comidas, provavelmente porque já é um misófobo ou um toxífobo.

O OURO ENFERRUJADO DO ALASCA

As batatas douradas do Yukon (região do Alasca) são as minhas preferidas, mas as que encontro à venda têm marcas cor de ferrugem ou azul-acinzentado na sua massa. Para retirar essas marcas, tenho que as escavar, e o que sobra só dá mesmo para fazer purê. Tentei comprar em vários fornecedores para ver se encontrava batatas que não necessitassem dessa cirurgia, mas foi em vão. Gostaria de saber o que produz essas marcas e por que elas não são encontradas em outros tipos de batatas?

Assim como repolho, cebolas e arroz amarelo, as batatas douradas do Yukon adquirem sua cor graças a componentes químicos chamados de antoxantinas. São substâncias que reagem com traços de metais como ferro e alumínio, tornando-se azul-acinzentadas. Uma faca de aço carbono (o aço comum) teria o mesmo efeito, portanto, é melhor cortar esses legumes com facas de aço inoxidável. Outras variedades de batatas contêm menor quantidade de antoxantinas e não adquirem essas manchas tão facilmente.

A conservação em temperatura alta também pode escurecer as antoxantinas. Portanto, se algumas das batatas já estiverem manchadas quando você as comprar, procure um mercado que conserve seu estoque em temperaturas mais baixas.

Por falar em antoxantinas, as cenouras contêm pequenas quantidades, cujo colorido depende da presença ou ausência de íons metálicos, tais como ferro e alumínio. Quem costuma fazer bolo de cenoura em fôrmas de alumínio ou ferro fundido às vezes se espanta ao descobrir que as cenouras ficaram verdes.

Como no caso das batatas douradas do Yukon, o produto da reação da antoxantina da cenoura com o ferro ou o alumínio pode também ser azul. E adivinhe o que dá esse azul com o amarelo da cenoura? Verde!

RUIBARBO SOBRE RUIBARBO

Um amigo meu que é biólogo me disse que o ruibarbo é venenoso. Eu respondi que isso não pode ser verdade, pois como torta de ruibarbo há anos e ainda estou viva. Quem tem razão?

Os dois.

Todas as partes do ruibarbo (*Rheum rhaponticum*) contêm variadas quantidades de ácido oxálico e seus parentes químicos, os sais de oxalato, numa proporção de 0,1 a 1,4%. É isso que dá à sua torta o prodigioso poder adstringente que precisa ser domado com o açúcar. O ácido oxálico e os oxalatos são de fato venenosos.

Durante a Primeira Guerra Mundial, quando o suprimento de vegetais frescos era deficiente na Inglaterra, foram noticiados casos de pessoas que sofriam envenenamento por ácido oxálico pela ingestão de folhas de ruibarbo, que contêm a maior quantidade deste ácido que qualquer outra parte da planta. Mas visto que você ainda é capaz de discutir com seu amigo biólogo, devia ser óbvio que os talos, que você vem comendo nas tortas, contêm menos ácido oxálico que as folhas. E mesmo não havendo dúvidas de que o ácido oxálico é venenoso, há alguma dúvida de que seja o ácido oxálico sozinho que envenena os comedores de folhas de ruibarbo.

"Venenoso" é uma noção relativa: é puramente uma questão de quantidade. Repolho, espinafre, folhas de beterraba, batatas e ervilhas também contêm pequenas quantidades de ácido oxálico, e as quantidades nos talos de ruibarbo, embora maiores, são da mesma forma consideradas inofensivas. Quanto às folhas de ruibarbo, embora a concentração do ácido seja muito mais elevada, você precisaria comer quase 5kg delas para atingir o chamado LD_{50}, a dose letal para 50% dos seres humanos.

Portanto, continue comendo tortas de ruibarbo.

Purê de batatas espanhol

Quando se frita alho em azeite de oliva, a intensidade do alho se reduz à medida que o azeite capta seu sabor. Se quiser fazer esta receita para muita gente, use a seguinte fórmula: para cada 2 xícaras de batatas amassadas, acrescente 2 a 4 colheres de sopa de azeite extravirgem, 2 dentes de alho, ½ colher de chá de sal grosso, ½ colher de chá de páprica doce, ¼ colher de chá de cominho em pó, ⅛ de colher de chá de pimenta-de-caiena; 2 fatias de bacon e 1 cebolinha verde. Se sobrar purê de batata, ele ficará ótimo, no dia seguinte, transformado em panquecas acompanhadas de ovo frito. Sirva com "Frango dourado em xerez com alho" (p.35).

- 4 batatas grandes (ou o suficiente para render cerca de 4 xícaras de batatas amassadas)
- ¼ de xícara de azeite de oliva extravirgem ou mais, a gosto
- 4 dentes de alho
- 4 fatias de bacon
- 2 cebolinhas verdes, com a parte branca e verde, em fatias finas
- 1 colher de chá de sal *kosher*
- 1 colher de chá de páprica doce
- ½ colher de chá de cominho em pó
- ¼ de colher de chá de pimenta-de-caiena

1. Descasque as batatas, corte-as em pedaços de 2,5cm e ferva-as numa panela com água e sal por cerca de 12 minutos, até que um garfo as perfure sem dificuldade. Escorra-as e deixe-as na panela.

2. Enquanto as batatas cozinham, despeje o azeite numa caçarola pequena com o alho picado. Cozinhe em fogo médio até que o alho comece a fritar e a tomar cor. Remova do fogo antes que o alho fique dourado.

3. Numa caçarola média, frite o bacon em fogo baixo até que ele fique crocante. Pique as fatias em pedaços de cerca de 1,5cm

4. Junte o azeite e o alho, sal, páprica, cominho e pimenta-de-caiena às batatas quentes. Amasse-as grosseiramente. Experimente o tempero.

5. Faça uma pilha com as batatas amassadas num prato aquecido. Decore com os pedaços de bacon frito e as cebolinhas.

- Rendimento: 4 porções

Coulis de ruibarbo

Ruibarbo não é uma fruta, embora alguns pensem que sim, porque gostam de preparar com ele doces semelhantes às tortas de frutas. Podemos encontrá-lo em lojas especializadas, e muitas vezes é misturado meio a meio com morangos no recheio de tortas e outras sobremesas. Nesta receita é usado como molho, e seu sabor ligeiramente ácido vai bem com sobremesas como *cheesecake* (p.62). Os melhores são os que têm os talos rosa-escuro.

- ½ quilo de ruibarbo (cerca de 6 talos com 30cm de comprimento)
- 1 xícara de açúcar
- ¼ de xícara de água

1. Corte o ruibarbo em pedaços de pouco mais de 1cm. Isso dá cerca de 4 xícaras.

2. Coloque o ruibarbo, o açúcar e a água numa caçarola média sobre fogo médio. Cubra e cozinhe em fogo baixo por cerca de 20 minutos, ou até que os talos fiquem macios e suculentos. A mistura criará água enquanto cozinha.

3. Transfira 1 xícara da mistura quente para um processador. Coloque o purê resultante numa jarra. Faça o mesmo com o resto. Deixe a jarra na geladeira até usá-la. O *coulis* pode ser conservado por uma semana.

O QUE BRUTUS NÃO SABIA

Estou sempre lendo artigos sobre certos minerais – ferro, potássio etc. – que uma fruta ou outro vegetal em particular possui. Como muitas dessas frutas e muitos desses vegetais podem ser cultivados quase em toda parte, isso deve significar que todos os solos, inclusive o meu quintal, devem conter pelo menos traços desses minerais. Isso é mesmo verdade? O que acontecerá se eu plantar espinafre ("rico em ferro") num chão que não contém ferro? O espinafre se recusará a crescer? Ou crescerá deficiente em ferro, contradizendo o que as tabelas de nutrição indicam?

Antes de mais nada, se você pesquisar bem, ficará surpreso ao descobrir que o espinafre não contém uma quantidade extraordinária de ferro: tem menos que a maioria dos cereais para o café da manhã, cerca de uma quarta parte do que contém um molusco cru e mais o menos o mesmo que um prato de feijoada.

Vou contar como começou a conexão espinafre-ferro.

Perto do final do século XIX, cientistas alemães descobriram corretamente que a quantidade de ferro no espinafre é comparável à que há na carne: cerca de 3mg em cada 100g, ou seja, 30 partes por milhão. Mas, no relatório de suas descobertas, alguém colocou a vírgula do decimal no lugar errado, fazendo com que o total de ferro parecesse dez vezes maior. O erro foi corrigido cerca de 40 anos depois, mas, antes disso, Popeye já havia decidido adotar o espinafre como alimento que lhe dava forças. Afinal, o ferro é forte, não é? Se Brutus soubesse que as latas de Popeye eram um blefe...

A derradeira ironia nisso tudo é que, seja qual for a quantidade de ferro no espinafre, ela não é absorvida imediatamente pelo organismo, porque o espinafre também contém uma pequena quantidade (1%) de ácido oxálico, que liga o ferro numa forma insolúvel, o oxalato ferroso. Portanto, apenas uma fração da modesta quantidade do ferro no espinafre é disponível para o nosso metabolismo.

O que acontecerá se você plantar espinafre no seu quintal e não houver bastante ferro na sua terra? Isso realmente é bem improvável, porque as plantas só necessitam de quantidades insignificantes de ferro, e este elemento é amplamente distribuído, constituindo cerca de 5% da crosta terrestre. Porém, na hipótese de que não houvesse ferro algum, seu espinafre cresceria, mas exibiria sintomas de deficiência nutricional, assim como você, se tiver carência de alguma vitamina. As folhas teriam uma cor amarelo-doente em lugar de serem verdes, porque as plantas usam o ferro para sintetizar a clorofila.

O QUE AS PLANTAS COMEM PELA MANHÃ

As plantas em geral são feitas quase totalmente de compostos de carbono, hidrogênio e oxigênio – compostos a que os químicos se referem como orgânicos, mas sem relação com o termo usado para consagrar os alimentos preparados com *chakras* equilibrados e sem "coisas nocivas". Os minerais, por outro lado, são os dezessete elementos químicos inorgânicos essenciais para a nutrição das plantas. Os solos próprios para a agricultura devem conter todos eles – seja neles mesmos, seja por acréscimo de fertilizantes.

Seis dos 17 elementos, os chamados micronutrientes – potássio, nitrogênio, fósforo, enxofre, magnésio e cálcio –, são exigidos pelas plantas em grandes quantidades. Sem um deles, as plantas crescem de maneira anormal, ou não crescem. Os outros 11 elementos essenciais – ferro, manganês, zinco, cobre, molibdênio, cobalto, níquel, sódio, boro, cloro e silício – são chamados micronutrientes porque só são necessários às plantas em mínimas quantidades. A distribuição desses elementos em torno da Terra é mais localizada, motivo pelo qual surgem dessemelhanças entre colheitas em tudo o mais idênticas.

Quando dizemos que determinado elemento está presente no solo para que uma planta o absorva e utilize, isso não significa que o elemento esteja presente em sua forma elementar – isto é, como átomos livres, não combinados em compostos com outros elementos. Eles estão presentes como compostos. O ferro, por exemplo, não está presente como um metal: apresenta-se em composição com o oxigênio e outros elementos (ou seja, em uma forma *oxidada*).

Entretanto – e de modo surpreendente –, quando você vê "teor de ferro reduzido" entre os ingredientes de um cereal próprio para o café da manhã, ele de fato está presente como pequenas partículas do ferro metálico! (*Reduzido* é o oposto químico de *oxidado*.) Contudo, você não precisa ficar longe de ímãs depois do café da manhã porque as partículas, finamente divididas, se dissolvem prontamente no ácido clorídrico do seu estômago.

O FATOR LÁGRIMA

Li uma porção de dicas sobre como descascar cebolas sem chorar, mas nenhuma delas parece funcionar. Será que existe algum truque que eu possa usar, ou terei de comprar cebolas doces?

O que *me* faz chorar é a má-informação que circula a respeito das cebolas, em primeiro lugar sobre o que causa a irritação nos olhos, e em segundo sobre a diferença entre as cebolas doces e as comuns.

A substância química contida nas cebolas e que produz o lacrimejar não é o ácido pirúvico, como tão frequentemente se diz. Nem o ácido pirúvico "vem do enxofre no solo", como também se afirma frequentemente, porque o ácido pirúvico não contém enxofre. Nem o lacrimogêneo consiste em ácido sulfônico ou sulfuroso, ou de quaisquer outras substâncias químicas que costumam ser responsabilizadas pelo choro de quem descasca as cebolas. Na verdade, ele não é absolutamente um ácido. É um composto que contém enxofre, chamado sulfóxido de tiopropanal, ao qual me referirei a partir daqui como composto T, o gás da lágrima.

Embora o conhecimento do fato não vá mudar a sua vida, é preciso que o esclarecimento seja feito. Aí vai.

Seria bom pensar, como muitas pessoas aparentemente pensam, que há uma única substância química nas cebolas, e que esta, ao mesmo tempo, irrita nossos olhos e proporciona o sabor característico, ardido, quente e ácido, em nossa boca. Mas esses dois efeitos se devem em grande parte a dois compostos diferentes. O composto T não é o responsável primário pelo sabor ardido da cebola como a literatura culinária em geral afirma. Nem as cebolas mais ardidas são necessariamente as que causam mais lágrimas.

Apresento aqui uma descrição muito simplificada das complexas reações químicas que ocorrem quando você corta uma cebola.

Tanto o gás da lágrima quanto os compostos responsáveis pelo ardor existem como tais na cebola não cortada. Eles se formam quando as células são abertas ao serem cortadas ou mastigadas, ocasião em que a enzima aliinase (*A*) e um grupo de compostos conhecidos como sulfóxidos S-alquenil cisteína (*S*), que até então permaneciam isolados um do outro em diferentes partes das células da cebola, é liberado. Eles reagem então entre si e formam o gás da lágrima: $A + S \rightarrow T$.

Uma diferente série de reações ativadas pela aliinase produz uma mistura de amônia, ácido pirúvico e ácidos sulfônicos instáveis. Os ácidos sulfônicos reagem ainda mais para formar uma quantidade de compostos responsáveis pelo sabor e pela acidez; eles são basicamente tiossulfinatos de alquila.

A quantidade de ácido pirúvico formada nas duas últimas reações é em geral usada como indicador da acidez, mas apenas porque é estável e fácil de ser medida em laboratório. Ela não é, por si própria, responsável pelo ardido das cebolas.

E agora passemos ao que se poderia chamar de "truques bobos com cebola", receitas famosas para impedir as lágrimas quando você corta cebolas. Depois de ler meus comentários, você poderá decidir se esses truques fazem sentido.

- Corte fora a extremidade com as raízes.
- Deixe a água da torneira aberta enquanto corta a cebola.

- Morda um fósforo de madeira enquanto descasca a cebola.
- Ponha um pedaço de pão na boca.
- Use lentes de contato para proteger as córneas.
- Se já usar lentes de contato, retire-as, porque os vapores irritantes podem se acumular por trás delas, impedindo as lágrimas de expulsá-los.
- Descasque ou pique a cebola debaixo d'água.

Mas este é o método mais prático e eficiente de todos: leve as cebolas à geladeira por umas duas horas antes de cortá-las. Isso desacelera a reação química que produz o gás da lágrima e reduz a pressão do vapor (sua tendência a evolar-se).

Melhor que tudo: aprenda a cortar a cebola em cubos com a rapidez e eficiência dos *chefs*, e não haverá tempo para que os vapores irritantes incomodem muito seus olhos. E não esqueça de que uma faca bem afiada quebrará menor número de células e produzirá menos gás de lágrima.

Por falar em facas afiadas, todo mundo garante que tem um equipamento para amolar facas melhor que o das outras pessoas. Mas descobri que não precisamos de um amolador sofisticado e caro. O modelo barato faz um trabalho excelente, sobretudo se você o completar com alguns golpes em um "aço de amolar", que retifica qualquer pequena ondulação no fio deixada pelo amolador.

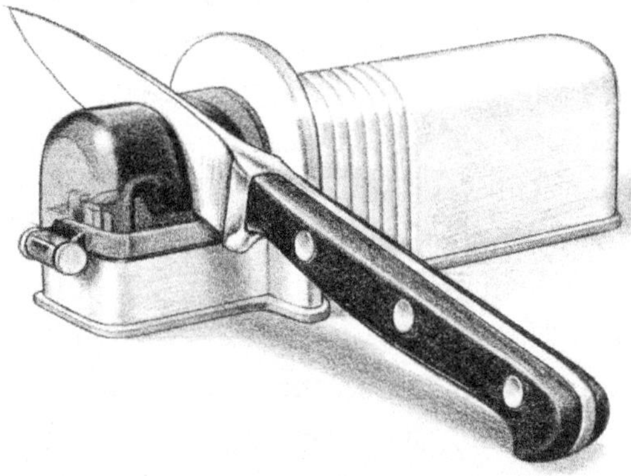

Um amolador de facas eficiente e barato. As rodas abrasivas são dispostas em ângulos engenhosos e removem um mínimo do metal.

"GEORGIA ON MY MIND"

Por que as cebolas Vidália são tão mais doces que as outras cebolas. Terroir.

Permita-me explicar.

As cebolas Vidália não são as únicas com sabor suave. Existem várias marcas de cebolas com o mesmo sabor cultivadas em diversos lugares. Repare que as chamo de "suaves", e não adocicadas. Elas não contêm necessariamente mais açúcar que as outras cebolas: apenas contêm menor quantidade dos compostos que lhes dão o gosto ácido e que provocam as lágrimas.

No caso de Vidália – uma cidade situada na planície costeira no sul do estado da Geórgia, EUA –, a suavidade das cebolas tem sido atribuída a uma escassez de enxofre nos solos argilosos da região. Como tanto as substâncias químicas responsáveis pela acidez quanto as que produzem lágrimas são compostas de enxofre, acredita-se que plantas privadas de enxofre fabricam essas substâncias em menor quantidade.

A despeito do solo, da água e das condições de cultivo, qualquer planta pertence a espécie e variedade específicas porque os genes contidos em suas sementes lhe dizem para manufaturar precisamente as proteínas, as enzimas e os hormônios certos. As cebolas Vidália, por exemplo, são todas da variedade *yellow granex*.

Mas, nesse caso, trata-se de hereditariedade, e, como todo mundo sabe, as características de um organismo são modeladas tanto pela hereditariedade quanto pelo meio. Inúmeros fatores ambientais, entre eles as quantidades de vários nutrientes no solo; a drenagem e a textura do solo; sua microflora e a fauna; a proporção de areia, pedra e barro; a inclinação do terreno; as temperaturas; a quantidade de chuva, vento e sol – em suma, o microcosmo da planta como um todo, sem mencionar a fase da lua na ocasião do plantio – podem levar a diferenças sutis na fruta ou legume. (Não é uma brincadeira a referência à fase da lua. Vinhateiros que praticam a chamada produção biodinâmica de vinho esperam a lua minguar para remover os sedimentos das parreiras, porque assim como a lua cheia faz as marés subirem, obviamente também irá dirigir os sedimentos para cima, impedindo-os de se depositarem.)

Na França, os produtores de vinho reuniram todos esses fatores variáveis e imponderáveis (em geral excluindo as fases da lua) no conceito de *terroir*, hoje aplicado a virtualmente todas as frutas e legumes. Mas não há nada profundo no conceito, que se aplica literalmente ao território ou região agrícola. Trata-se simplesmente da soma de todas as peculiaridades de um local específico de cultivo agrícola. Quem quer que tenha viajado pela França sabe que do outro lado de cada colina pode encontrar um microclima muito diferente.

Voltemos a Vidália, na Geórgia, EUA, onde a cebola Vidália é uma marca registrada do Departamento de Agricultura do estado, e uma lei estadual define as características que as cebolas devem possuir para ostentar com orgulho este nome. É claro que não é possível que o solo de cada acre da região do sudeste da Geórgia oficialmente sancionada e virtualmente santificada como a região da cebola Vidália (ela é cultivada em 20 condados da região) contenha exatamente a mesma quantidade de enxofre. Assim sendo, o enxofre não pode ser o único fator.

É AMARGO SER VERDE

Às vezes encontro pepinos amargos. Por quê?
Será que o composto que causa esse amargor pode
ser prejudicial à saúde? Pode ser perigoso?

Os pepinos são cultivados há milhares de anos e, como muitas plantas alimentícias, vêm se aprimorando por cruzamento/hibridação para acentuar o que têm de melhor e eliminar o que têm de amargo.

Velhas receitas incluem alguma medida para "desamargá-los", como, por exemplo, deixar as fatias de molho em água com sal. (Mas duvido que isso funcione.) As variedades mais modernas de pepino raramente são amargas, exceto na casca, que pode ser retirada.

Parte do sabor do pepino se deve a um composto ligeiramente amargo chamado cucurbitacina. Mas quando o pepino leva uma vida dura no campo, sofrendo com o calor prolongado, a estiagem ou a luta contra insetos ou doenças, a quantidade de cucurbitacina se espalha defensivamente, não só na casca, mas também no interior. Seu amargor é uma forma que a natureza tem de dizer: "Não me coma, ou se arrependerá." Os alcaloides, por exemplo, uma classe de substâncias químicas das mais tóxicas encontradas nas plantas, têm, todos eles, sabor amargo. Mas a quantidade de cucurbitacina que você encontra num pepino não o matará. Hoje os pepinos, raramente amargos, são fatiados e salgados não para tirar o amargor, mas para torná-los crocantes. Borrife sal sobre as fatias de pepino numa vasilha, cubra-os com uma camada de cubos de gelo e deixe-os na geladeira durante mais ou menos uma hora. O sal retirará a água dos espaços entre as células, firmando a estrutura. Lave o excesso de sal antes de servi-los.

Enquanto uma camada de sal sólido drena a água para fora das fatias de pepino, tornando-as crocantes, a imersão na água salgada tem o efeito oposto: vai encharcá-las, fazendo-as ficar mais moles, ou murchas. Isso porque a osmose leva a água de um meio menos salgado para outro mais salgado. Quando as células do pepino ficam em contato com o sal sólido, uma parte de sua água sai. Mas quando estão em contato com a solução em que o sal está diluído, uma parte dessa solução será absorvida pelas células. (Para mais detalhes, ver "Osmose", p.145)

A casca do pepino não é totalmente impermeável à umidade, portanto, ele acabará perdendo a água e murchando se não for protegido por uma camada à prova de umidade. Por isso, os especialistas em culinária borrifam seus produtos com uma cera comestível para prolongar a vida de alguns legumes. Os pepinos menores, com cascas verrugosas, não são tratados com essa cera porque, quando postos em conserva, é essencial que o líquido penetre pela casca. Os chamados pepinos ingleses, compridos e finos – e, consequentemente, com uma superfície de absorção maior –, precisam ser protegidos por mais de uma camada de cera, e em geral são envolvidos em filme plástico.

LEITE DERRAMADO

O que acontece com o leite de soja que faz ele transbordar? Uma das minhas receitas pede que o leite de soja seja cozido. Descobri que eu conseguia fazer isso sem que o leite fervesse e transbordasse, desde que o aquecesse lentamente. Qual a química por trás disso?

O leite de soja é preparado encharcando, fervendo, moendo e espremendo o líquido dos grãos de soja. O líquido é chamado "leite" porque é branco, mas tem tanta semelhança com o leite de vaca quanto o leite de magnésia. É uma alternativa tentadora com relação ao leite de vaca porque tem mais proteínas, menos gordura (e menos cálcio), e é livre de colesterol e lactose (açúcar do leite), sendo indicado para milhões de pessoas que têm intolerância a lactose. Quando fortificado com cálcio e vitaminas, pode ser usado nas mamadeiras dos bebês. Avalia-se que 7% dos bebês nos Estados Unidos não podem digerir leite de vaca.

Entretanto, o leite de soja está longe de ser um substituto para o leite animal, tanto em sabor quanto em suas muitas aplicações culinárias. Isso porque, em primeiro lugar, o processo de esmagamento dos grãos de soja libera uma enzima, a lipoxigenase, que catalisa a oxidação dos ácidos graxos não saturados dos grãos e os transforma em compostos de gosto desagradável. Embora isso pareça não incomodar os consumidores asiáticos, a enzima precisa ser desativada para a maioria dos paladares ocidentais pelo aquecimento do "leite" a uma temperatura próxima do seu ponto de fervura durante 15 a 20 minutos.

Isso nos leva de volta ao fogão.

As plantas contêm várias substâncias químicas relacionadas ao açúcar, chamadas de glicosídeos, que atendem a uma ampla gama de funções. Alguns dos glicosídeos dos grãos de soja são chamados de saponinas porque espumam como sabão (*sapo*, em latim) quando fervidos. Eles são a fonte do problema do transbordamento. Mas como o calor destrói as saponinas, aquecer devagar o leite de soja eliminará sua tendência a espumar. É por isso que você consegue levar ao ponto de fervura, porém não ferver o leite de soja.

Pudim não muito indígena

Se você imaginar uma polenta macia com gosto de pão de gengibre terá uma ideia do que é um pudim indígena.

Na Nova Inglaterra do século XVIII, os colonos se referiam ao milho do Novo Mundo como "milho indígena", e o pudim feito de milho acabou conhecido como pudim indígena. Naturalmente os nativos da América não tinham soja, e nem os colonos, mas o leite de soja com sabor de baunilha pode substituir muito bem o leite usado nas receitas deste tipo de pudim indígena.

Quando o sorvete é derretido e misturado ao pudim, o resultado é muito bom, talvez melhor que o leite ou creme usualmente empregado nas receitas. A receita também é deliciosa com leite de vaca e sorvete feito com leite de vaca. O que sobrar de um dia para o outro fica ótimo, quente ou frio, no café da manhã.

- 4 xícaras de leite de soja de sabor baunilha
- ⅓ de xícara de fubá
- 1 colher de sopa de manteiga sem sal
- ½ xícara de melado
- 1 colher de chá de canela em pó

- ½ colher de chá de gengibre em pó
- ½ colher de chá de sal
- ½ colher de chá de sorvete de soja de sabor baunilha derretido

Sorvete de soja sabor baunilha para acompanhar

1. Coloque a grelha do forno na altura média. Preaqueça o forno a 150°. Numa tigela pequena, misture 1 xícara de leite de soja com o fubá. Reserve.

2. Numa caçarola média, aqueça em fogo baixo 2 xícaras de leite de soja até começar a borbulhar em volta da panela. Despeje gradualmente a mistura de fubá no leite de soja quente. Reduza o fogo e cozinhe, mexendo, durante dez minutos. Você obterá um creme ralo.

3. Junte a xícara restante de leite de soja e a manteiga, melado, canela, gengibre e sal, e mexa até a manteiga derreter. A mistura continuará rala.

4. Vire essa mistura numa fôrma para 1,5 litro não untada. Cozinhe sem tampar durante duas horas. O pudim ficará um pouco tostado na superfície.

5. Retire o pudim do forno. Jogue dentro o sorvete derretido, incorporando-o, até que o pudim fique macio. Leve-o de novo ao forno e cozinhe, sem tampar, por mais 30 minutos.

6. Deixe o pudim esfriando durante duas horas. Ele ficará mais consistente à medida que esfriar. Uma leve película se formará sobre ele. Pouco antes de servir remova a película, e sirva-o, às colheradas, ainda ligeiramente morno, acompanhado do sorvete.

- Rendimento: 8 ou mais porções

ODE AO *TOFU*

No meu mercado parece que existem uns 12 tipos de tofu.
Sei que o tofu *é feito de soja, mas como é que podem fabricá-lo de tantas maneiras?*

Eles começam talhando o leite de soja e depois manipulando seus coalhos de diferentes modos.

Vários ácidos, enzimas, bactérias e sais conseguem coagular as proteínas do leite de soja, isto é, desenrolar suas moléculas longas e enroladas, permitindo que elas se interliguem umas às outras como degraus em uma escada, para formar uma rede sólida e estreitamente emaranhada que se separa do líquido. Como no verdadeiro leite coagulado, as proteínas formam coalhos, dos quais é feito o *tofu*.

O leite verdadeiro é em geral coalhado pelo coagulador, membrana que forra o estômago de um bezerro não desmamado e que contém a enzima chamada de quimosina, que digere a proteína. (Isso faz você imaginar como terá sido descoberta essa técnica, não é? Pois leia a seguir.) O resto do animal sem dúvida vai acabar como uma "vitela alimentada a leite". Os coalhos são então fermentados por fungos ou bactérias, amadurecidos no queijo envelhecido e maturados.

(Embora apenas de modo apócrifo, a história da descoberta do coalho remete aos tempos bíblicos, quando vinho, leite e outros alimentos líquidos essenciais eram transportados em recipientes feitos de estômagos esvaziados e curtidos de vitelas ou ovelhas. Talvez um estômago não muito meticulosamente limpo de vitela tenha sido usado para levar leite pelo deserto, e uma quimosina residual coagulasse o leite em coalhos. Então, com a ajuda de bactérias ambientais, os coalhos fermentaram, e *voilà*! – formou-se o queijo.)

O leite de soja em geral é coalhado por ácidos ou sais, e não quimosina. Os japoneses vêm usando tradicionalmente *nigari*, um amargo e salgado resíduo clorídrico não sódico (na maior parte cloreto de magnésio) que sobra da evaporação da água do mar na produção de sal marinho. Hoje usa-se mais sulfato de cálcio. Os coalhos são prensados em blocos chamados *tofu*.

Os puristas insistem em que o *tofu* não é "feijão coalhado", como frequentemente se chama em inglês (*bean curd*). O próprio coalho é chamado em japonês de *oburo*; ele só vira *tofu* depois de prensado, quando o soro – o líquido que sobra quando ocorre a formação do coalho – é espremido.

Várias pressões e tempos de pressão dão diferentes consistências ao bloco de *tofu*, desde o macio ao firme e ao extrafirme. Pequenos cubos de *tofu* macio podem ser misturados à salada, enquanto o mais duro pode ser frito. Eu imagino o *tofu* como uma argila da cozinha: pode ser amassado, misturado com outros ingredientes ou cortado em formatos e tamanhos que se adaptam a quase todos os tipos de pratos, como molhos de saladas e ensopados, e podem ser salteados ou fritos por imersão. O *tofu* tem a qualidade quase mágica de absorver os sabores de tudo aquilo com que é cozido.

Ao contrário do queijo, que já foi atacado por bactérias e/ou fungos vorazes e amadurecido até um ponto além da imaginação, o *tofu* é um produto delicado e perecível. É vendido em embalagens a vácuo ou imerso em recipientes plásticos ascéticos com água, ou a granel.

O "*tofu* de cetim" é um *tofu* macio, cremoso, preparado segundo um método mais semelhante ao usado para fazer iogurte que para fazer queijo. Em vez de coalhar o leite de soja e drenar seu soro, os produtores do *tofu* de cetim usam um agente químico chamado de glucono-delta-lactona (GDL), obtido pela ação de uma enzima (glicose oxidase) sobre a glicose. A mistura é então embalada em recipientes para venda a varejo e aquecida levemente de 79° a 91° por cerca de uma hora. Durante esse tempo, o GDL se transforma espontaneamente (se hidroliza) em ácido glucônico, que faz as proteínas ficarem espessas como um gel homogêneo, sem a separação do soro. Pode ser comido com uma colher, como iogurte ou pudim.

Todos os tipos de *tofu* devem ser mantidos na geladeira e usados no espaço de uma semana. Se conservado em água, esta deve ser trocada diariamente. Também pode ser congelado, mas sua textura, depois de descongelado, será mais consistente, porque o congelamento enrijece as proteínas e expele o soro.

NÓS TODOS ADORAMOS MISSÔ

Adoro o sabor da sopa de missô servida nos restaurantes japoneses, mas não sei o que é missô. Será possível comprá-lo e experimentar a sopa em casa?

Perfeitamente. O missô, conhecido como pasta de soja fermentada, é um dos produtos mais versáteis encontrados nos mercados japoneses e coreanos. É vendido puro, para ser usado na culinária doméstica, ou já incorporado a sopas, temperos para salada e molhos.

Como o leite de soja e o *tofu*, o missô tem seu começo nos grãos de soja postos de molho, cozidos e moídos ou picados. Um fungo conhecido como *Aspergillus oryzae*, em latim, e *koji*, em japonês, é adicionado à soja pura ou misturada com arroz, cevada ou grão-de-bico. (Os japoneses usam o mesmo fungo para fermentar o saquê.)

Tradicionalmente, deixava-se a fermentação progredir por dois ou três anos, até que a desejada intensidade de sabor e cor fosse alcançada. Hoje o processo pode ser acelerado pelo aquecimento e outras técnicas. O papel do sal é impedir que a mistura se corrompa pela ação de algum micro-organismo menos amistoso, enquanto o *Aspergillus*, que não se importa com o sal, faz seu trabalho.

Existem dúzias, senão centenas, de tipos de missô, que variam em sabor, passando do salgado ao doce e ao acridoce, em cor, que vai do marfim até o café, passando pelo marrom escuro, e em textura, desde o macio e cremoso até o encaroçado. Os *chefs* norte-americanos gostam de experimentá-lo em vários pratos, e você pode fazer o mesmo. Experimente o *shiro*, um missô leve, ou o *aka*, uma versão mais escura e mais forte.

Depois que você descobrir os usos do missô, ele não será mais um estranho na sua prateleira. Por causa do sabor marcante, deve ser equilibrado com outros ingredientes. Acrescente-o ao vinagrete e sirva com aspargos, alcachofras ou salada de folhas verdes. Ou faça a sopa de missô, misturando uma boa colherada dele ao caldo de legumes com macarrão *udon*.

Peixe com cobertura de missô

O tipo mais comum de missô encontrado nos mercados é uma pasta grossa que parece manteiga de amendoim e é apresentada em cores variadas, que vão do bege ao marrom escuro. Esse condimento salgado salienta o sabor de sopas e marinados.

Por ser muito espesso, o missô deve ser misturado a um pouco de líquido antes de ser incorporado a um prato. Ele é fácil de encontrar na maioria dos supermercados e lojas de produtos naturais. Na receita abaixo, pode-se usar qualquer missô de tonalidade mais clara.

Vamos utilizar também *mirin* e saquê. Você vai precisar marinar o peixe pelo menos por duas horas ou de um dia para o outro antes de grelhá-lo. Deixe pronta a guarnição de legumes antes de começar a preparar o peixe.

Marinada:

- 6 colheres de sopa de missô branco ou amarelo
- $\frac{1}{3}$ de xícara de açúcar
- $\frac{1}{4}$ de xícara de *mirin* (vinho de arroz japonês, adocicado, próprio para cozinha)
- $\frac{1}{4}$ de xícara de saquê
- 4 a 6 filés de namorado ou outro peixe carnudo (cada um com cerca de 2cm de espessura)

Guarnição:

- 1 colher de sopa de óleo de amendoim ou soja
- $\frac{1}{2}$ colher de chá de óleo de gergelim tostado
- 1 xícara de cada: cenoura, funcho e pimentão vermelho, cortados à juliana

→

Consomê:

- 1 xícara de água
- 3 colheres de sopa de *mirin*
- 2 colheres de sopa de saquê

1. Faça a marinada: numa tigela pequena, bata juntos o missô, açúcar, *mirin* e saquê. Transfira a mistura para um saco plástico com zíper (ou uma vasilha plástica), ponha dentro os filés de peixe e deixe na geladeira por duas a quatro horas, ou de um dia para o outro.

2. Faça a guarnição: numa frigideira grande, combine os óleos de soja e de gergelim e aqueça em fogo baixo. Junte os legumes cortados e cozinhe por cerca de cinco minutos, até que fiquem macios mas não tostados. Reserve.

3. Deixe o peixe e a marinada ficarem na temperatura ambiente. Preaqueça a grelha.

4. Remova os filés da marinada. Coloque-os, junto com qualquer resíduo de marinada que tenha aderido a eles, num tabuleiro de 22cm. Não coloque uns sobre os outros. Dispense a marinada restante.

5. Prepare o consomê: misture a água, o *mirin* e o saquê. Aqueça durante um minuto no micro-ondas. Despeje o líquido sobre os peixes sem cobri-los, para que cozinhem e dourem ligeiramente na grelha.

6. Grelhe os filés por cinco a seis minutos, até se tornarem opacos no centro. Para ficar suculento, o peixe deve estar apenas cozido no centro e úmido.

7. Sirva o peixe em prato raso, acompanhado de um pouco do líquido do cozimento (cerca de ¼ de xícara em cada prato). Guarneça com os legumes dispostos ao lado dos filés.

- Rendimento: 4 porções

O GÁS DAS LEGUMINOSAS

Na faculdade de biologia aprendi que as leguminosas são plantas, como alfafa e feijão, que "fixam" o nitrogênio, retirando-o do ar e levando-o para o solo, onde as plantas podem usá-lo. Mas a experiência me mostra que leguminosas como feijão são responsáveis por outro tipo de gás: o que se produz em nós depois que os comemos. Será que existe algum jeito para evitar essas consequências desagradáveis?

Bom, uma coisa que você pode fazer é cortar a alfafa de sua dieta. Mas desistir de todos os legumes, inclusive ervilhas, amendoins, lentilhas e as dezenas de outros tipos de feijões seria pedir demais. Trata-se de uma das muitas ocasiões na vida em que temos de avaliar os riscos e os benefícios.

Plantas leguminosas são aquelas que produzem sementes em vagens. Do ponto de vista nutricional, têm alto nível de proteína e contêm muitos, mas não todos, dos aminoácidos essenciais. O problema é que também contêm carboidratos complexos (rafinose oligossacarídeos), cuja digestão é feita por uma enzima que os seres humanos, infelizmente, não possuem. Digo "infelizmente" porque esses carboidratos passam diretamente do estômago e do intestino delgado para o intestino grosso, onde as bactérias se alimentam deles, produzindo vários gases – o dióxido de carbono inodoro, hidrogênio e metano, temperados com o fortemente odorífico sulfeto de hidrogênio e outros compostos que contêm enxofre chamados de mercaptanas. Esses gases do nosso abdômen saem do nosso corpo pela via mais próxima.

Infelizmente (de novo), nenhuma das várias recomendações para burlar essas aberturas mostrou-se eficiente, entre elas deixar os feijões de molho, enxaguá-los várias vezes antes do cozimento, ou cozinhá-los com algum tipo de ervas, como o epazote, que supostamente reduzem o gás. Talvez com base na teoria segundo a qual a melhor defesa é um bom ataque, algumas pessoas afirmam que, quanto mais feijão se come regularmente, como é hábito nos países em que o feijão é um alimento básico, menos sua reputação social ficará manchada.

Uma vez que tanto os feijões como as pessoas variam enormemente, seria difícil realizar os experimentos científicos necessários para determinar a eficácia dessas estratégias. Seria preciso controlar o consumo de feijão em uma grande quantidade de pessoas sob várias condições e medir o volume de suas emissões de gases. Entretanto, como é o caso de várias práticas populares sem fundamento científico, as pessoas acreditam no que querem acreditar.

Uma defesa contra suas armas químicas de erupção em massa é um produto comercial que fornece a enzima digestiva (alfagalactosidase) que nosso organismo não possui.

Outra medida que aparentemente funciona em muita gente é engolir cápsulas de carvão, que adsorve o gás no intestino. (Sim, eu disse *adsorve* com *d*, não *absorve* com *b*. As moléculas do gás se difundem nas amplas superfícies interiores dos grãos de carvão altamente porosos e aderem a eles. Esse fenômeno de aderência é chamado de adsorção.)

Há diversos medicamentos à venda sem receita médica. Vale a pena fazer uma experiência em caso de emergência, como quando você come feijoada.

No fim, não há de fato muita coisa que você possa fazer além de deixar a natureza seguir seu curso.

BANHO ÀS VEZES FAZ BEM

Minha avó ensinou a minha mãe, e minha mãe me ensinou: acrescente sempre uma pitada de bicarbonato na água em que você põe de molho o grão-de-bico. É claro que as mães nunca explicam por quê. Então, por quê?

Faça sempre o que sua mãe diz.

Falando sério, o conselho de sua mãe é mais racional. Os *garbanzos*, termo espanhol para o grão-de-bico, que os italianos chamam de *ceci* e em inglês são *chickpeas*, são quase sempre vendidos secos, duros, difíceis de amolecer, como se sabe. Em muitos países mediterrâneos, assim como no sul da Ásia e no Oriente Médio, de onde sua avó pode ter vindo, há muito tempo tem-se o costume de pôr de molho o grão-de-bico de um dia para o outro, antes de cozinhá-lo. Também se descobriu que um pouco de bicarbonato acelera a absorção da água e reduz o tempo em que ele fica de molho e em que cozinha.

Sabemos hoje que os álcalis, como o bicarbonato de sódio, atacam as peles fibrosas de celulose e tornam os grãos-de-bico mais permeáveis à água. Vários álcalis (lixívia, carbonato de potássio, cal) são usados em outras culturas para remover as cascas de celulose das espigas de milho para preparar pratos como canjica e *masa harina*, a massa usada para fazer *tortillas*. (Veja "*Tortillas* estão na moda", p.174) Também sabemos que uma pitada de bicarbonato ajuda especialmente quando o grão-de-bico (ou os feijões em geral) é posto de molho ou cozido em água pesada, porque remove o cálcio e o magnésio da água, que de outro modo poderiam formar

CONSERTANDO O NITROGÊNIO

(embora ele não esteja quebrado)

Como elemento-chave nos aminoácidos, blocos construtores das proteínas, o hidrogênio é um ingrediente necessário a todos os seres vivos, tanto plantas quanto animais. Sobre a Terra existe um suprimento ilimitado de moléculas de gás nitrogênio (N_2) na atmosfera; o ar tem cerca de 80% de nitrogênio. Mas a ligação entre os dois átomos de nitrogênio em N_2 é muito forte, e a energia da fotossíntese não é grande o bastante para permitir que as plantas o quebrem e fabriquem proteínas a partir deles.

Num exemplo notável de simbiose, as plantas leguminosas e certas bactérias do solo chamadas de rizóbia descobriram um meio que beneficia a ambas. As bactérias produzem uma enzima que reduz a energia necessária para quebrar a ligação N – N, liberando os átomos de nitrogênio para conversão em amônia, NH_3, e nitratos. A maioria dos nitratos se dissolve na água e pode penetrar lentamente dentro do solo, onde as raízes das plantas podem absorvê-los. A amônia também se dissolve no solo úmido formando sais de amônio. As plantas podem usar esses sais e os nitratos como matéria-prima em suas fábricas de proteínas. (Um fertilizante muito rico em nitrogênio é o nitrato de amônio NH_4NO_3.)

Na natureza, essas bactérias fixadoras de nitrogênio contribuem apenas com pouco mais de 2kg de nitrogênio por acre por ano. Mas numa plantação de leguminosas, elas podem produzir várias centenas de libras de nitrogênio por acre, em um ano.

Eis como as bactérias e as plantas trabalham juntas. Quando as bactérias rizóbia invadem as raízes de uma leguminosa, esta responde formando nódulos, santuários lotados de atrativos para as bactérias (sucos ricos em açúcar). Ali, elas podem se dedicar a um festival de comilança, produzindo sais de amônio e nitratos durante o processo.

Uma típica planta de feijão pode produzir pouco menos de cem nódulos, mas uma planta de soja pode ter várias centenas, e a de amendoim pode ter mil ou mais dessas fábricas de fertilizantes em miniatura.

compostos resistentes duros e insolúveis dentro e entre as parede das células dos grãos, tornando-os menos suscetíveis à hidratação. Mas o excesso de bicarbonato também amolecerá demasiadamente os grãos, prejudicando sua textura, além de contribuir com um sabor salgado e um tanto passado.

Mas será que é mesmo necessário pôr de molho os grãos-de-bico ou outras leguminosas antes de cozinhá-los? A secagem, que obviamente precede em muitos séculos a conservação em latas, é simplesmente um recurso para preservar em estoque feijões e leguminosas em geral. Ainda é usado por conveniência em produtos empacotados, garantindo um longo prazo de validade. Atualmente, contudo, você pode comprar muitos tipos de feijão em lata já cozidos e macios.

Muito já foi escrito – e argumentado – sobre deixar os feijões secos de molho. Não há uma resposta simples para a questão. O motivo original para isso sem dúvida é a redução do tempo de cozimento e a consequente economia de combustível caro. Hoje a maioria de nós não tem que cortar madeira para cozinhar, e a pequena quantidade de gás ou eletricidade economizada quando deixamos o feijão de molho importa pouco em nossa sociedade pródiga. Uma vez que colocar de molho as leguminosas secas tem o mesmo objetivo que as cozinhar – torná-las macias e mastigáveis –, a questão é sobretudo saber como você deseja dividir a tarefa entre uma imersão preliminar e um cozimento em água quente. Os três fatores relevantes são tamanho, temperatura e tempo.

• **Tamanho**: lentilhas e ervilhas pequenas, sobretudo ervilhas partidas, têm uma grande superfície em comparação a seus pesos ou volumes (isto é, elas têm uma alta proporção superfície/volume), portanto, a água encontra uma grande superfície de entrada. Uma vez que elas hidratam rapidamente durante o cozimento, há pouco motivo para dar-lhes um banho frio preliminar. Por sua vez, os grãos-de-bico, que, em relação às ervilhas, são como bolas de boliche, têm menor proporção superfície/volume, e a água tem muito mais trabalho para penetrar até o centro. Para essas sementes de longo cozimento, uma imersão preliminar em água fria pode muito bem diminuir o tempo de cozimento.

• **Temperatura**: a difusão da água nas sementes secas ocorre mais depressa sob temperatura elevada. Assim, uma hora cozinhando em ponto de ebulição é muito mais produtivo que uma hora de molho em água fria. Comparando os índices de difusão sob várias temperaturas, calculo que uma hora de cozimento proporciona tanta hidratação quanto três horas de imersão em água fria. Portanto, se o grão-de-bico demora cinco horas cozinhando até ficar numa textura boa, demoraria só quatro se antes passasse três horas de molho.

• **Tempo**: quanto tempo você tem disponível, esse é um dado a considerar, assim como o tipo de tempo – assistido (cozimento) ou não assistido (imersão).

É tentador deixar de molho, porque pode fazer isso enquanto está dormindo, mas trocar muito tempo de cozimento pela imersão pode afetar negativamente o sabor do prato depois de pronto. Você deseja um tempo de cozimento suficiente para permitir que os feijões amaciados absorvam e soltem seus sabores para os demais ingredientes que lhes fazem companhia na panela.

Oceanos de tinta e toneladas de ar quente têm sido gastos com questões tais como a influência da imersão na textura final do feijão; se é melhor pôr o sal no feijão antes ou depois do cozimento; se deixar o feijão de molho tira os nutrientes e o sabor, ou remove os polissacarídeos formadores de gases, casos em que você desejaria usar ou não usar a imersão, respectivamente. Há pesquisas mostrando que pequenas quantidades de oligossacarídeos e tiamina (vitamina B_1) passam para a água, reduzindo o teor nutritivo do grão.

Mas cozinhar feijão não é uma tecnologia interplanetária nem uma ciência do cérebro (ou algo assim). Através dos séculos, muitos meios tradicionais de lidar com eles evoluíram em diferentes culturas, sem grandes justificativas científicas. Portanto, faça do jeito que sua própria tradição étnica disser.

E se você se sente virtuoso em "honrar sua mãe", por favor, vá em frente e deixe os grãos de molho só porque foi ela quem ensinou.

4

Além das planícies frutíferas

Nas páginas de suas obras publicadas, William Shakespeare menciona a palavra fruta 122 vezes. Nas páginas da Bíblia do rei Jaime da Inglaterra, essa palavras aparece 361 vezes. Nas páginas etéreas da atual World Wide Web – a Internet –, ela explode mais de 20 milhões de vezes.

Metaforicamente, falamos de uma ação que produz resultados positivos ou lucrativos como "frutífera" ou que "dá frutos", enquanto um empreendimento fracassado é classificado de "infrutífero".

O que nos fascina tanto nos frutos?

A palavra em si vem do latim *fructus*, que significa "fruição", em aparência uma alusão à doçura de uma fruta madura. Além do mel, nenhuma fonte de doçura era conhecida fora das ilhas do Pacífico, de onde a cana-de-açúcar é originária, até os tempos pós-bíblicos.

Pode haver uma razão mais profunda para o fascínio das frutas. A botânica define um fruto como o ovário maduro de uma planta florescente, e seu propósito é conter, alimentar e finalmente dispersar as sementes da planta. O fruto é, assim, a meta final da existência da planta, uma expressão tangível de seu intento de procriar. O fruto é símbolo da vida, da esperança, da aspiração.

Mas, de fato, o que é um fruto? Não é uma pergunta fácil de responder, como pode parecer. Classificar as partes estruturais das 270 mil espécies de plantas conhecidas em um pequeno número de categorias é tarefa desafiante, assustadora e, como costuma ser no mundo da ciência, infindável. Mas com seu pendor para classificar as coisas de acordo com as sutilezas de forma e função, a maioria dos botânicos divide as frutas em três tipos básicos, dependendo de como o ovário das flores se desenvolve para formar o fruto: frutas *simples*, frutas *agregadas* e frutas *múltiplas*. Existem outras classificações, contudo. Se você perguntar a dois botânicos, talvez escute três esquemas de classificação diferentes.

Ficaremos na divisão das frutas em *simples, agregadas* e *múltiplas*. E não se surpreenda ao ver nelas alguns alimentos que você nunca pensou que fossem frutas, ou mesmo algumas cuja classificação como frutas parece um pouco complicada. (Aliás, todas as nozes são frutas, e também os amendoins, embora eles não sejam nozes.)

• Uma *fruta simples* se desenvolve de um único ovário de uma única flor, e pode ser carnosa ou seca.

Entre as *frutas simples carnosas* estão as chamadas bagas e as drupas. As bagas incluem abacate, pimentão, amoras, uvas, toranja, laranja e até mesmo tomates e bananas. (Sim, de acordo com os botânicos, bananas são bagas.) As drupas, cuja camada interna (o endocarpo) da parede do ovário (o pericarpo) endureceu até tornar-se um caroço ou pedra, também são conhecidas como frutas de caroço. Incluem abricó, cereja, coco, azeitonas, pêssego, ameixa e até as vagens do cacau, das quais extraímos as sementes para fazer chocolate.

Entre as frutas simples secas estão as leguminosas (feijões, ervilhas, amendoins), as nozes (pinhões, amêndoas, avelãs), e os cereais (milho, arroz, trigo). Sim, os cereais são frutos. Mas eles desempenham um papel tão importante na alimentação humana que lhes devoto um capítulo especial (Capítulo 5).

• Uma *fruta agregada*, assim como uma amora ou framboesa, se desenvolve a partir de uma única flor com muitos ovários, formando uma massa de pequenas drupas que se parece com um pequeno cacho de uvinhas. E nenhuma amora ou framboesa é, botanicamente falando, uma baga, como por exemplo a banana.

• Uma *fruta múltipla*, assim como o abacaxi, se desenvolve dos ovários de muitas flores que crescem num aglomerado.

Mas onde (ó!), onde se encaixa a sua e a minha favorita, o morango? E onde está a maçã? Nesse ponto, você aceitará calmamente como conclusão que os morangos não são como as amoras ou framboesas. Nem são simples frutas agregadas, ou frutas múltiplas. Eles, junto com as que se chamam pomos (maçãs e peras) são *frutas acessórias*, frutas que se desenvolvem de outras partes da planta, e não do ovário. Felizmente não tentarei descrever suas configurações botânicas.

Chega de botânica! Passemos à gastronomia!

ESSE HORMÔNIO É UM GÁS!

Quando leio na seção de culinária do meu jornal sobre os legumes e as frutas da estação, disponíveis em abundância nos mercados, eu os compro, mas muitas vezes em casa não sei o que fazer com eles. Como vou saber que frutas estão maduras e podem se deteriorar facilmente, e quais ficarão melhores se forem guardadas algum tempo antes de serem comidas?

Não é fácil. As alterações químicas que ocorrem no amadurecimento das frutas são bem complexas, e, nas diferentes frutas, varia principalmente o tempo em que essas reações se processam.

Para cada tipo de fruta, há um ponto em que o amadurecimento atinge seu pico, após o qual começa o período de senescência (deterioração) e finalmente o apodrecimento. É o plano da natureza, "do pó ao pó", e a hora chega tanto para uns como para outros.

Seu problema é saber exatamente quando a fruta atingiu o pico de amadurecimento. É quando ela tem uma boa cor (o verde se transformou em amarelo-laranja ou vermelho-azulado), textura macia e melhor sabor, porque os ácidos terão diminuído; os açúcares, aumentado (exceto em limões e limas); e várias substâncias responsáveis pelo aroma e sabor terão sido produzidas.

Mas detectar esse ponto de amadurecimento máximo pode ser bastante complicado. Isso porque você só escolhe suas frutas no mercado algum tempo depois de elas terem sido colhidas, e você de fato não sabe quão maduras estavam naquela ocasião e o que lhes aconteceu desde então.

Os abacates só começam a amadurecer depois de colhidos, portanto, não tema comprá-los ainda duros. Mas a maioria das outras frutas atinge suas melhores qualidades quando amadurecem plenamente na árvore e ficam prestes a cair. Este é o projeto da natureza, "apanhe-as enquanto estão no ponto", para atiçar os animais a comê-las e espalhar suas sementes.

Muitas frutas à venda nos mercados, como tomates, morangos e sobretudo bananas, são deliberadamente colhidas sem estar maduras, para que aguentem melhor os rigores do transporte. Outras (pêssegos, ameixas, melões) podem ser colhidas, despachadas e vendidas em estado quase maduro, com uma polpa firme que ficará gradualmente macia.

A diferença mais útil a ser observada é que algumas frutas podem continuar a amadurecer depois de colhidas, e outras não. Se não podem, não há nada a fazer depois que as levar para casa: deve comprá-las já maduras, mas em perfeito estado (confiando na sorte, se não houver um mercado produtor por perto), e refrigerá-las para que se mantenham assim, porque as baixas temperaturas desaceleram as reações de senescência.

As frutas que continuam a amadurecer depois de colhidas são outra história. Se comprá-las não maduras, há algumas coisas a fazer em casa para estimular o processo. Pode expô-las a um hormônio gasoso para plantas chamado etileno, também conhecido por etileno ou eteno, $H_2C{=}CH_2$, que acelera o amadurecimento. Em geral não pensamos que um gás seja um hormônio, mas o etileno pode ser qualificado assim porque, como outros hormônios, é eficaz em quantidades de menos de uma parte por milhão.

Onde você pode conseguir o etileno? As próprias frutas o fornecem. Muitas delas passam por um surto hormonal de gás etileno exatamente ao atingir seu ponto ótimo de madureza e antes de começar a senescência. Elas são chamadas frutas climatéricas, porque suas taxas de produção de etileno chegam ao clímax e então declinam. (Se você está vendo um paralelismo com o declínio de hormônios femininos na menopausa, também chamada de climatério, acertou.)

Se uma fruta climatérica não está madura, ela pode ser levada ao amadurecimento graças ao etileno produzido por outra fruta emissora de etileno, ou mesmo pelo etileno que ela emite (se impedirmos que ele evole), e que a estimulará a produzir mais etileno. No jargão químico, esse tipo de reação autoestimulada denomina-se autocatalítica.

Frutas que não exibem aumento e queda na produção de etileno durante o amadurecimento, as não climatéricas, são menos afetadas pela exposição a esse gás. Portanto, tudo que você precisa saber é quais são as frutas climatéricas, e então poderá submetê-las ao etileno para acelerar seu amadurecimento. Você obtém o etileno das frutas climatéricas que ainda estão no estágio de produzi-lo.

Eis o que deve ser feito. Primeiro, verifique a Tabela 1, na p.119, para ver a que categoria sua fruta pertence. Se ela estiver na lista das não climatéricas, poderá ficar mais macia e perder sua cor verde, mas não ficará mais madura antes de começar a descida da ladeira. Refrigere-a para conservar seu ponto de madureza.

Mas se ela estiver na lista das climatéricas, deixe-a em temperatura ambiente; a refrigeração retardaria o processo de amadurecimento. Então, se quiser acelerar as coisas, coloque duas delas, sem apertar, num saco de papel com alguns buracos. Isso permitirá capturar um pouco, embora não todo, o etileno que elas emitem, e acelerará o amadurecimento. O etileno é ligeiramente mais leve que o ar, portanto uma parte dele escapará pelos buracos do saco. Isso é bom, porque tudo o que sai é uma parte por milhão de partes do gás; o resto fará o seu serviço. Não use saco plástico: a concentração de etileno será excessiva e empurrará a fruta ladeira abaixo, de madura a estragada.

Se você realmente tem pressa, ponha um produtor classe A de etileno – uma maçã, uma banana ou um maracujá (o campeão) – no saco junto com sua fruta climatérica. Não esqueça de verificar o conteúdo do saco a cada 10 ou 12 horas, ou terá a surpresa de encontrar uma fruta podre lá dentro.

O ditado "uma maçã ruim põe todo um cesto a perder" pode ser um exagero, mas se a malvadinha ainda estiver nesse estágio de copiosa emissão de etileno, certamente poderá enviar suas irmãs mais depressa para o final derradeiro. Principalmente se a maçã ruim estiver por baixo da pilha, o etileno, mais leve que o ar, impregnará as outras ao subir.

Como, então, os plantadores de maçãs impedem que milhares de caixas de maçãs colhidas em setembro passem do ponto antes de serem enviadas para o mercado em janeiro ou mais tarde? É simples: eles refrigeram as maçãs numa temperatura entre -0,6 e 2,2°, para retardar as reações de amadurecimento. (Faça o mesmo em casa para manter suas maçãs no máximo.) Porém, mais importante, eles controlam as quantidades de oxigênio e dióxido de carbono nas câmaras de refrigeração, porque além de emitir etileno as maçãs "inspiram" oxigênio e "expiram" dióxido de carbono. Essa "respiração" prossegue em todas as frutas e vegetais depois de colhidos. Ela pode ser inibida por temperaturas baixas e também pela redução da quantidade de oxigênio e pelo aumento da quantidade de dióxido de carbono no local de estocagem (processo este que, como você logo perceberá, também abafaria a respiração humana). Na indústria da maçã, isso é conhecido como armazenamento com atmosfera controlada.

Tabela 1. Frutas que não amadurecem depois de colhidas e frutas que continuam a amadurecer

NÃO AMADURECEM (não climatéricas)	CONTINUAM A AMADURECER (climatéricas)
cereja, frutas cítricas (laranja, limão, lima, *grapefruit*), pepino, romã, bagas de polpa macia (amora, framboesa, morango) e melão.	maçã, damasco *, abacate*, banana, mirtilo *, figo *, goiaba, kiwi, manga, melão, almiscarado (erroneamente chamado cantalupe nos EUA)*, nectarina*, papaia, maracujá, pêssego*, pera, caqui *, abacaxi, banana-de-são-tomé, ameixa*, marmelo e tomate.

* A cor e a textura melhoram, mas a doçura não.

Ameixas italianas em calda

As ameixas italianas têm uma cor roxo-acinzentada e são suaves, com um leve toque de doçura que não irá melhorar muito se ficarem em temperatura ambiente. Mas quando escaldadas em calda de açúcar, cor e sabor reavivam, e elas se tornam escarlates e agridoces. Procure-as no mercado no final do verão até o início do outono. As ameixas escaldadas são belas e deliciosas, tanto puras como acompanhadas por sorvete de baunilha.

- ½ kg de ameixas italianas
- 1 xícara de açúcar
- 1 xícara de água
- 1 pequeno pau de canela, com cerca de 5cm
- 1 colher de chá de essência de baunilha

1. Lave as ameixas e corte-as ao meio, mas não as descasque. Retire os caroços.

2. Numa panela grande, ponha o açúcar, a água e a canela e leve a fervura em fogo médio. Cozinhe por cerca de cinco minutos, mexendo constantemente, até que o açúcar se dissolva e forme uma calda rala.

3. Junte as ameixas cortadas, abaixe o fogo e deixe que cozinhem suavemente, jogando de vez em quando a calda sobre elas e virando-as uma vez enquanto cozinham por três a quatro minutos, ou até ficarem macias. No final, acrescente a baunilha.

4. Sirva-as mornas ou frias com a calda.

- Rendimento: cerca de 8 porções

AMASSADAS, PORÉM DOCES

Por que as partes escurecidas e machucadas das frutas muitas vezes têm sabor mais doce que as outras?

Pense no seguinte: se você quebrasse todas as garrafas de substâncias químicas num laboratório, não se espantaria com qualquer reação incomum que ocorresse quando seus conteúdos se misturassem no chão, não é mesmo?

Ótimo. As plantas são feitas de pequenas "garrafas de substâncias químicas" muito bem embaladas e organizadas com requinte, denominadas células. Quando uma fruta sofre um dano físico, as células se quebram e abrem, e as substâncias que antes ficavam isoladas umas das outras em diferentes partes das células se derramam e misturam.

Quando você amassa ou corta uma maçã, uma pera ou abacate, por exemplo, a parte danificada da polpa logo se torna marrom pela ação das enzimas oxidantes chamadas polifenol oxidase, que são liberadas de sua prisão assim que as paredes das células são quebradas. Essas enzimas agem sobre os fenóis da fruta, um grande grupo de compostos antioxidantes responsáveis pelo sabor, a cor e muitas outras características das nossas plantas comestíveis, enviando-os através de um caminho químico que conduz a uma variedade de grandes moléculas (os polímeros), muitos dos quais são marrons.

Esse escurecimento enzimático – assim nomeado para distinguir-se da caramelização e do douramento de Maillard (veja p.222) – pode ser minimizado pela desativação das enzimas pelo calor (em outras palavras: cozinhe essas maçãs imediatamente) ou por um ácido. Nosso suco de limão, sempre à mão, é a substância mais ácida em nossas cozinhas, mais ácida que vinagre.

Em vez de destruir a enzima que estimula a oxidação, podemos cortar o oxigênio que chega às células, por exemplo, cobrindo a área cortada da fruta com um envoltório plástico. Ou podemos tratá-la com uma variedade de compostos químicos que inibem a oxidação, tais como dióxido de enxofre, ácido ascórbico (vitamina C) ou ácido cítrico na forma (mais uma vez) do suco de limão.

Em algumas frutas, as reações de escurecimento causadas pelas enzimas produzem açúcares. Mas em outras, como as maçãs, são produzidos sabores amargos ou azedos.

Portanto, não abuse fisicamente de suas frutas na tentativa de torná-las mais doces. Frutas não molestadas sempre parecem mais bonitas e são mais saborosas.

Comparando as bananas, será que as mais doces têm mais calorias que as que não têm gosto de nada? Maduras, elas ficam sem dúvida mais doces, mas produzem mais calorias paradas, ou o processo de amadurecimento cria energia?

Você mesma respondeu à sua pergunta. Sim, cria energia, e calorias são energia. A energia pode derivar apenas de outras formas de energia (calorífera, mecânica, elétrica etc.) ou da matéria via $E = mc^2$.

Mas posso imaginar o que você está pensando. Mais açúcar, mais calorias, não é? Mas de onde vem esse açúcar? À medida que a fruta amadurece, os amidos se quebram transformando-se em açúcares, e tanto o amido quanto o açúcar – na verdade todos os carboidratos digestíveis – nos dão as mesmas seis calorias de energia por grama quando os metabolizamos. É um empate, caloria a caloria. Não importa se as moléculas de açúcar ainda estão unidas nas moléculas de amido ou se estão livres como pássaros.

Portanto, você não pode fazer uma usina de energia elétrica amadurecendo bananas, a menos que ponha fogo numa montanha delas – o que não é um trabalho fácil, porque a polpa delas é 75% água. Mesmo que elas secassem primeiro, ao queimar, liberariam apenas 900 calorias por cerca de um quilo do seu peso inicial. Compare isso com ½kg de carvão, que, ao queimar, libera três mil calorias, ou com um 1kg de urânio, que pode liberar até 21 milhões de calorias.

Para um atleta fatigado, a única maneira de resolver o problema da energia com bananas seria abastecer-se de carboidratos comendo um cacho inteiro, a 27g de carboidrato por banana.

Bananas Foster

Quando as bananas começam a ficar parecidas com o pior pesadelo de um macaco e não há tempo de fazer pão de banana, a solução é fácil. Faça bananas *sautées*, uma sobremesa fácil, mas que poucos apreciam. Se este é seu caso, então faça uma receita de bananas Foster. É o licor de banana que faz ressaltar o sabor da fruta.

→

Em 1951, quando essa história começa, pediram a Owen Brennan, proprietário de um famoso restaurante em Nova Orleans, que criasse uma receita para uma reportagem sobre o restaurante. Seu *chef*, Paul Blangé, criou as bananas Foster. Mas quem foi Foster? Richard Foster era um amigo e bom cliente do restaurante, e Brennan batizou a sobremesa com o nome dele.

- 2 colheres de sopa (¼ de tablete) de manteiga sem sal
- ¼ de xícara de mel
- ¼ de colher de chá de noz-moscada recém-ralada
- ¼ de colher de chá de gengibre em pó ou ralado
- 2 colheres de sopa de licor de banana (opcional)
- suco fresco de limão a gosto
- 4 bananas maduras e firmes, cortadas ao comprido em quatro
- sorvete de baunilha para acompanhar
- ¼ de xícara de rum

1. Numa caçarola de cerca de 30cm, derreta a manteiga em fogo baixo. Junte mel, noz-moscada e gengibre e mexa até que o mel se liquefaça, e os ingredientes se misturem bem. Junte o licor de banana, dê uma fervura e deixe cozinhar por dois minutos. (A receita pode ser preparada com antecedência até este ponto. Reaqueça o molho antes de prosseguir.)

2. Prove a calda. Se estiver doce demais, esprema nela algumas gotas de suco de limão.

3. Acrescente os pedaços de banana à calda no ponto de fervura. Deixe que cozinhem, banhando-os com a calda e virando-os, por cerca de três minutos, ou até que comecem a amaciar. Não deixe que cozinhem demais.

4. Enquanto isso, ponha colheradas de sorvete em quatro tigelas ou pratos de sopa.

5. Despeje o rum em um recipiente para micro-ondas – um copo, por exemplo – e aqueça-o por cerca de 30 segundos em temperatura alta. Despeje o rum sobre as bananas e flambe-o.

6. Quando as chamas baixarem, retire as bananas e arrume-as em volta do sorvete. Coloque colheradas generosas da calda por cima do sorvete e sirva imediatamente.

- Rendimento: 4 porções

NEM TUDO É ÓLEO, PESSOAL!

Você poderia comentar as semelhanças entre os óleos comestíveis (de azeitona, girassol etc.) e os não comestíveis usados como lubrificantes? Qual é a característica química que faz uma substância ser um "óleo"?

Apenas o fato de que são líquidos cujas moléculas não se mantêm unidas muito fortemente, de modo que podem deslizar com facilidade uma sobre outra. É isso que as torna escorregadias. Mas, do ponto de vista químico, esses dois óleos são muito diferentes. E sobre isso existe uma história perturbadora.

Algumas décadas atrás, eu ensinava no curso de graduação de química, em espanhol, em uma universidade na Venezuela, utilizando os vestígios do espanhol que aprendi no colégio, melhorado com algumas viagens ao México e uma estada de seis meses em Porto Rico. Um dia, durante a aula, fiquei intrigado com uma onda de risinhos que percorria a sala cada vez que eu me referia ao produto da indústria petrolífera venezuelana como *aceite*, que em meu dicionário, era o termo espanhol para óleo. Um simpático estudante acabou me levando para um lado e explicando-me que *aceite* era usado apenas para óleos comestíveis, mais comumente para o extraído das azeitonas. A palavra que eu deveria usar era petróleo. Nos Estados Unidos, usamos a mesma palavra, *oil*, para ambos. (Fui em parte vingado por um espanhol compreensivo, que observou que o petróleo cru, uma vez refinado como óleo para motores ou para máquinas, é mesmo chamado de *aceite*.)

O petróleo é uma miscelânea de centenas de compostos de hidrocarbonetos – compostos de nada mais que carbono e hidrogênio – que podem ser separados por destilação ou quebrados ("craqueados") e refinados em centenas de produtos, desde gasolina até vaselina, sem mencionar os milhares de petroquímicos sintéticos que os químicos podem criar uma vez que tenham a matéria-prima em suas mãos.

Os hidrocarbonetos desempenham apenas um papel secundário nos seres vivos. De fato, pode-se dizer que o petróleo consiste em matérias animais e vegetais que já foram vivas e que tiveram toda a vida extraída delas. Os óleos derivados do petróleo são portanto inertes, na medida em que nosso metabolismo alimentar está envolvido: eles não são digeríveis. Uma dose de óleo mineral, produto altamente purificado do petróleo, por exemplo, passa direto por nosso corpo sem se modificar, lubrificando todo o trato digestivo ao longo de seu caminho e funcionando como um laxante.

Embora os óleos comestíveis que obtemos das plantas contenham pequenas quantidades de hidrocarbonetos, eles são predominantemente triglicerídeos. As moléculas dos triglicerídeos são em grande parte semelhantes às moléculas dos hidrocarbonetos, mas, além das longas cadeias de átomos de carbono e hidrogênio, cada uma delas contém seis átomos de oxigênio numa das extremidades. E uma mudança ainda que mínima nos componentes ou na estrutura de uma molécula pode fazer uma enorme diferença em suas propriedades químicas e fisiológicas.

Junto com proteínas e carboidratos, os triglicerídeos, na forma de óleos líquidos ou de gorduras sólidas, formam o triunvirato vital dos componentes alimentares. Eles são quebrados em nossos corpos para produzir energia, mas também se convertem naquilo que chamamos indecorosamente de "curvas da prosperidade e pneuzinhos". Os 5,3 bilhões de litros de óleo para temperar salada e para cozinhar consumidos a cada ano nos Estados Unidos (isso equivale a 33 milhões de barris de petróleo) devem ser processados antes de ficarem puros o bastante e aceitáveis para os nossos paladares melindrosos. Estes são alguns dos tratamentos cosméticos que o óleo vegetal pode sofrer antes de aterrissar na nossa mercearia rotulado como "totalmente natural" e "100% puro":

- Primeiro, a maior parte do óleo pode ter sido espremida (ou "expulsa" ou "prensada") das sementes por máquinas que conseguem tratar até 30 toneladas de sementes de girassol, por exemplo, num único dia. São prensas espiraladas que usam fricção e prensagem para extrair o óleo das sementes. A fricção chega a aquecer a massa de óleo e a polpa a temperaturas que vão de 60 a 99°, embora expulsores esfriados a água também sejam usados para fazer óleos "prensados a frio", preferidos pelos adeptos da alimentação natural.
- Mais frequentemente, o óleo extraído das sementes é dissolvido em hexano, um hidrocarboneto líquido e volátil que dissolve o óleo e depois se evapora ao ser aquecido a 100°. Uma vez que o hexano ferve a apenas 69°, não haverá vestígio dele no óleo pronto, embora traços de até 25 partes por milhão possam ser detectadas normalmente. É por isso que as lojas de alimentos saudáveis apregoam que vendem óleos "prensados por expulsores" e "prensados a frio" que nunca tiveram contato com hexano. Entretanto, eles são mais caros, porque seu suprimento é limitado: com a extração a hexano obtém-se uma quantidade muito maior de óleo das sementes do que com a prensagem.
- Do óleo cru prensado ou extraído pode ser então removida a goma com a adição de uma pequena quantidade de água e/ou ácido cítrico, que causa a precipitação de certas substâncias químicas gomosas denominadas fosfatídios.
- Em seguida, o óleo é tratado com um álcali (em geral hidróxido de sódio ou cal), que remove qualquer resíduo de fosfatídios, proteínas e compostos

muscilaginosos, além de – o mais importante – neutralizar quaisquer ácidos graxos livres, que têm sabor desagradável. A reação do álcali com os ácidos graxos produz sabão (sim, sabão), que é removido por uma lavagem posterior com água quente.

• Se o óleo tiver uma cor indesejada, ele então é clareado, não com cloro, mas com argilas finamente divididas ou carvão ativado, que absorvem as moléculas de impurezas.

• Se ainda houver odores residuais desagradáveis, o óleo é desodorizado por destilação a vapor a vácuo. O vácuo (na verdade apenas ar de baixa pressão) reduz a fervura ao ponto da água e, consequentemente, a temperatura do calor, portanto o óleo não fica sujeito a uma alta temperatura que o prejudicaria. Esse processo também remove quaisquer pesticidas residuais e outras substâncias químicas porventura usadas nas plantas.

• Finalmente, o óleo pode ser "fracionado", "ter a cera removida", ou "adaptado para o inverno" com resfriamento e filtragem de quaisquer frações de gordura, para que não fique embaçado se for estocado em local frio. Repare que, se você guardar seu caríssimo azeite de oliva na geladeira para evitar que fique rançoso – alguns especialistas podem discordar, mas eu acredito que isso não faz mal – , e ele ficar embaçado, não haverá nada de errado. O óleo ficará claro novamente quando os componentes graxos solidificados derreterem e ele voltar à temperatura ambiente.

Todo esse processamento é prejudicial para nós? Você pode chamar isso de processamento ou purificação. "Processamento" é uma palavra malvista hoje em alguns círculos, para os quais qualquer intervenção humana ou da tecnologia humana entre a natureza e a nutrição é considerada não natural e provavelmente perigosa. Mas no caso de óleos extraídos de sementes como girassol, canola e amendoim, os óleos crus prensados ou extraídos contêm muitas impurezas que afetariam o sabor, a cor e as propriedades culinárias, caso não fossem removidas. Essas impurezas incluem fragmentos, resíduos de pesticidas, traços de metais, fósforo, cera, ácidos graxos livres, clorofila, carotenoides e outros pigmentos e odores. Se a maquinaria e a química não estivessem sendo usadas para purificar nossos óleos vegetais, duvido que os considerássemos palatáveis ou até mesmo comíveis, na maioria dos casos.

Em suma, "refinado" significa "purificado". Portanto, o que há de mal nisso?

Mas anote que o azeite de oliva é um caso único. Vindo, como ele vem, da carne do fruto, e não das sementes, ele é o puro sumo do fruto que pode ser consumido na forma como sai da prensagem. Alguns dos melhores azeites de oliva extravirgens de fato são engarrafados sem mesmo serem filtrados.

Beignets

Qualquer óleo de cozinha pode ser usado para fritar, método excelente para tornar crocantes e douradas as superfícies externas dos alimentos, enquanto as partes internas ficam úmidas e suculentas.

A primeira vez que Bob compreendeu que outras sobremesas e pastelarias, além de rosquinhas, podiam ser fritas foi quando ainda era um rapaz em visita a amigos na Bélgica e lhe serviram *beignets* de frutas – pedaços de mais ou menos 2,5cm de frutas (de quase todos os tipos) mergulhados em massa feita de farinha e cerveja (ah, aquela cerveja belga!), fritos e borrifados com açúcar imediatamente antes de irem para a mesa.

Esse é o tipo de sobremesa frita para fazer você não ter medo de frituras. A *pâte à choux* é uma das massas mais fáceis do repertório dos confeiteiros. Mas em vez de ser pingada num tabuleiro para fazer bombas (*choux*), a massa macia é pingada na gordura quente, na qual incha e fica dourada.

Para servir, faça um pequeno lago de calda de fruta no prato de sobremesa e coloque por cima três *beignets* açucarados.

- ½ xícara de água
- 4 colheres de sopa (½ tablete) de manteiga sem sal, em temperatura ambiente
- 1 pitada de sal
- ½ xícara de farinha de trigo
- 2 ovos grandes, em temperatura ambiente
- ⅛ de colher de chá de óleo de laranja ou 1 colher sopa de rum (opcional)
- óleo vegetal para fritar
- açúcar para borrifar

1. Misture água, manteiga e sal numa caçarola de tamanho médio e ferva. Retire do fogo e junte a farinha de uma só vez. Mexa vigorosamente com uma colher de pau até que a mistura se desprenda dos lados da panela e forme uma bola em volta da colher. (Se a bola não se formar quase imediatamente, coloque a panela sobre fogo baixo e bata a massa com força por alguns segundos.) Deixe esfriar um pouco.

→

2. Junte os ovos, um de cada vez, batendo vigorosamente até que a massa fique macia e brilhante. Acrescente o sabor opcional e bata novamente.

3. Ponha o óleo numa frigideira funda a uma altura de cerca de 3,5cm. Aqueça o óleo a 130º. Uma boa ideia é fritar primeiro só um sonho para determinar o tempo de cozimento, portanto despeje uma colher de sopa da massa e frite-a antes.

4. Em seguida, faça vários ao mesmo tempo, despejando colheradas da massa no óleo quente. Frite os *beignets* virando-os, para que fiquem dourados por igual e cozidos por dentro (cerca de dois minutos de cada lado). Escorra em toalha de papel.

5. Sirva-os polvilhados de açúcar.

▸ Rendimento: cerca de 20 sonhos do tamanho de bolas de pingue-pongue

Variação

Se você tem medo de fazer frituras, pode assar os sonhos usando a mesma massa.

Preaqueça o forno a 190º. Coloque com uma colher de sopa bolinhas de massa num tabuleiro não untado, deixando um espaço de 5cm entre elas. Asse por 30 minutos, ou até que as bolinhas inchem e fiquem douradas. Quando ficarem frias o bastante para serem manuseadas, corte cuidadosamente a parte de cima e esvazie a massa não cozida do meio. Deixe esfriar sobre uma grelha.

Para servir, encha com sorvete, creme batido açucarado ou creme de baunilha. Recoloque as tampas e borrife com açúcar.

▸ Rendimento: cerca de 14 sonhos de 5cm

GORDURAS "TRANS" TRADUZIDAS

Essa questão de gorduras trans me deixa confusa. Li recentemente que os óleos hidrogenados, parcialmente hidrogenados e fracionados são considerados gorduras trans. Comprei então uma caixa de margarina que, na embalagem, dizia não conter gorduras trans. Contudo, numa inspeção mais meticulosa do rótulo, vi que continha óleo fracionado. Então... Aqui vão minhas perguntas: óleos fracionados são considerados gorduras trans? Qual a diferença entre óleo fracionado e óleo hidrogenado? E o que aquele "parcialmente" acrescenta à mistura?

Há muita confusão em torno dos ácidos gordurosos trans ou simplesmente das "gorduras trans". E, se me permite o cumprimento, o seu grau de confusão é um dos mais completos que já vi.

A preocupação pública sobre os ácidos gordurosos trans aumentou no dia 11 de julho de 2003, quando a FDA emitiu sua regulamentação final sobre a rotulagem de alimentos contendo ácidos trans gordurosos e declarou: "Nesta regulamentação final, e diante do estado atual do conhecimento científico, a FDA exige a declaração obrigatória no rótulo dos componentes nutritivos das quantidades de ácidos gordurosos trans presentes nos alimentos, incluindo suplementos dietéticos."

Hoje é difícil andar pela rua sem ouvir as pessoas perguntarem umas às outras: "Afinal, o que é um ácido gorduroso trans?" É por isso que estou aqui.

Sendo um mero doutor em química ("não um verdadeiro doutor", como minha tia me dizia sempre que tinha uma oportunidade), não considero da minha competência abordar as consequências para a saúde da ingestão de ácido gorduroso trans, exceto para dizer que os ácidos gordurosos trans parecem elevar o nível total do colesterol do sangue, elevar o LDL ou mau colesterol, baixar o HDL ou bom colesterol, que contribuem para a obesidade e para o diabetes.

Os ácidos gordurosos trans (vou chamá-los de "gorduras trans" daqui por diante) não ocorrem naturalmente, exceto em pequenas quantidades em algumas plantas, como romã, repolho e ervilhas, e constituem entre 3 e 5% dos ácidos graxos presentes na carne e no leite dos ruminantes: vacas, ovelhas e cabras. Eles são criados em quantidades muito maiores durante a hidrogenação artificial dos óleos vegetais para torná-los mais encorpados, e com mais frequência para converter o óleo líquido de soja em margarinas mais fáceis de espalhar no pão. Na verdade, as gorduras trans estão em todos os alimentos que dizem "óleo vegetal parcialmente hidrogenado" (dando ou não o nome de um vegetal específico) na lista de ingredientes do rótulo. Como você pode deduzir, cada uma das prateleiras de sua loja de conveniência local está repleta de gorduras trans.

Por compreender que a digestão das gorduras trans requer um bocado de química, destaquei esta informação em "Moléculas enroscadas" na p.131. Você pode considerá-la aquilo que os compêndios chamam de "Leituras complementares", aquelas que em geral ninguém lê. Mas, leia ou não, a decisão é sua.

Com ou sem a rotulagem exigida, obrigatória, compulsória e determinada pela FDA, como é possível saber onde todas as gorduras trans estão escondidas? Você não vai gostar de ouvir isso, mas as gorduras parcialmente hidrogenadas carregam sua carga de gorduras trans oculta em praticamente tudo o que você adora comer: margarina, bolos e biscoitos industrializados, roscas fritas, batatas fritas empacotadas, bolachas *cream-crackers*, pipoca, cremes não lácticos, coberturas para sorvete já prontas, misturas para molhos, misturas para bolo, pizzas e batatas fritas congeladas, croquetes e todos os pratos que vêm prontos para fritar.

Restaurantes que apregoam só usar "óleo vegetal puro" não lhe dirão que esse óleo pode conter até 40% de gorduras trans. Dê uma espiada na cozinha deles e você vai ver que, antes de derreter, o óleo foi entregue como um pacote semissólido. Esta é a prova de que foi hidrogenado – teve o gás hidrogênio forçado para dentro dele sob alta temperatura e pressão. (A menos que o pacote de gordura seja banha, o que é outra história.) Para tornar as coisas ainda piores, as gorduras trans se formam em pequenas quantidades sob a alta temperatura da fritura, portanto você mesmo pode estar produzindo-as em casa.

Existe, entretanto, um raio de esperança. A quantidade de gorduras trans formada na hidrogenização dos óleos depende da temperatura, da pressão do gás hidrogênio, da duração da exposição e de muitos outros fatores. Agora que a pressão está sobre as agências federais, você pode apostar seu bolinho pronto para servir que os fabricantes de alimentos empacotados estão quebrando a cabeça para encontrar maneiras de atingir as características físicas desejadas em suas gorduras com o mínimo de produção de gorduras trans. Eles querem ganhar o direito de pôr a frase cobiçada "não contém ácidos gordurosos trans" ou "sem gorduras trans" em seus rótulos.

Uma dica não trans

Quanto mais macia é a margarina, menos hidrogenada ela é, e menos gorduras trans contém. Mas eu não gosto de margarinas macias, quase líquidas. Prefiro as que apresentam uma certa consistência quando as passo no meu pãozinho. Então, compro uma margarina suave, sem gordura trans (segundo o rótulo), e a mantenho na geladeira, onde ela adquire a consistência ideal para ser espalhada.

E sobre os óleos fracionados, não se preocupe. O fracionamento não tem nada a ver com as gorduras trans. Tudo o que ele faz é remover um pouco das gorduras mais saturadas, que derretem mais, para evitar que o produto fique muito duro ao gelar, quando estocado num lugar frio.

MOLÉCULAS ENROSCADAS

Uma molécula de qualquer gordura (um triglicerídeo) contém três moléculas de ácidos graxos ligadas a uma base de glicerol (glicerina). Os três ácidos graxos podem ser qualquer combinação de saturados, monoinsaturados ou poli-insaturados. As consequências que a ingestão de uma determinada gordura tem para a saúde não se devem simplesmente aos ácidos graxos (eu os chamarei de AG daqui em diante) que ela contém.

As partes AG consistem quase totalmente em longas cadeias de átomos de carbono com átomos de hidrogênio espetados como pelos em uma lagarta. Na molécula de um AG saturado, cada átomo de carbono da cadeia carrega dois átomos de hidrogênio, e portanto a cadeia fica assim: $-CH_2-CH_2-CH_2-CH_2-$ etc. (C representa um átomo de carbono, H representa um átomo de hidrogênio e – representa uma ligação química entre átomos de carbono). Mas num AG insaturado existem locações ocasionais em que dois átomos de carbono adjacentes têm apenas um átomo de hidrogênio cada um, e então a cadeia fica assim: $-CH_2-CH=CH-CH_2-$ etc. Os dois átomos de carbono do meio desperdiçaram duas vezes o seu potencial de ligação disponível ligando-se entre si, sem deixar nada para agarrar-se a outros dois átomos de hidrogênio. Esse tipo de conexão entre átomos de carbono é denominado ligação dupla e é indicado pelo sinal =. Se houver uma dessas ligações em uma molécula de AG, ela se chamará monoinsaturada; duas ou mais a tornam um AG poli-insaturado.Sempre que uma ligação dupla ocorre em um AG insaturado, ele faz uma rosca ou dobra numa cadeia que, sem isso, seria reta. Moléculas enroscadas não podem estar tão unidas quanto moléculas retas, e por isso ficam mais soltas. Uma gordura não saturada tende a ser um líquido escorregadio e gotejante, e não uma substância firme e compacta.

Porém, ainda mais significativo que as propriedades físicas da gordura é o fato de que, nos processos mais biológicos, os formatos exatos das moléculas podem ter enorme importância. Quando metabolizamos as moléculas dos AGs, são basicamente as suas formas diferentes que as tornam enroscadas, não saturadas, mais saudáveis que as moléculas retas, saturadas.

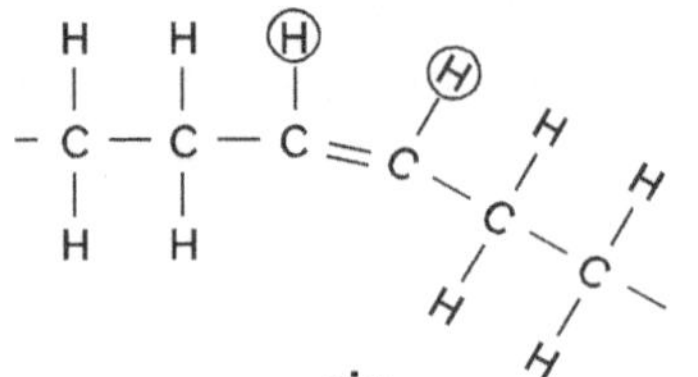

cis

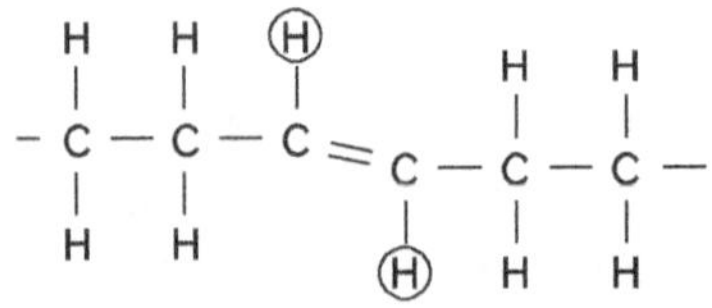

trans

Os fabricantes de alimentos querem converter as gorduras líquidas não saturadas em gorduras semissólidas, favoráveis ao consumidor. Então, aplicando gás hidrogênio sob alta pressão e calor – até 150psi (10 atmosferas) e 220º –, forçam a entrada de mais dois átomos de hidrogênio nas ligações duplas. Isto é, eles *hidrogenizam* os AGs não saturados para torná-los mais saturados. Mas se saturassem cada ligação dupla em um AG poli não saturado, este se tornaria tão duro que seria tão comível quanto uma vela de cera. É por isso que os óleos vegetais líquidos são apenas parcialmente hidrogenados – isto é, apenas uma fração de suas ligações duplas são preenchidas com átomos de hidrogênio. Além disso, o processo de hidrogenização é por si mesmo ineficiente; portanto, dificilmente se obteria a hidrogenização completa.

Mas aí é que entram as gorduras trans. Durante a hidrogenização, algumas das ligações duplas escapam à adição de mais dois átomos de hidrogênio pulando para outra parte da cadeia. (A ligação dupla *migra*.) Nesse processo, seus dois átomos originais de hidrogênio, circulados na figura, que poderiam estar do mesmo lado da ligação dupla – numa *configuração cis* –, tendem a passar para lados opostos –, numa configuração trans. Essa mudança de posição dos átomos de hidrogênio pode ocorrer mesmo sem a migração da ligação dupla, porque a forma trans é em si mais estável que a forma cis. (*Cis* e *trans* são termos que vêm do latim e significam respectivamente "deste lado" e "do outro lado".)

Então, o que acontece se os átomos de hidrogênio trocarem da posição cis para a posição trans? Bem, as duas diferentes moléculas disso resultantes (os chamados isômeros) têm o mesmo número de átomos de cada tipo, mas têm formas diferentes. As moléculas cis conservam a forma original enroscada de um AG normal não saturado. Mas as moléculas trans recém-formadas são relativamente retas, semelhantes a um AG saturado.

E é aí que está o problema. Todos sabemos que os AGs saturados são vilões que estimulam o colesterol, e portanto os ácidos gordurosos trans (as gorduras trans) também o são. Nosso corpo trata-os como um tipo de AG saturado, com todas as implicações negativas para a saúde – ou ainda mais.

Repare que os trans AGs ainda mantêm algumas ligações duplas, portanto são incluídos como AGs não saturados nas informações nutricionais dos rótulos dos alimentos.

QUANDO AS GORDURAS BOAS FICAM RUINS

Tenho lido e ouvido muitos comentários ultimamente sobre a facilidade com que os óleos vegetais ficam rançosos e como isso pode ser prejudicial à saúde. Pelo que entendi, o óleo fica rançoso, ou oxidado, quando é exposto ao calor, ao oxigênio ou à luz, criando radicais livres que causam danos a nosso organismo. Como posso evitar esses óleos oxidados?

"Rançoso" é uma espécie de palavra genérica derivada do latim *rancidus*, que significa malcheiroso ou fétido. A palavra não tem um significado químico explícito. É usada livremente para indicar algo que cheira mal e tem gosto ruim, em geral com relação a gorduras decrépitas. Há várias coisas que você pode fazer para evitar que as gorduras fiquem rançosas. Mas primeiro vamos examinar os conceitos presentes em sua pergunta, porque a oxidação é apenas um dos motivos pelos quais as gorduras podem estragar.

Gorduras e óleos ficam rançosos tanto em reação ao oxigênio (ranço oxidativo) como em reação à água (ranço hidrolítico). Da mesma forma, os óleos, quando aquecidos a altas temperaturas, como nas frituras, podem ser alterados quimicamente em outras formas maléficas.

Aqui, então, apresento uma versão condensada da classificação dos ranços:

- **Ranço oxidativo**: isso acontece principalmente com gorduras que contêm ácidos graxos insaturados. Sob influência do calor, da luz, de vestígios metálicos ou de certas enzimas, os ácidos graxos insaturados reagem ao oxigênio do ar, produzindo peróxidos altamente reativos e radicais livres que, como você diz, podem causar estragos ao nosso organismo. (Veja "Esses radicais livres destruidores de lares", p.135)

É uma questão controversa saber se os radicais livres dos óleos rançosos persistem tempo suficiente para serem prejudiciais quando o óleo é ingerido. Mas muitos dos produtos finais estáveis das reações provocadas pelos radicais livres são substâncias químicas malcheirosas denominadas aldeídos e cetonas, portanto os óleos rançosos não são mesmo agradáveis ao paladar.

Muitos óleos vegetais contêm antioxidantes naturais – eliminadores de radicais livres – chamados tocoferóis; senão, não permaneceriam frescos por tanto tempo. Gorduras animais, em contrapartida, que contêm principalmente ácidos graxos saturados, não são tão suscetíveis ao ranço oxidativo. É por isso que o toucinho, por exemplo, pode ser guardado praticamente para sempre sem ficar rançoso.

Então, para frustrar o ranço oxidativo, você deve proteger os óleos vegetais do oxigênio, do calor e da luz que disparam as reações dos radicais livres. Mantenha a garrafa bem fechada num lugar escuro e frio. Colocá-la na geladeira não é má ideia se você não usar o óleo com muita frequência. Como cada óleo é uma mistura de gorduras com diferentes temperaturas de congelamento (solidificação), alguns deles podem congelar, mas voltarão ao estado líquido quando aquecidos. Sem problemas.

• **Ranço hidrolítico:** é causado pela hidrólise – reação de uma gordura, saturada ou não saturada, em contato com a água. A reação é auxiliada pelo calor ou por enzimas conhecidas por lipases.

Quando a água reage com uma gordura, a molécula de gordura se divide em sua porção glicerol e suas porções ácidos graxos. Por infortúnio os ácidos graxos liberados em geral cheiram muito mal, especialmente os de peso molecular baixo, que podem flutuar no ar na direção dos nossos narizes. O mau cheiro predominante nas pequenas moléculas de ácido graxo da manteiga rançosa vem do ácido butírico, que também tem como hábitat as axilas.

A manteiga é uma vítima ideal dos dois tipos de ranço: do oxidativo, porque 32% de seus ácidos graxos são insaturados, e do hidrolítico, porque ela contém cerca de 18% de água, distribuída na forma de gotas microscópicas pela configuração de gordura. Táticas defensivas contra o ranço na manteiga devem, portanto, incluir proteção contra oxigênio e calor, uma vez que o calor acelera os dois tipos de ranço. Aconselha-se o uso de uma embalagem hermética e refrigeração.

• **Ranço decorrente da fritura:** quando um pedaço de comida é mergulhado em óleo muito quente, a água em sua superfície – e todos os alimentos contêm água – pode reagir com a gordura e hidrolisá-la, liberando seus ácidos graxos. Quando a gordura é utilizada e às vezes reutilizada, os ácidos graxos livres se acumulam, afetando negativamente o sabor dela e daquilo que está sendo fritado.

Mas isso não é o pior. Quando os ácidos graxos se separam de uma molécula de gordura, o que permanece é a porção glicerol da molécula. Com novo aquecimento, o glicerol se decompõe em um gás cáustico altamente irritante denominado acroleína. Quase ao mesmo tempo, os ácidos graxos se decompõem, produzindo fumaça. Quanto mais prolongado é o aquecimento, mais ácidos graxos livres a gordura conterá, e mais fumaça será produzida a temperaturas gradativamente mais baixas. Algo que também acontece a um óleo de fritura usado várias vezes é a polimerização: os ácidos graxos livres se combinam para formar grandes moléculas que escurecem e engrossam o óleo até que ele adquira uma consistência quase de xarope.

A moral que se tira dessa história de frituras é que, para minimizar a produção de ácidos graxos de gosto ruim, de fumaça que entope os pulmões, de acroleína irritante para os olhos e de outros compostos, possivelmente carcinogênicos, você só deve usar uma vez o óleo para frituras, ou no máximo duas vezes. Eu jogo fora o meu colocando-o numa lata de conservas, congelando-o e colocando-o junto com o lixo sólido.

ESSES RADICAIS LIVRES DESTRUIDORES DE LARES

Os elétrons, de um modo não muito diferente das pessoas, têm uma forte compulsão para formar um par. Um radical livre é um átomo ou um grupo de átomos que contém um ou mais elétrons sem par; ou seja, um ou mais de seus elétrons precisa de um parceiro. (A etimologia de "radical livre", no sentido mais químico que político, é complicada e pouco útil.)

Aproveitando-se da menor oportunidade que apareça, um radical livre roubará o elétron de outra molécula cujos elétrons estão bem casados, como um solteiro predatório disposto a acabar com um casamento. Por sua vez, o elétron da segunda molécula que perde seu par trata então de roubar um elétron de outra molécula, e assim por diante, ao longo de uma cadeia de centenas ou milhares de reações de trocas de parceiros que, em nossos organismos, podem perturbar a química normal de nossas células, mudando as estruturas das moléculas.

As reações em cadeia dos radicais livres são detidas por substâncias químicas chamadas antioxidantes, moléculas que oferecem elétrons para que eles façam par com os famintos radicais livres, que, dessa forma, extinguem seus anseios matrimoniais. (O antioxidante pode se tornar ele próprio um radical livre carente de elétrons, mas não tão destrutivo ou "radical" quanto aquele a que ele satisfaz.)

Entre os antioxidantes estão os aditivos alimentares BHA (hidroxianisol butilado) e BHT (hidroxitolueno butilado), assim como as vitaminas A, C e E.

UMA LUZ SOBRE O *LIGHT*

Além de ter menos calorias, o azeite de oliva light *tem alguma outra diferença em relação ao azeite "comum"?*

Opa! O azeite de oliva *light* não contém menos calorias que os outros azeites de oliva, ou, aliás, que qualquer óleo comestível. No que diz respeito a calorias, um óleo é um óleo, todos os óleos são gorduras, e todas as gorduras nos dão aproximadamente nove calorias de energia por grama.

O termo *light* foi lançado pelos fabricantes de alimentos para qualquer coisa que eles desejem indicar, inclusive para virtualmente nada. No caso do azeite de oliva, contudo, basta que você olhe para a garrafa e saberá que, neste caso, significa leve na cor e quase certamente em sabor.

Usamos óleo vegetal na cozinha principalmente para refogar, fritar e fazer molhos de salada. Essas funções são, em sua natureza, basicamente físicas, e não químicas. Ao fritar, por exemplo, o óleo age apenas como um líquido inerte que nos permite cozinhar alimentos bem depressa e a uma temperatura muito mais alta que na água fervente. Nas saladas, o óleo ajuda a encorpar o molho; ele "corta" a acidez; ressalta outros sabores, como os do alho e das ervas; e distribui untuosidade – uma suave ondulação que a boca percebe. Essas qualidades são sobretudo físicas, não químicas, e qualquer óleo relativamente sem sabor, como o de canola ou de milho, irá desempenhá-las a contento.

Então, talvez sem compreender isso muito bem, sejamos tentados a pensar sobre os óleos de cozinha em termos puramente mecânicos, mais que em termos de sabor. Como resultado, muita gente prefere óleos relativamente insossos – de fato, a maioria acha que quanto mais insosso melhor – e incolores (no máximo um amarelo bem pálido). Então, os produtores de azeite de oliva obsequiam esses fregueses fazendo uma versão descorada e desodorizada de seu produto. Eles descolorem o azeite, que em geral não é da melhor qualidade, absorvendo as substâncias colorantes com um filtro de argila fina, e o desodorizam (pois o odor é uma parte importante do sabor) tratando-o com vapor a alta pressão, mais ou menos da mesma maneira como os óleos extraídos de sementes são refinados. (Ver "Nem tudo é óleo, pessoal!", p.124)

Mas isso de fato é uma pena, porque os óleos naturais de oliva, que variam em cor do amarelo ao verde-acinzentado, possuem uma notável diversidade de sabores e aromas ricos, apreciados pelos cozinheiros para vários usos culinários. Ao contrário da maioria dos outros óleos de cozinha, o azeite de oliva contribui com seu próprio sabor para tudo o que cozinhe ou tempere. Ele próprio é um ingrediente, não apenas um meio de introduzir outros sabores. É por isso que a maior parte da culinária mediterrânea, que usa azeite de oliva quase exclusivamente, é tão saborosa. (O alho também ajuda.)

Os sabores dos azeites de oliva, como os do vinho, variam de acordo com a região de origem, a variedade do fruto (há cerca de 50 diferentes espécies de azeitonas cultivadas), o solo e com o clima, como as árvores são cultivadas, quando as azeitonas são colhidas e como elas são processadas. Os sabores predominantes nas azeitonas incluem frutosas, verdes, gordurosas, herbáceas, doces, amargas e adstringentes.

A química dos azeites de oliva pode ser discutida pelo menos sob dois aspectos: do que eles são feitos em geral e quais os compostos responsáveis por seu sabor e aroma, em particular. Não vou cansá-los com os nomes polissílabos e as fórmulas de todas essas substâncias, mas quero assinalar algumas delas que têm particular importância para as qualidades que mais prezamos nos azeites de oliva.

Em vista da grande variedade dos azeites de oliva, nenhuma análise exata de seus ácidos graxos pode ser formulada, a despeito dos números supostamente exatos mencionados em muitas publicações sobre alimentação. O conteúdo de ácido oleico, por exemplo, pode variar entre 55 e 83%. Entretanto, alguns valores médios, que não devem ser aceitos muito literalmente, estão na Tabela 2. Não constam da lista cerca de uma dúzia de outros ácidos graxos, presentes em quantidades menores.

Tabela 2. Composição aproximada de ácidos graxos em azeites de oliva

NOME	SATURAÇÃO *	%
Oleico	Monoinsaturado (18:1)	75,5
Palmítico	Saturado (16:0)	11,5
Linoleico	Poli-insaturado (18:2)	7,5
Esteárico	Saturado (18:0)	2,5
Palmitoleico	Monoinsaturado (16:1)	1,5
γ-Linolênico	Poli-insaturado (18:3)	1,0
Arachídico	Saturado (20:0)	0,5

* Veja "Cadeias de ácidos graxos" , p.140

Quando as azeitonas são esmagadas para a extração de seu óleo, elas liberam enzimas (lipoxigenases) que oxidam alguns dos ácidos graxos poli-insaturados para produzir uma ampla quantidade de compostos aromáticos voláteis, incluindo aldeídos, ésteres e álcoois. Mais de uma centena de compostos voláteis foi identificada apenas no aroma das azeitonas, e os químicos sabem com detalhes como a maioria deles se forma.

Os graus de acidez dos óleos de oliva – isto é, os percentuais de moléculas de ácidos oleicos livres que se separaram das moléculas de gordura – têm sido muito discutidos. A acidez é fácil de ser medida, e os inspetores de controle de qualidade há muito já usam o grau de acidez, junto com várias outras características, como critério de qualidade. Admite-se que, quanto mais ácido livre, mais áspero será o sabor e mais baixa a qualidade. No outono de 2003, a União Europeia reduziu de 1,0 para 0,8% a acidez máxima permitida nos azeites extravirgens produzidos nos países integrantes. Porém, há pouco tempo foi provado que acidez e qualidade do sabor não guardam necessariamente uma relação direta.

Segundo as regulamentações da União Europeia e do Conselho Internacional para o Óleo de Oliva, estas são as características dos vários graus do azeite, em ordem decrescente de qualidade:

- **Azeite de oliva extravirgem** é o óleo de oliva virgem (veja o grau seguinte) que combina características de composição estrita e de sabor. É o primeiro de todos. Obtido de azeitonas perfeitas que foram esmagadas logo após a colheita (seu sabor se deteriora rapidamente) e processado sem uso de calor ou vapor, o azeite extravirgem exibe o sabor e o aroma ideais dessa variedade. Deve conter menos de 0,8% de ácidos graxos. Os azeites extravirgens são chamados às vezes de "prensados a frio", mas esse termo vem sendo abandonado, porque não tem sentido: as prensas de azeite de oliva geram muito pouco calor e não precisam ser esfriadas.
- **Azeite de oliva virgem** deve conter 100% de óleo de azeitonas de uma ou mais variedades. Deve ser obtido apenas por prensagem, lavagem, decantação, centrifugação e filtragem, ou certos outros processos que não alteram seu estado natural. Podem-se acrescentar aditivos, colorantes, aromatizantes ou qualquer outra substância estranha.
- **Azeite de oliva puro ou 100% azeite de oliva** é o azeite de oliva virgem misturado com azeite de oliva refinado: azeite que foi processado com vapor para remoção de sabores estranhos e ácidos. Mas nada contém além de ingredientes derivados da azeitona.
- **Azeite de oliva *light* ou *extralight*** é uma mistura de azeite virgem e azeite altamente refinado, na maioria dos quais as cores, sabores estranhos e, caso existam, sabores peculiares foram retirados.

• **Óleo de bagaço**: a muito citada afirmação de que o azeite extravirgem vem da "primeira prensagem" das azeitonas é conversa fiada. As azeitonas são prensadas apenas uma vez. Porém, mais óleo pode ser extraído depois, da polpa prensada, das peles e do bagaço, que ainda contêm de 4 a 10% de azeite. Este pode ser extraído por uma combinação de pressão, calor e solventes químicos, rendendo o que é denominado de óleo de bagaço e cuja qualidade é do fundo do barril. Você sequer o encontrará na maior parte dos supermercados.

Isso nos leva à sua pergunta. Depois que o azeite foi filtrado, purificado, descolorado e praticamente liberado de seu óleo todo para que se produza o azeite de oliva *light*, quase todos os compostos aromáticos, o sabor e o que é bom para a saúde já se foram. Portanto, em vez de usar um óleo que foi despojado de sua "olividade", seja um bom desportista e experimente a variedade de azeites de oliva à venda até achar um ou dois favoritos. Escolha com base num único critério: o que você gosta.

Alguns *chefs* e cozinheiros acreditam que é um desperdício usar na cozinha um vinho bom para beber. Outros dizem que se o vinho não é bom para beber também não serve para ser usado na comida. Da mesma forma, conselhos conflitantes abundam quando se trata de empregar um bom azeite extravirgem para refogar ou fritar. Exceto quando se trata de fritura por imersão, prefiro azeite extravirgem, tanto na cozinha quanto na mesa. Para fritura por imersão em azeite de oliva (os norte-americanos não costumam fazer isso, mas os espanhóis fazem), uso um bom azeite virgem. Se você também faz isso, procure encontrar, numa loja especializada ou na página de sua marca preferida na Internet, o nome da variedade de azeitonas predominante no azeite. A variedade espanhola picual tem fama de ser excepcionalmente estável quando usada em altas temperaturas para fritura.

Mantenha o azeite ao alcance – mas não perto demais do fogão. O calor deteriora todos os óleos de cozinha, e o azeite em especial, porque sua alta percentagem de ácidos graxos não saturados é mais suscetível à oxidação que os ácidos graxos saturados em muitos outros óleos vegetais.

Como o calor, a luz também é inimiga do azeite e de outros óleos vegetais. É por isso que as garrafas de azeite são quase sempre verdes ou de uma cor esfumaçada. Você já deve ter lido um milhão de vezes que os óleos devem ser guardados "num lugar frio e escuro", mas não há necessidade de exagerar. "Escuro e frio" não significa dentro de uma geladeira cuja porta jamais é aberta para que a luz interna não acenda.

"Frio" é um termo relativo, mais bem interpretado como "não quente". Nem "escuro" precisa ser preto cor de betume. As ondas ultravioleta de alta energia da luz solar podem prejudicar, portanto, por favor, conserve o azeite fora da luz solar direta. As lâmpadas incandescentes não contêm luz ultravioleta em quantidade que possa preocupar, a menos que sua cozinha seja tão iluminada quanto um palco. As lâmpadas fluorescentes, contudo, emitem uma quantidade substancial de ultravioleta e não devem ficar próximas demais do lugar onde você guarda o azeite.

CADEIAS DE ÁCIDOS GRAXOS

Os números entre parênteses na coluna do meio da Tabela 2 são abreviações das estruturas moleculares dos ácidos graxos. O primeiro número (16, 18, 20) indica o número de átomos de carbono na cadeia da molécula. O número seguinte, depois dos dois pontos, representa as ligações duplas (ligações insaturadas) na molécula; o 0 indica uma molécula saturada, 1 indica uma molécula monoinsaturada, e 2 ou um número mais alto indicam uma molécula poli-insaturada.

Por exemplo, a molécula monoinsaturada do ácido oleico (18:1), esticada, ficaria assim, com 0 indicando um átomo de oxigênio:

$$CH_3 - CH_2 - CH_2 - CH_2 - CH_2 - CH_2 - CH_2 - CH_2 -$$
$$CH = CH - CH_2 - CH_2 - CH_2 - CH_2 - CH_2 - CH_2 - CH_2 - \underset{\underset{O}{\|}}{C} - OH$$

Repare na Tabela 2 que quase 80% dos ácidos graxos no azeite de oliva são mono não saturados e quase 10% são poli-insaturados. Este alto nível de não saturação é associado aos efeitos benéficos do azeite.

Contudo, deve-se ter em mente a grande variação entre os tipos de azeite de oliva. Os percentuais de ácidos graxos saturados nos azeites podem variar de 8 a 26, de 53 a 87 para os monoinsaturados, e de 3 a 22 para os poli-insaturados.

Além das gorduras, os azeites de oliva contêm outras substâncias benéficas em pequenas quantidades. Entre os antioxidantes estão os polifenóis; os tocoferóis, incluindo a vitamina E; e betacaroteno, que fabrica a vitamina A no nosso organismo.

As discussões sobre a má gordura e a boa gordura propagaram-se continuamente nas últimas duas décadas, portanto não irei me aventurar em limbos que podem ruir antes que você leia estas páginas. Entretanto, no momento em que escrevo, é seguro dizer que os ácidos graxos saturados, e principalmente os trans-saturados (veja a p.130), são os bandidos, enquanto os ácidos graxos insaturados (principalmente os monoinsaturados) são os mocinhos. Fique ligado.

Brioche cítrico

Aqueles que policiam o brioche que me perdoem, mas este aqui é feito com azeite de oliva em lugar da manteiga. É perfumado com casca de limão e de laranja e depois de cozido fica leve e saboroso.

Muitas receitas de brioche pedem que a massa seja posta para crescer duas vezes e descanse durante a noite na geladeira. Esta versão é rápida e fácil de misturar com um processador, sem precisar fermentar de um dia para o outro. Os ingredientes também podem ser misturados do modo convencional numa tigela grande, sem amassar. Cozinhe o brioche numa fôrma própria para pão de fôrma se quiser cortar depois em fatias regulares, ou no formato do brioche clássico. Com o brioche "dormido" você pode fazer depois ótimas torradas ou pudim de pão.

- 1 ½ colher de chá de fermento biológico seco
- 3 colheres de sopa de leite integral morno
- ¼ de xícara de açúcar
- 2 xícaras de farinha de trigo
- 3 ovos grandes, em temperatura ambiente
- casca ralada de 1 laranja
- casca ralada de 1 limão
- 3/4 de colher de chá de sal
- 6 colheres de sopa de azeite de oliva extravirgem suave (não *light*)

1. Unte levemente com óleo uma fôrma de pão de fôrma de 22,5cm por 7,5cm ou uma fôrma de brioche com capacidade para 4 ½ xícaras.

2. Polvilhe o fermento no fundo da tigela do processador e acrescente o leite morno junto com uma pitada do açúcar, ⅓ de xícara da farinha e 1 ovo. Pulse 8 a 10 vezes, ou até que a mistura fique cremosa. Raspe as paredes da tigela.

3. Ponha o restante da farinha por cima dessa mistura, mas não bata. Cubra a tigela com a tampa do processador. Deixe a mistura descansar até perceber que a massa inicial começou a espumar e que o fermento foi ativado. Dependendo das condições térmicas de sua cozinha, isto pode levar de 15 minutos a uma hora.

4. Junte os 2 ovos restantes, o resto do açúcar, sal, cascas de limão e laranja raladas. Ligue o processador e mexa por 10 a 15 segundos, até que a massa se

→

junte formando uma bola. Deixe a máquina ligada e despeje o azeite, deixando cair como um fio pelo tubo. O fio deve ser bem fino para que a bola não perca seu formato enquanto você despeja o azeite. Movendo-se em torno da parede da tigela, a bola irá incorporar o azeite. O resultado será uma massa pegajosa, úmida e cremosa.

5. Com uma colher, vá colocando a massa na fôrma, que ficará cheia até ⅓ da altura. Embora o brioche tradicional tenha uma bolinha por cima, isso atrapalha se você quiser cortá-lo em fatias. Eu prefiro sem a bolinha.

6. Deixe a massa crescer até quase o alto da fôrma. Dependendo da temperatura da cozinha, isso pode levar de uma a duas horas. A massa, depois de inchada, terá cerca de três vezes o seu volume original. Preaqueça o forno a 190º durante 15 minutos antes que a massa esteja pronta.

7. Asse o brioche por cerca de 30 minutos, até que fique dourado.

8. Remova-o do forno e deixe descansar sobre uma grelha por cinco minutos, depois vire a fôrma sobre a grelha e espere que esfrie completamente antes de fatiá-lo.

SUBSTITUINDO MANTEIGA POR AZEITE

O azeite de oliva pode substituir a manteiga em muitos pães e sobremesas. Mas como a manteiga tem apenas cerca de 80% de gordura, você deve usar uma quantidade menor de azeite. Nenhuma outra modificação é necessária. Aqui está como fazer a substituição. (Algumas das quantidades foram arredondadas, mas são suficientemente precisas, uma vez que a manteiga varia em seu conteúdo de água.)

MANTEIGA	AZEITE DE OLIVA
1 colher de chá	¾ de colher de chá
1 colher de sopa	2 ½ colheres de chá
2 colheres de sopa	1 ½ colher de sopa
¼ de xícara	3 colheres de sopa
⅓ de xícara	¼ de xícara
½ xícara	¼ de xícara + 2 colheres de sopa
⅔ de xícara	½ xícara
¾ de xícara	½ xícara + 1 colher de sopa
1 xícara	¾ de xícara

AZEITONAS: VERDES OU PRETAS?

Durante anos ouvi dizer que as azeitonas são verdes ou pretas dependendo de quando foram colhidas. Então um amigo que vivia na Califórnia me disse que ambas são colhidas ao mesmo tempo, mas processadas de modo diferente. Qual a informação correta?

Morar na Califórnia não torna uma pessoa especialista. Mas, assim como na política, há alguma verdade em ambas as posições.

As azeitonas são uma fonte pouco habitual de óleo, no sentido de que em quase todos os outros vegetais o óleo está nas sementes, enquanto nas azeitonas ele se encontra na polpa.

Quando amadurecem, as azeitonas mudam de uma cor de palha para verde, roxo e finalmente preto. A transformação de verde para preto se dá num período de cerca de três a quatro meses. Portanto, você ganhou o primeiro *round*: as azeitonas podem ser colhidas em qualquer dessas etapas (exceto quando estão ainda cor de palha), dependendo de seu destino, que pode ser para fazer óleo ou para comer à mesa. Azeitonas arroxeadas em geral produzem óleo de melhor qualidade que as plenamente maduras e pretas.

Mas a sua vitória pode ser tão vazia quanto uma azeitona sem caroço, porque algumas das azeitonas "pretas" ou "maduras" da Califórnia são colhidas no estágio roxo e depois se tornam pretas ao serem tratadas com álcali, ar e compostos de ferro (ver adiante) para produzir as chamadas azeitonas "preto-maduras".

Na árvore, as azeitonas não amadurecem todas ao mesmo tempo, portanto sempre há uma mistura de estágios a serem colhidos. Talvez o maior problema enfrentado pelos plantadores de oliveiras seja exatamente quando colher para obter o melhor rendimento do estágio propício ao destino das azeitonas. Ao longo dos anos, diferentes países e regiões desenvolveram e conservaram suas práticas tradicionais de colheita, que contribuem para os diferentes sabores característicos, por exemplo, dos azeites gregos e italianos, e até de diferentes regiões da Itália.

Historicamente – e com isso quero dizer há milhares, não centenas, de anos –, as azeitonas são colhidas à mão, ou uma a uma, ou com uma espécie de pente conhecido como *pettine* (palavra italiana para "pente"), passado ao longo dos galhos. Outro processo usado pelos trabalhadores é simplesmente bater nos galhos com varas para que as azeitonas caiam. A colheita à mão ainda é adotada amplamente hoje, embora na Espanha, maior produtor de azeite de oliva (grande parte do azeite rotulado como "italiano" é embarcado na Espanha e engarrafado na Itália), eu tenha visto máquinas pesadas, semelhantes a tratores, aplicar uma "gravata" nos troncos das árvores e sacudir os pescoços delas, e as azeitonas mais maduras e menos tenazes caírem em redes colocadas no chão em volta da árvore.

Para uso à mesa, as azeitonas devem ser processadas de algum modo: você não pode comê-las diretamente do pé porque elas contêm um composto fenólico amargo, a oleuropeína. Ele deve ser removido por fermentação microbiana ou por imersão em uma solução fortemente alcalina, tal como o hidróxido de sódio (soda cáustica).

Na Califórnia, as azeitonas semimaduras, roxo-esverdeadas, são imersas numa série de soluções de hidróxido de sódio de concentrações decrescentes, sendo enxaguadas e aeradas após cada imersão. Esse tratamento, auxiliado em alguns casos pela adição de gluconato ferroso, um composto de ferro, torna as azeitonas perfeitamente pretas para depois serem enlatadas.

Portanto, o segundo *round* vai para o amigo da Califórnia, que talvez estivesse se referindo a esse processo de escurecimento que, como muitos costumes californianos, não é praticado em nenhum outro lugar do mundo. Na Grécia e na Turquia, contudo, usa-se processo semelhante para fazer com que as azeitonas pretas bem maduras fiquem negras como piche.

A OSMOSE É UMA RUA DE MÃO DUPLA

Tentei fazer geleia de morango fervendo primeiro as frutas, para acrescentar o açúcar depois. Tudo o que consegui foi uma papa. O que deu errado?

A osmose não deu certo. Ela caminhou na direção errada.

Sempre que duas soluções de água, contendo quantidades diferentes de açúcar (por exemplo) estão em lados opostos da parede da célula de uma planta, a água das moléculas se moverá espontaneamente através da parede da célula na direção da solução mais concentrada (mais forte), tornando-a menos concentrada – diluindo-a. Isso é a osmose.

Quando você cozinhou os morangos em água pura, sem adicionar açúcar, as moléculas da água se moveram para dentro das células do morango, onde alguns açúcares dissolvidos já existiam, até que as células não puderam mais conter a água e estouraram. As células rompidas, ao perder sua estrutura celular crocante, viram células empapadas.

Por outro lado, quando você cozinha uma fruta em água com bastante açúcar – mais açúcar que o já existente nas células –, as moléculas de água se movem para fora das células, em direção ao açúcar externo. As células vão encolher como balões murchos, mas não estourarão, e suas paredes celulares ficarão ainda mais ou menos intactas, preservando a textura. Desta forma, os morangos não amolecerão tanto se forem cozidos em água com açúcar como amoleceram na água pura.

O açúcar tem também um efeito fortalecedor sobre as células da fruta mesmo quando elas murcham, porque ele reage com as proteínas nas paredes da célula.

Na natureza, a osmose transfere água de uma solução de baixa concentração (de açúcar, sal etc.), através de uma parede celular ou de outro tipo de membrana, para uma solução de concentração mais alta do outro lado da membrana, e, desta forma, dilui a solução mais concentrada, acrescentando-lhe mais água. (Veja "Osmose" a seguir.) Mas os produtores de alimentos com frequência querem tornar uma solução *mais* concentrada, isto é, remover água da solução – exatamente o oposto do que a osmose faria.

Para isso, eles revertem o processo de osmose, forçando a água a sair da solução diluída através de uma membrana para torná-la mais concentrada. O processo, denominado osmose reversa, pode exigir uma quantidade substancial de pressão – quase meia tonelada por 2,5cm quadrados – para neutralizar a *pressão osmótica* natural e reverter a direção natural do fluxo da água.

Por exemplo, o soro aguado obtido durante a produção de queijo já foi considerado um resíduo inútil e, quando descartado, um poluente ambiental. Mas hoje, através da osmose reversa, a água é removida e a proteína é vendida aos produtores de alimentos como o "pó de soro" ou o "concentrado de proteína do leite" que você vê na lista de ingredientes dos alimentos prontos.

A osmose reversa também é usada para purificar a água. Nesse caso, a água pura "espremida" da água impura é, naturalmente, o produto desejado.

OSMOSE

Numa solução de açúcar com água encontramos moléculas de açúcar e moléculas de água. Se não houver muitas de açúcar (isto é, se a solução é diluída), as moléculas de água podem bombardear livremente as paredes de seu receptáculo sem muita interferência do açúcar. E se essas paredes são, por acaso, as paredes da célula de uma planta, que são um pouco permeáveis à água, muitas dessas moléculas de água vão conseguir atravessar para o outro

→

lado. Entretanto, se a solução de açúcar for concentrada, as moléculas de açúcar vão interferir bastante, e não serão muitas as moléculas de água que conseguirão penetrar na parede celular.

Portanto, se tivermos uma solução diluída de um lado da parede da célula e uma solução concentrada do outro lado, mais moléculas de água fluirão do lado diluído para o concentrado que na direção oposta, como se houvesse uma quantidade restante de pressão (pressão osmótica) forçando-as nessa direção. Elas continuarão fluindo assim até que a solução concentrada tenha se diluído no mesmo nível que a solução diluída. Isso é osmose.

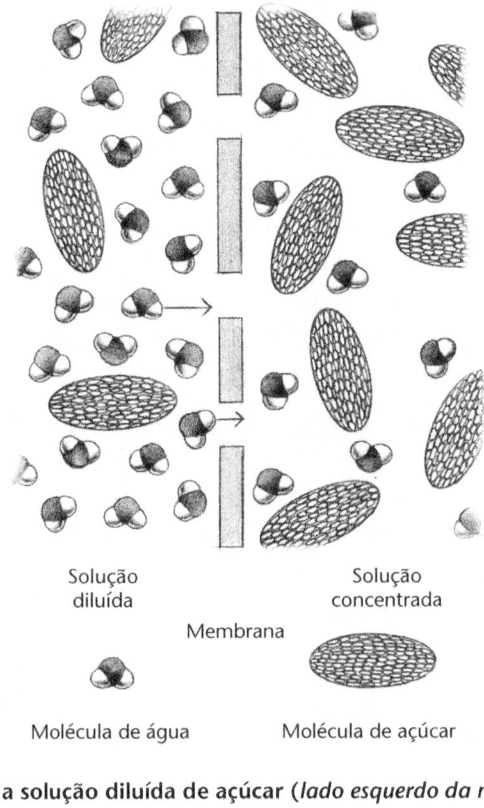

Uma solução diluída de açúcar (*lado esquerdo da membrana permeável à água*) e uma solução mais concentrada de açúcar (*lado direito da membrana*). Como há relativamente mais moléculas de água na solução diluída (*esquerda*) que na concentrada (*direita*), há uma clara tendência (pressão osmótica) para que as moléculas de água se movam pela membrana, da solução diluída para a mais concentrada (*da esquerda para a direita*).

Geleia de morango

Escolha morangos pequenos, que estejam firmes, porém maduros e em perfeitas condições de consumo. O método de preparação apresentado aqui, que alterna um período de "descanso" com um cozimento rápido, garante uma geleia bem vermelha e com sabor fresco.

Ao fazer conservas de frutas e geleias, as proporções dos três ingredientes básicos – a pectina da fruta, o açúcar e o ácido (suco de limão) – são essenciais. O gel é formado pela ação do ácido sobre a pectina, portanto, uma quantidade insuficiente de pectina ou de ácido impedirá a formação do gel, e, em vez de geleia, você terá uma calda. Com pouco açúcar, o resultado será uma geleia espessa, enquanto açúcar demais produzirá uma geleia rala. Em resumo, os ingredientes devem ser medidos cuidadosamente. É por isso que nesta receita o açúcar e os morangos são pesados, em vez de calculados por volume.

Em geral começo a fazer esta geleia no fim da tarde e a termino na manhã seguinte. Não dobre a quantidade da receita, porque o tempo de cozimento quebrará (*hidrolisará*) a pectina dos morangos e impedirá que eles se transformem em geleia.

- 1kg de morangos
- 900g (5 xícaras) de açúcar
- $\frac{1}{4}$ de xícara de suco de limão recém-espremido

1. Lave os morangos e tire os pedúnculos. Deixe os menores inteiros e corte os maiores ao meio.

2. Pese os morangos e coloque-os numa panela grande de aço inoxidável. Adicione o açúcar com uma espátula de borracha e misture suavemente com os morangos. Deixe descansar por quatro horas, mexendo de vez em quando.

3. Coloque a panela sobre fogo médio, leve à fervura, junte o suco de limão e cozinhe rapidamente por 12 minutos. Cubra e deixe descansando num lugar fresco de um dia para o outro.

4. Pela manhã, faça a mistura ferver em fogo alto, depois abaixe o fogo. Retire os morangos com uma escumadeira, escorrendo-os bem, e depois coloque-os em vidros esterilizados, que devem ficar cheios até a metade.

→

Escorrer os morangos perfeitamente é importante porque, nessa etapa, se houver líquido em excesso, a geleia ficará muito mole.

5. Ferva a calda que restou na panela até que ela fique espessa ou registre 107° num termômetro especial para caldas. Para testar o ponto, pegue uma colher de sopa e encha com a calda. Segure a colher horizontalmente sobre a panela. A calda deve cair da colher como uma cortina inteiriça.

6. Despeje a calda quente sobre os morangos, enchendo os vidros quase até a borda (deixe um espaço vazio de pouco mais de 1cm). Limpe cuidadosamente as bordas e vede-as com as tampas apropriadas (com anel de borracha e ganchos de metal). Depois que todos os vidros estiverem perfeitamente vedados, vire-os de cabeça para baixo, deixando que esfriem nessa posição.

▸ Rendimento: seis vidros de aproximadamente 250g

PESCANDO ABÓBORAS

Estou planejando dar uma festa na qual haverá pescaria de maçãs. Devo comprar um tipo especial de maçãs, ou será que todas elas flutuam?

Embora a maioria das maçãs flutue, elas podem variar um pouco em suas habilidades aquáticas. Compre amostras de algumas das variedades dias antes da festa e experimente-as. Depois volte à loja e leve as que boiam melhor. Fazer seus convidados pescarem maçãs que afundam vai prejudicar seriamente sua reputação de anfitriã.

Não há como prever se uma coisa vai flutuar ou afundar. Inspirado por sua pergunta decidi jogar "Boia ou afunda?".

Fui ao supermercado e, para espanto da moça do caixa, comprei um exemplar de cada legume e de cada fruta. Chegando em casa, enchi de água a pia da cozinha e deixei cair, uma a uma, as minhas compras na pia. Depois registrei os resultados no caderno de notas do meu laboratório.

Aqui estão revelados pela primeira vez nos anais da ciência gastronômica os resultados da minha pesquisa. Flutuadores: maçã, banana, limão, cebola, laranja, pastinaga, romã, nabo vermelho (mais ou menos), batata-doce (mais ou menos), pepino. Afundadores: abacate (mais ou menos), manga, pera (mais ou menos), batata, tomate, cereja.

Quase todos os objetos das minhas experiências mostraram dificuldade em decidir se queriam flutuar ou afundar. Isso é compreensível, porque eles são constituídos principalmente de água. De acordo com o Banco de Dados Nacional de Referência Padrão (2003) do Departamento de Agricultura dos EUA (USDA), as partes comíveis – a polpa – de meus objetos contêm de 73 a 95% de água. Portanto, eles tendem a ficar em suspensão. De fato, como foi dito acima, vários deles mal conseguiram flutuar ou afundar.

Assinale-se que os números do USDA são calculados pela média, e que meus exemplares do supermercado eram indivíduos escolhidos aleatoriamente. Diferentes variedades, exemplares de maçãs e (como descobri) de peras podem dar resultados diferentes. Tudo somado, entretanto, são boas as chances de que você encontre maçãs flutuadoras para serem pescadas.

Tudo isso me fez pensar no papel da densidade na culinária. Densidade é a medida do peso de uma substância em relação a seu corpo ou volume. Pode ser expressa como um número de gramas por centímetro cúbico.

Você se lembra de Arquimedes, que pulou de dentro da banheira e saiu nu e pingando água pelas ruas de Siracusa, gritando "Eureka!"? Pois bem, Arquimedes descobriu o princípio que determina se um objeto boia ou afunda num fluido.

O princípio de Arquimedes diz que "todo corpo mergulhado num fluido sofre um impulso igual ao peso do fluido que ele desloca". Foi assim que "aprendemos" na escola, mas isso não é lá tão esclarecedor. Quantos de nós (inclusive os professores) realmente compreenderam este princípio? Confesso que nunca o compreendi, até que aprendi por mim mesmo, com roupa e tudo. Eis como tudo se passa, num único parágrafo bem concentrado.

Digamos que vamos pescar abóboras. Fazemos submergir completamente uma abóbora de 30cm de diâmetro, que tem um volume de 30cm^3, numa banheira cheia d'água. Essa mesma quantidade de água tem de sair do caminho para dar espaço para a abóbora. Essa água deslocada é necessariamente empurrada para fora – não há outro lugar para ela –, portanto o nível da água sobe. Mas agora a água tem dentro de si uma cavidade do tamanho de uma abóbora, e a água deslocada quer voltar a ocupar seu lugar, de acordo com a obediência à lei da gravidade, e preencher novamente essa cavidade. O único meio de fazer isso é empurrando a abóbora para fora com toda a força ou peso que puder reunir. Para 30cm^3 de água, essa quantidade de peso será de cerca de 27kg. Se a abóbora de 30cm^3 pesar, digamos, apenas 22,5kg, ela será empurrada para cima pelos 4,5kg extras de força da água. Isto é, ela flutuará. Mas se essa abóbora de 30cm^3 pesar 32kg, ela resistirá aos 27kg de impulso da água e afundará. (Na realidade, uma abóbora de 38cm de diâmetro pesa cerca de 18kg.)

Conclusão: se a densidade de um objeto for menor que a da água (que é de 1g por centímetro cúbico), ele flutuará; se sua densidade for maior que a da água, ele afundará.

O que isso tem a ver com a cozinha? Eis aqui dois exemplos:

Gnocchi, *ravioli* e *pierogi* afundarão no começo, quando você os coloca na água fervente, porque são mais densos que a água. Mas à medida que os grânulos de amido incham na água quente, sua densidade diminui até que eles ficam menos densos que a água, e lhe comunicam que já estão cozidos boiando na superfície. (Repare que a densidade de um objeto pode diminuir, seja quando ele perde peso, seja quando expande seu volume.)

Outro exemplo: quando fazemos *beignets* ou roscas fritas, colocamos colheradas de massa numa frigideira cheia de gordura quente. A bola de massa é menos densa que o óleo, e portanto flutua. Mas quando a parte que fica sob a superfície vai ganhando cor no óleo quente, ela perde água, sob a forma de vapor, e se torna ainda menos densa. A bola fica com a parte de baixo menos densa que a parte de cima. Pode então virar como um barco, e a outra metade começar a fritar.

A primeira vez que vi este fenômeno, fiquei tão espantado como se tivesse visto uma panqueca virar sobre si mesma quando o primeiro lado estivesse tostado.

QUE SIDRA VOCÊ QUER?

Você poderia me explicar a diferença entre suco de maçã, suco de maçã tipo natural e sidra de maçã? Eles são iguais do ponto de vista nutritivo? Têm que ser pasteurizados?

Depende de onde você mora. Nos Estados Unidos, os nomes suco de maçã (*apple juice*) e sidra de maçã (*apple cider*) são usados indiferentemente, referindo-se apenas ao líquido que escorre das maçãs espremidas. Mas, na maioria dos outros países, *sidra* significa suco de maçã que foi posto em fermentação e produziu álcool, assim como o suco de uva é fermentado para produzir vinho. Nós, norte-americanos, chamaríamos o suco fermentado da maçã de *hard cider*, para distingui-lo da *sweet cider*, não fermentada e isenta de álcool. Para contornar essa ambiguidade, vamos adotar aqui a nomenclatura internacional: se não é fermentada, é suco de maçã, se é fermentada, é sidra.

A palavra sidra e suas variações são antigas, significando na origem qualquer bebida embriagadora feita de frutas. Como todas as frutas contêm amidos e açúcares que fermentam, e como tudo o que você tem que fazer para fermentá-las é deixá-las paradas para que as leveduras trazidas pelo ar possam cair sobre elas, todas as civilizações conseguiram obter as mais espantosas variedades de bebidas embriagadoras.

O suco de maçã pode ser engarrafado enquanto ainda turvo pelas partículas em suspensão da fruta, ou pode ser clarificado por filtragem. É só uma questão de preferência. Como na maioria dos rótulos de alimentos, a palavra *natural* num rótulo de suco pode significar qualquer coisa que o engarrafador deseje que signifique, inclusive nada. Mas no caso do suco de maçã, a intenção pode ser indicar que não é filtrado.

Não é obrigatório que o suco de maçã seja pasteurizado, mas muitas marcas são tratadas rotineiramente com calor, para impedir a fermentação. Se não tiverem sido submetidas a esse tratamento, o rótulo deverá dizer "mantenha na geladeira", portanto, a ausência dessa recomendação é a sua garantia de que o suco foi pasteurizado. O suco de maçã não pasteurizado deixado na geladeira se tornará gasoso em cerca de duas semanas, o que indica fermentação. Não é aconselhável bebê-lo então, porque a(s) cepa(s) de bactérias que causam a fermentação são desconhecidas, e o gás formado indica que elas estão se banqueteando com o açúcar, produzindo dióxido de carbono e álcool e se multiplicando como bactérias.

Quanto ao aspecto nutritivo, alguns sucos de maçã, especialmente os pasteurizados, costumam ser enriquecidos com vitamina C. Confira no rótulo para saber.

ABELHAS BACANTES

Você pode me dar uma relação das várias bebidas alcoólicas feitas com maçã? Ouvi falar da sidra, do vinho de maçã, do conhaque de maçã e da aguardente de maçã. Será que todas elas são a mesma coisa?

Elas se distinguem principalmente pelos métodos engenhosos que foram inventados para incrementar o teor alcoólico.

O suco de maçã pode ser posto para fermentar naturalmente, bastando que fique exposto à ação das leveduras transportadas pelo ar que caem sobre as maçãs. Esses fungos microscópicos, unicelulares, alimentam-se dos açúcares das frutas, convertendo-os em álcool etílico (de cereais). Não são necessárias muitas células de leveduras para começar a fazer a bola rolar, porque quanto mais elas se alimentam, mais se reproduzem, tornando-se vorazes máquinas superdevoradoras de açúcar em poucos dias. Mas quando todo o açúcar é consumido, o frenesi devorador acaba; a concentração de álcool é de cerca de 5%, aproximadamente a mesma que a da cerveja. Isto é a sidra.

Antigamente eu tinha em casa uma macieira que despejava suas maçãs na frente da minha garagem a cada outono. As maçãs se abriam e liberavam o suco, que logo fermentava. As abelhas eram atraídas pelas frutas, sugavam o suco alcoólico, ficavam embriagadas e rolavam em delírio pelo chão. Eu me divertia muito observando a orgia apícola. (Quando beber, não voe!)

Nas regiões produtoras de sidra da Inglaterra, França e Espanha – o sul da Inglaterra, o norte da França e a região das Astúrias, no norte da Espanha –, onde as macieiras prosperam e as videiras não se dão bem, bebe-se muita sidra, e ela também serve para marinar e cozinhar carnes, substituindo o vinho. As características das diferentes sidras podem variar, assim como as dos diferentes vinhos. Como estes, as sidras podem ser combinadas com os alimentos com base em sua acidez, secura e sabor de fruta, qualidades derivadas das variedades específicas de maçãs com que a bebida for feita e do processo usado em sua fermentação.

A secura de uma sidra é proporcional à extensão em que os açúcares das maçãs foram fermentados até o álcool; nas sidras mais secas, todos os açúcares das maçãs foram transformados. Por exemplo, a sidra de Astúrias, da Espanha, muito seca, é um substituto especialmente bom do vinho branco seco em todas as suas aplicações.

A sidra espumante ou efervescente, assim como o vinho espumante, é engarrafada antes que a fermentação se complete. Um exemplo muito apreciado desse tipo é a *cidre* francesa, seja ou não espumante, com seu conteúdo alcoólico limitado entre 2 e 5%, graças à interrupção do processo de fermentação, seja pela pasteurização, seja pela adição de dióxido de enxofre.

Como começaram todas essas maquinações alcoólicas? Muito cedo os homens compreenderam o que acontecia com o suco fermentado da maçã e desejaram obter um teor mais alto de álcool para estimular seus próprios louvores a Dioniso. Eles acrescentaram mais açúcar para alimentar a fermentação e, eventualmente, também deixaram que o suco absorvesse taninos do interior de barris de madeira para adquirir um sabor mais rico e complexo. O conteúdo alcoólico era desta forma elevado para cerca de 10 a 12%, comparável ao dos vinhos feitos de uva. Foi então que criamos o *vinho de maçã*.

Ainda deseja mais álcool? Destile o vinho de maçã, assim como alguns estabelecimentos vinícolas destilam seus vinhos de uva para fazer conhaque.

Isto é, ferva o líquido e esfrie os vapores quentes para condensá-los de volta ao estado líquido. Como o álcool evapora mais rapidamente que a água, os vapores e, portanto, o líquido condensado (conhaque) serão mais ricos em álcool que o líquido original (vinho).

O Calvados, conhaque de maçã francês, produzido no departamento do mesmo nome, na Normandia, é feito do mesmo modo, destilando-se o vinho de maçã duas vezes: primeiro, para chegar a adquirir um conteúdo alcoólico de 28 a 30%, e novamente para alcançar 72%, depois do que ele é "cortado" para um nível mais "bebível" de 40 a 43%.

O termo *brandy*, sinônimo de conhaque, vem do holandês *brandewijn*, que significa vinho queimado (de fato, destilado). Na França, o conhaque é conhecido como *eau de vie*, ou água da vida. É uma questão de ponto de vista.

AGUARDENTE DE MAÇÃ, SEM ALAMBIQUE

No século XVIII, os colonos norte-americanos da Nova Inglaterra descobriram um meio engenhoso de incrementar o conteúdo alcoólico do vinho de maçã que dispensava o complicado aparato de um alambique. Deixavam simplesmente os barris de vinho aos cuidados do frio inverno da região, e ele logo congelava. Mas a água congela a 0°, enquanto o álcool etílico não congela até que a temperatura atinja -117°. Assim, a água (mas não o álcool) congelava, e o gelo resultante, relativamente puro, flutuava na superfície. Os espertos colonos então coavam o gelo e o descartavam, deixando no barril o líquido restante, enriquecido tanto no conteúdo alcoólico como no sabor de maçã. Eles o batizaram de *applejack*, a aguardente de maçã.

Quando os incansáveis porém sedentos colonos tinham a sorte de contar com noites em que a temperatura chegava a -29°, a aguardente de maça atingia uma concentração de álcool de 27%. Isso era perfeitamente adequado para aquecer o âmago dos seus corações até a primavera.

Molho de sidra

Este molho acompanha bem tanto os sabores de um lombinho de porco assado quanto um bolo de especiarias morno. Você pode fazê-lo seja com sidra ou suco de maçã. Se usar a sidra, um pouco do álcool permanecerá no molho.

- 1 xícara de sidra de maçã ou de suco de maçã
- ⅓ de xícara de açúcar mascavo
- 1 colher de sopa de manteiga sem sal
- 1 colher de sopa de suco de limão recém-espremido
- 1 pitada de cravo-da-índia moído
- 1 colher de sopa de amido de milho (maisena)
- 1 colher de sopa de água

1. Numa panela de 1 litro, misture a sidra ou o suco, o açúcar mascavo, manteiga, suco de limão e cravo. Cozinhe em fogo médio, mexendo de vez em quando, até que a mistura ferva. Deixe-a ferver por três minutos, até que se reduza um pouco.

2. Numa vasilha pequena, misture maisena e água. Despeje essa mistura no caldo quente de sidra. Continue cozinhando, mexendo sempre, por um a dois minutos, ou até que o molho engrosse. Sirva morno.

- Rende uma boa xícara de molho

OS FRUTOS DO SAUDÁVEL CAJU

Às vezes reduzo as castanha-de-caju a pó para dar um gosto agradável ao leite. Mas minha filha chegou da escola dizendo que as castanhas-de-caju contêm uma substância corrosiva e tóxica, e que nunca devem ser comidas cruas.

Os suculentos "frutos" do cajueiro (*Anacardium occidentale*) não só são comestíveis como deliciosos. Por serem altamente perecíveis, contudo, você não os encontrará muito longe das árvores. Eu tive a sorte de prová-los quando morei na Venezuela, onde são chamados de *merey*.

A castanha, em formato de rim (que, botanicamente, é na verdade o fruto) é encapsulada numa casca dupla. Entre as cascas encontra-se uma resina fenólica viscosa que contém duas substâncias químicas corrosivas e venenosas, o ácido anacárdico e o cardol, entre outros componentes. Quando ingerida, essa resina de fato causa bolhas na boca.

Obviamente essas substâncias venenosas devem ser removidas para que as castanhas possam ser comidas. Isso é feito assando-se as castanhas inteiras em óleo quente, o que tem dois resultados: retira a resina e deixa as cascas frágeis o bastante para serem quebradas com um martelo, método que ainda sobrevive no século XXI. Tanto as cascas quanto os agentes corrosivos já se foram há muito quando você compra as castanhas na loja.

Nesse estágio, as castanhas são perfeitamente comíveis, e o rótulo exibe a afirmação "castanha-de-caju natural", embora elas tenham sido assadas em óleo a uma temperatura de cerca de 163°. As castanhas embaladas para o comércio em geral são assadas novamente. Isso as torna macias e acentua sua cor e sabor.

Os restaurantes de comida natural e os adeptos de comida natural que insistem em que os alimentos nunca devem exceder os 48° usam com frequência castanhas-de-caju "naturais" e manteiga de castanhas-de-caju "naturais" em suas criações. Ou estão enganando a si próprios ou não sabem que suas castanhas assaram a uma temperatura muito mais alta antes de terem chegado ao mercado.

5

Nossos alimentos ancestrais

Pode parecer estranho que, depois de dois capítulos discorrendo sobre o plantio em agricultura e o suprimento de nossos vegetais e frutos, eu agora venha abordar o cultivo de gramíneas.

Não estou me referindo às centenas de quilômetros quadrados de tapetes verdes que plantamos em volta de nossas casas, que regamos, fertilizamos, e cujas pontas aparamos para jogar fora (futilidade, teu nome é gramado). Tampouco vou começar a descrever o dispendioso cultivo dos campos de golfe, especialmente em regiões áridas do nosso país.

Não, por "gramíneas" estou me referindo aos cereais, à família de plantas que, mais que quaisquer outras, alimentam o mundo. Também chamados de "grãos", esses cereais nos suprem com as sementes comestíveis e ricas em amido que tanto apreciamos: trigo, arroz, centeio, aveia, cevada e milho. Essas seis plantas não apenas sustentam a maior parte da humanidade, como também alimentam rebanhos e aves que transformamos em carne. Os cereais foram os primeiros alimentos cultivados pelo homem e continuam sendo os mais importantes de todos eles.

O trigo provavelmente é o cereal mais antigo e o mais cultivado em fazendas, com uma produção mundial em torno de 100 milhões de toneladas por ano. Depois vem o arroz, com 26 milhões de toneladas, 90% das quais cultivadas no território asiático. Os outros grãos (milho, cevada, centeio, aveia e sorgo), conhecidos como grãos mais rústicos, totalizam outros 100 milhões de toneladas espalhadas pelo mundo inteiro (dados da Organização das Nações Unidas para a Alimentação e Agricultura).

O aspecto nutricional mais importante de todos os grãos são suas reservas de amido. Este é, naturalmente, um carboidrato, como são também carboidratos seus blocos construtores, os açúcares. Então, do ponto de vista da química, mais que da agricultura, este capítulo poderia, de modo mais preciso e também didático, ser intitulado "Carboidratos", sejam eles obtidos de grãos, legumes ou, no caso do mel, de insetos.

Nesse sentido, permitam-me começar a armar o palco com uma conversa científica complementar sobre a química dos carboidratos, que, como todas as ciências paralelas, pode ser examinada cuidadosamente, lida num passar de olhos ou tranquilamente pulada.

Um microcurso sobre carboidratos

As moléculas de todos os carboidratos – açúcares e amidos – são compostas de algo que varia entre duas a centenas ou às vezes milhares de moléculas de glicose, todas ligadas entre si. À medida que o número de unidades de glicose por molécula aumenta de algumas dúzias para centenas de unidades, ultrapassamos em muito a fronteira mal delineada entre açúcares e amidos.

- **Monossacarídeos**: esse nome é derivado do grego *mono*, que significa um ou único, e *sakcharon*, que significa açúcar, indica que um monossacarídeo é uma unidade de açúcar básica, cujas moléculas não podem ser quebradas (por hidrólise) em quaisquer açúcares mais simples. Os monossacarídeos são as menores moléculas de carboidratos. Os mais comuns são: glicose, frutose, e galactose (veja a Tabela 3 na p.159).

De todos os carboidratos que comemos, a glicose é o que nos dá mais energia. Ela entra diretamente na corrente sanguínea.

- **Dissacarídeos**: o açúcar que vai para a mesa, a sacarose, é um dissacarídeo ("dois açúcares"); suas moléculas são compostas de uma molécula de glicose e outra de frutose, o açúcar muito doce encontrado nas frutas. Quando tratada com ácido ou com a enzima *invertase*, a sacarose se quebra numa mistura dos seus componentes de glicose e frutose. A mistura resultante é chamada de *açúcar invertido* e é surpreendentemente mais doce que a própria sacarose, porque a frutose é mais doce que a sacarose.

Isso ilustra um princípio fundamental da química: um composto químico (sacarose, por exemplo) pode ter propriedades muito diferentes das de uma simples mistura de seus componentes (a mistura de glicose e frutose, por exemplo). Em manuais didáticos de química, um exemplo obrigatório é o cloreto de sódio (sal

⟶

de mesa), que ingerimos sem problemas a despeito de ser composto por um metal que explode na água (sódio) e um gás venenoso (cloreto).

Outro dissacarídeo é a lactose, encontrada apenas no leite dos mamíferos, e a maltose, formada quando os grãos são maltados – mergulhados na água até germinarem, tal como na fabricação de cerveja e uísque escocês a partir da cevada.

• **Oligossacarídeos**: o nome vem do grego *oligos*, que significa poucos. São moléculas de carboidratos feitas de menos de dez unidades de monossacarídeos, e nos referimos a eles antes como açúcares que como amidos. A rafinose, com três unidades, e a estaquiose, com quatro unidades (observe que os nomes de todos os açúcares terminam em "ose"), estão presentes nos feijões, mas não são digeridas por nós. São as bactérias em nossos intestinos que se alimentam delas, mas se mostram ingratas, produzindo gases cujas consequências associamos aos feijões.

• **Polissacarídeos**: finalmente, há os polissacarídeos ("muitos açúcares") também chamados de carboidratos complexos ou amidos, cujas moléculas são formadas de 40 a até milhares de unidades de glicose. Se as unidades estão associadas em cadeias longas e mais ou menos retas, os amidos são denominados de amilose; se a configuração das cadeias é ramificada e espessa, eles recebem o nome de amilopectina. Em virtude de suas diferentes estruturas moleculares, eles conferem propriedades diversas aos alimentos em que estão presentes. Muitas plantas que contêm amido têm misturas tanto de amilose como de amilopectina.

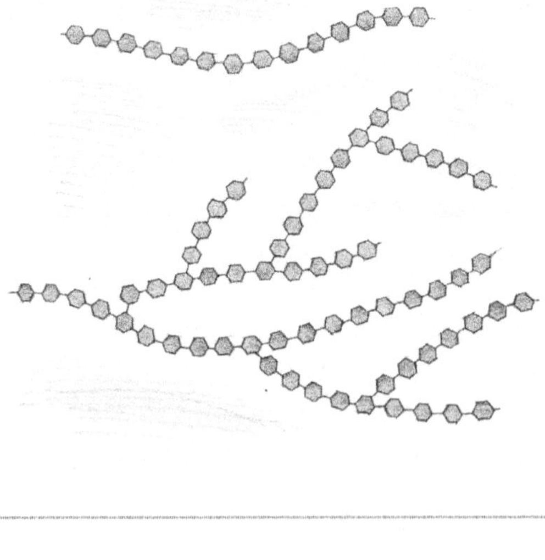

As duas formas de moléculas de amido. *No alto:* estrutura linear da amilose. *Em baixo:* a estrutura ramificada da amilopectina. Cada hexágono representa uma unidade de glicose.

Outros polissacarídeos cujos nomes você pode ter visto nos ingredientes que constam dos rótulos de alimentos são as dextrinas, pedaços grandes de moléculas que se quebram das grandes moléculas ainda maiores de polissacarídeos, assim como galhos mortos de uma árvore quando se decompõem na água.

Muitas pessoas hoje falam sobre o número de gramas de carboidratos em seus alimentos. Os carboidratos somam, em tamanho molecular e complexidade, milhares de unidades de glicose. Se as moléculas são grandes demais, não podemos digeri-las, e elas passam por nosso tubo digestivo sem nos proporcionar calorias ou nutrição. As moléculas de carboidratos menores e digeríveis – açúcares e amidos – são chamadas, de um modo geral, "carboidratos simples", na prolífica literatura sobre dietas para emagrecer, porque são as únicas metabolizadas, cedendo calorias na proporção de quatro por grama.

Tabela 3. De que são feitos os açúcares e amidos

NOME	OUTRA DENOMINAÇÃO	DO QUE SÃO FEITAS AS UNIDADES DE MONOSSACARÍDEOS	ONDE ENCONTRAR
MONOSSACARÍDEOS			
Glicose	Dextrose, açúcar do sangue	—	Uvas, sangue
Frutose	Açúcar das frutas	—	Frutas, mel
Galactose	—	—	Leite, miolos
DISSACARÍDEOS			
Sacarose	Açúcar de cana, açúcar de mesa	Uma glicose + uma frutose	Cana-de-açúcar e beterraba
Lactose	Leite em pó	Uma glicose + uma frutose	Leite
Maltose	Açúcar de malte	Duas glicoses	Grãos
POLISSACARÍDEOS			
Celulose	—	Muitas glicoses	Todas as plantas
Dextrina	—	Muitas glicoses	Grãos
Amidos	—	Muitas glicoses	Grãos, batatas

Todas as vezes que faço purê de batatas, obtenho diferentes resultados. O pior é quando fica grudento e com aspecto de goma. O que estou fazendo errado?

Purê de batatas parece ser a coisa mais fácil de fazer nesse mundo: simplesmente cozinhá-las e espremê-las, certo? Mas as batatas são constituídas principalmente de amido, e o resultado depende muito de como esse amido se comporta.

A polpa das batatas é feita de células vegetais. Dentro das células existem milhares de grãos de amidos, em pequenos pacotes cilíndricos, nos quais cada planta armazenou as moléculas de amido que foram produzidas durante a fotossíntese. O amido no interior dos grãos tem uma consistência gelatinosa, de modo que esses grãos podem ser flexíveis como minúsculos pacotes de goma.

Quando aquecidos em ambiente úmido, os grãos absorvem a água e se dilatam até que os pacotes se desintegram, liberando seu conteúdo de goma. Os grãos perdem sua estrutura e começam a ficar *gelatinizados*. (Ver "Na confusão da sopa de ervilhas", logo a seguir.)

Um bom amassador de batatas. Usado em movimento vertical, ele pressiona a batata cozida, que passa pelos orifícios retangulares, extraindo uma massa de textura grossa, não pastosa.

Mas o jogo ainda não está perdido. Se restos de amido gelatinoso permanecem presos no interior das células das batatas, elas ainda estão boas, porque a estrutura da célula se mantém firme. Mas se você as amassa, as células se rompem, o visgo de amido escorre para fora e a goma faz o serviço.

O melhor amassador, na minha opinião, é do tipo que tem orifícios retangulares numa superfície chata. Ele extrai a massa das batatas pelos orifícios, como faria uma peneira, em lugar de esmagá-la. Ao usá-lo, faça o movimento de cima para baixo: não gire o amassador para os lados, para não abrir mais grãos de amido. E nunca use o processador de alimentos. Ele é conhecido por produzir batatas grudentas exatamente porque suas lâminas rompem os grãos inchados do amido, liberando grandes quantidades de goma gelatinosa.

Somando-se a tudo isso, algumas batatas são melhores para purê que outras. As pequenas, de casca avermelhada, são pegajosas e fazem um purê pegajoso também. As melhores são as de cor ferrugem e as batatas douradas, cuja estrutura celular é ótima e têm uma consistência semelhante à da farinha. A cor delas vai fazer com que seus convidados pensem que há mais manteiga no purê do que realmente você colocou.

Purê de batatas

Pré-cozinhe as batatas cortadas em rodelas de cerca de 2,5cm de lado apenas por cerca de 20 minutos em fogo baixo, sem ferver totalmente. Isso faz com que os grãos de amido tenham a chance de inchar sem se romper. Então escorra as batatas e deixe-as esfriar. Isso permite que os grãos de amido inchados se firmem. Quando você estiver quase pronto para amassá-las, prossiga o cozimento até que elas tenham uma consistência macia, mas não mole como mingau. Escorra muito bem e amasse-as com o espremedor. Os grãos de amido firmes não vão liberar sua goma tão facilmente como liberariam sem as etapas de pré-cozimento e resfriamento.

NA CONFUSÃO DA SOPA DE ERVILHAS

Por que, quando faço sopa de ervilhas e ponho as sobras na geladeira, ela fica parecendo cimento? Tenho então que adicionar muita água e bater para que a sopa fique fina o suficiente para ser comida com colher.

Antes de responder, quero perguntar: você alguma vez quis saber por que a sopa de ervilhas é feita com ervilhas partidas, e não com grãos inteiros? Eu já. Afinal, depois que elas foram reduzidas à sopa, quem se importa se originalmente eram esferas intactas ou se foram cuidadosamente cortadas ao meio nas fábricas por um bando de duendes?

Na verdade, a ervilha partida é uma variedade específica de ervilha cujo nome apropriado é ervilha-do-campo, originalmente nativa do Sudoeste Asiático e uma das mais antigas espécies vegetais cultivadas pelos homens. Essas ervilhas têm uma camada delicada que se quebra em duas partes quando os grãos secam.

Esse fenômeno de ruptura é também encontrado em alguns minerais, por isso os minerologistas o chamam de fragmentação.

Todas as ervilhas são variedades de *Pisum sativum*. As ervilhas-do-campo se distinguem das comumente cultivadas em hortas, conhecidas como ervilhas-verdes inglesas, que são vendidas frescas e ainda nas vagens, para serem descascadas por vovós sentadas junto à lareira ou, enquanto ainda frescas e novas, para serem comidas inteiras com vagem e tudo. Os franceses, particularmente orgulhosos de suas ervilhas macias e pequenas, deram-lhes o nome criativo de *petit-pois,* ou "pontinhos".

O fenômeno da sopa solidificada não se limita às ervilhas. É causado pela abundância de amido nesses vegetais. Exatamente a mesma coisa acontecerá com qualquer sopa ou molho que contenha goma de amido, como um molho de carne engrossado com maizena ou aveia e depois refrigerado. Eles também ficarão grossos, rígidos e gelatinosos depois de uma permanência na geladeira.

Eis o que acontece.

Sob um microscópio comum, o amido parece uma coleção translúcida de cápsulas de tamanhos variados, denominadas grânulos. Dentro de cada grânulo existem milhões de moléculas invisivelmente pequenas de amido, arrumadas com certa organização.

Quando cozinhamos na água, em fogo brando, um alimento que contém amido, os grânulos começam a se dispersar por todo o líquido, onde gradualmente absorvem a água e incham. Esses grãos inchados esbarram uns contra os outros, e a mistura começa a ficar viscosa ou a engrossar. Alguns grânulos podem até estourar e expulsar seu conteúdo, transformando a sopa ou o molho numa espécie de pasta. Esse processo todo é chamado de gelatinização.

O alimento que contém amido gelatinizado é ótimo se você o comer enquanto estiver quente. A textura sedosa e suave de um molho branco adequadamente engrossado com farinha ou amido, por exemplo, é um dos maiores prazeres gastronômicos.

Mas quando as sobras de amido esfriam na geladeira, dois processos ocorrem sucessivamente: primeiro o resfriamento (não gelatinização), e depois a retrogradação. (Observe que a gelatinização – que dá um aspecto de gelatina – ocorreu com o aquecimento, enquanto a gelificação – a formação de gel – ocorre com o subsequente resfriamento.)

No primeiro estágio do resfriamento, as moléculas de amido no interior dos grânulos inchados se retraem por causa da queda de temperatura. (Toda movimentação molecular é mais lenta em temperaturas baixas.) As moléculas de amido podem então começar a se grudar e ligar umas com as outras, formando uma estrutura semelhante a uma teia que capta grande quantidade de água. Esse tipo de estrutura, uma massa semissólida contendo grande quantidade de líquido dentro, chama-se *gel*. À medida que o gel vai esfriando, e que mais ligas de amidos se formam e apertam a teia, uma parte da água previamente captada pode até mesmo ser eliminada, fenômeno conhecido como *exsudação*. A sopa de ervilhas ou molho "lacrimeja", e pequenas gotas de água podem ser vistas na superfície.

Depois de muitas horas refrigerando e envelhecendo, as moléculas de amido estão tão apertadas e ligadas entre si que não podem mais se dispersar na água. Se você adicionar água para tentar diluí-las, a massa espessa de goma se recusa a quebrar e a voltar à sua consistência original, porque sob a forma de gel entrelaçado as moléculas de amido não podem se desprender, abrir espaço para a água e sair boiando livremente nela. Em resumo, o amido *retrogradou* – voltou atrás – para sua forma indissolúvel original. Você pode então tentar subjugá-lo, adicionando água e mexendo vigorosamente enquanto o aquece, mas ele nunca ficará tão macio quanto estava logo depois de cozido.

Não se desespere. Disseram-me que a tradicional sopa holandesa de ervilhas (*erwtensoep*) é feita deliberadamente de véspera e refrigerada, de forma que, ao ser reaquecida, estará grossa o suficiente para sustentar de pé uma colher enfiada nela.

QUENTINHA DE ARROZ PARA O CACHORRINHO

Nos restaurantes chineses a comida costuma ser tão farta que sempre sobra. Eu acabo por levar uma "quentinha" para casa e guardar na geladeira. Mas o arroz sempre fica com os grãos duros, soltos e separados, bem diferente da consistência macia que tinha no restaurante. Pensei que talvez estivesse desidratado, mas se adiciono água tudo o que consigo é empapá-lo. Como posso restaurar a textura anterior?

Uma certa desidratação realmente ocorre na geladeira, como você pode deduzir do fato de que a superfície do arroz fica mais seca que o resto. Mas o efeito essencial é que o amido nesse arroz sofreu uma reversão parcial (retrogradação) ao estado sólido que tinha antes de ser cozido.

Os mesmos dois processos – gelificação e retrogradação – ocorrem tanto com o amido de arroz como com a sopa de ervilhas e com todos os molhos engrossados com amido, quando cozidos e refrigerados. (Veja em "Na confusão da sopa de ervilhas" p.161)

Substituir a água que ficou presa durante a retrogradação não é fácil, mas aquecer o arroz numa porção mínima de água pode restaurar parcialmente sua textura e maciez. Pessoalmente, nunca tentei restaurar a maciez de sobras de arroz. Prefiro fritar o arroz que sobrou.

Eu entendo que o arroz chinês é grudento, e não soltinho, para que os grãos possam ser pegos com os pauzinhos (embora não seja fácil comer de pauzinhos). Esse é um arroz especial, ou a maneira de cozinhá-lo é diferente?

É o tipo de arroz. Tente me acompanhar, e eu revelarei o antigo segredo chinês – tudo bem, um segredo moderno – para conseguir usar os pauzinhos. Existem mil e uma variedades de arroz conhecidas hoje, mas, para nossa sanidade, podemos dividi-las em três categorias: pequenos grãos (mais ou menos cinco milímetros de comprimento), grãos médios (entre cinco a seis milímetros) e grãos longos (seis a sete milímetros).

Nos últimos anos, vários tipos de arroz têm-se tornado mais populares. Um deles é o arbóreo, tradicional arroz italiano, uma variedade de grão médio com grande capacidade de absorção. É rico no amido amilopectina (veja a ilustração na p.158), cujas moléculas ramificadas e espessas aprisionam e absorvem a água com muita rapidez. O arroz arbóreo absorve facilmente caldo de carne numa quantidade três vezes maior que o seu próprio volume, o que o torna perfeito para risotos. A escolha do arroz adequado para a *paella*, que não precisa ser muito grudenta, recai sobre os grãos médio e pequenos das variedades que contêm menos amilopectina.

Outros tipos exóticos de arroz que caíram no agrado de todos são as variedades *jasmine* e *basmati* da Tailândia e Índia, respectivamente. O *jasmine* tem grãos longos e um aroma peculiar. O *bastami* é também perfumado (a palavra hindu *bastami* significa fragrância) com aroma e sabor de nozes. Entretanto, os produtores do mundo todo se apropriaram de similares genéticos muito próximos dessas duas variedade asiáticas, e os nomes *jasmine* ou *bastami* na embalagem não garantem mais que o produto seja genuíno, importado.

O arroz chinês e japonês tem grãos pequenos e é rico nas moléculas ramificadas de amido amilopectina, que o faz empapar durante o cozimento. O arroz que comemos tem grão longo e é mais rico em cadeias sequenciadas de moléculas com amilose, que não absorvem muita água. Seu cozimento produz grãos soltos, separados, que, depois da retrogradação, são mais fáceis de reaquecer e de readquirir a maciez com calor úmido que a variedade chinesa.

Enquanto os asiáticos são inacreditavelmente hábeis ao usar os pauzinhos para segurar o arroz macio, nós, ocidentais, ficamos todos confusos na ausência de garfos. Para a maioria de nós, a verdadeira tortura chinesa são os *hashis* (pauzinhos). O segredo do *savoir-faire* para o uso dos pauzinhos é um simples pedaço de elástico. Com isso você pode transformar esses infernais artefatos de madeira em ferramentas para serem usadas de modo eficiente até pelo mais desajeitado trapalhão.

COMO USAR OS PAUZINHOS

Remova os pauzinhos do envelope de papel até o final, deixando o envelope intacto. Alise o envelope e enrole para cima até que pareça a miniatura de um rolo de toalha de papel. Segure os pauzinhos unidos, paralelos um ao outro, e introduza entre eles o rolo, formando uma cruz, a cerca de dois a três centímetros da ponta de cima. Continue segurando os pauzinhos unidos, e enrole um elástico, várias vezes, em volta das varetas, acima do rolo de papel. Quando o elástico estiver quase todo enrolado, faça uma ou duas voltas em torno das extremidades protuberantes do rolo de papel para evitar que ele escorregue pelos pauzinhos. Agora vamos.

Voilà! Agora você tem um par de pinças dotadas de mola que você pode segurar como um lápis. Basta aproximar os pauzinhos um do outro com o polegar e o indicador para agarrar o pedacinho que você deseja. Quando a comida chegar ao alcance de sua boca, diminua a pressão e os pauzinhos vão abrir a mola, prontos para a próxima viagem ao prato.

Da próxima vez que você for a um restaurante chinês ou japonês, leve elástico.

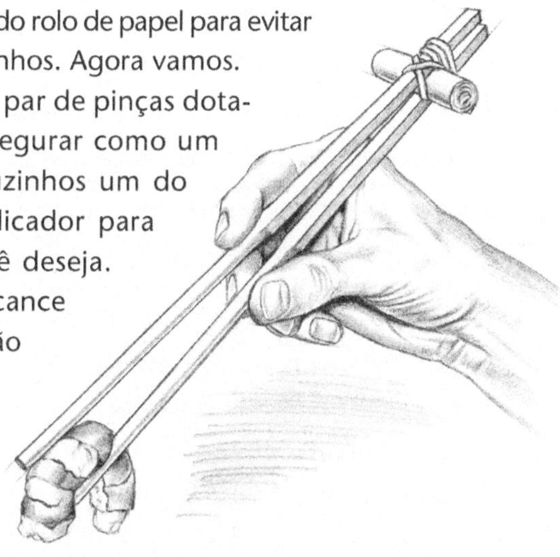

Um modo fácil de usar os pauzinhos de comer.

A receita me diz para adicionar arroz parbolizado ao cozido. Como é que se faz arroz parbolizado?

Parbolize o arroz.

Falando sério: parabolizar é ferver o alimento para cozinhá-lo parcialmente, mas não por completo. A palavra vem do latim *per bullire*, que significa ferver completamente, mas na Inglaterra da Idade Média *per* tornou-se *par* e foi confundido com *parte* ou *parcial*. Assim, na língua inglesa, "ferver completamente" acabou significando o oposto, ou seja, "ferver parcialmente".

Quando você cozinha um guisado que contém arroz e ingredientes de cozimento mais rápido, a receita pode lhe dizer para parbolizar o arroz, ou seja, dar um pré-cozimento nele, e então todos os outros ingredientes levarão o mesmo tempo para cozinhar.

Como o arroz vem do campo, seus grãos são revestidos por um invólucro ou casca protetora não comestível removida no moinho. Abaixo dessa casca há uma camada fina de farelo, que é mantida no arroz integral ou removida por abrasão para obtenção do arroz branco. A camada de farelo é o que dá ao arroz sua coloração marrom e o sabor de nozes. O arroz integral é mais "mastigável" que o arroz branco e leva mais tempo para cozinhar.

Antes de remover a casca, o arroz é tratado muitas vezes a vapor sob alta pressão, e é este tratamento que os moleiros chamam de parbolização. Além de amolecer a casca, o vapor extrai os nutrientes do farelo e os transporta para os grãos brancos do amido ou endosperma, mas isso não o qualifica como parbolizado no sentido culinário de "economizar tempo". O arroz continua "cru".

A propósito, no caso de você também não saber o que é arroz "convertido", esta é a marca registrada de alguns fabricantes para o arroz parbolizado que fabrica. "Rápido" ou "instantâneo" é o arroz que foi completamente cozido e depois secado, próprio para as pessoas que estão realmente com pressa.

O PODER DA FARINHA

Em quê a farinha de trigo branca difere da não branca? E por que a farinha não branqueada custa mais caro que a refinada? Eles estão me cobrando extra para não branqueá-la?

A farinha de trigo é por natureza levemente amarelada porque contém pigmentos carotenoides, compostos naturais de cor amarela e laranja encontrados em muitas frutas, vegetais e grãos. (A famosa cor laranja das cenouras, o caroteno, é a mãe de todos os carotenoides.) Mas muitas pessoas são menos tolerantes com a cor que você e não gostam que a farinha seja amarelada. A exceção é a farinha de semolina usada para fazer macarrão, que contém bem mais pigmento de caroteno que as outras farinhas de trigo. A cor levemente amarelada da *pasta* é associada à riqueza dos ovos que ela contém e a torna mais atraente.

Se lhe derem uma chance, porém, a farinha fica branca automaticamente. Isto é, à proporção que envelhecem em contato com o ar, os carotenoides oxidam e são transformados em compostos sem cor. Mas o envelhecimento requer tempo de estocagem, e tempo é dinheiro. Eis por que a farinha "não branqueada" – isto significando, é claro, a coloração natural durante estocagem – é mais cara.

Os moleiros podem simular os efeitos do envelhecimento adicionando um agente como bromato de potássio (neste caso diz-se que a farinha é bromatada) ou dióxido clorino, ou ainda peróxido de benzoil. O branqueamento da farinha não tem apenas efeito cosmético. Os pães feitos com farinha maturada, seja por envelhecimento natural, seja pela ação de agentes oxidantes, têm grão mais fino, crescem mais, e os confeiteiros acham que a massa é mais elástica. Isso se explica porque a oxidação não só remove a cor amarelada da farinha como também destrói certas substâncias químicas sulfuradas (tióis) que interferem na formação do glúten, proteína elástica e grudenta que capta bolhas de gás e dá ao pão sua textura leve.

Algumas pessoas se preocupam com a natureza assustadora das substâncias químicas usadas para branquear a farinha de trigo. Mas, depois de feito o trabalho, essas substâncias desaparecem, transformadas quimicamente em substâncias inofensivas. O dióxido clorino é um gás que se dissipa, portanto nada dele permanece na farinha. E qualquer excesso de peróxido de benzoil se decompõe no calor do forno.

Depois de reagirem com os carotenoides e tióis na farinha, as cerca de 50 a 75 partes por milhão do bromato de potássio que foram adicionadas transformam-se em brometo de potássio, um sal totalmente inofensivo. Nos mais de 80 anos de uso do bromato de potássio pelos padeiros, nunca se detectou qualquer excesso residual dessa substância nos artigos de padaria. Entretanto, os químicos de hoje têm métodos analíticos tão sensíveis – podem chegar a detectar bilionésimos de um grama em muitos casos – que níveis extremamente baixos de bromato residual podem ser identificados nos artigos de padaria preparados com farinha bromatada. Os instrumentos de análise são tão sensíveis que podem detectar traços de quase todas as substâncias químicas em quase tudo, fato que a maioria do público não entende. A informação de que determinado alimento que "contém tóxico XYZ" frequentemente gera temores infundados. E se houver o tal XYZ? Em doses muito grandes, *tudo* é tóxico.

Contudo, como se descobriu que *altas* dosagens de bromato causavam câncer em ratos, muitos consumidores ficaram com medo, e a indústria da panificação, consultando a FDA parou voluntariamente de usá-lo. O Canadá e o Reino Unido também baniram essa substância.

Por falar nisso, a alegação de que o branqueamento da farinha destrói a vitamina E nela contida é verdadeira, porém inócua, porque, para começo de conversa, a farinha de trigo contém uma quantidade ínfima de vitamina E.

MISTURE E FAÇA CRESCER

Eu tenho uma receita que pede farinha de trigo fermentada, mas não consigo encontrá-la no lugar onde moro. Posso fazê-la eu mesma?

Claro. Farinha de trigo fermentada é farinha de trigo que tem um pouco de fermento em pó e de sal misturados nela. Você pode encontrá-la na maior parte dos supermercados. Para fazê-la em casa, apenas adicione uma colher e meia de chá de fermento em pó e meia colher de chá de sal para cada xícara de farinha de trigo comum e mexa bem. Uma suave mexida produz a melhor mistura.

TRIGO QUE NÃO É TRIGO

Que tipo de trigo é o sarraceno?
Posso fazer pão com esse tipo de farinha?

Não, por duas razões: o trigo sarraceno não é trigo; e, se fosse, sua farinha não serviria para fazer pão.

O trigo sarraceno, conhecido como *kasha* na Europa Oriental e *sarrasin* na França, é feito com as sementes da planta *Fagopyrum esculentum*, que não é parenta do trigo nem de qualquer outra gramínea da família dos cereais. O nome genérico *grânulo* se refere a grãos de qualquer tipo que têm casca e se esfacelam, grãos tais como o trigo, o trigo sarraceno, aveia ou cevada. Quando o grão é de milho, o termo *grânulo* muda para *farelo*.

A farinha obtida das sementes de trigo sarraceno moídas pode ser misturada à farinha de trigo para fazer panquecas de trigo sarraceno. Mas a farinha de trigo sarraceno não é boa para fazer pão porque, quando umedecida, forma minúsculas partículas de glúten, a proteína elástica que captura as bolhas de gás e impede o pão de crescer.

A FOLHA CORRIDA DA *PASTA*

Existe alguma razão para usar um tipo de* pasta *e não outra, como talharim em vez de espaguete? Imagino que um formato com maior volume de superfície absorveria maior quantidade de molho e teria um sabor mais acentuado. Então, por que as pessoas usam uma variedade tão grande de formatos?

Volume de superfície? Aposto que você é engenheiro.

Para começar, a quase infinita variedade de formatos das massas da cozinha italiana proporciona ao mesmo tempo diversão para os olhos e sabores variados para a boca. Mas há também diferenças significativas no que se refere à sua compatibilidade com diferentes tipos de molhos.

A questão não é se a *pasta* absorve o molho da superfície; as *pastas* não são tão absorventes assim, e os molhos não são tão líquidos. Mas alguns molhos aderem melhor que outros e grudam na superfície da *pasta*, não importa que formato ela tenha. E, claro, quanto maior a área de superfície, maior quantidade de molho pode aderir a ela.

Em última instância, porém, esse é um problema de saber quão bem a quantidade de *pasta* no prato é envolvida pelo molho e o incorpora, e também da quantidade de molho que a massa irá reter quando enrolada no garfo – ou, ainda, no caso de um formato pequeno e compacto, da quantidade que cabe na colher. O resultado final depende da mecânica tanto quanto da capacidade de aderência.

Os molhos geralmente são até certo ponto mastigáveis, e os espaços em que os pedaços de carne ou outros ingredientes se alojam – os espaços dentro do emaranhado da *pasta* – são muito diferentes nas massas compridas, como espaguete e talharim, nos tubos de massa como *penne* e *rigatoni*, e nos formatos especiais como as conchinhas (*conchiglie*) e borboletas (*farfalle*). Obviamente, uma porção de espaguete largo terá mais espaço disponível entre os fios que uma porção de espaguete fino, que fica mais compacto.

Deve-se portanto tentar casar o molho com o formato da massa.

Os *fusilli* (molas), por exemplo, aceitam bem os molhos espessos; os tubos largos, como os do *rigatoni*, são bons com molhos à base de carne; *fettuccine* combina com molhos espessos que cobrem sua ampla superfície semelhante a uma fita, como na famosa receita do *fettuccine* Alfredo. A forma mais versátil provavelmente é a do espaguete, mas quando ele é ultrafino, como nos cabelinhos-de-anjo ou *capellini*, combina melhor com molhos líquidos que se distribuem por toda a porção graças à capilaridade. A receita do *fettuccine* Alfredo, se fosse feita com *capellini*, se depositaria no prato como uma bola de lama.

A Tabela 4 relaciona combinações de massas e molhos recomendadas por um fabricante de massas de Parma, Itália, para os tipos de massa mais conhecidos. Juntamente com qualquer outra informação que você deseje obter sobre a manufatura da *pasta* e sua tecnologia, o *site* www.professionalpasta.it apresenta 822 tipos de massa, desde o *abissini* até o *zituane*. Muitos desses tipos, contudo, ficam restritos a diferentes regiões da Itália.

Mas atenção! A polícia das massas é muito indisciplinada e sem regras estritas, e você pode provavelmente se sair bem com qualquer receita familiar que combine o molho e o tipo de massa da sua preferência.

Mangia!

Tabela 4. Tipos de massa e seus molhos recomendados

Capellini/ cabelo-de-anjo	Molhos de queijo e manteiga, de manteiga com ervas finas, molhos à base de peixe
Conchiglie rigate	Molhos de tomate, molho simples de manteiga, molhos de carne
Farfalle	Creme para saladas, ou molhos simples à base de azeite, manteiga, legumes, ou molho de queijo
Fettuccine	Molho branco, molho combinado com extrato de carne, legumes ou *cream cheese*
Linguine	Molho *pesto*, pedaços de tomate, molhos à base de azeite, ou extrato de peixe
Orzo	Caldos, *minestrone*, ou molho cremoso de legumes
Rigatoni	Molhos combinados à base de carne, legumes, embutidos ou cogumelos
Rotini	Molhos tipo salada, molho suave de tomate, molho cremoso, a *carbonara* (ovo e bacon)
Spaguetti	Molho de tomate com almôndegas, pedaços de tomate, molhos à base de carne ou peixe
Zili	Molho com tomates frescos e legumes, molho de carne ou de peixe e molhos picantes

POR FAVOR, NÃO COMA O COLCHÃO

Se eu fizer uma vitamina misturando frutas com leite, iogurte ou quaisquer outros ingredientes, os efeitos benéficos das fibras são anulados pelo processamento das frutas no liquidificador?

Não. Não importa quanto os ingredientes tenham sido triturados, as fibras ainda farão efeito.

Num contexto dietético, a palavra *fibra* é enganadora porque traz à mente a imagem de comer cascas de árvores ou colchões de crina. Mas quando falamos em fibras dietéticas não nos referimos a uma textura fisicamente fibrosa. É um termo genérico para componentes dos alimentos encontrados nos vegetais e que os seres humanos não têm enzimas para digerir, e que, portanto, não têm valor energético e atravessam nosso trato digestivo sem sofrer alteração (o que é sua maior virtude). Costumávamos chamá-las de detritos, porque formam a massa de alimentos não processada no intestino. Embora não tenham valor químico ou nutritivo, as fibras são essenciais para a movimentação física de tudo o que comemos na fábrica de processamento que denominamos de tubo digestivo.

Constatou-se que as fibras dietéticas encontradas em frutas, legumes e grãos (mas não em produtos animais) diminuem o risco de algumas doenças, tais como o câncer de cólon. Embora essa descoberta seja discutível, a fibra é uma das principais razões pelas quais a ingestão de frutas e legumes é importante para a saúde.

Existem substâncias fibrosas solúveis e insolúveis na água, e os nutricionistas recomendam comer muita quantidade de ambos os tipos. As fibras solúveis são basicamente pectinas e gomas encontradas nas frutas; é o que faz com que as gelatinas de frutas fiquem gelatinosas. Maçã ácida, ameixa amarga, uvas, marmelo, groselha têm em especial muita pectina. Entre as fibras insolúveis, as mais comuns são a celulose e a linina, o elo entre as fibras de celulose que compõem a estrutura das paredes das células vegetais.

OPÇÕES DE FIBRAS

Estive lendo a tabela de nutrientes em minha caixa de cereais. Pensei que, por definição, as fibras não fossem digeríveis e, portanto, não contivessem calorias. Mas essa caixa apresenta as fibras como carboidratos. Você pode esclarecer isso?

Sem dúvida, as fibras dietéticas são completamente ou quase completamente não digeríveis. De fato, como você observou, é assim que são definidas: partes dos nossos alimentos que não podemos digerir ou metabolizar e que, portanto, não nos fornecem vitaminas, sais minerais ou mesmo calorias.

Do ponto de vista químico, os componentes fibrosos das plantas são carboidratos complexos. Por isso estão incluídos na soma total de carboidratos listados nas tabelas. Algumas vezes, essas tabelas separam as fibras entre solúveis e insolúveis, mas nenhuma delas contém calorias. Os "outros carboidratos" listados são açúcares, álcoois de cana (ver p.178) e – bem, outros carboidratos, principalmente amidos. Todos os números juntos devem dar o número de gramas correspondente a "total de carboidratos".

O número de *calorias* dos carboidratos, entretanto, vem apenas dos carboidratos digeríveis: dos amidos e açúcares, como era de se esperar. Se você subtrair o número de gramas de fibra do total de gramas de carboidratos, terá aproximadamente o número de gramas dos carboidratos nutricionais, o que, calculado à base de quatro calorias por grama, vai igualar o número de calorias de carboidrato na tabela.

Eu disse "aproximadamente" porque podem existir carboidratos escondidos em algum outro lugar fora da tabela de nutrientes de muitos alimentos – os álcoois de açúcar, por exemplo, que incluem glicerol, manitol, sorbitol, inositol e xilitol (de fato, qualquer coisa na lista de ingredientes terminado em "ol"). Eles estão presentes em quantidades relativamente pequenas como adoçantes, mas sua metabolização é menos completa que a dos açúcares, e, portanto, eles contribuem com menos calorias.

DETALHES GRANULOSOS

Você pode me explicar detalhadamente todos os produtos derivados de milho das prateleiras do supermercado? Existem alimentos à base de milho amarelo ou branco, grossos ou finos, em caroço ou flocos, moídos de várias maneiras, sem falar no amido de milho ou do especial para canjica. Qual deles devo usar para fazer broa de milho, para muffins *ou polenta – ou tanto faz?*

Há diferenças, mas sobretudo em termos de textura, não de substância.

Todos eles são feitos do grão vindo do Novo Mundo, dotado de incrível versatilidade e universalmente apreciado que denominamos milho.

O caroço de milho é uma semente composta em essência de três partes. A casca rija (pericarpo) é composta principalmente de celulose não digerível. Um corpo de material amiláceo (o endosperma) nutre a semente quando ela brota (germina). O embrião que transmite a vida (o *germe*) no interior da semente é a parte que vai gerar uma nova planta quando existirem condições adequadas para sua germinação. Ele contém o principal suprimento de energia da semente sob a forma de óleo.

Os caroços de milhos podem ser processados por dezenas de formas para produzir uma surpreendente variedade de produtos. Uma das principais diferenças decorre de quais partes dos caroços foram conservadas. O endosperma amiláceo é sempre usado, mas a casca e/ou o embrião podem ser ou não removidos. O que se chama amido de milho nos Estados Unidos e farinha de milho no Reino Unido é o endosperma seco e reduzido a um fino pó.

Outra diferença básica entre os produtos do milho é a textura, isto é, até que ponto os caroços de milho seco foram triturados para produzir uma farinha com partículas grossas ou finas. Mas os nomes podem causar perplexidade:

No passado, os caroços de milho secos eram pulverizados em moendas movidas a água – reduzidos a pó nos antigos moinhos cujas pás eram impulsionadas pela correnteza do rio. Esse milho moído à moda antiga ainda pode ser encontrado em muitas lojas de alimentos naturais. É um pouco mais nutritivo e saboroso que o amido de milho comum, porque retém parte dos nutrientes da casca e parte do óleo contido no germe. Mas, por causa do óleo, é perecível e não pode ser estocado à temperatura ambiente por muito tempo sem ficar rançoso. Na geladeira pode durar alguns meses.

A maior parte dos alimentos modernos derivados do milho é produzida pela prensagem dos caroços secos entre grandes cilindros de aço, proporcionando grãos mais laminados que as moendas de pedra. O produto prensado contém apenas o endosperma do amido com poucos resíduos de casca ou germe, e, portanto, tem longa duração nas prateleiras se mantido sob baixa temperatura em recipiente lacrado. Se os rótulos dos derivados de milho do supermercado não dizem que eles foram prensados em moenda de água ou de pedra, é porque foram prensados por cilindros de aço. (O produto de milho processado em cilindros de aço não é cortado, é lascado.)

Após a remoção das cascas e dos germes dos caroços, seja por via mecânica ou química, com cal ou barrela, o endosperma pode ser lavado e secado, obtendo-se então a canjica. Esta pode ser moída ou esmagada em partículas relativamente grossas para formar o milho triturado. Após ter sua umidade restaurada por fervura, os flocos de milho triturado podem ser encontrados em alguns pratos do café da manhã.

Que produto usar para qual finalidade? Há quem insista em que a tradicional broa de milho deve ser feita com produtos derivados de milho branco provenientes de moinhos de pedra, com moagem grossa ou média, dependendo da preferência de cada um. Outros não têm uma preocupação tão exagerada e chegam a combinar o amido de milho com farinha de trigo e açúcar para fazer uma broa semelhante ao pão, porque o amido de milho não tem o glúten que dá aos pães sua textura elástica. A polenta geralmente é feita com amido de milho amarelo de moagem fina ou grossa, porque o amido fica macio com a fervura e vira uma massa homogênea. Nem preciso ressaltar que o amido de milho amarelo é feito com milho amarelo, e o branco com milho branco.

TORTILLAS ESTÃO NA MODA

O mercado do meu bairro vende dois tipos de tortillas *mexicanas: de farinha e de milho. Creio que a farinha para* tortillas *é feita de farinha de trigo comum. Mas as de milho são feitas de* masa harina*, que, como me disseram, é um tipo de farinha de milho. Pode me dizer como ela é feita? E por que a cal está na lista de seus ingredientes?*

Você está certo a respeito da farinha para *tortillas*, que deveria ser chamada corretamente de farinha de trigo para *tortillas*, porque existem muitos outros tipos de farinha, feitos de uma ampla variedade de grãos, inclusive cevada, centeio e arroz. No México, todas as *tortillas* são feitas de milho.

Em inglês, farinha é *flour*, palavra que deriva de flor (*flower*), usada metaforicamente como "a melhor parte de alguma coisa". Assim como as flores são a melhor parte de uma planta, a farinha é, para a culinária, a melhor parte do grão de um cereal. As partes supostamente inferiores, como debulhos de trigo e cascas de milho, são presumivelmente descartados. Mas o problema se complica

Dois tipos de polenta

Alguns cozinheiros domésticos desistem de fazer polenta porque o método tradicional italiano – adicionar o amido de milho à água, deixar ferver enquanto se mexe sem parar – requer muita atenção. Sua avó italiana poderá ficar chocada, mas existem outros modos mais fáceis de fazer polenta em casa.

Você pode fazê-la em banho-maria ou no forno. Quando a polenta está pronta, ela fica espessa e lisa, sem grumos.

Polenta em banho-maria

- 4 xícaras de água
- 1 colher de chá de sal
- 1 xícara de amido de milho amarelo (fubá), grosso ou fino
- manteiga a gosto

1. Ponha 2 ½ xícaras de água para ferver na parte de cima de uma panela de banho-maria e coloque-a no fogo. Adicione sal.

2. Em uma vasilha média, misture o fubá com 1 ½ xícara de água restante. Adicione a mistura à água fervendo e mexa bem. Reduza o fogo de alto para médio e deixe cozinhar, mexendo constantemente até que a mistura ferva.

3. Coloque a panela com a mistura de fubá sobre a parte de baixo da panela de banho-maria com água fervendo. Tampe e deixe cozinhar, mexendo ocasionalmente, por cerca de 45 minutos ou até que engrosse e fique homogênea. Misture manteiga a gosto.

- Rendimento: cerca de 4 xícaras

Polenta cozida no forno

- 2 colheres de sopa de azeite de oliva
- 2 xícaras de fubá
- 6 ½ xícaras de água
- 1 ½ colher de chá de sal

1. Preaqueça o forno a 200°. Unte um tabuleiro de 23 x 33cm.

2. Em um recipiente grande, misture azeite, fubá, água e sal.

3. Transfira a mistura para o tabuleiro. Cuidadosamente, coloque-o no forno.

4. Asse descoberto por 45 minutos. Com um garfo ou colher de pau, mexa a polenta até que fique homogênea e macia. Asse por mais 5 minutos.

▸ Rendimento: 8 xícaras, aproximadamente

VARIAÇÕES SOBRE O TEMA

Polenta com gorgonzola: despeje a polenta cozida e ainda macia num pote refratário aquecido. Faça um buraco no centro e encha-o com cerca de 3 colheres de sopa de manteiga sem sal e 100g de queijo gorgonzola esmigalhado. As porções irão variar de acordo com a quantidade de polenta que você tiver feito. Coloque um pouco de manteiga e queijo em cada porção de polenta que você for servir.

Fatias de polenta frita: despeje polenta cozida e macia em uma assadeira quadrada de 23cm. Espalhe para formar uma camada com cerca de 1½cm de espessura. Deixe esfriar. Desenforme a polenta sobre uma superfície lisa, corte-a em pedaços quadrados ou retangulares. Coloque esses pedaços num tabuleiro untado. Pincele com manteiga derretida e deixe grelhar, virando uma vez, para que os dois lados fiquem corados e crocantes.

Sobras de polenta: despeje a polenta cozida em uma assadeira para pães. Alise a superfície com uma colher de pau, cubra com filme plástico e ponha na geladeira. Polenta fria é deliciosa no café da manhã. Corte em pedaços, frite na manteiga ou gordura de porco e sirva fria, com um pouco de melado por cima.

porque a tradução literal do espanhol *masa harina* é "massa de farinha", sem especificação quanto ao tipo. Nas *tortillas* de milho, você pode também ver de forma mais explícita a expressão *harina de maiz*, que distingue a farinha de milho da *harina de trigo* ou farinha trigo.

As cascas de celulose do caroço de milho podem ser abertas, e os germes liberados pela imersão do caroço em água contendo álcali, uma substância química que neutraliza ácidos para formar sais. Os ácidos podem ser poderosas substâncias químicas, mas os álcalis também o são. Um álcali extremamente forte é o hidróxido de sódio (NaOH), também conhecido como soda cáustica. É tão poderoso que nós o usamos para desentupir ralos – e de fato ele dissolve cabelo e gordura (transforma a gordura em sabão).

No México, a semente do milho é tratada com cal (óxido de cálcio), substância alcalina muito menos poderosa que a soda cáustica, mas ainda assim forte o suficiente para romper a casca de celulose dos grãos de milho e pôr à mostra o endosperma de amiláceo. A cal tem sido usada com este propósito por milhares de anos no México e na América Central. As cascas dos grãos são então lavadas, secadas, amassadas e moídas ou pulverizadas para fazer a *masa*. Esta farinha, misturada com água, produz uma massa.

Pequenas bolas da massa são prensadas como discos pequenos, quase perfeitos, pelas mãos surpreendentemente hábeis das mulheres mexicanas, e, depois de assadas numa chapa quente por 30 a 60 segundos de cada lado, distribuídas ainda quentes e frescas para a sortuda população local, que nunca precisou recorrer aos produtos industrializados, misturados e prensados numa máquina. (O principal problema com esses factoides industriais é que a *tortilla* de milho fresco pode conter cerca de 40% de umidade, quase impossível de manter durante o empacotamento e o resfriamento.)

LUZES SOBRE O ÓXIDO DE CÁLCIO

Pedras calcárias, conchas, corais, giz, mármore, casca de ovo, pérolas, estalactites e estalagmites, todos eles consistem sobretudo num composto químico altamente versátil e abundante chamado carbonato de cálcio ($CaCO_3$), que constitui aproximadamente 7% da crosta terrestre em sua espessa camada externa de cerca de 30 mil metros de profundidade. Quando aquecido de 825 a 900°, o carbonato de cálcio se decompõe no gás dióxido de carbono (CO_2) e em óxido de cálcio, ou cal (CaO). A cal vem sendo usada há séculos para fabricar argamassa, vidro e muitos outros materiais úteis.

→

Quando se adiciona água à cal, ela forma hidróxido de cálcio, $Ca(OH)_2$, também conhecido como água de cal. É um produto bastante alcalino, mas não tanto quanto a lixívia ou barrela.

Os astecas usavam um material alcalino ainda mais fácil de ser obtido para tratar o milho: cinzas de madeira. Todo o material das plantas, inclusive a madeira, contém potássio (é a "potassa" dos fertilizantes), e suas cinzas são ricas na substância química alcalina chamada carbonato de potássio. Os astecas não sabiam tudo isso porque química só se tornou matéria curricular 500 anos depois. Podemos apenas tecer hipóteses a respeito do que os levou a ferver o milho em água contendo cinzas de madeira.

ALÔ, DOÇURA!

Surpreende-me o fato de muitas comidas prontas relacionarem o açúcar entre seus ingredientes. Será que os fabricantes pensam que a única forma de tornar o alimento saboroso é adicionar açúcar?

O fato de que todos gostam de açúcar certamente tem enorme importância para a presença desse ingrediente em muitos alimentos industrializados. Alguns cereais do café da manhã, por exemplo, surpreendem pelo teor de açúcar. Para verificar a quantidade de açúcar contida no cereal (ou em outro alimento manufaturado) que você costuma usar, procure no rótulo a tabela de nutrientes e divida o número de gramas de açúcares por porção pelo total de gramas do cereal (ou de qualquer outro alimento industrializado) por porção e multiplique por cem. Você encontrará, por exemplo, nos sucrilhos, cerca de 30% de açúcar pelo peso total da caixa; em outros cereais, 21% de açúcar.

Note que a tabela de nutrientes relaciona "açúcares" no plural. Isso significa não apenas a sacarose proveniente do açúcar de cana (listado como "açúcar" entre os ingredientes), mas também açúcares naturalmente presentes em alimentos, como a lactose do leite, a frutose das frutas, e a glicose, maltose e frutose em qualquer alimento doce à base de milho. Portanto, além do açúcar (sacarose), procure ingredientes como frutose, maltose, lactose, mel, xarope de milho, xarope de milho com alto teor de frutose, melado e sucos de fruta concentrados. E observe que "suco de cana desidratado" é um eufemismo enganoso usado pelos fornecedores de "comida saudável" para evitar as ameaçadoras palavras terminadas em "ose" dos rótulos. Suco de cana-de-açúcar desidratado nada mais é que açúcar.

Além disso, há os álcoois de cana, que, do ponto de vista químico, não são açúcares, apesar de terem gosto doce. O glicerol (glicerina) é um deles. Suas moléculas têm características tanto de açúcares quanto de álcoois. Eles contribuem com algo entre a metade e dois terços de calorias como açúcar porque são convertidos muito lentamente em glicose e podem escapar pelo limite meridional do canal digestivo antes de serem totalmente metabolizados. Como consequência, podem ter efeito laxante se forem consumidos em quantidade excessiva.

Como o álcool de cana (poliol) não causa deterioração dos dentes ou aumento repentino do nível de açúcar na corrente sanguínea, é usado sobretudo em doces e gomas de mascar dietéticos (sem açúcar). Você o verá listado separadamente, pelos seus nomes, nas listas de ingredientes: sorbitol, xilitol, lactol, manitol ou maltitol (repare no sufixo "ol").

A folha adocicada de um arbusto sul-americano chamado estévia (*stevia*) foi usada por séculos para adoçar o mate na América do Sul. Nos Estados Unidos, Canadá e União Europeia, sua adição a alimentos não é permitida porque, embora seja seguramente "natural", ainda não foi comprovado que seu uso seja seguro. (Por ironia, entretanto, ela pode ser encontrada em lojas de "alimentos naturais" como suprimento nutricional.) Se, por um lado, com toda a certeza, a população da América do Sul não foi dizimada por adoçar suas bebidas com estévia, por outro, as autoridades de saúde norte-americanas e canadenses argumentam que os efeitos da ingestão de grandes quantidades de estévia ainda não foram investigados.

Outro adoçante bastante comum na Idade Média, porém não com muito entusiasmo pelos romanos, foi o açúcar de chumbo, composição altamente venenosa conhecida pelos químicos como acetato de chumbo. Os romanos utilizavam recipientes de cozinha revestidos com chumbo para ferver e reduzir as uvas esmagadas e o vinho envelhecido parcialmente azedado. O vinho azedo (oxidado) contém ácido acético, e qualquer calouro de química pode dizer que o ácido acético aliado ao metal chumbo produzirá acetato de chumbo. Todos os compostos de chumbo são venenosos, mas o acetato é um dos poucos solúveis na água – e no vinho. Assim, não só o vinho azedo dos romanos adoçava novamente como o açúcar de chumbo produzido desta forma podia ser usado para adoçar outras bebidas e alimentos. O mais antigo livro de receitas conhecido, *De Re Coquinaria* (Sobre a culinária), escrito por Marcus Gavius Apicius, um mestre-cuca romano do século I, contém registros de receitas que incluem o açúcar de chumbo entre os ingredientes.

O envenenamento por chumbo é cumulativo e causa uma variedade de enfermidades que vão da gota à esterilidade e à loucura. Eram sobretudo os patrícios romanos que podiam pagar o preço dos vinhos e comidas adoçados por chumbo, e como resultado foram as primeiras vítimas. Não foi por falta de tentativas que Júlio César (ele era muito viril com as damas) só foi capaz de gerar um filho (e ilegítimo). Conta-se que seu sucessor, César Augusto, mostrou-se totalmente estéril, tanto com a esposa quanto com a amante.

Hoje o bom e velho açúcar – pura sacarose, seja proveniente da cana-de-açúcar ou da beterraba – desempenha muitos outros papéis na alimentação além de adoçar os alimentos. Torna mais úmidos e macios pães, bolos e outras massas; age como estabilizante, por exemplo, em claras de ovos batidas em neve; atua como catalisador de outros sabores e torna-se caramelizado quando aquecido, dando coloração dourada aos alimentos e conferindo-lhes um sabor agridoce típico do caramelo. E preserva os alimentos – especialmente quando usado em geleia e outras conservas de frutas.

ALÔ, MELZINHO!

Muitos alimentos saudáveis proclamam o mel como o mais natural, salutar e nutritivo dentre todos os adoçantes, certamente quando comparado ao açúcar refinado. Mas sei que os bebês não devem ingeri-lo. Isso é uma contradição, você não concorda?

Não sei o que significa "o mais natural", a menos que alguém possa me dar uma boa razão pela qual o açúcar da cana e o açúcar da beterraba sejam de alguma forma menos naturais que o mel. Será que é porque eles não são produzidos por insetos?

Mas, do ponto de vista químico, há uma diferença bastante significativa. Os açúcares da cana e da beterraba estão cheios de sacarose, ao passo que os açúcares do mel são principalmente frutose (38,5%), glicose (31%) e maltose (7,2%), com apenas 1,5% de sacarose (Veja a Tabela 3 na p.159). Além disso, 4% do mel são constituídos de outros carboidratos e pequenas quantidades de minerais, vitaminas e enzimas. A maior parte do restante (17,1%) é água, o que torna o mel uma solução supersaturada de açúcares. Ou seja, ele contém mais açúcar dissolvido na água do que a água comportaria normalmente. Esta é a razão pela qual o excesso de açúcar ficará aos poucos "indissolúvel" e irá fragmentar-se em cristais (torna-se *granulado*) quando estocado por longo período de tempo.

Eu, na verdade, gosto da textura crocante do mel granulado. Estocá-lo em temperatura entre 30 e 35° acelera a cristalização; temperaturas acima ou abaixo destes limites irão inibi-la. Faça a sua escolha.

Entre suas enzimas, o mel contém *invertase*, que converte a sacarose em uma mistura de glicose e frutose ou *açúcar invertido*. (Veja "Um microcurso sobre carboidratos", p.157).

Outra enzima contida no mel é a *amilase*, que fraciona o amido em unidades menores. O mel também contém pequenas quantidades de vitaminas do complexo B e de vitamina C, além dos minerais potássio, cálcio, fósforo, sódio e vestígios de outros minerais.

A reputação do mel como produto altamente saudável é sem dúvida decorrente de seus constituintes menores, aliados ao teor de antioxidantes flavonoides; por outro lado, o açúcar de mesa derivado do açúcar de cana ou de beterraba não passa de pura sacarose. A pesquisa médica creditou ao mel uma variedade de qualidades terapêuticas e antibacterianas. Além do quê, o mel é muito mais interessante que o açúcar comum porque tem uma variedade instigante de sabores, dependendo dos bares de néctar que as abelhas têm o hábito de frequentar.

Infelizmente, como o ambiente em que é fabricado é anaeróbico (desprovido de oxigênio), o mel é um bom veículo para desenvolvimento do *Clostridium botulinum*, bactéria que produz a toxina botulínica, um veneno mortal. As abelhas captam os esporos de *Clostridium botulinum* enquanto coletam o alimento (elas o encontram no solo) e o incorporam ao mel que fabricam. Os seres humanos adultos, com seu sistema imunológico plenamente desenvolvido e com as bactérias intestinais que destroem estes esporos, podem lidar com um razoável número deles, mas os bebês com menos de um ano de idade não podem fazê-lo e ficam expostos ao botulismo infantil. É uma ocorrência rara, mas por que lhe dar uma chance? Alimentar seu docinho com mel não vale a pena.

6

Nas ondas verdes do mar

Com algumas pequenas exceções, existem apenas dois ambientes nos quais a vida pode florescer em nosso planeta: o ar e a água. Nós, *Homo sapiens*, somos apenas uma entre milhões de espécies vegetais ou animais que crescem em nosso mar de ar, a atmosfera, e pode haver um número semelhante ou até mesmo maior de espécies ainda desconhecidas que crescem nos mares de água. E, no entanto, poucas das que vivem do ar conseguem sobreviver sem água, e das que vivem na água (entre as que conhecemos) conseguem sobreviver sem ar, particularmente seu conteúdo de oxigênio e dióxido de carbono.

Porém, no que diz respeito à alimentação humana, a simetria acaba aí. Como uma espécie que vive do ar, exploramos nosso ambiente primeiramente pela simples coleta de plantas e animais que a natureza ofereceu, e mais tarde pelo cultivo das plantas de nossa preferência, e a criação dos animais favoritos. No mar, porém, estamos ainda no estágio de caçador/coletor, e nos aventuramos sobre a superfície das águas para recolher tudo que podemos encontrar. Só há pouco tempo começamos a cultivar algumas de nossas espécies preferidas por meio da aquicultura.

Dentre nossas espécies favoritas de alimentos oriundos da água encontram-se várias dezenas de peixes vertebrados e uma infinidade de invertebrados, incluindo moluscos (mariscos, ostras, mexilhões, vieiras, lulas, polvos) e crustáceos (lagostas, siris, camarões, lagostins).

Este capítulo, na verdade, é uma expedição pesqueira na qual podemos recolher com rede ou anzol e examinar apenas uma pequena amostra de nossos peixes, moluscos e crustáceos favoritos.

PINTE-ME DE SALMÃO

Sou um chef *de cozinha com enorme interesse em nutrição, e às vezes me pergunto: por que, em consequência da controvérsia sobre os corantes empregados na ração de salmão criado artificialmente, ninguém pensou em substituí-los pelo licopeno, fitoquímico vermelho existente no tomate e com supostos benefícios antioxidantes?*

Preciso me safar de sua pergunta por dois motivos: (1) não sei a resposta; (2) você não vai conseguir me arrastar para a batalha furiosa entre criadores de salmão, pescadores de salmão selvagem e ambientalistas. No entanto, misturando algumas metáforas, caminharei sobre uma corda bamba por cima do campo minado e atirarei as pérolas que puder.

Décadas de experiência fazem com que nós, consumidores, esperemos que o salmão tenha uma agradável tonalidade rosa-alaranjado. O tecido muscular do salmão selvagem varia do vermelho profundo ao rosa pálido, dependendo de sua procedência. A cor vem de sua dieta: para se alimentar, o salmão come um minúsculo crustáceo semelhante ao camarão chamado *krill*, que contém um composto carotenoide rosado, a astaxantina. Flamingos selvagens (não aqueles criados em cativeiro) têm cor rosada pelo mesmo motivo.

Carotenoides são os pigmentos químicos responsáveis em grande parte pela variedade do encantador colorido da natureza, nas plantas e em muitos animais também, por meio da ração que ingerem. Existem mais de 600 carotenoides conhecidos em flores, frutos, vegetais e aves.

O salmão criado em cercados, na aquicultura, não tem muito acesso aos carotenoides do *krill*; por esse motivo, é alimentado com uma ração preparada à qual se acrescenta um corante: seja a própria astaxantina ou outro carotenoide aprovado, a cantaxantina. (Este último também é comercializado sob a forma de preparado para bronzeamento da pele.) A astaxantina produz uma tonalidade ligeiramente mais vermelha que a cantaxantina, e os criadores de salmão podem na verdade escolher a tonalidade que desejam para seu pescado, selecionando-a numa cartela de cores.

As preocupações sobre o cultivo em fazendas de salmão referem-se à possível ameaça para a população de salmão selvagem: se o salmão confinado em redes demasiado cheias pode poluir seu ambiente com parasitos e doenças; se os cercados estão contaminados com PCB (bifenil policlorinado), um dos quase 200 produtos químicos industriais provavelmente carcinogênicos que já não são fabricados desde 1977, mas ainda aparecem no meio ambiente; e se os salmões que escapam das fazendas cruzam com o estoque selvagem, em detrimento da diversidade genética.

A propósito, é provável que sua sugestão de incluir licopeno na alimentação do salmão, em vez da astaxantina, seja pouco viável, a menos que consigamos fazer com que os salmões comam tomate, no qual o licopeno é o pigmento predominante. Vale a pena tentar.

Salmão selvagem empolado

Quando os *chefs* mais famosos preparam salmão, gostam de fazê-lo de maneira bem simples. Para obter os melhores resultados, aconselham: não soterrem o peixe em molhos e ingredientes exóticos. Tempere-o e cozinhe-o até que o meio esteja apenas opaco. O método descrito a seguir é um dos favoritos aqui em casa. Bob aprecia a pele crocante e vive me lembrando que ela contém todos aqueles saudáveis óleos ômega-3.

- 2 colheres de sopa de azeite de oliva
- 4 filés de salmão selvagem com a pele, com cerca de 180 a 240g cada
- sal e pimenta-do-reino moída na hora

1. Preaqueça o forno a 160°.

2. Aqueça o azeite de oliva em uma panela refratária grande e antiaderente, acrescente os filés, com a pele virada para baixo. Quando a pele empolar, depois de mais ou menos um minuto, coloque a panela no forno e grelhe durante 8 a 12 minutos para que fique malpassado.

3. Retire a panela do forno e leve-a ao fogo forte, por dois minutos, ou até que a pele fique crocante. Pense em malpassado, e ele estará no ponto. Sirva o salmão com a pele virada para cima.

- Rendimento: 4 porções

O TOM DO ATUM

Adoro sushi, *principalmente o* nigiri, *feito com uma espécie de peixe chamado* yellowfin. *Mas o de atum às vezes vem com cores diferentes, que variam do rosa ao vermelho mais escuro. Nunca pensei muito sobre isso, mas acabo de ler no jornal que o atum cru está sendo tratado com monóxido de carbono para ficar vermelho vivo, mesmo quando não estiver fresco. O monóxido de carbono não é letal?*

Sim, é, dentro de certas circunstâncias. Mas não no caso do atum tratado com monóxido.

Em primeiro lugar, para os não iniciados, o *yellowfin*, que às vezes aparece no menu como *maguro*, termo genérico japonês para atum, não deve ser confundido com outros tipos de atum, todos eles servidos nos *sushis* sobre um travesseirinho de arroz avinagrado.

Todos os anos, nos Estados Unidos, vários milhares de pessoas são atendidas nas emergências dos hospitais por causa de envenenamento com monóxido de carbono. Cerca de 200 morrem anualmente, vitimadas por monóxido de carbono emanado de aparelhos como fornos e aquecedores usados em locais sem a ventilação adequada, enquanto muitas outras são mortas por motores de carro funcionando em espaços fechados.

O gás monóxido de carbono é particularmente tóxico porque vai dos pulmões para a corrente sanguínea, onde toma o lugar do oxigênio na oxihemoglobina, destruindo sua capacidade de liberar oxigênio para as células do corpo. Os órgãos que sucumbem primeiro diante da privação de oxigênio são o coração e o cérebro.

Todos os aparelhos que queimam combustível à base de carbono, incluindo automóveis a gasolina, fornos a gás, aquecedores a querosene e até as salamandras, que queimam carvão, emitem monóxido de carbono porque seus combustíveis não se queimam completamente: o processo de combustão é inevitavelmente ineficiente. Em vez de queimar tudo até chegar ao dióxido de carbono, CO_2 (dois átomos de oxigênio para cada átomo de carbono), uma parte dos átomos de carbono do combustível não encontra aquele segundo átomo de oxigênio e termina como monóxido de carbono, CO. É por isso que esses aparelhos nunca devem ser postos para funcionar em lugares fechados: o inevitável CO pode formar uma concentração letal.

Comer atum cru, que tenha sido exposto ao gás monóxido de carbono, é uma outra história. Nesse caso, você não está aspirando gás, aliás, nem o está comendo. O gás, claro, é efêmero, e o monóxido de carbono não gruda no peixe depois que fez sua parte para avivar a cor dele. O FDA declarou que o atum tratado com monóxido de carbono é "Gras" (Generally Regarded as Safe: em geral considerado seguro) – porque o monóxido de carbono residual é praticamente inexistente no peixe.

Mas por que alguém que processa alimentos faria uma coisa tão estranha como expor um peixe a um gás venenoso? Bem, siga o raciocínio. A cor vermelha do atum fresco recém-cortado pode mudar em poucos dias para um marrom pouco apetecível. Os fregueses não gostam de peixe marrom e preferem pagar mais por um vermelho, "com ar de fresco". Daí a aplicação cosmética do *blush* de monóxido de carbono.

A carne do atum, como a de muitos animais terrestres, contém *mioglobina*, uma proteína pigmentada que armazena oxigênio no tecido muscular. Entretanto, a mioglobina muda de cor, dependendo, entre outras coisas, de quanto oxigênio está disponível para ela. O vermelho escuro do atum fresco recém-cortado se deve à *oximioglobina*, e o marrom, à *metamioglobina*. Os fornecedores de atum devem, por isso, apressar-se a levar o peixe de seu barco para o *sushi*-bar enquanto ele ainda está no estágio da *oximioglobina*.

Os cosmetólogos do atum podem, é claro, comprar seu monóxido de carbono em tanques de aço, como muitos outros gases. Mas há um modo mais barato de obtê-lo com queima de madeira. Pelo processo incompleto de combustão descrito acima, a fumaça da madeira contém monóxido de carbono. As minúsculas partículas que formam a fumaça podem ser filtradas junto com as substâncias derivadas do alcatrão responsáveis pelo aroma da fumaça, deixando uma mistura de gases – dióxido de carbono, monóxido de carbono, nitrogênio, oxigênio e metano – chamada fumaça filtrada ou fumaça sem cheiro. Ela pode ser usada em lugar do monóxido de carbono puro para avivar a cor do peixe. Argumenta-se que a fumaça sem cheiro não pode ser mais prejudicial que a "fumaça inteira", tradicionalmente usada para defumar peixe e outras carnes. De acordo com o FDA, contudo, os alimentos tratados com fumaça filtrada não podem ser rotulados como "defumados" porque o sabor de fumaça está ausente.

A ironia de tudo isso é que a cor do atum não tratado *não* é um indicador de que ele está em boas condições de consumo. As mudanças na cor da mioglobina ocorrem bem antes que o peixe comece a se deteriorar. A associação da cor viva com a frescura só existe na cabeça do consumidor.

Isso significa que não há nada de errado com o atum tratado com monóxido de carbono? Quanto a qualquer risco imaginado de doença, não. Mas sempre existem alguns vigaristas que procuram disfarçar o peixe "passado" retocando a sua cor, e isso é um crime sujeito a processo, segundo o FDA. Mais ainda: uma pesquisa realizada pelo Departamento de Ciência Alimentar e Nutrição Humana, da Universidade da Flórida, mostrou que a deterioração pode prosseguir no peixe tratado com monóxido mesmo quando a cor permanece viva, atraindo, como uma bela sereia, fregueses que sequer suspeitam do desastre.

Diante da possibilidade de contravenção por parte dos fornecedores de atum, vários países proíbem que o peixe seja tratado com monóxido de carbono. O Japão, cioso dos seus *sushis*, proibiu essa prática desde 1997, enquanto a União Europeia passou a exigir o cumprimento da proibição somente em 2004.

Sua garantia como consumidor é, como sempre, a confiança que você deposita em seu fornecedor. Seja como for, você só deve comer peixe cru em restaurantes de *sushi* confiáveis, por motivos que nada têm a ver com o monóxido de carbono. Se um determinado estabelecimento nunca vender peixe contaminado ou deteriorado em outras circunstâncias, certamente também não venderá peixe contaminado ou deteriorado que tenha sido maquilado. O atum fresco tem sabor delicado, textura relativamente firme e, claro, não tem cheiro, seja qual for sua cor. Portanto, em caso de dúvida, o melhor é fechar os olhos e deixar sua boca e seu nariz decidirem.

E lembre-se de que a cor do atum varia do rosado, nos peixes menores, ao vermelho profundo, nos maiores, portanto, mais uma vez, a cor em si não é um indicador do frescor.

Se o peixe apresentar uma cor viva, pouco natural, de melancia, ele provavelmente foi tratado com monóxido de carbono ou fumaça filtrada. Mas não oferece qualquer perigo conhecido para a saúde se estiver limpo e fresco.

PÃO DURO NUNCA MAIS

A vida inteira ouvi comentários de que as vieiras vendidas nos mercados de peixe não são vieiras de jeito algum, mas carne cortada das asas de arraias ou outros peixes. Alguma verdade nisso?

Não vou dizer que isso nunca tenha sido feito, mas duvido que o seja com frequência. Com certeza poucos consumidores continuariam a prestigiar um peixeiro ou *restaurateur* que tentasse fazer esse tipo de coisa. Houve época em que a arraia era um peixe barato, capturado acidentalmente. Mas não é mais assim, a arraia não é tão barata como no passado, e o crime já não compensa tanto quanto antes.

Uma razão ainda melhor para duvidar dessa história é o fato de que uma fina camada de cartilagem corre pelo meio da asa de uma arraia. Uma "vieira" com uma camada de plástico no centro não seria muito convincente. É certo que, se a arraia for muito grande (uma arraia comum chega a pesar cerca de 90kg), pode ser filetada em duas placas, uma acima e outra abaixo da camada de cartilagem; delas seria possível cortar "vieiras" bem convincentes. Porém, há maneiras mais fáceis de ganhar dinheiro de modo desonesto.

Conhecida na França com o nome de *raie*, a arraia é de fato uma espécie que abrange diversas famílias de peixes achatados, habitantes do fundo do mar que, da mesma forma que os tubarões, possuem cartilagens em vez de ossos. As arraias (família *Rajidae*) variam da arraia europeia, mais consumida (*Raja batis*), às arraias-lixa, com caudas venenosas, até as gigantescas arraias-jamanta, que podem atingir mais de uma tonelada. O corpo das arraias é achatado e forma "asas" com nervuras, semelhantes a leques, que ondulam graciosamente para a locomoção. Todas são comestíveis, porém algumas não são exatamente a pedida de um *gourmet*.

Mesmo que as vieiras de verdade fossem substituídas por cilindros de asa de arraia, cortados com cortador de biscoito, isso não enganaria ninguém que já tivesse comido arraia. O sabor e a cor da carne guardam alguma semelhança, porém a textura não tem nada a ver. Nas vieiras, as fibras musculares se estendem desde o topo à base da carne cilíndrica como um tambor. Já as fibras presentes numa "vieira" picotada de um peixe achatado correriam em sentido oposto, isto é, paralelas ao comprimento do peixe. A textura da arraia, saborosa e de filamentos longos *al dente*, tem mais a ver com carne de siri que com vieira. Fique atento para uma vieira cuja carne pareça se separar em camadas ou longas tiras.

PATINS DE GELO

Com uma envergadura de asa tão grande, exposta ao mar, as arraias poderiam correr o risco de que a água fosse extraída de seus tecidos para a água mais salgada do mar pela osmose. Como defesa contra essa potencial desidratação, os fluídos corporais da arraia contêm grande concentração de um componente químico com nitrogênio chamado ureia, $CO(NH_2)_2$. Ela se decompõe em dióxido de carbono e amônia, de modo que as arraias, mesmo as mais frescas, tendem a cheirar como amônia, o que normalmente seria sinal de deterioração em outros peixes. O cheiro de amônia pode ser eliminado deixando-a de molho em qualquer tipo de ácido, seja suco de limão ou vinagre, ou mantendo-a sob refrigeração – ou, melhor ainda, conservando-a no gelo – até que toda a ureia tenha sido eliminada.

OVAS LAVADAS A SECO E PRENSADAS

Minha tia voltou da Sicília e me trouxe um pacote de bottarga. *Sei que é* bottarga *porque está escrito no pacote, em letras grandes, mas o resto do texto está em italiano. (Não quis parecer mal-agradecida, por isso não lhe perguntei "Para que serve isto?") Sei que é um tipo de ova de peixe, mas é duro como pedra. O que posso fazer com ele?*

Bottarga é ova seca e salgada de atum (*tonno* em italiano) do Mediterrâneo ou de tainha (*mugine*). *Bottarga di tonno* (também conhecida como *uovo di tonno*, ou ovas de atum) e *bottarga di mugine* são especialidades típicas da Sicília e da Sardenha, as duas grandes ilhas italianas no Mediterrâneo, e são iguarias apreciadas em toda a Itália.

A bolsa da ova é removida logo após a captura do peixe fêmea. Em seguida é lavada, salgada, prensada tradicionalmente entre duas placas de madeira ou de mármore e finalmente secada ao sol, segundo a tradição, durante um a dois meses. No fim do processo, parece uma placa de madeira cor de âmbar, dura o bastante para ser ralada como queijo parmesão. O sal auxilia o processo de secagem, ao extrair a água das ovas amassadas, que aderem umas às outras por causa de seu conteúdo de albumina e gordura.

A *bottarga* de atum tem um sabor salgado mais forte; a versão de tainha é mais suave. A melhor coisa a fazer com as duas variedades é muito simples: o *spaghetti alla bottarga*, originário da Sardenha. A um prato de espaguete cozido, agregue azeite extravirgem, alho picado, salsa e flocos de pimentão vermelho. Mexa e rale um pouco de *bottarga* por cima antes de servir. Lembre-se que a *bottarga* é um condimento um tanto salgado e com sabor de peixe; um pouquinho rende muito.

O TESTE ÁCIDO

Sempre tive curiosidade pelo* ceviche*, o prato latino-americano de frutos do mar. Os livros dizem que o peixe é "cozinhado" posto de molho numa marinada de suco de limão. Ele fica "cozido" ou ainda está cru?

Praticamente todas as menções que os autores de livros de culinária fazem sobre o *ceviche* são acompanhadas pela observação gratuita de que o suco de limão age sobre a proteína da mesma maneira que o calor, e que, portanto, o peixe fica essencialmente "cozido" (assim mesmo, entre aspas) pelo suco de limão.

Afinal, "cozido" quer dizer cozido ou não? E, se as aspas são necessárias, quem – me diga – todos estão citando? Aparentemente, trata-se de um círculo vicioso: todos citam entre aspas o que todos os outros dizem. Vamos concordar simplesmente que "cozido" significa submetido a calor, enquanto "cru" em geral significa *não* cozido. Portanto, faça a sua escolha.

Mas antes vamos preparar um aperitivo.

O *ceviche* é feito com pedaços pequenos ou filés de qualquer peixe de água salgada cru, ou com mariscos, lulas e polvos, tudo marinado em suco de limão por várias horas dentro da geladeira. Depois se acrescentam um pouco de azeite, cebola picada e outros legumes e temperos. A mistura é servida fria. Se o peixe é fresco – e é absolutamente necessário que seja –, é suficiente mariná-lo por cinco a seis horas: a acidez do limão (pH em torno de 2,2) é forte o bastante para retardar o desenvolvimento de bactérias.

O ácido cítrico do suco de limão modifica as proteínas do peixe por meio de um processo chamado *desnaturação*. As moléculas de proteínas, normalmente dobradas ou torcidas, são desdobradas e destorcidas, assumindo formas menos espiraladas. E os formatos das moléculas, principalmente moléculas das proteínas, são responsáveis pela maioria de suas propriedades químicas e físicas. Em outras palavras, elas perdem sua natureza original: são desnaturadas.

E, é claro, o calor do cozimento também desnatura as proteínas.

Mas, além dos ácidos e do calor, uma quantidade de outras coisas pode desnaturar as proteínas. Altas concentrações de sais, incluindo o sal de mesa – cloreto de sódio – podem fazê-lo. O ar também, como acontece nas bolhas formadas quando o creme é batido. Até mesmo os álcalis, que são o oposto dos ácidos, e as baixas temperaturas, o oposto do calor, podem fazer isso, mas não tão frequentemente. A analogia com o cozimento vem só do fato de que o calor é, entre os agentes presentes na cozinha, o que mais comumente causa a desnaturação das moléculas de proteína.

A desnaturação ou desdobramento das moléculas de proteína não é muito difícil, porque as ligações que as mantêm enroladas e dobradas não são muito fortes. Uma explicação para esse fato pode ser a evolução. Ao longo das eras, proteínas específicas evoluíram para desempenhar tarefas específicas em organismos vivos específicos, e para isso precisavam manter a estabilidade sob condições muito diferentes daquelas que prevaleciam nos organismos em questão. A musculatura animal é apenas ligeiramente ácida, enquanto as temperaturas corpóreas são relativamente baixas, sobretudo no caso das criaturas marinhas. Assim, as proteínas da carne e do peixe podem ser desestabilizadas quando submetidas a uma acidez mais alta e a temperaturas mais elevadas que aquelas da musculatura animal. É por isso que, no *ceviche*, a proteína do peixe pode ser desnaturada por um ácido não mais forte que o suco de limão, até mesmo sob a temperatura da geladeira.

Os diferentes métodos de desnaturação se complementam e reforçam uns aos outros. Por exemplo, quanto mais forte o ácido a que a proteína for submetida, mais baixa será a temperatura que pode desnaturá-la. É por isso que a carne ou peixe banhados numa marinada que contenha suco de limão (ácido cítrico), vinagre (ácido acético) ou vinho (basicamente ácido tartárico e ácido málico) precisarão de menos tempo de cozimento do que se não fossem marinados. E se você quiser explicar isso dizendo que o ácido em parte "cozinhou" a carne, esteja à vontade.

Depois que as moléculas da proteína de uma comida se desenrolaram ou desdobraram pela ação de algum desses ambientes desnaturantes, elas podem não permanecer assim. Se as condições mudarem, elas podem se enrolar de volta em seus formatos originais ou em um formato semelhante. Mas em geral isso não ocorre porque, ao se desdobrar, as proteínas expõem partes que antes ficavam escondidas nas dobras, e essas partes expostas podem reagir com outras substâncias químicas próximas, que, por sua vez, podem mudar o formato delas mais ou menos de forma permanente.

Ou, então, as seções recém-expostas podem se ligar umas às outras, formando as denominadas ligações cruzadas, que costuram as moléculas em estruturas mais apertadas. É por isso que, quando você cozinha o peixe ou o mergulha em suco de limão para fazer *ceviche*, a estrutura dele fica mais firme. Você vai perceber também que ele se torna mais opaco, porque os raios de luz não penetram nas moléculas da proteína assim enroladas como num novelo apertado. (A mesma coisa acontece com as proteínas da clara do ovo: cozidas, elas deixam de ser transparentes e ficam brancas e opacas.) E, sob as condições adequadas, as moléculas de proteína desdobradas e acidificadas se juntarão, e a proteína coagulará – assim como os coalhos de queijo são formados quando o ácido láctico desnatura a caseína do leite.

Mas por que os ácidos são tão importantes para o cozimento? Primeiro, todos os nossos alimentos derivados de vegetais e animais são um pouco ácidos ou neutros (nem ácidos, nem alcalinos), e a química da comida, que inclui a química do cozimento, é muito sensível a mudanças, mesmo ligeiras, na acidez. O grau de acidez (expresso como pH entre 0 e 7) é fundamental para muitas das transformações químicas que ocorrem no cozimento.

Por outro lado, a alcalinidade (pH entre 7 e 14), antítese da acidez, não tem praticamente qualquer papel no cozimento. Como as substâncias alcalinas em geral não ocorrem naturalmente em nossos alimentos e quase sempre têm efeitos deletérios sobre eles, raramente são usadas na culinária. A natureza parece ter preparado isso, ao fazer com que as substâncias alcalinas tenham um sabor amargo e desagradável de sabão. Todos os ácidos, ao contrário, produzem acidez – um elemento muito importante em nossa coleção de sabores.

Mas, e quanto à segurança? Temperaturas de cozimento matam todas as bactérias e a maioria dos esporos, enquanto o ácido atua basicamente na superfície da comida. Qualquer parasita que possa estar à espreita no interior da carne pode ser morto pelo frio da geladeira ou pelo calor do cozimento, mas não pelo ácido.

Insisto, porém, num aspecto: se você usar peixe fresco de um fornecedor confiável, o *sushi*, o *sashimi* ou o *ceviche* estarão a salvo.

MEXILHÕES SELVAGENS, SELVAGENS

Muitas vezes comi mexilhões em restaurantes, mas nas poucas ocasiões em que tentei prepará-los em casa eles ficaram cheios de areia e fibrosos. Como devo limpá-los?

Talvez você tenha comprado mexilhões "selvagens" mesmo, em vez daqueles cultivados ou criados em fazenda de peixes. Os grãos eram provavelmente de areia, e as fibras, restos dos barbos que são geralmente removidos daqueles mexilhões "domesticados" antes de chegarem ao mercado.

Os mexilhões não se enterram na areia como os mariscos, nem grudam suas conchas umas às outras, como as ostras, nem nadam livremente como as vieiras. Eles se ancoram a algum objeto estático por meio de um bisso (*byssus*) ou barbo – um feixe de fios duros que fabricam ao expelir uma proteína líquida que endurece em contato com a água do mar e adere melhor que uma cola poderosa a quase tudo. Na verdade os cientistas vêm tentando reproduzi-la em laboratório para talvez empregá-la para colar gente depois das cirurgias.

Na Espanha, os mexilhões são criados em cordas de cânhamo penduradas no mar, em bastões de bambu na Tailândia, tábuas de carvalho na França; Canadá e Suíça usam meias tamanho GG penduradas em um varal submerso para criar os mexilhões, enquanto na Holanda e no Maine (EUA), eles são cultivados na parte mais rasa do mar. Nesses ambientes quase não pegam areia. Seus barbos são cortados a máquina antes que sejam enviados para o mercado, mas talvez restem uns vestígios que você deverá arrancar a mão. Além disso, os mexilhões cultivados não precisam de nada mais que serem enxaguados com água fria. As conchas que estiverem abertas e não se fecharem depois de golpeadas rapidamente com outra concha não estão frescas e devem ser desprezadas.

No método adotado no estado do Maine, de cultivo no leito do mar (na parte mais rasa), mexilhões selvagens e ainda pequenos (aproximadamente 2,5cm de comprimento) são removidos de sítios naturais selecionados e espalhados a esmo em leitos de empréstimo, onde não precisam batalhar para conseguir alimento na selva marinha e poderão crescer até 5 ou 7,5cm em 18 a 24 meses. Na natureza, poderiam levar sete a oito anos para atingir esse tamanho. (Se conseguirem escapar de patos, siris, estrelas-do-mar e do homem, viverão 12 a 13 anos; alguns chegam mesmo aos 50). Mimados e rechonchudos, os mexilhões de cultivo terão pelo menos 25% de seu peso em carne, enquanto os selvagens raramente ultrapassam os 15%.

Para alimentar-se, os mexilhões dependem do que as correntes marítimas lhes trazem. Da mesma forma que os mariscos e ostras, eles se alimentam da ingestão constante de água e filtragem das partículas de plâncton. Um típico exemplar de mexilhão azul, medindo cerca de 5cm de comprimento, pode processar de 40 a 70 litros de água por dia. Infelizmente, seu sistema de filtragem pode também capturar bactérias e outros micro-organismos tóxicos. É por esse motivo que os mexilhões provenientes de águas poluídas são tão perigosos: as bactérias podem se acumular no mexilhão como a poeira no saco de um aspirador de pó. Mexilhões de cultivo são criados em águas cuidadosamente monitoradas.

Existem 17 espécies conhecidas de mexilhões comestíveis no mundo. A mais comum é o mexilhão azul do Atlântico (na verdade preto-azulado), *Mytilus edulis*, cultivado principalmente em águas ao largo da costa do Maine e da ilha Príncipe Eduardo, no Canadá. Espécie semelhante, o *Mytilus troesselus*, ocorre no estado de Washington. Porém, no período de maio a julho, os mexilhões provavelmente devotarão toda sua energia à reprodução, o que os enfraquece e torna flácidos, portanto inadequados para o consumo.

Felizmente, para os amantes de mexilhões, o mexilhão do Mediterrâneo, *Mytilus galloprovincialis* se reproduz em janeiro e fevereiro, sendo uma boa pedida durante todo o verão. É suave, adocicado, carnudo e grande: mede até 17cm e contém 60% de carne, no pico da produção.

Outra espécie de mexilhão de cultivo que vem se tornando mais disponível nos Estados Unidos é o verde, *Perna canaliculus*, da Nova Zelândia, e *Perna viridisis*, do Sudeste da Ásia. O gênero *Perna* tem apenas um músculo que une as suas conchas, o músculo adutor, enquanto o gênero *Mytilus* possui dois.

Os mexilhões de concha verde, que medem 7,5 a 10cm de comprimento, são debruados de um verde surpreendente, porém a carne tem a cor comum, creme ou laranja. (Os mexilhões machos têm cor creme; as fêmeas, laranja). Esses mexilhões são despachados congelados, por isso estão disponíveis o ano todo.

Mesmo os mexilhões azuis do Maine podem ser agora encontrados durante o ano inteiro, porque os leitos de mexilhões em locais distintos proliferam em ocasiões ligeiramente diferentes. Os fazendeiros engenhosos podem selecionar os que não geraram para a safra do verão inteiro.

ORA, FAÇA A BARBA COM UM LINGUEIRÃO!

Os lingueirões são comestíveis? E por que têm o nome de mariscos-navalha (razor clams) *em inglês?*

Sim, são muito bons para comer, empanados e fritos, ou fritos em bastonetes. É mais fácil encontrá-los em muitos países europeus que nos Estados Unidos.

O folclore dos Estados Unidos conta que os nativos da América costumavam se barbear com as conchas afiadas de um tipo diferente de marisco, o *quahog* (*Mercenaria mercenaria*). O interior liso e perolado (o nácar) dessas conchas de mariscos que apresenta muitas vezes belas manchas de cor púrpura, era talhado em contas tubulares e usado como moeda no comércio com os colonos holandeses e ingleses.

Nos Estados Unidos o *razor clam* comum da Costa Leste (*Ensis directus)* pode medir até 25cm de comprimento. Já o da Costa Oeste (*Siliqua patula*) é menor e mais grosso. Ambas as espécies habitam a areia ou o fundo argiloso das partes mais rasas das baías, posicionando-se verticalmente com o pé apontado para baixo e a outra extremidade (eles não têm cabeça) apontando para cima. As duas terminações se projetam da concha tubular, aberta nas extremidades. Por isso é que os *razor clams* não se conservam muito bem e devem ser cozidos ainda vivos e frescos.

O "pé", como em todos os mariscos, não se destina ao caminhar: serve para cavar. Ao esticar o pé (às vezes chamado escavador) em direção ao lodo, engrossando-o na parte inferior e tentando puxá-lo para cima, para o interior da concha, o marisco se transporta para baixo.

Mas tente pegar um e puxá-lo para fora! Os diabinhos conseguem cavar muito mais rápido do que você pode alcançá-los e se grudam com tanta força que, se você tenta arrancar um deles, pode até quebrar sua delicada concha no esforço para tirá-lo do lodo. Por isso você raramente encontra o lingueirão na peixaria. É uma pena, pois é muito saboroso.

Por outro lado, meus respeitos a cada espécie deliciosa que conseguiu sobrepujar nossas tentativas de dizimar sua população.

Mexilhões quentes na *wok*

Nada poderia ser mais fácil de fazer. Jogue os mexilhões numa *wok* bem quente, revolva-os com uma espátula até que se abram e amaciem em seu próprio suco. Pronto. Ficam perfeitos se mergulhados em um molho aveludado, tipo maionese de alho defumada. Sirva os mexilhões como aperitivo ou ceia leve, acompanhados de pão fresco e crocante para absorver os sucos saborosos.

- 1kg de mexilhões, aproximadamente, limpos com escova e sem os barbos
- sal grosso ou *kosher*
- pimenta-do-reino moída na hora
- 1 a 2 limões, partidos ao meio
- maionese de alho defumada (ver p.286)

1. Esquente uma *wok* bem grande por cerca de dois minutos, até que esteja bem quente. Para testar a temperatura, jogue nela algumas gotas de água. Se elas formarem pequenas contas e dançarem por dentro da *wok*, ela estará pronta.

2. Despreze os mexilhões cujas cascas não se fecharem após uma pancadinha. Jogue os mexilhões restantes, de uma só vez, na *wok* bem quente. Com uma espátula ou colher grande de madeira ou aço inoxidável, revolva os mexilhões de um lado para outro, durante quatro a cinco minutos, ou até que se abram e liberem seus sucos. Revolva e misture vigorosamente, a fim de que toda a pilha de mexilhões passe pelo fundo da panela. Quanto mais barulho você fizer com as conchas batendo de encontro ao metal, melhor. Este som apetitoso aquece o coração de todos os amantes de frutos do mar.

3. Quando todos os mexilhões tiverem se aberto e estiverem macios (jogue fora os que não abrirem), salpique-os com sal e pimenta. Divida-os em dois pratos grandes ou quatro pequenas tigelas. Ponha metade de um limão em cada tigela, para que cada pessoa esprema o suco sobre os mexilhões, a seu gosto. Ponha um pouco de maionese de alho defumada em forminhas individuais, para cada comensal mergulhar nela os mexilhões a seu gosto.

- Rendimento: como aperitivo, dá para 4 porções, como prato principal, dá para 2 porções

Paella de forno

A *paella* parece ser difícil de fazer, mas na verdade é só seguir algumas etapas fáceis. Este é um método passo a passo, para principiantes. Mais tarde você poderá experimentar à vontade, porque a *paella* não é tanto um prato quanto uma mistura de arroz e frutos do mar e/ou frango, e/ou porco, dependendo da região da Espanha em que é preparada. Porém, antes de mais nada, a *paella* é qualquer coisa que diga respeito a arroz temperado com açafrão.

Prepare tudo antecipadamente, usando de preferência uma grande frigideira de ferro fundido, e não uma panela para *paella*. Você já conhece as manhas da frigideira e pode confiar nela. A frigideira também se encaixa melhor no bico de gás que uma pesada panela de *paella*. Mais ou menos meia hora antes da chegada de seus convidados, acenda o forno, monte o prato dentro da panela de *paella* e deixe assar até que o arroz esteja cozido.

Esta receita é para uma panela de *paella* de 35 a 40cm de diâmetro. Bob e eu compramos a nossa em Valência. Por que deste tamanho? Porque foi a maior que coube na nossa mala.

- 2 dúzias de mariscos pequenos
- 12 mexilhões
- 700g de camarão médio
- 5 a 6 xícaras de caldo de galinha
- uma boa pitada de estigmas de açafrão
- 250g de chouriço
- 6 a 8 coxas de frango, com a pele
- sal e pimenta-do-reino moída na hora
- cerca de ⅓ de xícara de azeite de oliva
- 1 cebola grande, picadinha
- 1 pimentão vermelho e 1 pimentão amarelo, finamente picados
- 6 dentes de alho bem picados
- ½ colher de chá de páprica doce, de preferência espanhola, defumada
- 1 xícara de tomates-cereja, furados com uma faca
- 2 ½ xícaras de arroz espanhol, tipo "bomba"
- 1 xícara de ervilhas congeladas, em temperatura ambiente
- limão fatiado para guarnecer
- maionese de alho defumada, para acompanhar (p.286)

Preparo antecipado:

1. Despreze os mariscos que não se fecharem quando golpeados. Esfregue os restantes sob água corrente. Siga o mesmo procedimento com os mexilhões. Junte-os em uma tigela e leve ao refrigerador. Descasque e limpe os camarões, reservando as cascas. Ponha em outra tigela e mantenha-os refrigerados.

2. Para acentuar o sabor do caldo, ponha as cascas numa panela pequena, com um pouco de azeite. Cozinhe-as em fogo médio por oito minutos, ou até que fiquem vermelhas. Agregue 1 ½ xícara do caldo de galinha às cascas e deixe cozinhar lentamente por cerca de cinco minutos. Coe o caldo dentro de um medidor de vidro. Jogue fora as cascas.

3. Amasse o açafrão entre os dedos, até obter 1 colher de chá. Adicione-o ao caldo, junto com alguns estigmas de açafrão. Agregue caldo de galinha em quantidade suficiente para fazer 5 xícaras. Reserve 1 xícara de caldo sem tempero. Você poderá ou não precisar dele.

4. Corte o chouriço em tiras de 10cm e ferva-o em fogo baixo. Deixe esfriar e corte em pedacinhos. Reserve.

5. Enxágue e seque os pedaços de frango. Polvilhe-os com sal e pimenta. Ponha uma pesada frigideira de ferro fundido ou uma panela de *paella* no fogo forte e junte o azeite de oliva. Ele deve formar uma película na panela. Quando estiver quente, acrescente o frango e doure por 15 minutos. O frango deve ficar meio cozido. Remova para uma travessa, deixando algum óleo na panela. Reserve.

6. Agregue a cebola e os pimentões ao óleo que ficou na panela e refogue-os por dez minutos, ou até que estejam macios, porém não escuros. Junte alho e páprica e cozinhe mais dois minutos, mas não deixe o alho escurecer. Junte os tomates-cereja e cozinhe mais dois minutos. Deixe os vegetais de lado (isso se chama *sofrito*) para esfriar.

Acabamento do prato:

1. Cerca de 35 minutos antes de servir, coloque uma prateleira na parte mais baixa do forno e preaqueça a 200°.

→

2. Espalhe o *sofrito* numa panela de *paella*, de 40cm. Distribua o arroz sobre os vegetais e mexa para cobrir com o óleo da panela.

3. Ferva as 5 xícaras de caldo de galinha. Ponha a panela de *paella* sobre um bico de gás, em fogo médio. Despeje o caldo sobre o arroz com vegetais. Ferva e reduza o fogo, mantendo a fervura em temperatura baixa, sem mexer, por dez minutos.

4. Apague o fogo. Junte os pedaços de chouriço, misturando-os com o arroz. Agregue os camarões, junte mariscos e mexilhões, com a dobra voltada para baixo.

5. Se couber, acrescente os pedaços de frango. Caso contrário, ponha as coxas de frango em um refratário raso e asse-os na prateleira superior do forno, enquanto a *paella* fica na prateleira inferior.

6. Com cuidado, ponha a *paella* no forno e asse de 10 a 12 minutos. Verifique o prato. Se o arroz parecer demasiado seco, junte um pouco do caldo de galinha reservado. *Não mexa* o arroz. Quando estiver pronto, os moluscos se abrirão, os camarões estarão rosados e o arroz estará firme. Se necessário, cozinhe por mais três minutos.

7. Tire a *paella* do forno. Espalhe as ervilhas por cima. Envolva a panela com uma toalha ou papel-alumínio, e deixe descansar por cinco minutos. Enquanto isso, o líquido restante será absorvido e o arroz ficará macio. Esta etapa é muito importante.

8. Guarneça com limão fatiado. Ponha a *paella* no centro da mesa e deixe os convidados se servirem. Passe as coxas de frango, se não conseguiu lugar para elas na panela, e a maionese de alho.

▸ Rendimento: 6 a 8 porções

QUEM GOSTA DE VIEIRAS?

Um restaurante de frutos do mar que serve vieiras me disse que, de acordo com uma regulamentação da FDA, todas as vieiras marinhas são tratadas com um banho químico para prolongar a durabilidade. Me espanta que a FDA torne obrigatório um procedimento que não tem nenhum impacto sobre a segurança, mas apenas mantém as vieiras frescas por mais tempo. Existe mesmo esse regulamento? Quem sabe você pode me esclarecer o que são vieiras "de mergulhador", "desidratadas" e "processadas"?

Em primeiro lugar: não volte a esse restaurante que lhe disse que o FDA exige que as vieiras fiquem de molho. Isso é conversa fiada. Mas antes de explicar por quê, vamos ver o que querem dizer todos esses adjetivos relativos às vieiras.

"Vieira" é o nome de um animal notável que raramente vemos por inteiro. Os pescadores devolvem a maior parte deles ao mar assim que são arrancados do fundo com as dragas. Jogam fora quase tudo, exceto aquele grande músculo pálido que acaba nos mercados. Trata-se do músculo adutor da vieira, que ela usa para abrir e fechar seu par de conchas articuladas. Outros moluscos bivalves (duas conchas), incluindo mariscos, ostras, berbigões e a maioria dos mexilhões, têm pares de músculos adutores, porém as vieiras têm apenas um.

O animal pode ser comido por inteiro (com exceção das conchas, é claro). Experimente a vieira crua, na metade da concha, se você tiver a oportunidade. Uma vieira inteira, crua, é mais adocicada que um marisco e não tem o forte gosto sulfuroso da ostra. Mas certifique-se de que ela é absolutamente fresca – não mais de um dia (ou pouco mais) e oriunda de águas limpas e seguras. A vieira se deteriora rapidamente – mais depressa que outros moluscos – porque suas conchas não se encaixam com firmeza. A maioria dos bivalves pode ser despachada por todo o país firmemente "apertados", ainda vivos e frescos. Porém as vieiras morrem pouco depois de retiradas da água e, entreabertas como são, representam um convite para as bactérias.

As duas principais espécies de vieira vendidas nos Estados Unidos são chamadas vagamente de vieiras marinhas e vieiras de baía. As vieiras marinhas norte-americanas (*Placopecten magellanicus*) são as maiores, entre 40 e 60 unidades por quilo. Medem cerca de 2,5cm ou mais de altura e são extraídas de conchas que podem medir de 20 a 25cm no sentido transversal. As vieiras de baías (*Argopecten irradians*) têm músculo e concha menores (menos de 2,5cm de altura, 5cm a 7,5cm, respectivamente). Cada meio quilo contém 60 a 90 unidades delas, que são encontradas mais perto da costa. As vieiras bem pequenas que encontramos ocasionalmente nos mercados (70 unidades em cada meio quilo) são as vieiras malhadas (*Argopecten gibbus*).

As vieiras muito grandes (cerca de dez ou menos em meio quilo), denominadas vieiras de mergulhador (*diver scallops*), foram supostamente colhidas a mão por mergulhadores, e não dragadas do fundo do mar. Por causa de seu enorme tamanho, escassez relativa e consequente preço alto, você só as encontrará em restaurantes caros. Mas não engula inteiramente o conto do mergulhador. Nada impede um restaurante, se assim o desejar, de chamar de "vieira colhida a mão" qualquer vieira de tamanho grande.

Empregando seu grande músculo adutor, as vieiras que vivem em liberdade conseguem bater suas conchas com força, projetando-se para trás através da água por propulsão a jato, para escapar de um peixe predador ou uma estrela-do-mar. (Lá embaixo é uma selva.) Eles podem mesmo mirar seus jatos de água de forma a tomar impulso para quase qualquer direção.

Você acha isso fantástico? Espere até ouvir o resto. Muitas vieiras têm olhos azuis. Sem brincadeira. Elas são os únicos bivalves que têm olhos, ainda mais azul-bebê. Se você espiar por entre as conchas das vieiras verá duas fileiras de 50 ou mais olhinhos, encarando você na borda frontal do animal, denominada manto. Ela consegue distinguir alterações na intensidade de luz, o que é um boa advertência de que é hora de sair correndo de qualquer estranho que lance sombras sobre sua porta.

Uma de minhas experiências mais excitantes foi andar entre vieiras vivas, nas águas rasas próximas de Cape Cod e observar quando esguichavam água e fugiam depressa, assim que minha sombra caía sobre "ele" e "ela" (a maioria das vieiras é hermafrodita). Na Europa, a ova vermelha da fêmea é preservada e servida junto com o músculo adutor, cobertos com um molho cremoso e gratinado com farinha de rosca: são as *coquilles St. Jacques*.

O músculo da vieira tende a secar e perder peso, o que reduz seu valor/quilo no mercado. Por isso os atacadistas, e mesmo as tripulações dos barcos, costumam, em viagens muito longas, mergulhá-las em uma solução de tripolifosfato de sódio (STP) para mantê-las hidratadas. A carne da vieira é saturada de água salgada do mar, portanto a osmose forçará para dentro dela a água menos salgada de qualquer líquido de imersão. O STP ajuda a vieira a reter água. Carne de vieira que ficou de molho é chamada "úmida" ou processada, para distinguir-se da que não ficou de molho, ou "seca".

A vieira processada ficará cheia de água e, portanto, muito mais pesada. Assim, seu preço no mercado deve ser mais baixo. (Consumidores, fiquem atentos.) A vieira "úmida" ou processada fica quase inteiramente branca (o fosfato age também como branqueador), e não da sua cor habitual marfim, creme ou rosada.

Além disso ficam envoltas em um líquido leitoso e pegajoso, o que faz com que se juntem em um bloco. Isso causa problemas na hora de refogar, porque elas liberam o excesso de água na panela e acabam sendo cozidas, e não douradas.

O papel da FDA? O departamento monitora o conteúdo aquoso dos produtos da vieira. No seu hábitat no mar, elas contêm cerca de 75 a 80% de água. Se um produto comercial apresentar mais de 80% de água, a FDA exige que o rótulo esclareça isto, por exemplo: "Produto de vieira com x% de água"; e, se for o caso: "Processado com polifosfato de sódio". Vieiras com conteúdo de água superior a 84% simplesmente não devem ser vendidas de jeito nenhum.

O problema é que esses rótulos determinados pela FDA são afixados aos recipientes do atacadista, e você talvez nunca os veja no mercado de varejo. Portanto, só compre vieiras de um peixeiro que você conhece e sabe que não vai lhe vender vieiras cheias de água pelo preço de vieira seca.

CAMUFLAGEM DE CRUSTÁCEO

Quando compro camarão fresco, algumas vezes eles são cinzentos e outras rosados, quase como se tivessem acabado de ser cozidos. De alguma forma os rosados são menos frescos?

Não, é só uma espécie diferente. Uns são mais rosados, outros mais cinzentos, mesmo quando ainda estão brincando no fundo do mar. A cor está presente na casca desde o princípio, porém é disfarçada por cores mais escuras que se decompõem no aquecimento.

Pelo menos no caso do camarão do Atlântico, os de águas mais rasas têm cor semelhante à areia, para o máximo de camuflagem contra o fundo arenoso. Em águas profundas, onde a luz predominante tem uma tonalidade azulada, os camarões podem se permitir ser rosados, porque os pigmentos vermelhos não refletem muito a luz azul, e assim eles não aparecem.

A menos que você viva perto do desembarcadouro dos pescadores de camarões, todo o camarão que você comprar será quase certamente congelado fresco, ou mesmo congelado ainda na embarcação e despachado dessa forma. No mercado os lotes de camarão são descongelados e exibidos no balcão para a venda. Assim como os outros frutos do mar, o camarão estraga rapidamente após o descongelamento. Felizmente, você leva sempre com você um instrumento extremamente sensível e apurado para detectar a deterioração: seu nariz. Qualquer odor estranho que não seja o da fresca brisa marinha é sua deixa para comprar outra coisa para o jantar. Logo, não tenha medo de pedir para cheirar de perto uma amostra do camarão antes de fazer a compra.

(Uma vez, nas docas de Marselha, um indignado peixeiro quase me bateu, quando peguei uma lula e cheirei. Eu não tinha percebido que estava falando com o próprio pescador, saído diretamente do barco. Poderia haver algo mais fresco?)

CAMARÃO-CAMARÃO

O que a palavra scampi *significa em "camarão* scampi*?"*

Parece um jeito de preparar camarão, e de certo modo é. Mas de outro modo, não.

Scampi é o nome italiano de uma espécie de camarões grandes, também chamados lagostins da baía de Dublin. E o que é um lagostim? Estritamente falando, é um crustáceo mais aparentado com a lagosta que com o camarão. Porém o nome depende de onde você mora.

No mar, há literalmente milhões de espécies de animais, inclusive 26 mil variedades conhecidas de crustáceos. Muitos deles são bastante semelhantes, e a mesma espécie pode ser conhecida por muitos nomes diferentes em distintas partes do mundo. O que denominamos de camarão nos Estados Unidos pode bem ser chamado de lagostim em outro lugar. E com frequência é.

Na Europa e na maior parte do mundo, um lagostim é uma variedade específica de um crustáceo muito grande (até 23cm de comprimento) com antenas bem compridas e pinças frontais finas, semelhantes às da lagosta. Não é um camarão, pois o camarão não tem pinças. Os lagostins da baía de Dublin têm a fama de ser o máximo!

Em um menu francês, a palavra *crevette* serve para as duas formas: um *crevette rosé* é um lagostim, enquanto um *crevette grise* é um pequeno camarão castanho. Exceto, naturalmente, quando o *chef* chama um lagostim de *langoustine*, o que ele ou ela pode fazer sempre que estiver a fim.

Nos Estados Unidos, qualquer camarão pode ser denominado de lagostim, dependendo do tamanho da impressão que o *chef* queira lhe causar. Se o camarão não for, pelo menos, tamanho "jumbo" (cerca de 20 unidades ou menos por meio quilo), é um tanto exagerado referir-se a ele como lagostim.

Você só pode ter certeza de que os animaizinhos do "camarão *scampi*" na maioria dos menus americanos não são *scampi* nem lagostins – são qualquer camarão comum que o restaurante tiver à mão.

Seja como for, os *chefs* de Veneza gostam de cobrir seus *scampi* com migalhas de pão (farinha de rosca) e depois grelhá-los em um molho de manteiga com alho. Então, quando um restaurante prepara camarão dessa forma, o prato recebe o nome de "camarão *scampi*", o que, no fim das contas, quer dizer "camarão-camarão".

Isso me lembra uma ocasião em que minha filha Leslie e eu estávamos sem grana para o jantar e voltamos do mercado com algumas berinjelas de boa aparência. Em muitos lugares fora dos Estados Unidos, elas têm o nome de *aubergines*. Esvaziamos a polpa, misturamos com alguns ingredientes, lembro-me vagamente, entre os quais alho, azeite de oliva e migalhas de pão, pusemos o conjunto dentro das cascas e assamos no forno. O prato foi batizado de "berinjela *aubergine*".

Outra vez a feia cara da redundância.

Scampi scampi

Camarão *scampi* (ou, em italiano, *scampi scampi*) é um prato popular nos restaurantes ítalo-americanos, talvez mais que na Itália. Cubra o camarão, temperado com alho, de migalhas de pão amanteigadas, para que fique crocante. Você pode preparar suas próprias migalhas de pão ou usar um pão japonês conhecido pelo nome de *panko,* que produz um bom resultado.

Cobertura de migalhas de pão:

- 1 colher de sopa de manteiga sem sal
- ¼ de xícara de migalhas de pão secas e grossas

Camarão:

- 3 colheres de sopa de manteiga sem sal
- 1 colher de sopa de azeite extravirgem
- ½ kg de camarões descascados e limpos
- 4 grandes dentes de alho, picados
- sal *kosher*
- pimenta-do-reino moída na hora
- ¼ de xícara de vinho branco seco
- 2 colheres de sopa de salsa picadinha
- 2 colheres (de sopa) de suco de limão fresco
- limão fatiado para guarnecer

1. Prepare a cobertura de migalhas de pão: aqueça uma panela pequena sobre fogo médio. Junte a manteiga. Quando estiver quente, agregue as migalhas de pão e mexa até que fiquem douradas. Remova imediatamente do fogo e reserve.

2. Faça os camarões: aqueça uma caçarola grande no fogo alto, em seguida junte a manteiga e o azeite de oliva. Quando a mistura estiver chiando (bem quente) acrescente o camarão e refogue-o rapidamente, revolvendo-o sempre durante um minuto. Em seguida acrescente o alho e refogue tudo por mais um minuto, ou até que o camarão fique rosado e opaco. Não deixe o alho escurecer. Tempere a seu gosto com sal e pimenta moída na hora.

3. Reduza o fogo para médio e junte o vinho. Leve à fervura, então reduza outra vez o calor e deixe cozinhar por mais dois minutos. Remova a panela do fogo, ponha salsa picada por cima e um fio de suco de limão. Revolva tudo para misturar.

4. Divida o camarão em porções individuais e cubra com as migalhas de pão. Sirva imediatamente. Ofereça limão fatiado para que fique mais úmido.

▸ Rendimento: 4 entradas ou 2 pratos principais

7

Um carnaval para os carnívoros

Vinte e cinco bilhões de quilos de carne bovina, de vitela, carneiro e porco, mais 20 bilhões de quilos de aves são consumidos a cada ano nos Estados Unidos.

Segundo as estatísticas do Departamento de Agricultura, durante o ano de 2001 o norte-americano médio consumiu 30,60kg de carne bovina; 23,37kg de porco; 800g de vitela, cordeiro e carneiro; 35,20g de galinha; e 8g de peru, tudo isso em termos de carnes pesadas limpas, no varejo, o que dá um total de quase 100kg de carne por habitante, incluindo homens, mulheres, crianças e bebês, e até os vegetarianos.

Isso não faz você se sentir enjoado?

Tecnicamente, a palavra *carne* inclui o tecido muscular de qualquer animal, inclusive peixes e crustáceos. Mas tratamos da pesca no capítulo anterior, e neste vamos abordar os animais de duas e quatro patas – isto é, aves e carne "vermelha".

É verdade que os produtores de carne de porco a chamam de "a outra carne branca", porque ela não é vermelha como a carne de boi ou carneiro. O motivo é que os porcos são preguiçosos. Por serem de natureza inativos, seus músculos contêm muito pouco do componente vermelho armazenador de oxigênio denominado mioglobina que outros animais usam para súbitas demandas de energia.

Junto com os músculos para movimento e locomoção, a maioria dos animais tem ossos para apoio e órgãos internos para sustentar os processos vitais. Assim, além da carne propriamente dita, falaremos neste capítulo sobre o uso de ossos em caldos e discorreremos brevemente sobre as partes internas comestíveis, mas muito pouco apreciadas.

As diferenças entre as culturas mundiais se refletem em suas atitudes com relação à comida – quais as carnes comidas, como e quando. Nos Estados Unidos, nossas carnes vermelhas vêm quase exclusivamente de três animais: vaca, carneiro e porco. Até podemos ler, com fascínio e graus variados de desagrado, sobre culturas nas quais outros mamíferos são comidos (incluindo cabras, coelhos, camelos, cavalos, baleias e cachorros), sem mencionar anfíbios e répteis (rãs, lagartos, jacarés e cobras), ou até mesmo insetos (gafanhotos e larvas).

Da mesma forma, outras culturas podem sentir repugnância diante de pelo menos duas de nossas três carnes favoritas: a carne de vaca é proibida para os indianos, e o porco é proibido para judeus e muçulmanos. Grande parte do mundo católico faz jejum de carne às sextas-feiras, enquanto os vegetarianos rejeitam-na de todo.

Entretanto, a carne é valorizada como "prato principal" nas mesas do mundo inteiro, com regularidade nos países ricos e sempre que possível nos mais pobres. Culturas baseadas na criação de gado para obtenção de seus recursos renováveis, como leite e lã, não podem se dar ao luxo de matar seus "bezerros de ouro" para comer um hambúrger.

Vamos dar uma olhada bem sucinta na estrutura da carne e no que acontece quando a cozinhamos.

O músculo de um mamífero é feito de células musculares, também conhecidas como fibras musculares. Essas células longas e compridas contêm vários núcleos cada uma, e são arrumadas juntas em feixes paralelos dentro de um envoltório elástico (um *sarcolema*), como um feixe grosso de espaguete dentro de uma mangueira de jardim. Essas "mangueiras" cheias de fibras, ainda bastante paralelas umas às outras, são empilhadas juntas, como toros de madeira, para dar forma ao músculo propriamente dito. É por isso que a carne tem uma textura fibrosa, ou "granulosa".

O tecido muscular é feito sobretudo de proteína. Num bife de alcatra, por exemplo, 57% do peso seco são proteína e, dependendo de como a carne é cortada, cerca de 41% são gordura. Os filamentos mais finos dentro das células musculares, chamados *miofilamentos*, contêm as próprias moléculas de proteína, que são na maior parte *actina* e *miosina*. Quando acionadas por sinais químicos e elétricos do sistema nervoso, essas moléculas de proteína entrelaçam-se umas às outras para formar moléculas de proteína mais curtas e mais firmes, fazendo assim com que os miofilamentos – e portanto todo o músculo – se contraiam.

Agora, passemos à cozinha.

Quando cozinhamos carne, o primeiro efeito é que as moléculas de proteína são reconfiguradas. Ou seja, agitadas pelo calor, suas estruturas enroscadas se desenrolam e então, de um modo geral, grudam-se, formando ligações coesas. Conhecida como *coagulação*, essa aglomeração tem vários efeitos.

Em primeiro lugar, a coagulação perturba o alinhamento regular dos feixes de fibras do tecido muscular, tornando as estruturas mais enredadas, embaralhadas e rígidas. Em segundo lugar, a estrutura mais firme das proteínas reconfiguradas expele os sucos (o músculo tem de 65 a 75% de água) e resseca a carne. Assim, um bife fica ao mesmo tempo mais duro e mais seco quando é cozido por muito tempo. O cozimento moderado, contudo, tem muitas virtudes: torna a carne mais tenra, melhora seu sabor, a aparência, e torna-a mais saudável, ao matar os micro-organismos.

Mas é hora de comer. A carne é uma fonte valiosa de proteína de alta qualidade, contendo aminoácidos essenciais e gorduras que também contêm importantes ácidos graxos. Sem mencionar a abundância de ferro e vitaminas A e B. Portanto, pegue sua faca e vamos a ela.

QUANDO A CARNE ENCONTRA A MÁQUINA

Sou um leitor inveterado de rótulos de alimentos. Antigamente, eu costumava ver "pedaços de frango separados mecanicamente" ou "pesos de carne separados mecanicamente" em salsichas e outros produtos manufaturados de carne. Ficava intrigado com isso, mas hoje não vejo mais isso mencionado nos rótulos. O que é (ou era) carne separada mecanicamente, e por que não fazem mais isso?

O Serviço de Segurança e Inspeção Alimentar (FSIS) do Departamento de Agricultura não permite mais. É uma reação à doença da "vaca louca".

Carne separada mecanicamente é a carne que foi separada do osso por uma máquina, e não por seres humanos com um facão. Hoje as máquinas suplementam o trabalho dos açougueiros, removendo a carne restante dos ossos depois que os homens fizeram a sua parte com as facas.

Embora a gente prefira não pensar muito nisso, a carne começa no matadouro. Depois que o animal é abatido e seu sangue drenado – processos aos quais a indústria da carne se refere delicadamente como "imobilização" e "exsanguinação", respectivamente – o que antes foi musculatura esquelética se transforma oficialmente em carne. (Músculo esquelético é o músculo ligado ao esqueleto, em oposição às partes musculares do sistema circulatório, como o coração.) Mas uma carcaça não é toda de carne; ela contém órgãos internos, ossos, cartilagem, tendões, ligamentos, gordura, e pele, partes que precisam ser retiradas durante os estágios subsequentes de "desmontagem". Este trabalho é feito na maior parte por serras e facas afiadas, manejadas pelos trabalhadores dos matadouros.

Depois que a carcaça é dividida em dois "lados" por uma serra poderosa, os trabalhadores as cortam com facões nos chamados "cortes primários": acém, capa de filé e filé de costela, contrafilé e filé mignon, picanha e alcatra, lagarto, coxão mole ou chã, patinho, peito, pá ou braço, ponta de agulha, aba de filé e fraldinha. Os cortes básicos podem então ser empacotados e transportados ou reduzidos a cortes menores (subprimários), dependendo do trabalho subsequente que o comprador deseja fazer nos níveis de peças inteiras ou de varejo. Em ambos os casos, há ainda muita quantidade de carne não recuperada que é deixada nas aparas, e é aí que entram as máquinas. Elas podem separar quase todos os resíduos de carne dos ossos.

Há dois tipos de máquinas de recuperação de carne, dependendo de se os ossos são primeiro esmagados: os sistemas de separação mecânica da carne, usados desde a década de 1970, e os sistemas avançados de recuperação de carne, mais recentes.

Nas máquinas de separação mecânica, os ossos primeiros são moídos ou esmagados, e em seguida os tecidos macios (músculo e gordura) são forçados, em alta pressão, a passar através de uma espécie de peneira, que os separa dos fragmentos de osso, cartilagem, ligamentos e tendões. O que sai tem o aspecto de uma pasta ou massa, que pode ser jogada diretamente numa cuba para ser misturada, formando salsichas, hambúrgeres, coberturas de pizza, recheio e outros produtos manufaturados derivados da carne, que têm de receber o rótulo de "carne mecanicamente separada".

Nas máquinas de recuperação, mais modernas, os ossos não são triturados. Eles entram inteiros na máquina e dela emergem essencialmente intactos depois que a carne foi raspada e reduzida a pedaços pequenos. O Departamento de Agricultura permite que essa carne seja rotulada simplesmente como "carne". Ela pode conter minúsculas partículas de osso, do tamanho dos grãos do sal de mesa. Esses resíduos contribuem com a maior parte do cálcio listado nas tabelas de informação nutricional em muitas das carnes processadas que você esperaria que não contivessem muito cálcio.

Como resultado da eclosão da doença da vaca louca, ou BSE (*bovine spongiform encephalopathy* – encefalopatia espongiforme bovina), na Inglaterra, na década de 1980, e os incidentes subsequentes na América do Norte, desde 3 de março de 2003 o Departamento de Agricultura dos Estados Unidos exige uma amostragem de rotina e inspeção da carne produzida por recuperação mecânica para verificar a presença de qualquer resíduo de medula espinhal ou de tecido cerebral. É nesses tecidos que os príons transmissores da doença se localizam nos animais doentes. Príons são partículas proteináceas bastante enganadoras. Elas não têm DNA nem genes com os quais pudessem se replicar e, portanto, não são vivas, mas podem causar a doença em animais e seres humanos. Não podem ser inativadas por condições extremas, como ácidos ou calor, que normalmente afetam os ácidos nucleicos em micróbios e vírus. Nas pessoas, a doença da vaca louca é chamada de doença de Creutzfeld-Jakob.

Em 30 de dezembro de 2003, o Departamento de Agricultura anunciou que (a) todas as partes do sistema nervoso central (como células nervosas e vértebras), e não só o cérebro e o tecido da medula espinhal, não podiam estar presentes nas carnes produzidas por recuperação mecânica, e (b) que o uso de carne mecanicamente separada na alimentação humana estava proibido, porque nela há mais probabilidade de conter fragmentos do tecido do sistema nervoso central.

E é por isso que você não encontra mais as palavras "carne separada mecanicamente" nos rótulos. Naturalmente, as máquinas permitem que os empacotadores vendam mais carne, e é por isso que eles as usam.

Enquanto você estiver examinando os rótulos, no caso da carne, pode ser que veja algumas salsichas para cachorro quente com um rótulo que diz "carnes variadas". Isto é um eufemismo para qualquer ou todas as partes do animal que não sejam esqueleto e músculo: coração, miolo, tripas, baço, pâncreas e timo, rim, fígado e língua.

Outras partes do animal que possam ser usadas em salsichas e outros produtos "camuflados" por eufemismos são o sangue, tutano, patas, rabo, estômago (bucho e dobradinha), pulmões (bofe), intestino delgado (usado em embutidos), pele (torresmo) e testículos.

Será que isso é tudo?

A APARÊNCIA DA CARNE MOÍDA

No supermercado tem um aviso na seção de carnes garantindo que se um de nós, clientes, abrir um pacote de carne moída e descobrir que a carne vista pelo lado de fora, através do plástico transparente, é vermelha, mas por dentro é marrom, não precisa se preocupar. Eles avisam também que, uma vez compactada no hambúrger, toda a carne voltará à sua cor vermelha. Por que a camada interna de carne fica marrom? E por que ela volta a ficar vermelha, se é que volta mesmo?

Escrevi brevemente sobre esse tema no livro anterior. Mas continuo a receber cartas de consumidores preocupados com a cor da carne para hambúrger. Portanto, permitam-me voltar à questão mais uma vez, porém com mais detalhes que antes.

A síndrome da carne marrom tem sido motivo de inquietação entre os consumidores desde os tempos em que o açougueiro do nosso bairro, que moía a carne diante dos nossos olhos, movia-se sobre um chão coberto de serragem. Nos supermercados atuais, a carne é moída em algum lugar "lá atrás", ou mesmo em outro local, e depois empacotada em bandejas plásticas e coberta com filme plástico. Em alguns mercados, ela fica conservada no frio por um ou dois dias, depois passa mais tempo ainda em sua geladeira, antes de você se preocupar em abrir o pacote e descobrir que a carne de baixo está com uma cor marrom pouco apetecível.

Será que estão borrifando a parte de cima da carne com algum tipo de *spray* vermelho? Não. Será que a carne marrom está estragada? Não, a menos que cheire mal, o que indica que está deteriorada por micróbios ou que a gordura está ficando rançosa. Portanto, a carne de cor marrom é boa para ser comida, a menos que cheire mal. O nariz sabe.

A química da cor da carne – de qualquer carne – é um pouco mais complicada, e o que chamamos de "carne vermelha" poderia enganar um camaleão. Mas, em poucas palavras, a cor da carne depende das quantidades relativas de três proteínas coloridas, assim como quando um artista mistura três pigmentos na sua palheta para obter o tom de azul que deseja. As três proteínas são a *deoximioglobina,* responsável pelo vermelho vivo da carne fresca recém-cortada; a *oximioglobina,* de cor vermelha-rosada; e a *metamioglobina,* de cor marrom-acinzentada.

Essas três substâncias químicas pigmentadas estão em equilíbrio dinâmico umas com as outras, o que significa que todas elas são interconversíveis. Suas quantidades relativas a qualquer momento dependem da disponibilidade de oxigênio, enzimas e antioxidantes. Mas nenhum desses três compostos coloridos tem qualquer efeito sobre sabor ou salubridade. É uma questão puramente cosmética.

Porco e vitela não contêm tanta mioglobina sob qualquer forma, mas a carne de vaca contém muito mais, e os supermercados batalham para conservá-la o mais tempo possível sob a forma da oximioglobina, com seu vermelho vivo agradável ao consumidor. Mas como?

Primeiro deve haver oxigênio disponível para converter a deoximioglobina roxa da carne fresca em oximioglobina vermelha, ou em metamioglobina marrom. A predominância de uma ou da outra depende da quantidade de oxigênio disponível para a carne. Quando não há praticamente oxigênio, como na carne empacotada a vácuo, ela mantém sua cor roxa da deoximioglobina. Você talvez imagine que isso resolve o problema da carne marrom, mas infelizmente os consumidores não gostam de roxo: eles querem vermelho. Assim, o empacotamento a vácuo tem uso limitado nas vendas a varejo de carne fresca não curada.

Quando o oxigênio está disponível apenas em pequenas quantidades para a carne, a metamioglobina é a forma favorecida quimicamente. É por isso que a superfície da carne exposta ao ar livre exibe o vermelho vivo da oximioglobina, enquanto por baixo a carne que é privada de oxigênio aos poucos vai ficando marrom. Na maioria dos mercados varejistas, a carne é empacotada em bandejas de plástico rígido recobertas por um filme de plástico especial, permeável ao oxigênio. A superfície recebe bastante oxigênio e fica bonita e vermelha, mas o oxigênio só pode se difundir um pouco para dentro. Quanto mais fundo você vai, mais marrom é a carne.

E, por falar nisso, você já observou aquelas camadas de papel absorvente encharcadas de suco que ficam por baixo da carne em algumas dessas bandejas? Elas estão ali para absorver a umidade. Esta consiste, obviamente, em sucos que escorreram da carne enquanto ela estava ali, esperando, e que levam embora algumas de suas proteínas e nutrientes hidrossolúveis, comprometendo assim seu sabor e valor nutritivo. Você não vai querer isso. Portanto, escolha as embalagens em que os berços estão secos, não os que estão vermelhos com os sucos. Um berço seco significa que os sucos ainda estão presentes na carne, onde você quer que eles estejam.

Há alguma verdade na afirmação do seu supermercado de que o interior marrom da carne voltará a ficar vermelho quando exposto ao ar, à temperatura ambiente (a geladeira desacelera essa transformação). A metamioglobina pode, de fato, reagir com o oxigênio e reverter a oximioglobina, mas este processo é lento e incompleto, mesmo que você espalhe a carne até obter uma camada fina, para o máximo contato com o oxigênio – e esta não é, evidentemente, uma boa ideia, por motivos sanitários. Lembre-se, contudo, de que a carne ficará ainda mais marrom quando você a cozinhar. Então por que se incomodar? O calor do cozimento não só escurece a carne em virtude das reações de Maillard (ver p.222) como estimula a conversão da oximioglobina em metamioglobina.

Um segundo fator importante para a conversão do vermelho em marrom na carne é que tanto a proteína deoximioglobina quanto a oximioglobina contêm um átomo solitário de ferro enterrado bem no interior de cada uma de suas grandes moléculas globulares. O átomo de ferro está normalmente na forma reduzida que os químicos chamam de ferrosa. Mas se o átomo de ferro for modificado para sua forma oxidada, ou férrica, as moléculas de proteína perdem a cor roxa ou vermelha e se tornam marrons. Enzimas antioxidantes na carne em geral impedem que essa transformação ocorra, mas se a carne for estocada por muito tempo, mesmo congelada, a atividade das enzimas diminui, e o escurecimento é facilitado.

Esse marrom de "envelhecimento", com frequência acompanhado de um sabor estranho, é no que as pessoas pensam quando veem que a carne não está vermelha. Mas, como vimos, o escurecimento da carne também é causado por uma inofensiva deficiência de oxigênio na carne fresca. A carne não fica realmente ruim até que as bactérias tomem conta dela, caso em que provavelmente também apresentará um odor estranho. Portanto, deixe que seu nariz seja a sua proteção.

Um mercado de qualidade examinará cuidadosamente suas linhas de suprimento de carne moída, moendo e expondo apenas o necessário para atender à demanda. Desse modo sempre terá a oximioglobina vermelha para vender. Se deixarem a carne perder a cor vermelha viva, os fregueses tenderão a rejeitá-la, mesmo que o escurecimento não seja causado por velhice, mas simplesmente pela privação de oxigênio. O varejista ainda terá de remarcá-la para se livrar dela, o que será um benefício para os consumidores.

A indústria da carne, é claro, quer minimizar essas perdas relacionadas à cor. Uma tática preventiva comumente usada tem sido alimentar o gado com vitamina E, um antioxidante, antes de enviá-lo para a indústria. Os antioxidantes impedem que os átomos de ferro das moléculas de mioglobina passem à forma férrica, oxidada. Mas a indústria ainda tem muito a fazer para resolver o que, para ela, é um problema econômico constrangedor: os criadores de gado têm que arcar com o custo da ração enriquecida com vitamina E, enquanto os varejistas se beneficiarão com o aumento das vendas.

PORCO É PORCO

Gosto de experimentar produtos novos, e por isso comprei uma embalagem de plástico rotulada* souse *numa loja do meu bairro. A embalagem não incluía sequer as instruções mais simples para cozimento, nem dizia se eu poderia encontrar receitas adequadas em meus livros de culinárias. Então, cortei em fatias, cobri-as com fubá e tentei tostá-las na minha frigideira, como faço com o angu de porco vendido como* scrapple. *O resultado foi uma sopa gordurosa. O que saiu errado?

O *scrapple*, frequentemente chamado de *Philadelphia Scrapple*, uma invenção dos holandeses da Pensilvânia, é uma mistura de retalhos e aparas de carne de porco, que eles conhecem como *puddin*, com mingau de milho, também conhecido como polenta, e temperos. Gelada, essa mistura forma um bolo gorduroso que pode ser fatiado e frito para o café da manhã. Os ingleses fazem um produto semelhante que designam, por ironia, pelo nome alemão de *ponhaus*.

A *souse*, por sua vez, é feita de restos temperados e condimentados de cabeça, pés e orelhas de porco fervidos, sem o fubá para ligar; sua liga é a gelatina que se forma quando os pedaços são cozidos. Quando você coloca a *souse* na frigideira, é a mesma coisa que fritar gelatina.

Também conhecida como "queijo de porco", a *souse* deve ser comida fria. Ela é aparentada com a *sopressata* italiana, feita pela fervura de uma cabeça de porco descerebrada até que a carne e a língua se separem, quando então são cortadas em pedacinhos, temperadas, condimentadas e postas num saco de pano. A mistura dentro do saco é apertada (*sopressada* em italiano) até tomar a forma de uma salsicha.

Nos Estados Unidos, *scrapple* e *souse* não costumam ser vendidos em grande escala em mercados de carnes para *gourmets*, onde a clientela talvez prefira *delicatessen* politicamente mais corretas, como salame e patê, iguarias sempre disponíveis.

ARCO-ÍRIS NO PÃO DE CENTEIO

Você saberia me dizer o que é aquele estranho arco-íris brilhante, em forma de Y, *que observo no rosbife, na carne em conserva e no* pastrami*? Será que meu temor é irracional e, se não me guiar pela aparência, todos eles podem ser comidos sem susto? Há anos não como um sanduíche de carne em conserva.*

Que vergonha! Não há nada melhor que um sanduíche *kosher* no estilo nova-iorquino com fatias finas de carne em conserva engordurada entre fatias de pão de centeio. Mas, se a gordura ou os carboidratos estão proibidos na dieta da moda, quando você ler isto, sempre haverá aqueles que irão aconselhá-lo a comer o sanduíche sem a carne ou sem o pão.

Como nós todos já vimos, o pêndulo nutricional tem o hábito de oscilar entre "carbofobia" – medo de carboidratos – e a "triglicerofobia" – medo de gorduras. Francamente, ignoro qual a dieta da moda; procuro apenas manter uma dieta equilibrada ao longo dos anos.

Quanto à sua carne multicolorida, essa iridescência ou aparência de arco-íris que as carnes fatiadas às vezes aparentam não é uma camada de fungos nefastos ou apodrecimento. É apenas um efeito óptico. Você pode observá-la tanto em carnes curadas, como presunto ou apresuntados, como em carnes não curadas, como rosbife e porco. É causada pelo processo de fatiamento.

A carne, ou músculo animal, é feita de *miofilamentos*, faixas delgadas de proteína. Elas são reunidas em feixes paralelos para formar miofibrilas, que voltam a se juntar em feixes para formar as fibras que constituem o músculo completo. Quando uma faca bem afiada ou uma máquina de fatiar corta os miofilamentos em um certo ângulo, suas pontas translúcidas dobram (*refratam*) as ondas de luz em duas direções diferentes. Este efeito óptico é denominado de *birrefringência* ou dupla refração. Em seu caminho para o nosso olho, as duas ondas refratadas interferem então uma com a outra e se decompõem nas cores componentes do arco-íris.

A iridescência numa superfície de carne também pode ser causada pela *difração*, em que o padrão de extremidades de miofibrilas muito juntas causa a decomposição da luz, como na chamada rede de difração. Em ambos os casos, as cores que você vê são dominadas pelo verde, porque o olho humano é mais sensível a essa cor.

E tudo isso é absolutamente inofensivo.

UMA CURA COLORIDA

Por que as carnes curadas, como presunto, presuntada e salsichas, têm aquela cor rosa brilhante?

"Curar" a carne significa tratá-la para impedir que se estrague, preservando-a assim para uso futuro. Processos antigos de cura incluem a defumação, a secagem e a salga. Quando surgiram a refrigeração e o empacotamento mecânico, esses processos que intensificavam o sabor tornaram-se desnecessários e começou a experimentação com a cura química.

Carnes curadas com sal puro (cloreto de sódio, NaCl) tendem a ficar com uma cor marrom pouco apetecível. Mas cerca de cem anos atrás se descobriu que a adição de salitre (nitrato de potássio) ao sal dava à carne um belo tom rosado. Hoje sabemos que o nitrato de potássio era reduzido a nitrito de potássio pelos micro-organismos presentes na carne, e que era o nitrito o responsável por aquela cor. Então, nitrito de potássio ou de sódio agora é adicionado ao sal da cura diretamente, e usa-se o salitre raramente. Os nitritos dão à carne um sabor especial e uma coloração apetitosa, devido à sua reação com a mioglobina, que forma mioglobina de óxido nítrico. Eles também combatem o ranço e o desenvolvimento de odores e sabores desagradáveis enquanto a carne permanecer armazenada.

Mas a função mais importante dos nitritos é inibir o crescimento de bactérias patogênicas tais como *Staphylococcus aureus* e *Clostridium botulinum*, a bactéria causadora do botulismo.

Há apenas uma dificuldade nessa imagem (literalmente) rósea: não só o nitrito mata as bactérias do botulismo como, em doses de cerca de 20mg por quilo do corpo pesado, pode também matar os seres humanos. Por sorte, grande parte do nitrito acrescentado durante a cura se decompõe com o cozimento.

O Departamento de Agricultura norte-americano limita o nitrito residual em qualquer produto de carne pronto para consumo, cozido ou não, a um máximo de 70 partes por milhão. Nesse nível, uma pessoa com cerca de 68kg teria de comer uns 20kg do produto de uma só vez para ingerir uma dose letal de nitrito.

A notícia ruim é que o nitrito das carnes curadas pode reagir com as aminas dos aminoácidos na proteína aquecida da carne, formando compostos químicos chamados *nitrosaminas*, muitos dos quais mostraram-se cancerígenos em animais de laboratório e provavelmente são também para seres humanos. O bacon (toucinho defumado) é um caso especial, porque a alta temperatura em que é cozido ou frito é particularmente propícia à formação de nitrosaminas. Por essa razão, o Departamento de Agricultura determina que seja usado menos nitrito na cura do bacon que na de outras carnes.

Pequenas quantidades de nitrosaminas ocorrem na natureza em alguns alimentos, como peixe. Além disso, as bactérias que vivem em nossas bocas podem transformar o nitrato, presente em muitos vegetais, em nitrito, e este pode então agir sobre as aminas das proteínas vegetais, formando nitrosaminas. Estas também podem ser formadas pela ação dos sucos altamente ácidos dos nossos estômagos sobre uma variedade de alimentos que contêm aminas. Pequenas quantidades de nitrosaminas podem também ser encontradas na cerveja e no tabaco.

Tudo isso pode parecer muito atemorizante, mas não desista das carnes curadas para evitar nitritos e nitrosaminas. Na nossa sociedade, não podemos comer sempre carne fresca; alguns produtos de carne devem ser curados antes de serem distribuídos amplamente. Seu conteúdo de nitrito, pequeno e cuidadosamente regulado, é uma garantia contra o risco de envenenamento botulítico.

MORTADELA RUBORIZADA

Os nitritos desempenham sua função mágica de curar a carne transformando-se primeiro em (*reduzindo-se a*) óxido nítrico (NO), processo que ocorre lentamente, pela ação de antioxidantes naturais (também conhecidos como *agentes redutores*) na carne. O óxido nítrico então se liga à mioglobina, principal pigmento da carne vermelha, para formar mioglobina de óxido nítrico, que tem uma cor vermelha mais forte ainda. Com o cozimento ou a defumação, a mioglobina de óxido nítrico se transforma em nitrosil-hemocromo, que dá a cor rosada final, típica de todas as carnes curadas.

Para acelerar o desenvolvimento da cor, os processadores da carne acrescentam um agente redutor como o *sodium eritorbate*, uma forma de (um *isômero* de) cloreto de sódio de ácido ascórbico, ou vitamina C. Você verá o *sodium eritorbate* ou ácido eritórbico como um dos ingredientes no rótulo de muitos produtos de carne curada como presunto, mortadela, salsichas, linguiças e bacon.

Os agentes redutores usados na cura têm um efeito secundário na acentuação da cor. A mioglobina pode estar presente sob várias formas coloridas, que vão do roxo ao vermelho vivo e ao marrom. (Ver p.209.) Os agentes redutores mudam as formas marrons para vermelho transferindo os átomos de ferro das moléculas de mioglobina de uma forma (estado de oxidação férrica) para outra (estado de oxidação ferrosa). Essa ligeira mudança nos átomos de ferro é suficiente para mudar a cor das moléculas de mioglobina de marrom para vermelho rubro.

NÃO VÁ AFOGAR O BIFE

Sou professora de culinária e autora de livros de culinária, mas tenho uma dúvida: por que algumas receitas dizem para marinar a carne apenas por uma ou duas horas? Digamos, por exemplo, que eu ponha carne de porco em suco de laranja, um frango em molho de rum e uma peça de carneiro em cerveja. É mais fácil para mim mariná-los durante a noite para o dia seguinte ou durante o dia inteiro.

Marinar – do latim *mare*, que significa mar – é mergulhar a carne vermelha, de aves ou peixe em uma mistura líquida antes de cozinhá-los, com a finalidade de melhorar seu sabor ou de torná-los mais tenros. Mas, por uma série de razões, não é possível determinar as regras para marinar. O número de horas depende do tipo e da acidez da marinada, do tamanho, formato e textura da carne, entre outras coisas.

Mergulhar a carne pode ter um efeito que não vá além da superfície. As marinadas não conseguem impregnar a carne, mesmo sem pele, para espalhar sabor através de todo o seu volume. Marinar é, portanto, um procedimento basicamente superficial, e os ingredientes da marinada não penetram mais que alguns milímetros, dependendo de fatores tais como a densidade e a textura da carne, seu corte, idade, espessura e temperatura. Entretanto, carnes fibrosas ou "esfiapentas" podem oferecer canais capilares entre as fibras, pelos quais a marinada pode viajar, principalmente quando o corte for feito no fio da peça, ou seja, através das fibras, em ângulo agudo. O ângulo amplia as aberturas dos caminhos capilares, como se você cortasse canudinhos de refrigerante em diagonal: as aberturas circulares tornam-se áreas ovais, de maior penetração.

Para testar algumas dessas ideias cortei um bife cru de patinho em tiras de 1,5cm por 1,5cm por 5cm, no sentido das fibras. Cortei as extremidades atravessando as fibras com uma faca bem afiada para abrir o maior número possível de passagens, sem esmagar as extremidades. Depois deixei os pedaços, em temperatura ambiente, mergulhados por diferentes períodos de tempo, e no máximo até uma hora, numa marinada simulada, feita de água, vinagre e colorante verde.

Depois disso, retirei a carne e cortei fatias muito finas das extremidades para ver quão profundamente o colorante verde havia penetrado nela. Em nenhum dos casos ele penetrou mais que 2mm.

A marinada para dar sabor, ao contrário da que se destina a amaciar a carne, pode consistir em uma ampla variedade de condimentos incorporados ao líquido ou à mistura de líquidos. As que têm o vinho como base são bastante usadas, em geral condimentadas com ervas, temperos e outros ingredientes que, espera-se, permanecerão sobre ou no interior da carne e contribuirão com seu sabor durante o cozimento. Quanto maior a área de superfície da peça de carne, mais oportunidade a marinada tem de influenciar seu sabor. Assim, o processo é mais eficaz para a carne que foi cortada em fatias finas ou em cubos pequenos, tais como nos churrasquinhos, que para bifes grossos. Além de um certo ponto ótimo, prolongar a marinada por mais tempo não fará com que ela penetre mais na carne: apenas intensificará o sabor nas partes externas.

Ao contrário da crença comum, furar a carne com um garfo para criar aberturas para a marinada não só é inútil como contraproducente. Os furos se fecham quase imediatamente, por causa da elasticidade da carne. Além disso, esses caminhos potenciais podem depois se abrir quando o cozimento faz a carne encolher, criando saídas para os sucos. Cortar ou entalhar a carne antes de marinar, contudo, pode estimular seu sabor, ao expor uma superfície maior à marinada.

As marinadas que se destinam a amaciar as peças mais rijas de carne contêm quase invariavelmente um ácido, porque os ácidos "desconstroem" (*desnaturam*) as proteínas do tecido muscular. Mas este processo é lento. Cortes pequenos e peças de carne fibrosa requerem menos tempo de molho, mas marinadas ácidas em geral necessitam de mais tempo para amaciar a carne do que simplesmente para lhe dar sabor.

Quanto mais ácida a marinada, menor o tempo ótimo para a carne ficar macia. A fim de aumentar a acidez, a marinada pode conter iogurte, coalhada, cerveja, suco de tomate, vinho, suco de laranja, vinagre ou suco de limão. Marinadas amaciantes em geral também contêm algum tipo de óleo, porque carnes mais rijas tendem também a ser magras e secas. (A "suculência" da carne se deve tanto à gordura quanto à água que contém.) Molhos vinagrete para salada podem ser usados como uma marinada de dupla utilidade, porque o vinagre amacia enquanto os condimentos e o azeite melhoram o sabor e estimulam o suco.

Mas quanto tempo, oh céus? Com todas essas variáveis, não pode haver uma recomendação universal para o tempo de duração da marinada. Mas a sabedoria popular diria que os peixes quase sempre são tenros e um pouco porosos, só precisando de pouco tempo na marinada, uns 10 a 15 minutos. Peixes de carne mais densa, como o atum e o salmão, podem exigir duas vezes esse tempo. Carne de galinha pode precisar de duas a quatro horas, sem a pele, e de seis ou mais com a pele. Vários cortes de carne de vaca ou porco marinam entre quatro e oito horas, sendo que esse período aparece nas receitas como "de um dia para o outro". Se deixarmos mais tempo que isso, o ácido na marinada pode reconfigurar as moléculas da carne, dando-lhes formatos mais rígidos e mais compactos, e tornando a superfície mais dura. Portanto, não durma até tarde. A maciez da carne é obtida apenas por uma boa seleção do corte ou um longo, lento e úmido cozimento.

Tendo dito tudo isso, a primeira lei para a marinada é: siga a receita. Qualquer receita que valha seu sal e pimenta, se tirada de uma revista confiável, foi testada várias vezes até dar um bom resultado. O tempo da marinada é apenas mais um ingrediente, como uma determinada quantidade de alho ou cebola picada, e não deve ser alterado. (Exceto que no meu livro você pode sempre acrescentar mais alho.)

O modo mais adequado de marinar carne – e, para segurança, isso deve ser feito na geladeira – é dentro de uma bolsa plástica com zíper, depois que você aperta o máximo de ar para fora, a fim de maximizar o contato do líquido com a superfície da carne. Se quiser usar a marinada para regar a carne enquanto ela assa na grelha ou para fazer um molho cozido, deixe um pouco dela separada *antes* de juntar à carne, porque mesmo nos lares mais asseados a carne crua pode abrigar bactérias patogênicas. Jogue fora o restante da marinada depois que ela cumpriu sua função com a carne.

NÃO SEJA SUGADO

Há no mercado uma quantidade de embalagens a vácuo destinadas a acelerar a marinada. Até mesmo frigoríficos as usam. Mas elas são pura decepção. A intenção é que você coloque a carne numa embalagem selada e retire a maior parte do ar com uma pequena bomba operada manualmente ou com uma bomba elétrica. A ideia é que, com o ar sugado dos poros e canais da carne, estes absorveriam a marinada mais depressa – "em minutos, não em horas".

Na verdade nunca comprei essa ideia.

Pense um pouco nisto: a sucção do ar nos canais da carne faria com que eles se encolhessem, e não que se abrissem. Além disso, como o grau de vácuo (a *pressão* do ar) é o mesmo no interior da embalagem – tanto na carne como no espaço em volta dela –, não há uma força possível que possa induzir o líquido a correr de um lugar para o outro. É como esperar que a água corra de um lugar para outro sem qualquer força, como a força da gravidade, impulsionando-a.

Finalmente, meu ceticismo foi assumido por L.L. Young e D.P. Smith, dois cientistas do Centro de Pesquisas Richard B. Russell, do Departamento de Agricultura em Athens, Geórgia (EUA). Eles puseram 256 metades de peito de frango para marinar, sendo uma parte numa embalagem a vácuo e outra parte ao ar livre, e depois compararam os resultados. O resultado (relatado em *Poultry Science*, p.129-31) foi que "o uso do vácuo durante a marinada parece não oferecer qualquer vantagem significativa em relação à marinada sob pressão atmosférica".

Fajitas marinadas

O "bife de saia" ou *skirt steak*, que é o músculo do diafragma ou músculo de primeira que separa o peito e as cavidades abdominais do animal, é uma carne muito saborosa. Também era difícil encontrar, mas desde que as *fajitas* se tornaram populares, esse corte está disponível nos supermercados. As fibras frouxas dessa carne mais para rija a tornam excelente para ser marinada.

Na gíria mexicana, uma *fajita* é uma faixa para ser usada enrolada em volta da cintura. As *fajitas* comestíveis são assim chamadas por causa do modo como a carne e os outros ingredientes são enrolados em uma *tortilla*.

Uma pilha de bolachas de milho de um lado e uma pequena vasilha de feijão-preto quente ou de salada de feijão-preto são bons acompanhamentos para este prato.

- 2 colheres de sopa de azeite
- 2 colheres de sopa de suco de limão fresco
- 2 dentes de alho, picados grossos
- 1 pimenta *jalapeño*, sem as sementes e as fibras, picada grossa (pimenta-malagueta)
- 2 músculos pequenos ou 1 grande, com cerca de 900g no total
- 2 cebolas grandes, fatiadas
- 12 *tortillas* de milho ou trigo, com diâmetro de 20cm
- sal e pimenta-do-reino moída
- *guacamole* para acompanhar
- molho feito com cebola, tomates crus, coentro picado, sal e pimenta, para acompanhar

1. Com um miniprocessador ou batedeira, misture azeite, suco de limão, alho e a pimenta *jalapeño*. Bata até tudo ficar macio como um purê. Coloque a carne num prato refratário ou num saco plástico com zíper. Espalhe a mistura dos dois lados da carne. Deixe marinar na geladeira, com o saco fechado ou a vasilha tampada, pelo menos de 2 a 8 horas. Deixe voltar à temperatura ambiente antes de cozinhar.

2. Preaqueça a grelha ou a assadeira. Preaqueça o forno a 180°.

3. Asse ou grelhe as fatias de cebola e mantenha-as quentes. Enrole as *tortillas* numa toalha umedecida, ponha numa fôrma de torta ou num tabuleiro e coloque-as dentro do forno para esquentar.

4. Grelhe ou asse a carne, virando uma vez, por cinco minutos de cada lado, ou menos, se preferir a carne mais crua. Transfira-a para uma tábua de cortar e deixe descansar por pelo menos cinco minutos.

5. Com a faca enviesada, corte a carne através das fibras em fatias finas. Tempere as fatias com sal e pimenta. (Sal grosso dará um crocante agradável à carne.)

6. Cada convidado pode arrumar as *fajitas* a seu gosto. Segurando a *tortilla* em uma das mãos, acrescentam-se fatias de carne, uma porção de cebolas grelhadas e colheradas de *guacamole* e molho. A *tortilla* é enrolada em volta do recheio e comida com a mão.

▸ Rendimento: 4 porções

UM BELO ASSADO DOURADO

Conheço todos os processos de preparação de alimentos, incluindo ferver, cozinhar em fogo lento, cozinhar a vapor, tostar, assar no forno, saltear, fritar e grelhar. Alguns deles usam calor úmido e alguns usam calor seco. Mas fico confusa quando se trata de assar na panela, que parece envolver calor úmido e seco ao mesmo tempo. Exatamente o que esse método faz que os outros não fazem?

Assar na panela é um excelente processo para compreendermos o cozimento úmido e o cozimento seco. Carne, aves, crustáceos e vegetais são todos apropriados para isso, mas limitarei minha explicação à carne.

Gosto de definir essa forma de assar a carne como um processo em duas etapas: dourá-la para acentuar seu sabor, depois cozinhá-la "no bafo", em fogo lento, para que fique macia. O resultado pode ser uma carne assada ou um *fricassée* tenro, suculento e saboroso. Sem a etapa preliminar, um conjunto de sabores se perderia. Chame como quiser, inclua a primeira etapa de "amorenamento" na definição ou não; muitas receitas de guisados pulam essa etapa, com resultados excelentes.

Em francês, *braise* significa "brasa". Carvões em brasa eram usados tradicionalmente para cozinhar sobre um braseiro ou em volta de uma panela pesada e tampada, para proporcionar um cozimento lento de carnes e legumes, o que resultava numa *carbonnade*, uma *daube* ou um ensopado. Hoje, o verbo *braiser* indica cozimento em fogo brando e panela bem fechada, e é usado sobretudo quando se quer "domesticar" cortes de carne que de outro modo permaneceriam teimosamente duros e relativamente sem sabor.

Vejamos a primeira etapa, o douramento.

Marrom é a cor de muitas das comidas que amamos de verdade. Gostamos que as carnes estejam marrons na superfície e que os pães ostentem uma casca bronzeada, mais ou menos escura (essa cor é frequentemente romantizada como "dourada"). As torradas são mais gostosas que pão não tostado; os bifes tostados são mais gostosos que a carne cozida. A cor marrom induzida pelo calor há muito é usada para acrescentar sabor a nossas comidas. Ao cozinhar "no bafo", se eliminássemos a etapa inicial de "amorenamento" e simplesmente fervêssemos a carne com os legumes, o resultado final perderia muito do sabor.

Na etapa 1, nós tostamos e deixamos a carne ficar marrom de todos os lados com uma pequena quantidade de óleo quente, numa panela pesada, que depois tamparemos. Durante essa etapa, uma série intricada de reações químicas ocorre, fazendo surgir os produtos marrons. Estas reações são denominadas reações de Maillard, por causa de Louis Camille Maillard (1878-1936), químico francês que caracterizou esses passos iniciais como a reação do que chamou de açúcar redutor (como frutose, lactose, maltose e glicose) com uma proteína.

A reação inicial de Maillard ocorre especificamente entre uma determinada parte da molécula de açúcar (seu *grupo carboxila*) e uma determinada parte da molécula de proteína (o *grupo amina* em um dos seus aminoácidos). Depois desse primeiro passo, o processo de Maillard continua através de uma série complexa de sucessivas reações químicas, resultando numa miscelânea de compostos finais, muitos dos quais são polímeros de cor escura, na maioria aromáticos e saborosos. Mas alguns são amargos e, infelizmente, mutagênicos – eles aumentam o risco de doenças de herança genética.

Nossa explicação das reações de Maillard termina por aqui, como em todos os livros que não se destinam aos químicos da área de alimentos. É por que as reações químicas são tão complicadas que os químicos ainda estão procurando isolar e identificar os produtos finais e transitórios envolvidos nelas. Mais de cem diferentes compostos químicos foram isolados nos produtos das reações de Maillard.

De pouco serviria para meu propósito conduzi-los por uma parte do caminho até o domínio das glicosilaminas, deoxiozonas e rearranjos de Amadori, e então deixá-los perdidos, como uma espécie de homem sem terra, onde a trilha desaparece. A maioria dos químicos (e eu com eles) simplesmente sai pela tangente, referindo-se a todos os compostos finais marrons escuros e que contêm nitrogênio como melanoidinas, do grego *melas*, que significa preto ou muito escuro.

Agora, passemos à etapa 2 do cozimento a vapor, momento em que acrescentamos uma pequena quantidade de líquido – como caldo de legumes ou de carne, vinho, sidra ou cerveja – a uma carne lindamente amorenada e, se também os estivermos usando, aos legumes tostados em separado. É neste ponto que assar se distingue de ensopar. Para assar na panela, usamos uma quantidade de líquido muito pequena, enquanto no ensopado a carne e os legumes são completamente cobertos de líquido. Nessa segunda etapa, quando o líquido começa a ferver, a água evapora, condensa-se por baixo da tampa da panela e pinga sobre a carne, regando-a continuamente a uma temperatura um pouco inferior à de fervura. Esta combinação de calor e umidade converte uma das principais proteínas da carne, o colágeno, numa forma diferente, a gelatina.

O colágeno constitui entre 20 e 25% de toda a proteína do corpo de um mamífero. Está presente sobretudo no tecido conjuntivo: as camadas que cercam as fibras musculares e os duros tendões e ligamentos que "amarram" os músculos do esqueleto aos ossos. Como esta localização sugere, o colágeno é o que torna a carne rija. Mas, quando aquecidas por longo tempo num ambiente úmido – assim como fazemos ao assar a carne –, as moléculas de colágeno sofrem uma modificação. Sua estrutura de tripla hélice, parecida com uma trança de três pernas de espaguete, se desenrola e se quebra numa quantidade de rolinhos pequenos e erráticos como um agrupamento de molas minúsculas. Esses rolinhos são moléculas de gelatina. Proteína muito mais mole que o colágeno, a gelatina tem a capacidade prodigiosa de capturar entre seus rolinhos a sua própria quantidade de água multiplicada muitas vezes.

Prova disso? As instruções numa caixinha comum de gelatina, que dizem para você acrescentar duas xícaras (240g) de água a apenas as 8g de gelatina contidas no pacote (o resto é açúcar). E mesmo assim essa água – trinta vezes o peso da gelatina – é completamente absorvida e forma um semissólido depois de gelada.

Esse processo de assar a carne, portanto, captura o melhor dos dois mundos, produzindo pratos tenros como gelatina e dourados e perfumados à maneira de Maillard, que não poderiam ser preparados de nenhum outro modo.

Estrutura de tripla hélice de uma molécula de colágeno. Na presença de calor e umidade, os filamentos se desemaranham e partem em fragmentos espiralados que constituem moléculas de gelatina.

Ossobuco

Esse é um dos melhores (e mais gostosos) exemplos de como o colágeno presente nos tecidos conjuntivos duros da carne e que cerca o osso se transforma numa gelatina macia e lisa sob influência do calor úmido.

Use sua panela mais pesada, de preferência de ferro esmaltado, para fazer este prato. Ao comprar a carne, verifique se os ossos de cada parte da vitela têm um centro macio, cheio de tutano. Alguns ossos não têm. Dê a cada comensal uma faquinha estreita (um pinça para lagostas funciona muito bem) para retirar o tutano cremoso. Passado em torradas e salpicado de sal e pimenta-do-reino, o tutano é uma iguaria. Sirva os ossos com polenta (p.175) e pão de centeio torrado.

- 4 a 6 ossos de vitela, cada um com 250 a 350g e cerca de 5cm de espessura
- sal e pimenta-do-reino recém-moída
- 4 colheres de sopa de azeite
- ½ xícara de farinha para polvilhar
- 1 filé de anchova
- 4 dentes de alho, fatiados
- 2 cenouras pequenas, descascadas e fatiadas
- 1 cebola fatiada
- 1 talo de aipo em cubos
- ½ xícara de vinho branco seco
- ½ xícara de purê de tomate

Gremolata:

- 2 colheres de sopa de salsa picada
- 1 dente de alho, bem picado
- 1 colher de sopa de casca de limão, ralada
- sal e pimenta-do-reino recém-moída

1. Preaqueça o forno a 180º.

2. Cubra os ossos de vitela com farinha de trigo, sacudindo fora o excesso. Coloque uma panela grande sobre fogo médio por um minuto. Acres-

⟶

cente 2 colheres de sopa de azeite e 2 ossos de vitela, e doure-os por quatro a cinco minutos de cada lado, temperando-os com sal e pimenta enquanto escurecem. Não faça uma pilha na panela: remova-os e ponha os restantes na panela, repetindo o procedimento que, para todos eles, durará entre 15 e 20 minutos.

3. Acrescente as 2 colheres restantes de azeite e os filés de anchova à panela, amassando-os com o azeite. Junte alho, cenouras, cebola e aipo, reduza o calor para médio-baixo, cozinhe os legumes, mexendo de vez em quando por cerca de dez minutos ou até ficarem macios.

4. Arrume os ossos de vitela numa só camada, acomodando-os entre os legumes. Misture vinho e purê de tomate numa vasilha pequena e despeje a mistura sobre a carne e os legumes.

5. Cubra a panela com uma tampa bem ajustada e coloque-a no forno. Cozinhe por uma hora e meia a duas horas, ou até que a carne fique macia, desprendendo-se dos ossos, e os sucos se reduzam. Se a mistura começar a secar durante o cozimento, junte uma pequena quantidade de vinho ou água.

6. Faça a *gremolata*: Pouco antes de servir, misture salsa, alho e casca de limão ralada numa vasilha pequena.

7. Quando a carne estiver pronta, passe-a para uma vasilha funda aquecida e cubra-a para manter-se quente. Alguns cozinheiros gostam de peneirar o molho, mas outros preferem deixar os legumes como estão, portanto faça como quiser. Junte a *gremolata* ao molho e corrija o tempero com sal e pimenta. Coloque a panela em fogo médio e deixe levantar a fervura por dois minutos.

8. Despeje o molho sobre a carne e sirva imediatamente.

▸ Rendimento: 4 porções generosas

AS LEIS DO ESCURECIMENTO

Como existe muita confusão em torno das reações de Maillard e do douramento do açúcar ou caramelização, quero assinalar que tanto uma molécula de açúcar do grupo carbonilo quanto uma molécula de proteína do grupo amina devem estar presentes no alimento para que a caramelização de Maillard, também conhecida como douramento por açúcar, ocorra. O calor acelera as reações de caramelização de Maillard, mas ele não é necessário. As reações podem até mesmo prosseguir lentamente em temperatura ambiente, como quando os alimentos escurecem pela idade.

Em contrapartida, o escurecimento do açúcar puro ou de outros carboidratos sob temperaturas acima de 120° – na ausência de um aminoácido ou de outro composto nitrogenado – ocorre por uma série de reações químicas completamente diferentes chamadas *caramelização.* Carnes, aves, peixes, legumes e outros alimentos que contêm proteínas não se caramelizam. Escurecem. Não é uma palavra tão imaginativa, mas é exata.

Uma terceira forma de escurecimento dos alimentos é o enzimático, causado pelas enzimas na comida. A superfície de uma maçã ou de uma pera cortadas fica escura por causa da liberação de enzimas das células rompidas das frutas.

UMA VARIEDADE DE CALDOS

Os livros de receitas ensinam que, quando se prepara um caldo de carne, deve-se começar sempre colocando ossos e legumes em água fria, porque a água fria incrementa mais o seu sabor. Isso não me parece correto. Não é verdade que a maioria das substâncias se dissolve melhor em água quente?

Sim, é verdade. Basta imaginar como um caldo de carne ficaria perfumado se você deixasse os ingredientes de molho em água fria durante horas, sem mesmo dar-lhes uma fervura. Ou tente preparar uma xícara de chá com água fria – num espaço de tempo razoável, digamos.

Pensando novamente, já ouviu falar do chá "natural", preparado em "ambiente amigável" ao sol? Ele é feito colocando-se os saquinhos de chá em água fria, numa jarra de vidro, e deixando a jarra sob luz solar direta em infusão por várias horas. Bom, a água morna – abaixo de 79° – contendo matéria orgânica é um bom campo para o desenvolvimento de bactérias. E, é claro, os "cálidos e agradáveis raios de sol" nada acrescentam à infusão além de poesia. Para ter toda a segurança, faça sempre o seu chá com água acima de 91°.

Os livros de receita nos ensinam a fazer um caldo que é um concentrado de sabores extraídos de ossos de carne ou peixe e/ou legumes na água, mas raramente explicam as razões por trás das etapas. Isso é compreensível, porque o objetivo de um livro de culinária é nos ajudar a fazer o trabalho direito. Mas é mais fácil lembrar um procedimento quando ele faz sentido do que quando se resume numa simples série de instruções do tipo "faça isso, não faça aquilo". Se você compreender as razões por trás das instruções, talvez da próxima

POR QUE ELES ESCURECEM?

Quando tostamos bifes numa frigideira ou numa grelha, por que não os "esverdeamos" ou "avermelhamos"?

Primeiro, vamos lembrar que a cor marrom é simplesmente um amarelo intenso. Assim, o que estamos fazendo de fato é "amarelando intensamente" nossos alimentos – isto é, usando o calor para criar uma alta concentração de compostos químicos amarelos.

Tudo bem, mas por que amarelos? Uma substância parece amarela porque absorve primariamente a luz azul, entre todas as cores do espectro solar – aquilo que chamamos de "luz branca". Tendo parte de sua luz azul removida, a luz refletida de volta para os nossos olhos torna-se mais rica na cor complementar do azul, o amarelo.

Mas por que nossos alimentos "escurecidos" absorvem principalmente a luz azul?

Quando uma molécula absorve um "pedaço" da energia luminosa (um fóton), são os elétrons da molécula que fazem essa absorção e, no processo, são promovidos a um estágio de energia mais elevado – são empurrados para cima, por assim dizer. Os elétrons têm, em diversas moléculas, diferentes preferências pelas quantidades específicas de energia que desejam e são capazes de absorver – o número específico de degraus sobre os quais desejam ser empurrados –, e, portanto, pelas energias específicas de luz que querem e podem absorver.

Os compostos químicos extremamente complexos produzidos nas reações de Maillard e na caramelização são feitos de moléculas muito grandes que conservam seus elétrons bem apertados e, consequentemente, absorvem primariamente os fótons de alta energia da luz. Entre todas as cores que o olho humano consegue ver, a luz de mais alta energia é o azul, e quando o azul é absorvido, a luz remanescente parece amarela – ou, se for mais intensa, marrom.

vez não precise de um livro de receitas e possa fazer as coisas por sua própria conta. É o que estou tentando fazer com este livro: explicar as razões que estão por trás das ações.

Os caldos são conhecidos como caldos "marrons", nos quais os ossos e talvez os vegetais tenham sido refogados antes de serem colocados na panela, ou caldos "brancos", que não são de fato brancos, mas apenas não são marrons. O caldo de vitela é quase sempre marrom, o de galinha e o de legumes são em geral brancos.

Assar os ossos antes de cozinhá-los lentamente dá um sabor especial ao caldo, por causa das chamadas reações de Maillard: reações químicas entre proteínas e carboidratos em resíduos carnosos e cartilaginosos aderentes aos ossos (ver p.222). Sem o escurecimento de Maillard, esses sabores estariam ausentes do caldo. Os outros sabores, "molhados", ainda terão uma chance de se desenvolver enquanto a água, inicialmente fria, esquenta e cozinha lentamente.

Vamos examinar algumas das razões por trás das instruções costumeiras para a preparação de um caldo.

• **Sempre comece com os ossos e os legumes em água fria**. A afirmação de que, ao começar com água fria, extraímos "o máximo de sabor" é muito enganosa. Não significa que a água fria extraia mais componentes do sabor que a água quente. Significa que, se você começar mergulhando ossos e legumes em água quente, muitas das proteínas responsáveis pelo sabor terão mais dificuldades para serem extraídas durante o estágio posterior de cozimento lento. Assim, você terminará com mais sabor se não começar com água quente.

Eis por quê: quando submetidas ao calor, as proteínas se reconfiguram (*desnaturam*). Isto é, suas moléculas enroscadas primeiro se desdobram e depois se religam como estruturas mais apertadas, entrelaçadas. É mais difícil para a água extrair moléculas cheias de sabor dessas estruturas coaguladas que das proteínas em seu formato original. Portanto, para extrair o máximo de sabor para a água, não desejamos que as proteínas se comprimam logo.

Se ossos e vegetais forem colocados na água fria, as proteínas hidrossolúveis (algumas proteínas são solúveis, outras não) terão bastante tempo para se dissolver na água antes de se tornarem insolúveis e inacessíveis em decorrência do processo de desnaturação molecular. Também durante esse estágio em baixa temperatura, algumas impurezas indesejáveis e solúveis em água, tais como as que estão presentes no sangue, terão tempo para se dissolver, e mais tarde se coagularão quando a água esquentar. (Você certamente sabe que, para remover manchas de sangue dos tecidos, deve mergulhá-los em água fria, porque a água quente vai "fixá-las", ao coagular as proteínas.)

Durante o aquecimento gradativo a partir de um começo a frio, essas proteínas indesejáveis coagulam lentamente através do corpo do líquido. Enquanto isso, parte da gordura dos ossos terá se derretido e subido à superfície. Nesse deslocamento para cima, o óleo encontrará as partículas de proteína coagulada e as revestirá, agindo como uma espécie de salva-vidas ao fazê-las boiar na superfície como uma espuma gordurosa, que você então retirará com facilidade.

Por outro lado, se o começo da preparação for com água quente, as proteínas das impurezas irão coagular mais depressa, formando partículas menores, que não se estabilizarão nem poderão ser capturadas pelos glóbulos de óleo em sua ascensão. Elas ficarão em suspensão no líquido, tornando-o opaco. (Uma exceção ao procedimento com início a frio: muitos *chefs*, por sua própria escolha, preferem acrescentar os legumes só depois que a água estiver quente.)

• **Acrescente água suficiente para cobrir os ossos.** Água em excesso produziria um caldo menos saboroso, e você deseja que os sabores extraídos estejam bem concentrados. Água insuficiente, em contrapartida, poderia deixar alguns dos ossos com as pontas para fora. Não só seu sabor seria perdido, pois a água só consegue extrair sabor do que está mergulhado nela, como também esses ossos poderiam secar, ficar pretos e descolorir o caldo, um inconveniente ainda maior se você estiver preparando um caldo branco. Para manter a água no nível adequado, você deve repor a água perdida pela evaporação enquanto o caldo estiver fervendo.

• **Leve a água ao ponto de ebulição e imediatamente abaixe o fogo para produzir uma leve fervura.** Então deixe cozinhar assim, em fogo baixo, sem ferver. Por que cozinhar em fogo baixo em vez de ferver? A principal razão é que a agitação da ebulição quebraria esses aglomerados de proteínas coaguladas e recobertas de gordura, transformando-os em pequenas partículas que escapariam à sua escumadeira, e você, mais uma vez, acabaria com um caldo opaco.

Carne de vaca e vitela ficam cozinhando em fogo baixo por mais tempo (seis a oito horas) porque seus ossos são relativamente grandes e os componentes do sabor são relativamente inacessíveis à água. É por isso que os ossos devem ser cortados em pedaços de 8 a 10cm. Os caldos de galinhas, que contêm ossos menores, cozinham em geral de três a quatro horas, enquanto os de peixe e legumes cozinham por apenas 30 a 45 minutos. O objetivo é extrair o máximo de sabor possível e converter o máximo de colágeno do tecido conjuntivo em gelatina, porque a gelatina dá ao caldo sua suavidade e corpo.

Mas certos componentes do sabor começam a se quebrar ou se tornam menos desejáveis quando o caldo é cozido por muito tempo. (Isso acontece especialmente com os caldos de peixe, cujas proteínas musculares são menos estáveis que as dos animais terrestres.) Os *chefs* de restaurantes deixam seus caldos cozinhando em fogo baixo por até seis a oito horas, e então os reduzem ainda mais, depois de retirar os sólidos. Mas, para quantidades menores, domésticas, três a quatro horas resolvem a questão. Esse tempo é o que satisfaz melhor à equação "extrair o máximo de gelatina e reter o melhor sabor". Cozinhar por menos tempo que isso produzirá um caldo ralo e não tão rico.

• **Retire a camada de espuma várias vezes.** Como vimos, a espuma consiste principalmente em proteínas coaguladas, insolúveis. Elas não matam, mas não são apetitosas. Se deixadas na água durante o cozimento, essas proteínas irão ficar mais duras, formando manchas escuras, muitas das quais aderem à panela na linha d'água.

Elimine-as de preferência com uma malha fina ou uma peneira, e não com uma colher de qualquer tipo. Uma escumadeira deixará a espuma cair, e uma colher comum removerá não só a espuma como também a camada superficial de gordura saborosa, com a qual você se ocupará depois. A malha sobre uma peneira é exatamente o indicado para retirar apenas a espuma.

Depois do tempo de cozimento indicado, retire os ossos e os legumes (agora é o momento para usar a escumadeira) e coe o líquido restante em duas ou três camadas de gaze própria para escorrer queijo.

Mas – você pergunta –, se no final vamos coar tudo, por que toda essa agitação para impedir que o caldo fique opaco? Porque filtrar através de muitas camadas de gaze não removeria as minúsculas partículas em suspensão (*coloides*) que tornam o líquido opaco.

• **Esfrie o caldo rapidamente.** Um caldo é uma atração para as bactérias. Isto é, ele é um excelente meio de cultura. Se o deixarmos esfriar lentamente,

Peneira de malha fina de aço. Indispensável para remover a espuma do caldo sem retirar a camada de gordura.

pode levar muito tempo na temperatura própria para o crescimento das bactérias, que vai de 4 a 60°. (Ver abaixo "Bactérias em traje de guerra".)

Os restaurantes têm grandes bacias onde as panelas de caldo quente ficam cercadas de tubos dentro dos quais circula água gelada. Em casa, você pode colocar sua panela dentro de uma bacia com água gelada até o nível do caldo (se puser num nível mais alto, a panela flutuará); mexa o caldo a intervalos regulares e mude a água quando ela ficar morna. Ou encha um saco plástico com cubos de gelo e mergulhe-o dentro da panela, substituindo o gelo quando ele derreter.

- **Leve à geladeira o líquido peneirado e frio, e retire a gordura solidificada na superfície.** Isso não atende apenas às razões ditadas pela fobia à gordura, mas ao fato de que, enquanto se solidifica, a gordura captura qualquer resíduo flutuante que possa ter escapado à peneira. (Você o perceberá aderido à parte inferior do bolo de gordura.) Mas a gordura é saborosa, portanto não seja implacável. No caso do caldo de galinha, especialmente, você pode querer deixar um pouco da gordura no caldo.

Seja como for, não coloque nenhuma panela com comida quente diretamente na geladeira. Ela esquentará todos os alimentos que estiverem ali, contribuindo para que se deteriorem. Ou esfrie a panela como descrito acima, ou divida seu conteúdo em várias embalagens pequenas, lacre-as e deixe que esfriem antes de guardá-las na geladeira. Isso será mais rápido que esfriar a panela inteira, porque a área superficial de contato com o ar frio será maior.

Agora gele seu caldo em porções adequadas a serem usadas para acentuar o sabor de sopas, molhos e pratos apetitosos como o risoto.

BACTÉRIAS EM TRAJE DE GUERRA

Por que todas essas precauções com o esfriamento rápido de um caldo para impedir o crescimento de bactérias perigosas? Afinal, ele acabou de ficar cozinhando em fogo baixo por mais de uma hora. Será que isso não o mantém esterilizado, desde que seja mantido coberto enquanto esfria, para que novas bactérias não mergulhem na panela atrás de um jantar?

Infelizmente não. Nem todas as bactérias morrem à temperatura de 100°. Algumas conseguem sobreviver protegendo-se dentro de camadas invulneráveis. Elas são então chamadas de esporos.

Uma fervura leve e tremulante

Uma panela entra no estágio de cozimento lento quando você percebe apenas bolhas ocasionais na superfície. As bolhas são como pequenas bolsas de vapor d'água, criadas no fundo da panela, onde a temperatura é mais alta. Elas então sobem, mas a maioria reverte ao estado líquido e se desfaz à medida que esfria em seu caminho para cima, nunca chegando à superfície. As únicas que consideramos "bolhas de verdade" são as que completam esse caminho.

Os livros de culinária tentam definir um cozimento lento determinando temperaturas específicas da água, muitas vezes divergentes, algo em torno de 100º. Mas a temperatura exata da panela depende das características do queimador do fogão, do tipo de panela e do seu conteúdo, sem mencionar a altitude e a temperatura ambiente. (Sob baixa pressão atmosférica, a água ferve em uma temperatura mais baixa.) E se o livro indica uma temperatura específica de cozimento, onde se espera que vá medir a temperatura do caldo? Junto ao fundo, que é mais quente, ou perto da parte de cima, que é mais fria?

Portanto, esqueça essa busca de uma determinada temperatura e use uma pequena quantidade de bolhas ocasionais como critério para o cozimento lento adequado.

Os cozinheiros franceses às vezes fazem uma distinção entre o cozimento lento de sopas ou ensopados que contêm sólidos e o cozimento lento de líquidos como água, leite ou molhos ralos. No primeiro caso, eles usam o verbo *mijoter*, que é mais ou menos o equivalente do verbo inglês *to simmer* ("fervilhar"). Mas quando toda a superfície do líquido na panela é claramente visível para o cozinheiro, sem ser perturbada por pedaços de carne ou de vegetais protuberantes, há um pré-cozimento, ou um estágio pré-bolhas, que os franceses chamam de *frémir*, verbo que significa tremer ou estremecer.

Se você olhar bem de perto uma panela de água quente quando ela se aproxima da temperatura adequada ao cozimento lento, e antes que qualquer bolha quebre a superfície, verá que a superfície estremece – ou, como alguns diriam, sorri. O estremecimento é causado pelas correntes de convecção; elas formam como que plumas de água quente que sobem através de zonas de água mais fria, cedendo um pouco de seu calor para o ar quando atingem a superfície, onde então, como ficaram mais frias do que eram antes, afundam. As leves perturbações da superfície líquida quando essas plumas mudam de direção cria um efeito visível de estremecimento.

Um ovo pode ser cozido por *frémissement*, e não por *mijotement*. A temperatura média da água no primeiro caso será ligeiramente inferior à do segundo.

A maioria das espécies de bactérias se reproduz por fissão binária: cada uma se divide em dois novos organismos completos. É por isso que elas podem crescer em taxas exponenciais. Uma vez que se instalam, as bactérias podem aumentar em número, digamos, de 5 mil para 10 mil para 20 mil para 40 mil e assim por diante, duplicando a cada dez minutos, até chegar a 10 bilhões por milímetro de sua sopa ou caldo, quando então ficarão sem nutrientes.

Mas quando as condições não são propícias a seu crescimento ou se tornam hostis, algumas espécies de bactérias (e de fungos) conseguem sobreviver como esporos – formas letárgicas e virtualmente indestrutíveis. Protegidos por uma armadura rígida, os esporos são capazes de sobreviver a ambientes calamitosos como água fervente, privação de alimento, seca, congelamento, luz ultravioleta, substâncias corrosivas. Quando as condições melhoram, assim como quando a sopa esfria e atinge uma temperatura confortável para o crescimento, os esporos se transformam em novos indivíduos completos, que voltam a se reproduzir pelo modo habitual.

Um *genus* patogênico muito comum de esporo formador de bactéria encontrado no solo, na água e no trato intestinal de seres humanos e animais é o *Clostridium*, particularmente a espécie *C. perfringens*, a principal causa de envenenamento alimentar, e a mais rara *C. botulinum*, que produz toxina botulínica, um dos venenos mais potentes conhecidos. A bactéria *Clostridium* não precisa de oxigênio para viver; de fato, ela não consegue sobreviver no ar, portanto o interior de uma panela de caldo é o ambiente perfeito para seu crescimento.

Para matar os esporos, são necessárias temperaturas acima de 100°. É por isso que o equipamento médico e cirúrgico é esterilizado numa autoclave, que é uma espécie de panela de pressão. Sob pressão alta, a água ferve a temperaturas mais altas. Panelas de pressão e autoclaves são recipientes fechados dentro dos quais a pressão do vapor da água fervente sobe o bastante para atingir 141°, temperatura que mata a maioria dos esporos de bactérias.

Tenho viajado por alguns países nos quais meu estômago não estava habituado, e era portanto vulnerável aos, digamos, bichinhos locais que podem ser encontrados nos alimentos. Mantive-me o mais fiel possível a alimentos bem fritos (que, aliás, costumam ser a melhor comida local), porque o óleo a 177° mata praticamente tudo.

O interior de uma lata de conserva é um excelente lugar livre de oxigênio para a criação de esporos de *Clostridium*. Por este motivo, as latas de conserva, depois de cheias e fechadas, são aquecidas em recipientes de alta pressão a temperaturas de 116 a 141° para serem esterilizadas. Se o processo de esterilização não for completo e as bactérias crescem dentro das latas, elas produzirão gás hidrogênio, que faz as latas estufarem. Se a extremidade da lata (que é a parte mais fraca) cede ou estufa à menor pressão do dedo, jogue-a fora.

UM EXERCÍCIO PARA DOBRAR OS OSSOS

Aprendi ainda criança a adicionar um pouco de ácido – suco de limão, vinagre ou vinho – para aumentar a quantidade de cálcio que sai dos ossos quando estamos preparando uma sopa. Isso faz sentido?

Sim, até certo ponto.

Os ossos são uma combinação de dois tipos de substâncias: (1) células orgânicas moles e proteínas, parcialmente extraídas para a água durante o cozimento do caldo, e (2) um mineral duro, inorgânico, que não se dissolve de modo apreciável nem contribui com qualquer sabor. Esse material mineral, presente tanto nos ossos como nos dentes, é basicamente um composto de fosfato de cálcio chamado hidroxiapatita que, como seu dentista se apressará a lhe informar, é atacado pelos ácidos. (No caso de deterioração dos dentes, os ácidos são produzidos por bactérias.)

A menos que o ácido seja muito forte, levará muito tempo para dissolver o fosfato de cálcio dos ossos na sua sopa. As quantidades relativamente baixas de ácidos fracos no suco de limão (ácido cítrico), vinagre (ácido acético) ou vinho (basicamente ácidos tartárico e málico) não irão extrair muito cálcio, mesmo depois de horas do cozimento lento.

Mas se você quiser se divertir um pouco, experimente o seguinte: mergulhe numa jarra cheia de vinagre não diluído um osso cozido de galinha, sem vestígios de carne (o da coxa serve muito bem), e deixe-o de molho ali por quatro a cinco semanas. O ácido do vinagre diluirá a hidroxiapatita dura e deixará como resíduo o material orgânico macio. Você vai conseguir surpreender seus amigos mostrando como consegue dobrar um osso flexível de galinha.

POR QUE O VINHO?

Diga-me se isto é verdade: "Cozinhar com vinho acrescenta um sabor especial a um prato porque o álcool se dissolve e libera componentes flavorizantes que não se dissolvem na água." Li essa afirmação e outras semelhantes em vários lugares. Mas sou químico, e essa explicação não me pareceu correta.

Os *chefs* com quem falei aceitam essa ideia como bastante razoável, e ela até parece fazer sentido, pelo menos superficialmente, porque muitas substâncias de fato se dissolvem no álcool, mas não na água.

Entretanto, é errada. A verdadeira razão para usarmos álcool ao cozinhar é que um bom vinho contribui com o seu sabor para um prato. Não tem nada a ver com a dissolução de componentes flavorizantes.

Eis o que acontece: em uma mistura de água e álcool, como o vinho, o álcool não funciona como álcool puro e a água não funciona como água pura. Eles funcionam como uma mistura de álcool e água, e uma mistura pode ter propriedades bem diferentes daquelas de cada um de seus componentes em estado puro.

Por exemplo, se misturarmos quantidades iguais de álcool e água, a mistura será mais de 2 ½ vezes mais viscosa ("espessa") que o álcool puro ou a água pura. O motivo é que as moléculas do álcool e as moléculas da água se atraem e grudam umas às outras pela formação das chamadas ligações de hidrogênio. Elas não podem mais circular livremente como as moléculas menos embaraçadas, tanto no álcool puro quanto na água pura. As propriedades da mistura, incluindo aquilo que ela pode ou não dissolver, variam de acordo com a variação de percentual de álcool. Se uma determinada substância se dissolve no álcool puro ou na água pura, isso não significa que ela se dissolverá em qualquer mistura de álcool e água.

Isso será apenas teoria? Não, eu fiz o experimento para testar.

As sementes de urucum (o arbusto tropical *Bixa orellana*) são revestidas por um óleo pastoso que contém um pigmento carotenoide amarelo-alaranjado intenso denominado bixina. Esse pigmento se dissolve no óleo e no álcool, mas não na água. A bixina do urucum é um colorante aprovado pela FDA para produtos alimentícios gordurosos, como manteiga, margarina e queijo processado. Nesse experimento, usei a bixina, por ser altamente visível, para simular um componente flavorizante solúvel no álcool em um produto alimentício.

Coloquei cinco sementes de urucum em cada um de quatro pequenos tubos de ensaio e acrescentei em cada um 15ml (uma colher de sopa) de um dos seguintes líquidos: água, vinho Chardonnay contendo 13% de álcool, vodca contendo 40% de álcool, álcool etílico puro a 95%. Deixei os tubos em temperatura ambiente por vários dias, sacudindo-os de vez em quando.

Eis os resultados. Nem a água nem o vinho dissolveram a cor da bixina; a água permaneceu incolor e o vinho branco permaneceu na cor do vinho branco. A vodca ficou amarelada, com uma pequena quantidade de bixina dissolvida, enquanto o álcool a 95% ganhou uma intensa cor amarela.

Conclusão: vinho – mesmo puro, não diluído – não dissolve ou "libera" das sementes a bixina solúvel no álcool. A concentração alcoólica deve ser alta, cerca de 40% ou mais, para que uma quantidade apreciável de bixina seja extraída. Mas essas altas concentrações alcoólicas nunca acontecem na culinária. Acrescentar meio copo de vodca a um litro de molho produziria uma solução com apenas cerca de 5% de álcool, o que é ainda mais baixo que a ineficaz concentração alcoólica do vinho não diluído.

Mas isso foi em temperatura ambiente. O que acontece se a experiência for feita com o calor do cozimento?

Embora muitas substâncias sejam mais solúveis em temperaturas mais altas, as contingências relacionadas às ligações do hidrogênio ainda estarão atuando. Portanto, embora o álcool puro aquecido extraia mais componentes solúveis em álcool sob temperatura mais alta, o vinho aquecido continuará não os extraindo. Portanto, a teoria de que "o vinho extrai sabores" é furada.

Ainda assim, o álcool contido no vinho pode contribuir para dar sabor, além dos sabores inerentes ao próprio vinho. Durante o cozimento, o álcool reage quimicamente com os ácidos da comida para formar compostos fragrantes e frutados chamados ésteres. Você pode comprovar isto agitando vigorosamente um pouco de álcool etílico desnaturado (disponível em lojas de ferragens e de tintas) com vinagre (ácido acético) dentro de uma garrafa bem fechada. Depois de sacudi-la durante alguns minutos, abra-a cuidadosamente e cheire: além dos odores do álcool e do vinagre, você perceberá uma nota frutada de acetato de etílio, um dos ésteres presentes no aroma do abacaxi.

Na panela, durante o cozimento, o álcool pode reagir também com substâncias oxidantes para formar aldeídos – compostos responsáveis por sabores como amêndoa, canela e baunilha. Tanto ésteres como aldeídos dão sabores que não estavam presentes entre os ingredientes originais. E, ao contrário da crença bastante difundida, o álcool não "evapora" completamente. Ele tem muito tempo para participar dessas reações químicas durante o cozimento.

Portanto, desfrute do *coq-au-vin* e do *boeuf bourguignonne*. O vinho acrescenta sabor de várias maneiras, mas não espere que ele "extraia" ou "libere" quaisquer sabores solúveis em álcool da sua comida.

E agora, depois de pensar nisso, eu pergunto: por que deveríamos extrair componentes flavorizantes dos nossos alimentos? Se eles estão ali, eles estão ali, e nós os sentiremos ao mastigá-los, estejam eles nos sólidos ou nos molhos.

Sobre solventes, solúveis e solução

Para que uma substância solúvel (um *soluto*) se dissolva num líquido como o álcool (um *solvente*), as moléculas do solvente precisam cercar cada molécula do soluto (dissolvendo-o). Mas se o álcool está misturado à água, as ligações de hidrogênio entre eles perturbam a capacidade que as moléculas de álcool têm de dissolver as moléculas do soluto. Assim, a mistura de álcool e água na verdade não consegue dissolver o que o álcool sozinho dissolveria.

Além disso, quanto menos álcool houver na água, menor é seu poder de dissolução. Por exemplo, quando acrescentamos meio copo de vinho, que contém 12% de álcool, a um litro de líquido fervente, a concentração do álcool se reduz em 1,5%. As moléculas de álcool são menos numerosas que as de água, numa proporção de cerca de 200 para 1. Desse modo, elas não conseguem se agrupar em torno das moléculas do soluto.

É um gás?

Fui ao supermercado comprar uma churrasqueira e não consegui decidir se adquiro uma a gás ou a carvão. Cada pessoa a quem pergunto tem uma opinião diferente, e todas se mostram fanáticos na defesa de sua opção. Você tem algum conselho objetivo?

Neste livro, tento não entrar em controvérsias. Mas essa questão é de tal modo crítica, e as duas opções tão contrastantes que não resisto a esclarecer minha posição sobre um dos mais ferrenhos debates de nosso tempo: "O que é melhor, gás ou carvão?" Expresso aqui minha mais acalorada defesa do carvão.

Os grelhados estão quentes no momento. Tenho 11 livros sobre grelhar em minha prateleira, mas todos eles comentam duas coisas importantes: que grelhado e churrasco não são a mesma coisa e que nem todos os combustíveis são iguais.

Reconhecendo que quase ninguém entende a diferença entre grelhado e churrasco, os livros incluem os dois tipos de receita. E como a maior parte das churrascarias atualmente usa gás, os autores reprimem sua unânime, embora secreta, convicção (que só admitem sob juramento) de que o carvão é infinitamente superior ao gás. Um autor não pode se dar ao luxo de perder a maior parte de seus potenciais leitores – que usam churrasqueiras a gás.

Quando um alimento é grelhado, ele é posto vários centímetros acima de um fogo quase sem fumaça e muito quente (entre 260 e 540º), e cozinha muito depressa. Os alimentos que em geral grelhamos são: bife, linguiça, salsicha, hambúrguer, asa de frango, peixe e camarão, para citar somente os principais.

O churrasco, por outro lado, consiste de um cozinhar longo (às vezes horas), lento, numa temperatura relativamente baixa (entre 150 e 180º, ou menos), com a carne atravessada por um espeto ou posta entre grelhas sobre um fogo com bastante fumaça. Nesse caso, pense num bom pedaço de carne de boi, costeletas e lombinho de porco, tudo regado com um molho altamente secreto, em geral feito por um homem.

Há três tipos de combustível: carvão, briquete e gás.

Carvão: se a madeira é aquecida na ausência de oxigênio (processo conhecido como destilação destrutiva), ela não queima. Na verdade, ela se decompõe. Em primeiro lugar, a água é expelida. Então, os carboidratos (sobretudo celulose e lignina) começam a se quebrar em álcool metílico (conhecido como álcool de madeira), ácido acético, acetona, aldeído fórmico, ou formaldeído e muitos outros gases. Virtualmente, só resta o carvão puro.

Durante milhares de anos as pessoas fizeram carvão a partir da madeira queimada como combustível para cozinhar os alimentos. Hoje, o carvão em pedaços, que ainda guarda as características da madeira de que é feito, queima bem e é limpo, produzindo uma quantidade mínima de fumaça. Além disso, tem o meu voto (e o da maior parte dos especialistas em grelhados) como o melhor dos combustíveis para grelhar.

Briquetes: não podem ser chamados de carvão porque contêm uma porção de outras substâncias. Foram inventados e patenteados por Orin F. Stafford,professor da Universidade do Oregon, e depois produzidos por Henry Ford.

Os briquetes eram originalmente feitos do carvão em pó comprimido e ligado com amido. Mas agora o processo não é tão simples. De acordo com uma publicação de 2000, da Kingsford Product Company, o briquete contém carvão, grafite, calcário (para produzir um mineral de cinza branca), amido (como liga), bórax (que ajuda a tirar o carvão da fôrma), serragem (para facilitar a ignição) e nitrato de sódio, que libera oxigênio quando aquecido e aumenta a velocidade da queima.

Eu, particularmente, prefiro não ter amido, bórax e serragem queimando debaixo da minha comida.

Gás: o combustível usado nas grelhas modernas são o metano (gás natural, CH_4) ou o propano (C_3H_8), cujas moléculas se constituem de átomos de carvão e de hidrogênio. Esta é a diferença entre o carvão e os combustíveis gasosos: os átomos de hidrogênio. Enquanto o carvão queima e produz somente dióxido de carbono (e algum monóxido também), o metano e o propano produzem dióxido de carbono e vapor d'água. Coloque uma vasilha de vidro transparente por um minuto sobre a chama do gás e você verá como se forma uma neblina de água condensada.

Cada molécula queimada de propano produz quatro moléculas de água. Numa churrasqueira típica, de 40 mil BTUs por hora, isso significa 1,5 litros de água por hora. A superfície inferior da carne fica úmida, e sua temperatura não chega ao grau atingido pelo carvão seco. Por isso, a carne nunca vai ter aquela crosta marrom e cheirosa produzida pelo carvão.

Caso encerrado.

Há duas técnicas de se fazer churrasco: a direta, quando se coloca a carne acima da camada de carvão, e a indireta, quando a pilha de carvão fica ao lado da carne.

No método direto, o calor chega à carne tanto por convecção (liberação de ar quente) quanto por radiação (raios infravermelhos). No indireto, como a carne não está sobre a fonte de calor, este a atinge sobretudo por radiação. (O terceiro mecanismo de transmissão de calor, a condução, não desempenha papel importante no ato de grelhar.) No segundo método, a carne não atinge temperaturas muito altas e cozinha mais devagar. Se a churrasqueira for coberta, o ar quente produzido pela queima do carvão fica preso e circula naquele ambiente semifechado, que se torna uma espécie de forno de convecção. Com algumas lascas de madeira úmida você pode defumar o alimento.

BEM-VINDOS OS FUMANTES

Meus vizinhos compraram um aparelho para defumar carne. Parece um ovo verde e grande, com cerca de 90cm de altura, que se equilibra sobre a extremidade mais estreita. Eles o utilizam para preparar alimentos e peixe com fumaça, e têm uma coleção de vários tipos de madeiras que, segundo dizem, produzem diferentes sabores. Como a madeira consegue defumar e dar sabor à comida?

Nada posso dizer a respeito do sabor da madeira em si. Mas como quando nós a queimamos estamos de fato comendo a sua fumaça, tenho algumas observações a fazer.

O nome do grande ovo verde de seus vizinhos é mesmo Grande Ovo Verde (*Big Green Egg*). É um tipo de *kamado*, palavra derivada da tradicional panela japonesa para cozinhar arroz no vapor, a *mushikamado*, que em japonês significa – é claro – panela de cozinhar arroz no vapor. A *mushikamado* é uma espécie de urna de terracota oca, no formato de ovo, que fica suspensa sobre um fogareiro a lenha. O arroz não só cozinha como adquire um interessante sabor de fumaça.

Há dezenas de outros tipos de churrasqueiras no mercado, com forma de tambor de óleo, caixas retangulares de ferro, ou o que você quiser que possa juntar fumaça de troncos e gravetos queimados num espaço fechado contendo a comida. Os adeptos dos defumados sabem adaptar desde fogareiros de carvão até geladeiras velhas a seu propósito.

Entre os defumados, os preferidos são truta, salmão, carne de peito de boi, paleta de porco, peru, lombinho de porco e até mesmo legumes como batatas e tomates. A temperatura deve ser mantida em algo em torno de 52 a 104° para um cozimento lento, que torne a carne macia (exceto no caso de peixes, que cozinham rapidamente) e dê tempo à fumaça de contribuir com seu sabor. Com algumas precauções, os alimentos também podem ser defumados dentro de casa, seja no forno, seja numa assadeira especial desenhada com esse propósito.

Observe que estamos falando da chamada defumação a quente. De 52 a 104°, os alimentos não só são impregnados com o sabor defumado, como também cozidos até certo ponto. Os defumadores profissionais também empregam a defumação a frio (ver p.264), na qual a temperatura da comida, por exemplo, o toucinho, não deve exceder os 29 a 38°. A defumação líquida (ver p.263) também é usada com frequência.

O Grande Ovo Verde (*Big Green Egg*), aparelho usado para defumar, grelhar e fritar. É uma adaptação da *kamado* japonesa.

Um dos métodos de cozinhar mais primitivos concebidos pelo ser humano era pendurar a carne sobre fogo de lenha colocada no fundo de um buraco cavado no chão. A intenção era que o calor do fogo cozinhasse a carne, mas, invertendo o antigo ditado, onde há fogo há fumaça, e os efeitos da fumaça eram inevitáveis. Um fenômeno muito importante entre esses efeitos – embora só compreendido nos tempos modernos – era que a fumaça funcionava como um elemento de preservação dos alimentos, matando os microrganismos responsáveis por sua deterioração. Finalmente, a própria fumaça passou a ser o instrumento desejado, e defumar alimentos para conservá-los, principalmente presuntos, tornou-se uma prática adotada mundialmente.

Hoje, temos uma distribuição eficiente de alimentos do produtor ao consumidor e a conservação a longo termo não é tão importante como antigamente. Além disso, temos a refrigeração, que não mata organismos patogênicos, mas retarda seu desenvolvimento. Assim, podemos defumar alimentos em casa apenas porque apreciamos o seu sabor. E, claro, diferentes madeiras impregnam os alimentos com diferentes sabores com sua fumaça. Afinal, se as madeiras fossem tão idênticas quimicamente que produzissem fumaças idênticas, não seriam árvores diferentes. As madeiras macias como o pinho não são adequadas para defumar alimentos porque contêm muita seiva e resina, que produzem fumaça nociva e fuligem.

Agora olhe para a chama azul no fogão a gás ou na grelha a gás. A chama não produz nenhuma fumaça. É porque o gás está recebendo oxigênio suficiente para queimar totalmente. Todo ele se transforma – virtualmente cada molécula dele – nos produtos gasosos invisíveis dióxido de carbono, monóxido de carbono e vapor d'água. Mas quando a madeira ou quase todos os demais combustíveis queimam, as reações de combustão raramente são completas. A madeira é sólida, e nem todas as suas moléculas têm uma chance de misturar-se livremente com o oxigênio no ar. O combustível, sequioso por oxigênio, não pode queimar completamente, e pequenas partículas dele, semiqueimadas e ainda sólidas, são liberadas para a voragem da chama, elevando-se junto com os gases como uma nuvem escura: fumaça.

Se quisermos obter o máximo de quantidade de fumaça das brasas da madeira, devemos privá-las parcialmente de oxigênio. Então molhamos os gravetos em água durante mais ou menos uma hora antes de aquecê-los ao ponto de soltar fumaça, momento em que começarão a arder, impregnando nossa comida com sabores que não conseguiríamos de outra maneira.

E agora, a má notícia.

Ao longo do percurso para a combustão total – que, lembre-se, o combustível nunca atinge –, centenas de substâncias químicas intermediárias se formam e se evolam com a fumaça. Elas incluem formaldeído, ácido fórmico, fenóis, benzeno, quinoleína e muitos outros produtos químicos, alguns dos quais são carcinogênicos. Entre os piores desses atores estão os hidrocarbonos policíclicos aromáticos (PAHs), uma classe que inclui o arquicarcinogênico benzo[a]pirona, B[a]P. As moléculas planas do B[a]P podem infiltrar-se entre os degraus da escada em espiral das nossas moléculas de DNA e acabar com eles. Isso pode levar ao câncer. A algaroba, muito popular e de sabor especial, é uma madeira cuja fumaça tem sido apontada como particularmente rica em hidrocarbonos policíclicos aromáticos (PAHs).

Que preço, então, pagar pelo sabor? A primeira vez que comi um filé no Arizona, preparado sobre madeira de algaroba, eu fiquei eletrizado. Era incrível! Não persisti, porém, numa dieta estrita de filé grelhado em algaroba (ou de qualquer outro tipo de filé, aliás), a despeito do fato de que um risco é um risco, não uma certeza. Mas mesmo que aquele filé tenha dobrado meu mínimo risco de câncer induzido, valeu a pena.

Com base nas estatísticas de risco, suspendi minha ingestão diária de fumaça de tabaco há mais de 20 anos. Com a mesma base, contudo, não vejo razão para evitar um encontro ocasional com um salmão defumado. Como disse Voltaire, "A moderação é o prazer do sábio."

Os tijolos e a argamassa das árvores

As centenas de compostos químicos presentes na fumaça da madeira surgem da combustão de seus dois principais componentes estruturais, a lignina e a celulose. A lignina é um grupo de compostos químicos poliméricos (moléculas grandes) que cimentam as paredes de celulose das células da planta, como a argamassa cimenta os tijolos, mantendo-os unidos. Assim, a lignina aumenta a força, a dureza e a rigidez da madeira. Sem ela, as árvores seriam tão molengas quanto um fio de telefone.

As principais substâncias químicas aromáticas na fumaça da madeira se evolam pela combustão da lignina; são os compostos fenólicos siringol e guaiacol, e seus derivados. A combustão da celulose da madeira, por sua vez, cria compostos voláteis chamados ciclopentanos, que acrescentam uma espécie de toque de caramelo ao sabor defumado.

8

O tempero é diversidade

Relacione cada uma das seguintes especiarias ou condimentos à cozinha nacional que mais uso faz delas. Não vale colar.

1. *Curry*	(a) China
2. *Harissa*	(b) França
3. *Herbes de Provence*	(c) Hungria
4. *Ketjap mani*	(d) Índia
5. Missô	(e) Indonésia
6. *Mole*	(f) Itália
7. Páprica	(g) Japão
8. *Pesto*	(h) México
9. Pimentão	(i) Espanha
10. Anis-estrelado	(j) Tunísia

Se você acertou sete ou mais, minha opinião se confirma: as cozinhas nas diversas culturas étnicas, nacionais e regionais podem ser caracterizadas em grande parte pelo modo como usam especiarias, ervas e condimentos. As especiarias são o que acentua a diversidade da vida culinária ao redor do mundo.

Mas qual a diferença entre uma especiaria e uma erva?

Ambas podem ser descritas como ingredientes culinários derivados de plantas que, usadas em pequenas quantidades, proporcionam muito sabor. Essa distinção não operacional é realmente a melhor na maioria das situações, porque conhecer os sabores característicos e os usos de uma especiaria ou de uma erva é bem mais importante para o cozinheiro que conhecer suas especificidades botânicas. Entretanto, existe uma distinção técnica bastante confiável (embora frequentemente esquecida) entre ervas e especiarias.

O termo *erva* vem do latim *herba*, que significa grama ou folhas verdes. Para os botânicos, *erva* se aplica a todas as partes tenras e não lenhosas das plantas. Na linguagem comum, contudo, uma erva é qualquer folha usada por seu sabor, aroma, ou propriedades medicinais.

As ervas vêm sendo usadas ao longo da história da humanidade não só na culinária, mas também em cerimônias místicas e no curandeirismo. A atual propagação de fitomedicamentos e suplementos à base de ervas é apenas a mais recente encarnação da velha indústria do óleo de cobra. Por algum motivo, muitas pessoas acreditam que se for "feito de erva" é "natural", e portanto saudável.

A palavra *especiaria*, em contrapartida, não tem uma base científica: é um termo genérico para qualquer material de origem vegetal, exceto folhas, que acrescenta aromas e sabores fortes à comida. Originária do latim *species*, a palavra indicava um sortimento de mercadorias e se referia de início a produtos comerciais obtidos no Oriente, entre os quais as especiarias constituíam uma parte importante. Elas podem ser raízes, rizomas, cascas, sementes, frutos ou flores, mas na maioria das vezes são sementes. As ervas em geral são verdes e de sabor relativamente suave, enquanto as especiarias podem ser marrons, pretas ou vermelhas e têm sabores mais fortes.

Como as especiarias quase sempre são nativas das regiões tropicais, e as ervas crescem principalmente nos climas temperados, as diferenças culturais e linguísticas podem complicar esse quadro. Por exemplo, a planta coentro e suas folhas são conhecidas por este nome, mas as sementes, chamadas de coriandro, são uma especiaria.

Gostamos de imaginar que a natureza criou todas essas substâncias botânicas perfumadas e saborosas puramente para nosso deleite gastronômico. Mas quem nós, *Homo sapiens*, pensamos ser? Deve haver alguma outra razão evolucionista para que as plantas tenham desenvolvido uma química especial nas ervas e especiarias que nos seduz tanto. Vou contar a razão.

A maioria das plantas depende, para se reproduzir, da polinização feita pelas abelhas e outros insetos, que precisam ser atraídos por alguma combinação de artifícios físicos e químicos. A percepção das cores das flores é um dos principais atrativos físicos, mas as substâncias químicas são igualmente importantes. Por isso, muitas plantas desenvolveram substâncias perfumadas denominadas *óleos essenciais* (ver "Quintessenciais, mas não essenciais", na p.247), que são extremamente voláteis, isto é, levadas rapidamente pelo ar.

Três famílias de plantas proporcionam a parte do leão entre as nossas ervas e especiarias culinárias:

- A família da menta (*Lamiaceae*) nos fornece manjericão, tomilho, manjerona, alecrim, lavanda e erva-dos-gatos.

• A família da salsa (*Apiaceae*) nos dá anis, endro, coentro, cardamomo, cominho, a venenosa cicuta e outros vegetais com sabores peculiares como cenoura, aipo, pastinaga e funcho.

• A família da mostarda (*Brassicaceae*) inclui rabanete, raiz-forte e muitos outros vegetais, como brócolis, couve-de-bruxelas, repolho, couve-flor, couve, rábano e nabo. As folhas de todos eles têm sabor picante, embora nem todas sejam usadas como ervas.

Numa classe exclusivamente sua fica o gênero *Capsicum*, incluído dentro da família das solanáceas. Os *capsicums* são a mais forte das especiarias. Dentre eles estão as quentes pimentas do Novo Mundo, que, como veremos, não são nem quentes no sentido literal, nem pimentas.

Como existem no mundo mais de cem ervas e especiarias usadas para dar vivacidade à nossa comida, tudo o que posso fazer aqui é sobrevoar a paisagem e assinalar alguns marcos mais notáveis.

Monstros enrugados de chocolate apimentado

Açúcar, especiarias e tudo o que é bom – é disso que são feitos esses biscoitos. Eles atraem crianças e adultos pelo tamanho "monstruoso", pelo toque de pimenta-do-reino e um leve sabor de pimenta-de-caiena. A pimenta-do-reino vendida já moída serve, mas é melhor ainda quando moída na hora. Repare que o azeite substitui a manteiga nesta receita. Uma concha de sorvete bem cheia de massa é ideal para dar forma aos biscoitos.

- 2 xícaras de açúcar
- ¾ de xícara de azeite
- 4 ovos grandes
- 2 colheres de chá de extrato de baunilha
- 2 ⅓ de xícaras de farinha de trigo
- ¾ de xícara de chocolate amargo em pó
- 2 colheres de chá de fermento
- 2 colheres de chá de pimenta-do-reino
- ½ colher de chá de sal
- ½ colher de chá de pimenta-da-jamaica

⟶

- ¼ de colher de chá de canela em pó
- ⅛ de colher de chá de pimenta-de-caiena
- cerca de 1 xícara de açúcar de confeiteiro

1. Preaqueça o forno a 200º. Unte ligeiramente dois tabuleiros.

2. Numa vasilha grande, misture o açúcar e o azeite. Acrescente, batendo, os ovos e a baunilha. Numa vasilha média, coloque farinha, chocolate em pó, fermento, pimenta, sal e os demais temperos, e misture bem. Não é necessário peneirar a farinha.

3. Junte os ingredientes secos à mistura de ovos de uma só vez e bata com uma colher de pau até que a mistura seca fique bem incorporada.

4. Coloque o açúcar de confeiteiro num prato grande, com beiradas, como um prato de sopa. Você vai precisar disso para dar forma aos biscoitos.

5. Atenção para a forma dos biscoitos: para medir o volume de sua concha de sorvete, encha-a de água e depois ponha a água num copo medidor. Deve medir ¼ de xícara. Se você não tem essa concha, meça ¼ de xícara de massa para cada biscoito. Como a receita tem óleo, a massa não grudará nas suas mãos nem nos utensílios. Para um biscoito menor, faça bolas do tamanho de uma noz grande.

6. Para formar o primeiro biscoito, retire a massa com a concha de sorvete e coloque-a sobre o açúcar de confeiteiro, role a bola sobre o açúcar para cobri-la bem. Transfira-a para o tabuleiro. Repita a operação com o resto da massa, deixando um espaço de 5 a 7cm entre as bolas.

7. Asse por 12 a 15 minutos, ou até que os biscoitos fiquem firmes à pressão do dedo e com a superfície enrugada. Tire-os do forno e deixe que esfriem antes de soltá-los do tabuleiro.

- Rendimento: 16 biscoitos grandes

QUINTESSENCIAIS, MAS NÃO ESSENCIAIS

Tenho ouvido muito sobre óleos essenciais em tudo, desde temperos até hidratantes para a pele e produtos de aromaterapia. O que eles têm de essencial? Serão como os aminoácidos essenciais que devemos ter em nossa dieta?

Não, absolutamente não.

Óleo essencial é um nome infeliz. Um óleo essencial não é necessariamente um óleo no sentido químico, e pode nem mesmo ser oleoso. Nem é "essencial", no sentido de ser indispensável. A aromaterapia e os frascos de cosmética se aproveitam desse mal-entendido para louvar os óleos essenciais em seus produtos como se eles fossem imperativos para a saúde e a beleza. O adjetivo essencial no nome significa simplesmente que a substância é uma essência aromática – o espírito concentrado, se você preferir – da planta.

Óleos essenciais podem ser obtidos em forma pura pela destilação a vapor (fervendo a planta esmagada na água e condensando o óleo e os vapores de água), ou pela extração em gordura fria (*enfleurage*), gordura quente (maceração) ou ainda por meio de solventes orgânicos voláteis que podem ser removidos por evaporação.

Se um óleo essencial afeta nossos sentidos como um sabor ou uma fragrância, ele deve consistir em moléculas pequenas e leves (com peso molecular inferior a 300 ou 400), que podem flutuar pelo ar e alcançar nosso nariz. Essas moléculas trazidas pelo ar podem penetrar nas nossas vias aéreas superiores, seja diretamente, pelo nariz, seja por trás da nossa boca, quando comemos a especiaria. Nas vias superiores de respiração, as moléculas passam pelos receptores olfativos, que ativam células nervosas para gerar um sinal de cheiro. Esses sinais são interpretados no córtex cerebral, junto com os sinais de paladar recebidos por nossas papilas gustativas, produzindo a sensação global que chamamos de sabor. Embora habitualmente localizemos o sabor na boca, algo entre 70 e 85% do sabor do que comemos são uma contribuição do sentido do olfato.

A maioria dos óleos essenciais é constituída por substâncias químicas denominadas *terpenos*, uma classe de hidrocarbonetos não saturados. Alguns exemplos são o mentol no óleo de hortelã, a limonina nos óleos de laranja e limão, e o gingerol no gengibre. Aliás, o nome deste último nos chegou por um caminho tortuoso, de *singivera* em pali, a língua religiosa do budismo, ao grego *zingiberi* e do latim *zingiber*. Daí o nome da espécie, *Zingiber officinale*, e o nome de seu componente mais eminente, o gingerol.

E antes que você pergunte, a bebida alcoólica destilada conhecida como gim tem origem totalmente diversa. Seu nome vem do agente que lhe dá o sabor predominante, o junípero, chamado *genever* em holandês. A bebida foi inventada "com finalidades médicas" por um professor de medicina da Universidade de Leiden, na Holanda, no século XVII.

QUENTE, QUENTE, QUENTE!

Sempre me intrigaram as palavras quente e picante, que se aplicam ao gosto de pimentas e outras especiarias. Por exemplo: por que a pimenta-do-reino é "apimentada", enquanto a* chili *mexicana é "quente" e o gengibre é "picante"? As substâncias que causam essas sensações não são todas a mesma coisa?

Não, esses diferentes efeitos sensoriais são causados por vários compostos químicos. (Ver Tabela 5, p.251)

Seria mais claro se tivéssemos termos individuais para cada uma dessas sensações, porque elas são de fato bem diferentes. Em vez disso, usamos termos como quente, ardente, condimentado, acre, picante, estimulante, mordente, penetrante e ácido quase indiscriminadamente ao descrevê-las. Mas a pimenta-do-reino, a pimenta *chili*, o gengibre, a mostarda, a raiz-forte e o *wasabi* são perfeitamente distinguíveis um do outro por seus tipos diferentes daquilo que chamarei genericamente de pungência, do latim *pungere*, que significa picar.

O francês *piquer* e o espanhol *picar,* que significam picar ou ferroar, nos dão, em inglês, o termo *piquancy*, usado frequentemente como sinônimo de *pungency*, mas tem uma conotação ligeiramente mais ampla de um sabor ácido ou ardente, porém agradável. Um molho, por exemplo, pode ser picante por causa da pimenta pungente que contém.

Mas os condimentos "quentes" nos dão muito mais que seu "calor". Como tudo o que comemos, eles têm seus próprios sabores complexos. Diversas pimentas *chili*, com tanta frequência caracterizadas simplesmente pela sua "quentura" relativa, contribuem com nuances peculiares de terra, fruta, fumaça, doce ou flor para o gosto da nossa comida. A cozinha mexicana se sobressai no uso de diferentes tipos de pimenta em pratos que se beneficiarão com seus diferentes perfis de sabor.

Vamos considerar algumas das "matérias quentes", uma de cada vez.

A pimenta-do-reino ou pimenta-preta pertence à espécie *Piper nigrum*, cujos frutos, colhidos quase maduros e secados ao sol, escurecem e se enrugam, tornando-se os pequenos grãos pretos de sabor levemente picante que nos é familiar.

A pimenta-verde e a pimenta-branca são o mesmo fruto, mas colhido e processado de maneiras diferentes. As verdes são colhidas ainda tenras e não amadurecidas, depois secadas e postas em conserva de salmoura ou vinagre, estado em que são frequentemente usadas em lugar de (mas não devem ser confundidas com) alcaparras. As brancas são colhidas maduras e vermelhas, mas são postas para fermentar. Amaciada pela fermentação, a camada externa da pele pode então ser retirada, deixando expostas as sementes claras em seu interior. Da mesma forma, as peles externas da pimenta-do-reino podem ser removidas mecanicamente, para deixar aparente a sua semente branca. Depois de secas, as pimentas-brancas são um pouco menos interessantes que as pretas, mas são úteis quando você não deseja salpicar de preto um molho branco.

A substância picante nessas pimentas é a *piperina*, principal ingrediente do óleo essencial liberado quando os grãos são rachados. À medida que esse óleo aromático e flavorizante lentamente se evapora, a pimenta esmagada ou moída vai perdendo seu ardor. É por isso que todas as receitas deste livro especificam que a pimenta-do-reino seja moída na hora.

Em outra categoria bem diferente, as ardentes e quentes "pimentas" descobertas no Novo Mundo por Cristóvão Colombo e exploradores espanhóis não são pimentas de verdade, porque não vêm da planta *Piper nigrum*. Elas pertencem à família das solanáceas, especialmente à variedade *Capsicum annuum*. Um cínico poderia suspeitar que os exploradores batizaram esses frutos de *pimiento* porque a verdadeira pimenta-do-reino (*pimienta* em espanhol) era uma especiaria tão valiosa na Europa daquela época que esticar um pouco a verdade poderia lhes garantir um lucro maior quando voltassem para casa. Os exploradores também as chamavam de *chile* e *ají*, nomes pelos quais as designavam os astecas e tainos, e o mundo desde então se confunde quanto ao nome que deve dar.

Eis um breve relato sobre esse intrigante estado de coisas.

Na Espanha atual, as *capsicums* são ainda denominadas de *pimientos*, enquanto no México ainda são designados de *chiles*. Mas em outros países da América Latina, são conhecidos como *ají*, que não deve ser confundido com *ajo*, que significa alho. Os ingleses mudaram *chile* para *chilli*, que nos Estados Unidos é *chili*, apenas com um *l*, reservando a palavra *pimiento* para outras espécies de *capsicum*, que no Brasil são chamadas em geral de pimenta, como a malagueta (*capsicum fructenses*).

Os óleos essenciais nas pimentas *chile* contêm substâncias químicas (alcaloides) denominadas capsaicina e di-hidrocapsaicina, mais alguns compostos bem semelhantes, todos conhecidos coletivamente como *capsaicinoides*. Estes são os componentes ardidos e picantes das pimentas ditas "quentes". Cerca de 80% dos capsaicinoides localizam-se na placenta, constituída de nervuras carnudas que fixam as sementes às paredes da fruta, e não nas próprias sementes, como se acredita comumente. Por causa do modo como as sementes são presas na fruta, os cozinheiros, que em geral retiram as sementes com uma colher ou a lâmina de uma faca, acabam removendo as verdadeiras responsáveis pelo sabor, que são as nervuras.

Os capsaicinoides não têm cheiro e não são detectados por nossos narizes ou papilas gustativas: os verdadeiros sabores dos vários frutos de *capsicum* são a contribuição de outras substâncias químicas, assim como nos frutos não picantes. Em lugar de serem percebidos pelo paladar ou pelo olfato, os capsaicinoides estimulam os terminais nervosos em nossa pele e membranas mucosas, especificamente aquelas do nervo trigêmeo, que, entre outras funções, transmite sensações de dor e calor ao cérebro, a partir da face, da boca e do nariz. Por isso, nosso cérebro nos persuade a chamar esses frutos de "quentes", e à sensação que provocam de "calor".

As várias espécies de *capsicums* são com frequência classificadas por ordem de ardor, expressa em "unidades de Scoville". Em 1912, o dr. Wilbur Scoville, um químico farmacêutico norte-americano, concebeu o teste organoléptico Scoville para medir a intensidade de "calor" sentida em uma amostragem de provadores de pimenta. Ele misturou pimenta moída com açúcar e água, diluindo bem a mistura até não ser mais possível distinguir qualquer ardor. O número de vezes que a mistura teve de ser diluída para chegar a esse resultado é conhecido como número de unidades de Scoville de calor para a pimenta em questão.

Os pimentões vermelhos doces e os pimentões verdes são *capsicums* que praticamente não contêm capsaicina: eles estão no nível zero da escala de Scoville. Na outra extremidade do espectro, o calor da capsaicina pura desaparece num fator de diluição de cerca de 16 milhões de unidades. Os *anchos* mexicanos registraram mil a 2 mil unidades, os *jalapeños* 2.500 a 5 mil, a pimenta-de-caiena 30 mil a 50 mil. Os *habaneros*, com a marca de 200 mil a 300 mil unidades, são os maiores campeões, embora seu recorde tenha sido ultrapassado recentemente pela *Capsicum annuum var. aviculare*, ou *tepín*, uma pequena (pouco mais de meio centímetro) pimenta selvagem encontrada nas montanhas do norte do México. Scoville nunca viu uma dessas.

Assinale-se, contudo, que as mesmas espécies de pimenta podem ter diferentes pungências, dependendo das condições em que crescem. Portanto, citar os números exatos do teste de Scoville e comprovar quem é capaz de comer a pimenta mais quente não tem sentido.

Deixando de lado as pimentas, tanto as verdadeiras quanto as erroneamente batizadas, encontramos outras especiarias de sabor muito definido, cujos óleos essenciais são uma mescla de substâncias químicas pungentes que, adicionadas à nossa comida, podem nos derrubar. A Tabela 5 mostra quais são, nos óleos essenciais de várias especiarias, as substâncias basicamente responsáveis por sua pungência. Você perceberá que as mais fortes são as da família da mostarda (*Brassicaceae*).

Não é preciso decorar os nomes da Tabela 5. Mas repare como os *isotiocianatos* são as substâncias químicas mais pungentes da família da mostarda. Elas se formam quando as sementes da planta ou as raízes são cortadas ou esmagadas e as células se rompem, quando então uma enzima em uma parte das células reage com determinados compostos que contêm enxofre em outra parte, formando os isotiocianatos. (O "tio" no nome de uma substância indica que suas moléculas contêm um ou mais átomos de enxofre.)

Na raiz-forte, nas sementes de mostarda e no *wasabi*, o responsável pelo "ardor" é o muito potente isotiocianato de alila. Ele também é o principal componente do óleo de mostarda, usado moderadamente na culinária, em especial em algumas frituras chinesas.

Tabela 5. De onde vem o calor

NOME VULGAR	NOME DA ESPÉCIE	FAMÍLIA	PRINCIPAL SUBSTÂNCIA PUNGENTE
Cravo	*Syzygium aromaticum*	*Myrtaceae* (família da murta)	Eugenol
Sementes de endro	*Anethum graveolens*	*Apiaceae* (família da salsa)	Carvões (40 a 60%) e limonina (40%)
Gengibre	*Zingiber officinale*	*Zingiberaceae*	Gingerol
Raiz-forte	*Armoracia rusticana*	*Brassicaceae* (família da mostarda)	Isotiocianato de alila
Sementes de mostarda	*Brassica juncea* ou *Sinapis alba*	*Brassicaceae* (família da mostarda)	Isotiocianato de alila e *p*-hidroxi-benzil isotiocianato
Rabanete vermelho	*Raphanus sativus*	*Brassicaceae* (família da mostarda)	4-metiltio-trans-3-butenil-isotiocianato
Wasabi	*Wasabia japonica*	*Brassicaceae* (família da mostarda)	Isotiocianato de alila e sec-butil isotiocianato

Ao contrário de algumas histórias de terror que circularam pela Internet, o óleo de mostarda não tem qualquer parentesco químico com o gás de mostarda – que na verdade não é um gás, e sim um líquido oleoso que é borrifado como uma névoa –, usado pelo exército alemão na Primeira Guerra Mundial como arma química. Era chamado de gás de mostarda apenas por causa de seu cheiro acre e forte, e porque irritava a pele como as antigas cataplasmas de mostarda. (É claro, a irritação causada pelo gás de mostarda é infinitamente pior: ele mata, em vez de curar.)

Bocas em fogo

Os capsaicinoides das pimentas ardidas estimulam em nossas bocas os mesmos terminais nervosos estimulados pelo calor. Mas como não criam de fato calor é inútil engolir água gelada para "esfriar" essa ardência.

Os óleos da capsaicina não são muito solúveis em água, embora se dissolvam em álcool. Mas – que pena! – a cerveja, com cerca de 5%, não contém álcool suficiente para removê-los da sua língua em fogo. Por sorte, contudo, a cachaça (com 40% de álcool ou mais) é melhor e deve ser mantida à mão sempre que se consomem comidas apimentadas.

Leite e creme azedo são ainda melhores que cachaça, porque suas moléculas de proteína (na maior parte caseína) são atraídas para os óleos e os arrastam, mais ou menos da mesma forma como os sabões arrastam sujeiras oleosas. Mas se você não puder trocar a cachaça por leite, basta mastigar um pedaço de pão ou de *tortilla*, que o óleo será absorvido de sua língua e o ardor diminuirá.

Qual a temperatura hoje?

O método altamente subjetivo que Wilbur Scoville usou para determinar a pungência está sendo gradativamente substituído por métodos mais científicos. Usando uma técnica conhecida como cromatografia de alta performance, os químicos podem hoje determinar quanto de capsaicina e de seus parentes mais próximos – di-hidrocapsaicina, nordi-hidrocapsaicina, homocapsaicina e homo-di-hidrocapsaicina – uma pimenta *capsicum* contém. A capsaicina e a di-hidrocapsaicina juntas constituem cerca de 80 a 90% dos capsaicinódes nas pimentas *capsicum*. Na forma pura, Wilbur avaliou essas duas substâncias em 16 milhões de unidades Scoville, enquanto as outras três seriam responsáveis por um grau relativamente fraco de cerca de nove mil.

Batatas-doces com pimenta *chili*

As pimentas *chili*, mesmo sendo da mesma variedade, não são iguais entre si. Algumas podem ser bem "quentes", enquanto outras são relativamente suaves. Se a que você comprou for do tipo suave e não der realce suficiente a seu prato, acrescente pimenta-vermelha em pó a gosto. Este prato deve ser de fato temperado.

A preparação das pimentas e batatas pode ser feita com antecedência, restando apenas 12 minutos para terminar o prato antes de servi-lo. Experimente esses cubinhos de batata-doce com galinha assada. No caso improvável de sobrar um pouco, esquente-os para o café da manhã, acompanhados de ovos pochê ou fritos.

- 2 batatas-doces grandes, escovadas mas não descascadas
- 1 colher de sopa de azeite
- 1 colher de sopa de manteiga sem sal
- 1 cebola pequena, cortada em cubinhos (mais ou menos ⅓ de xícara)
- ½ pimentão doce vermelho pequeno, bem picado (mais ou menos ½ xícara)
- ½ pimentão doce verde, bem picado (mais ou menos ½ xícara)
- ¼ de xícara de pimentas *chili* frescas, picadas (dos tipos *ancho*, *serrano*, *poblano* ou *jalapeño*), sem sementes
- sal *kosher*
- pimenta-vermelha em pó (opcional)

1. Ponha uma panela grande com água e sal para ferver. Coloque as batatas-doces inteiras e deixe ferver em fogo baixo por dez minutos; elas ainda estarão duras. (Não pense em cortá-las ao meio ou em cozinhá-las por mais tempo, porque o resultado será uma papa.)

2. Quando as batatas estiverem frias o bastante para serem manuseadas, corte-as no comprimento, em fatias, e depois em cubos de 5cm. Você terá mais ou menos 3 xícaras de cubinhos.

3. Numa frigideira grande, aqueça o azeite e a manteiga em fogo brando. Junte a cebola e todas as pimentas e cozinhe, mexendo, por um a dois minutos, ou até que elas fiquem tenras. Junte as batatas e cozinhe, sacudindo a panela e virando de vez em quando as batatas, por cerca de dez minutos, ou até que elas estejam ligeiramente morenas e macias.

4. Tempere a seu gosto com sal e, se necessário, pimenta-vermelha em pó. Sirva quente.

- Rendimento: 4 porções

NÃO ME BEIJE!

A primeira vez que eu vi sopa de alho foi no México, servida ainda borbulhante numa caçarola de barro, com um ovo cru mergulhado dentro dela imediatamente antes de ir para a mesa. Me espantou – e ainda me espanta, agora, que faço a sopa em casa – que tanta quantidade de alho produza um sabor tão suave e tão diferente do sabor do alho cru ou frito. Como é que o alho, ao ser cozido em água, fica assim "domesticado"?

A mesma coisa acontece com a prima do alho – igualmente inimiga dos beijos –, a cebola. A sopa francesa de cebola não tem nada a ver com cebolas cruas ou fritas. Tudo se deve às diferentes reações químicas que ocorrem em temperatura ambiente, na umidade da água fervente e na temperatura alta e a seco da fritura.

O alho cru e a cebola crua têm pouco ou nenhum aroma até serem cortados ou mastigados, o que quebra suas células, deixando-as abertas. Uma enzima e uma outra substância química preexistente (um *precursor*), até então isolados um do outro, podem então se encontrar e reagir quimicamente para produzir os compostos odoríferos e de gosto acentuado que conhecemos muito bem.

Mas na água quente essas substâncias (tiosulfinato de alquila) se transformam em outros compostos. São alguns desses compostos que dão o sabor às sopas de cebola e de alho.

E na fritura? Nem pergunte. Dezenas de outras substâncias químicas são produzidas sob as altas temperaturas, especialmente muitos aromáticos, flavorizantes e compostos amargos criados pelas reações de Maillard. (Ver p.222.)

Vejamos o que acontece com as cebolas quando as submetemos a técnicas de cozimento cada vez mais agressivas. O alho se comporta praticamente da mesma maneira.

Quando secas, as cebolas contêm cerca de 37% de açúcares e 8% de proteínas, portanto elas ficam douradas na fritura predominantemente segundo as reações de Maillard, ou de aminoácido do açúcar. Contudo, de maneira incorreta, os *chefs* se referem ao processo de dourar as cebolas numa caçarola como "caramelização". Talvez possamos encontrar uma razão para isso ao examinar as três diferentes etapas do cozimento desse vegetal de sabor peculiar: transpiração, douração (vou explicar) e fritura.

• **Transpiração:** fazemos a cebola crua transpirar colocando-a fatiada ou em cubos para saltear numa frigideira com um pouquinho de manteiga ou óleo, cobrindo a frigideira com uma tampa e deixando-a cozinhar lentamente em fogo muito baixo. O calor faz com que uma parte da água do interior das células da cebola se converta em vapor (as cebolas contêm 89% de água). A pressão do vapor estoura a cebola e libera seu suco, no qual ela cozinha lentamente. Ela fica tenra e transparente (outra consequência da quebra da estrutura celular), mas nós paramos o cozimento antes que fique dourada. Os compostos responsáveis pelo sabor ardido inicial terão se convertido em compostos de sabor suave, que associamos ao da sopa de cebola.

- **Douração**: se cozinharmos a cebola na frigideira sem a tampa, o suco liberado pelas células logo vai ferver e evaporar, e a temperatura subirá de cerca de 100 a talvez 149°, quando as reações de Maillard rapidamente se sucederão. O fato de que alguns dos produtos dessas reações sejam adocicados é talvez uma das razões pelas quais os cozinheiros tendem a usar para este processo o verbo *caramelizar*, como se houvesse açúcar envolvido. O que eles de fato indicam, porém, é que as cebolas adquirem um tom dourado – a cor dos caramelos de açúcar –, mas que seu cozimento é interrompido antes que passem desse ponto e fiquem mais escuras.
- **Fritura**: Se ultrapassarmos esse estágio de cozimento, *monsieur* Maillard se realizará plenamente e chegaremos às honestas cebolas fritas, com seus intensos sabores "marrons".

Portanto, doure as suas cebolas até obter um agradável matiz castanho-avermelhado e um sabor suave e adocicado. Mas você não estará caramelizando as cebolas, a menos que seja uma dessas pessoas que gostam de acrescentar um pouquinho de açúcar para acelerar a produção da cor.

Que eu nunca mais ouça ou leia sobre "caramelizar" cebolas ou, aliás, qualquer outra coisa que escurece ao ser cozida. Exceto açúcar.

QUANTO ALHO?

Quando as células de um dente de alho são quebradas, seja quando o cortamos em fatias ou amassamos, seja quando o mastigamos, uma enzima (alinase) que fica armazenada nos vacúolos dessas células transborda e reage com um composto precursor (aliina), guardado em outra parte da célula, para formar dialil tiosulfinato e outros tiosulfinatos que são os principais compostos odoríferos e aromatizantes. Não faz muito tempo – até 1993 – pensava-se que os compostos odoríferos eram o dialil dissulfido e outros polisulfinatos, mas →

comprovou-se que eram apenas subprodutos dos tiosulfinatos, e se formavam inadvertidamente no laboratório de análise em consequência do uso de métodos em altas temperaturas. (Um princípio da pesquisa científica: assegure-se sempre de que seu procedimento de análise não modifique aquilo que você está tentando analisar.)

Assim, quando o alho é cortado em pedaços cada vez menores, ou se reduz ainda mais quando é esmagado, maior número de vacúolos é rompido, mais enzima alinase é liberada, e mais tiosulfinatos se formam, produzindo sabor e aroma mais fortes.

Uma sequência similar de eventos ocorre nas cebolas fatiadas ou picadas, iniciada pela mesma enzima, alinase, mas com um resultado um pouco diferente quanto aos compostos aromáticos e flavorizantes. ("O fator lágrima", p.98.)

Portanto, quando uma receita determina o uso de uma pasta feita de alho amassado, ou dentes de alho fatiados, ou alho picado, preste atenção; caso contrário você pode obter mais ou menos do que esperava.

AMOR DE VERDADE

Eu adoro alho e o uso sob todas as formas: cabeças inteiras ou dentes de alho assados, ou alho picado, esmagado ou espremido, dependendo do prato que faço. Mas de vez em quando, ao verificar que não tenho alho em casa, no último minuto de preparação de uma sopa ou um ensopado, eu salpico um pouco de alho em pó na panela. Sei que os gourmets *franzem as sobrancelhas diante disso, mas emergências são emergências. O que você acha?*

Compartilho seu amor pelo alho. Quando minha esposa Marlene, fixada em comida, e eu saímos pela primeira vez, não falamos sobre religião, política ou dinheiro. Praticamente a primeira pergunta que ela me fez foi: "O que você acha do alho?"

Sem hesitar, respondi: "Alho é o que mais se aproxima de uma prova da existência de Deus." E desde então vivemos muito felizes.

Em primeiro lugar, o alho em pó não é um bom substituto para o alho fresco porque, no processo de secagem e pulverização, o alho perde grande parte de seu óleo essencial volátil, no qual reside o seu sabor. Mas, como você mesma diz, emergências são emergências. Não contarei a ninguém se você não contar. (Eu uso alho em pó para fazer pipoca.)

O alho seco foi inventado pela mesma razão que outras ervas e especiarias secas: para conservar um produto perecível. Nas fábricas de alho em pó, primeiro separam as cabeças em dentes, esmagam esses dentes e dispensam as cascas que parecem feitas de papel. Então eles secam esses dentes nus, removem os eventuais fragmentos de casca e pulverizam o material seco. Uma quantidade considerável do nosso pó de alho vem da Índia e da China, onde tanto o alho cru como a mão de obra envolvida em seu processamento são relativamente baratos.

Mas, obviamente, o alho fresco perde muito do seu "charme" nesse processo, e o produto seco e pulverizado não tem chance diante do alho fresco.

BOTULISMO ENGARRAFADO?

Já me alertaram contra o óleo aromatizado com alho, mas nunca consegui saber exatamente por quê. Minha pergunta é a seguinte: existe alguma verdade na afirmação do e-mail *que recebi (e que anexei) de que esse óleo é perigoso?*

Precisamos ter o cuidado de distinguir *óleo de alho*, que é o óleo essencial intrínseco ao vegetal alho, *Allium sativum*, e óleo com sabor de alho, que é um óleo vegetal de mesa (em geral azeite de oliva) aromatizado com alho.

O óleo de alho puro é de fato desagradável, nunca é ingerido *per se*. Um de seus principais ingredientes é trissulfeto de alila. Uma colher de chá dele, em sua forma pura, é capaz de matar metade das pessoas que o engolissem e de queimar o esôfago da outra metade. Mas você nunca conseguiria comer alho o bastante para chegar a quilômetros de distância daquela quantidade, e, se conseguisse, ninguém ia conseguir chegar a quilômetros de distância de você.

Quando se precisa do óleo de alho quimicamente puro com objetivos não alimentares (seu efeito antibactérias, antifungos e como inseticida é poderoso), ele é obtido, como a maioria dos óleos essenciais, por destilação a vapor, na qual o material da planta esmagado (não o seu suco) é exposto a vapor quente. Os óleos são vaporizados, e os vapores que a eles se misturam são condensados, e com isso a água e o óleo se estabilizam em camadas separadas.

Até aí, tudo bem. Então o azeite de oliva ou outros óleos vegetais aromatizados com alho são perigosos? Depende de como você os prepara. Se você adiciona dentes de alho descascados ou não, inteiros ou picados, a óleo ou azeite, e deixa assim durante semanas em temperatura ambiente, sim, você está flertando com o botulismo.

A bactéria letal *Clostridium botulinum* vive na terra e nos sedimentos de rios e lagos, entre outros lugares. Ela não pode viver em locais extremamente secos ou no ar, mas viceja num ambiente úmido e sem ar (anaeróbico). E são exatamente essas as condições oferecidas pela superfície úmida de um dente de alho abafado no óleo.

Muitas referências nos dizem que a bactéria *Clostridium botulinum* morre ao ser esquentada por dez minutos em temperatura acima de 79°, ou que pode pelo menos ser inibida por um meio ácido de pH abaixo de 4,6. Isso é verdade para as bactérias ativas, mas se os seus esporos estiverem presentes, eles podem sobreviver em estado de dormência por longos períodos em condições altamente desfavoráveis, tais como ar, ambientes secos e temperaturas elevadas. De fato, o tratamento a 79° pode simplesmente dar um "choque térmico" nos esporos, fazendo-os germinar mais depressa. Os esporos não morrem definitivamente a menos que sejam submetidos à temperatura de 121° por vários minutos, como acontece com os enlatados comerciais. Em casa, essa temperatura pode ser obtida no forno ou em uma panela de pressão. Mas uma simples fervura ou cozimento lento não eliminam o perigo.

Contudo, a eliminação das bactérias e de seus esporos pode ser uma medida tardia e de pouco resultado, porque os assassinos potenciais não são as bactérias em si mesmas: o perigo maior é uma neurotoxina que elas produzem enquanto se multiplicam. A toxina botulínica é um dos venenos mais poderosos que se conhecem.

Praticamente todas as referências afirmam repetidamente que a toxina não é destruída pelo calor do cozimento. Mas esta é uma simplificação ditada pela precaução. Na verdade, a toxina fica instável quando submetida ao calor, mas isso depende do que chamamos de "cozimento". Pesquisas realizadas por diversos cientistas no final da década de 1970 mostraram que diferentes quantidades de toxina, diferentes alimentos, diferentes pHs e diferentes ácidos podem influenciar o processo de desativação da toxina de diversas maneiras. Portanto, parece ser prudente admitir que você não vai conseguir se ver livre dela "cozinhando".

Os sintomas do envenenamento por botulina passaram a ser chamados de *botulismo* quando várias pessoas morreram na Alemanha, no final do século XVIII, depois de terem comido salsichas contaminadas; em latim, salsicha é *botulus*. O botulismo é uma ocorrência rara, com apenas 10 a 30 casos por ano nos Estados Unidos, portanto não se pode dizer que há uma epidemia de botulismo no país. Mas uma cabeça de alho *pode* ter alguns esporos de *Clostridium botulinum* à espreita sob a sua casca, onde eles podem se manter protegidos do ar até se encontrarem em um meio desprovido de ar, como quando são submersos num mar de azeite. Ali, os esporos podem se tornar ativos e lançar-se numa orgia reprodutiva, mesmo à temperatura da geladeira. É melhor então não tentar a sorte fazendo seu próprio óleo aromatizado com alho.

Os óleos aromatizados com alho que se encontram à venda são em geral acidificados com vinagre, para frustrar o crescimento bacteriano.

ATENÇÃO NAS "ESPERVAS"!

Às vezes uma receita indica que determinada especiaria ou erva deve ser adicionada no início do cozimento, e às vezes só perto do final de um longo cozimento. Será que isso de fato faz diferença? E se faz, qual?

Sim, faz diferença.

A quantidade de sabor com que uma especiaria ou erva contribui para uma comida depende da quantidade de óleo essencial que ela contém, não da quantidade total ou peso da substância. (Em vez de repetir mais dez vezes neste capítulo "especiarias e ervas", será que posso chamá-las genericamente de "espervas"? Obrigado.) Espervas que são moídas ou pulverizadas cedem seus óleos mais depressa no calor do cozimento porque a enorme área superficial proporcionada por seus pós e grãos permite que os óleos essenciais evaporem rapidamente. Da mesma forma, ervas finamente picadas devem ser colocadas no final, e não no início do cozimento, caso contrário todo o seu óleo essencial se evaporará, e o cheiro da cozinha ficará melhor que o gosto da comida. Em contrapartida, espervas inteiras, como grãos de pimenta ou folhas de louro, cedem lentamente suas essências e são acrescentadas no início.

Como os óleos essenciais quase sempre são voláteis, as espervas perdem sua eficácia quando guardadas, pois os óleos aos poucos evaporam. Portanto, espervas frescas sempre são mais potentes que as secas. Até mesmo um nível baixo de calor pode fazer com que os óleos se percam, e por isso as espervas devem ser guardadas em um lugar frio. Espervas moídas perdem sua força pela evaporação muito mais depressa que as inteiras.

Noz-moscada e pimenta-do-reino, principalmente, sempre devem ser compradas inteiras e moídas no momento em que se precisar delas. Pimentas do tipo *chili* ou malagueta, ao contrário, mantêm seu ardor mesmo quando secas ou moídas, porque a capsaicina que contêm, e que as torna "quentes", não é muito volátil. É por isso que você não pode verificar se uma pimenta arde apenas cheirando-a.

Você se espantaria ao saber quanto do pique das espervas é perdido num período de um ano, ou até menos, sobretudo quando elas são moídas. Cheire as suas espervas: se conseguir lembrar como o cheiro delas era muito mais forte quando novas, substitua-as por outras, frescas. É uma boa ideia guardá-las com um rótulo com a data da compra. E verifique periodicamente se as cores estão vivas. Ervas folhudas e verdes, como manjericão e alecrim, desbotam com a idade, assim como especiarias vermelhas, como pimenta-de-caiena, páprica e *chili* em pó.

Alguns fanáticos pelas espervas chegam a ponto de guardá-las no *freezer*. Não vejo motivo para isso não funcionar.

QUANTO DE ERVA CABE NUMA COLHER DE CHÁ?

Muitas receitas incluem ervas frescas, como orégano, salsa, tomilho etc. Mas às vezes tudo o que tenho à mão são as ervas secas. Será que existe uma regra prática para calcular a quantidade de erva seca que substitui a erva fresca?

Infelizmente, não existe uma regra precisa, porque as ervas variam muito de uma para outra. Mas algumas considerações podem ser úteis. Lembre-se de que não é a quantidade de vegetais, secos ou frescos, que garante o sabor, mas as quantidades de óleos essenciais que eles contêm, porque é neles que está o sabor.

As folhas das plantas herbáceas contêm de 80 a 90% de água em relação a seu peso. Com 80% de água, 100g de folhas devem conter 20g de matéria seca, portanto a erva seca é cinco vezes mais potente. Ao usar essa erva seca, então, você deverá empregar uma quinta parte do *peso* da erva fresca. Com 90% de água, o fator fresco x seco é dez, portanto dessa erva seca você deve usar a décima parte do peso da fresca. Disso tudo se pode concluir que a única coisa perdida no processo de secagem é água, e não os óleos voláteis – e esta é uma suposição bem pouco precisa.

Acrescente-se ao problema o fato de que, na cozinha, nós em geral medimos as ervas não pelo peso, mas pelo volume (colheres de chá ou de sopa). O volume depende principalmente da forma física das ervas frescas e secas – folhas inteiras, folhas murchas, folhas picadas, pó, e assim por diante –, e as proporções são, portanto, imprevisíveis.

Assim, não podendo levar as ervas a um laboratório para analisar as percentagens de óleos essenciais e depois pesá-las, não pode haver uma regra prática para saber qual o volume de uma erva seca que se deve usar em lugar da erva fresca.

Entretanto, quando você tiver que substituir a erva fresca pela seca, procure usar entre a metade e uma quarta parte do que usaria da erva fresca. Naturalmente, se a substituição for ao contrário – erva fresca em substituição a erva seca –, use uma quantidade duas a quatro vezes maior da erva fresca. Na maioria das vezes, você não vai errar na mão.

CHEIRINHO DE ANTIGO

Acho estranho que a maioria das especiarias e ervas vendidas em vidros nos supermercados não tragam no rótulo a indicação da data de validade. Qual é seu prazo médio de validade? Além disso, nós as deixamos em nossa casa de veraneio, que, no inverno, tem temperatura abaixo de zero. Será que elas sobreviverão a todo esse frio?

Se não há um prazo médio de validade confiável, checá-las anualmente deve atender a sua questão. Ervas e especiarias em vidros são perfeitamente secas, e as bactérias prejudiciais não sobrevivem sem água, portanto, se os vidros estiverem bem fechados, elas poderão durar por tempo indeterminado sem estragar. É para isso que os fabricantes as secam. Mais ainda: coisas que estão completamente secas não congelam, é a água na comida que congela. Portanto, o frio de sua casa de veraneio é irrelevante no que diz respeito a prejuízo causado pelo gelo. De fato, as temperaturas baixas prolongarão a vida útil das suas ervas e especiarias.

Especiarias secas perdem sua potência com o tempo, contudo. Nas ervas frescas, os óleos essenciais ficam contidos em uma variedade de locais dentro das células, como as cavidades intercelulares, dutos de óleos ou resinas, glândulas, pelos. Mas como a estrutura celular se quebra durante o processo de secagem, os óleos essenciais ficam mais perto da superfície, de onde podem escapar com maior rapidez.

Faça o teste do cheiro da próxima vez que entrar em férias: esmigalhe um pouco de cada uma com os dedos e, se o cheiro não for tão forte quanto no verão precedente, lembre de trazer uma nova remessa quando voltar.

Bichinhos invadiram minha pimenta-de-caiena e aparentemente estão nadando felizes no meio do tempero ardido. Não acreditei no que vi! Não invadiram a páprica, a noz-moscada ou outros temperos mais suaves! Não! Só a caiena. Como eles podem suportar a ardência?

É mais um caso de reações biologicamente diferentes. As diferenças entre as espécies animais podem ser enormes. Não há razão para esperar que os carunchos se comportem como seres humanos.

O "calor" da pimenta-de-caiena e de outras pimentas quentes vem de substâncias químicas chamadas capsaicinoides (veja p.250). Nos seres humanos e em outros mamíferos, elas irritam as membranas das mucosas da boca.

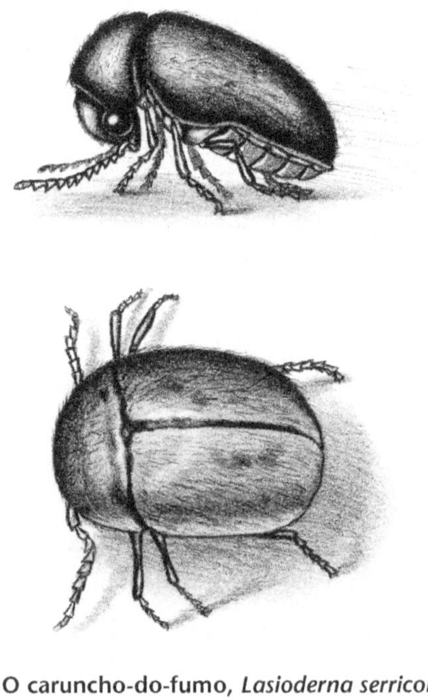

O caruncho-do-fumo, *Lasioderna serricorne,* uma peste muito comum nas despensas. Ele se alimenta de tabaco seco, capas de livros e folhas de plantas. No estágio larval, pode alimentar-se de cereais, gengibre fresco, passas, tâmaras, pimenta-do-reino, peixe seco e sementes.

A sensação de "queimação" decorre principalmente da estimulação dos nervos trigêmeos, que também reagem à dor e ao calor.

Algumas espécies de insetos infestam especiarias e outros alimentos secos. Por favor, descarte-se imediatamente de todas as especiarias que pareçam infestadas antes que esses diabinhos se espalhem por toda a cozinha – ou por toda a casa. Uma vez encontrei os chamados carunchos-do-fumo (*Lasioderna serricorne*) alimentando-se dentro de um pacote de biscoitos importados. Foi um pesadelo livrar-me deles, porque têm asas, voam pela casa inteira e são capazes de comer praticamente tudo, inclusive (sim!) tabaco. São marrom-amarelados, têm cerca de 3mm de comprimento e parecem exatamente com – acredite ou não – "besouros" Volkswagen.

Hoje muitas das nossas especiarias são irradiadas antes de serem embarcadas, o que mata os insetos e seus ovos. Mas como precaução eu coloco as especiarias importadas que compro no congelador por três a quatro dias. O frio mata os ovos dos carunchos-do-fumo. Mas não tem efeito sobre outras espécies.

UMA GARRAFA DE FUMAÇA

O rótulo do meu molho para churrasco diz que ele contém "fumaça líquida". Isso não é um oxímoro?

Desculpe, mas primeiro vou beber um copo de gelo líquido, com cubos de água sólida flutuando para mantê-lo gelado.

Agora, passemos à sua pergunta.

Embora esse nome possa parecer um pouco suspeito, a fumaça líquida é um produto legítimo e útil. Ela acrescenta um sabor de fumaça às comidas sem que tenhamos de sair para comprar lenha e fazer uma fogueira, e tudo o mais.

A defumação é um dos métodos mais antigos para curar ou preservar alimentos, principalmente carne e peixe, matando os micro-organismos patogênicos. Outros métodos há muito usados são a secagem (pense em carne-seca), a salgadura (pense em bacalhau) e a salmoura (pense... bem, em picles). A secagem funciona porque as bactérias não podem viver sem umidade, a salgadura funciona porque o sal drena a água das células das bactérias e as desidrata, e a salmoura funciona porque as bactérias não podem viver em ambientes ácidos como o vinagre. A defumação funciona porque a fumaça contém muitos agentes químicos bactericidas. Nossos ancestrais descobriram esses métodos empiricamente, é claro, muito antes que se soubesse da existência de micro-organismos patogênicos.

A fumaça da lenha pode ser letal não só para as bactérias, mas também, como todos os bombeiros sabem, para os seres humanos – se for em grande quantidade. Entretanto, quando ficamos expostos apenas a um pouco dela, gostamos de seu cheiro (pense em uma fogueira numa noite de inverno) e de seu sabor (pense em truta defumada). Mas a fumaça é uma mistura de gases quentes e de partículas microscópicas em suspensão, que são mais difíceis de capturar para serem colocadas numa garrafa que um gênio. Então, a indústria alimentícia inventou a fumaça líquida e não a usa apenas em alimentos prontos como também a engarrafa e vende para uso doméstico. Você pode encontrar fumaça líquida em garrafas de 100g nos sabores amendoim, alfarroba, nogueira e macieira.

Nos fumeiros tradicionais, a carne é pendurada no teto e a fumaça de uma fogueira de serragem úmida, que fica do lado externo, é soprada para o interior através de dutos. Nos estabelecimentos comerciais modernos, a densidade da fumaça, a temperatura e a umidade são cuidadosamente controladas para produzir efeitos específicos.

Hoje, a defumação comercial é feita de duas maneiras: a frio, quando a temperatura do alimento não pode exceder 32°, e a quente, em que o alimento pode chegar a 88° ou mais, ficando parcialmente cozido. Algumas carnes processadas são defumadas a quente, e por isso são consideradas cozidas (como a mortadela), enquanto outras são defumadas a frio e vendidas cruas (bacon). Os presuntos defumados podem ou não requerer mais cozimento: os rótulos dirão.

As salsichas são um verdadeiro desafio à classificação. A carne moída pode ser fresca ou curada (com nitritos, por exemplo); os embutidos podem ser cozidos ou não, defumados ou não, secos ou não e/ou fermentados ou não. Como medida de precaução contra a contaminação bacteriana, as salsichas do tipo "cachorro-quente" são em geral curadas, fermentadas e então submetidas a secagem; o salame italiano é em geral curado, fermentado e então seco. A salsicha de porco francesa (não cozida), no entanto, não é nem curada nem defumada.

Os legumes também podem ser defumados, com resultados de dar água na boca. Na aldeia de La Vera, na região da Extremadura, oeste da Espanha, vi pimentões vermelhos brilhantes (*Capsicum annuum*) serem simultaneamente submetidos à secagem e defumação em galpões compridos e baixos, de dois andares. Os pimentões estavam empilhados em plataformas de ripas de madeira alguns metros acima de toras de carvalho, em chamas dispostas sobre o pavimento de concreto. Os pimentões secos e defumados eram então triturados, tornando-se um pó aveludado, vermelho como tijolo e parecido com páprica, chamado *pimentón*, que tinha um delicioso sabor de fumaça. São feitos em duas variedades: *picante* e *dulce*, dependendo do "calor" do pimentão colhido.

(Uma nota histórica: Embora as pimentas *capsicum* do Novo Mundo tenham conquistado preferências aqui e ali na Europa, foram os húngaros que pegaram a bola e saíram correndo com ela. Ainda hoje famosos pelo uso da páprica em sua culinária, eles a adotaram quando o rei Carlos V da Espanha mandou um pouco de *pimentón* para a irmã, a rainha Maria da Hungria, que apreciou muito e tratou de divulgá-lo. A páprica húngara não tem, contudo, o sabor rico e almiscarado do *pimentón* porque suas pimentas são secas sem defumação.)

Infelizmente, grande parte da fumaça produzida nos fumeiros comerciais acaba poluindo a atmosfera. E numa sociedade consciente da questão ambiental, onde há fumaça há fogo. Que venha a fumaça líquida em nosso socorro!

Para fazê-la, primeiro é preciso produzir fumaça de verdade, queimando pedaços de madeira ou pó de serragem úmidos. A umidade priva parcialmente o fogo de oxigênio para garantir que haja o máximo de fumaça. Esta é então soprada para dentro de condensadores gelados, onde muitos dos seus componentes químicos (centenas de diferentes substâncias foram identificadas na fumaça da madeira) se condensam num líquido marrom, que é então purificado para remoção dos componentes indesejáveis – e tóxicos. O que sobra é em geral misturado com ácido acético (vinagre) e pode ser adicionado dessa forma a seu molho de churrasco.

A FDA não permite que um alimento seja rotulado "defumado" a menos que tenha sido exposto diretamente à fumaça de verdade, proveniente da queima de madeira. Leia o rótulo da embalagem das salsichas de "cachorro-quente", algumas têm apenas "sabor defumado", por terem sido borrifadas por – ou mergulhadas em – fumaça líquida.

Mas você sem dúvida não conseguiu esquecer o que eu disse antes sobre a fumaça ter componentes tóxicos, e deve estar imaginando se os alimentos com gosto de fumaça não fazem mal. E aí, o que devo dizer?

Devo dizer que os alimentos defumados não fazem mal? Tudo bem, eu topo a parada.

Sim, as substâncias químicas da fumaça presentes na fumaça líquida purificada não fazem mal nas pequenas quantidades encontradas em alimentos com sabor defumado.

Fumaça real, gasosa, contudo, pode ser uma outra história. A decomposição da madeira (e do tabaco e dos grelhados e dos hambúrgueres) por intenso calor – um processo chamado *pirólise* – pode produzir o altamente carcinogênico 3.4-benzopireno e outros elementos denominados aromáticos policíclicos (PCA). Mas nenhuma dessas substâncias foi encontrada em produtos comerciais com fumaça líquida purificada. Por outro lado, a fumaça líquida, como sua parenta gasosa, contém substâncias químicas bactericidas e antioxidantes, como ácido fórmico e fenóis, que podem contribuir positivamente para a sua saúde.

A COISA CERTA

Um amigo, proprietário de um restaurante japonês, me disse que a pasta verde que acompanha os pratos nesses restaurantes (inclusive o dele) não é o verdadeiro* wasabi*, mas apenas raiz-forte tingida de verde. Será que ele estava só se desculpando?

Nada disso, ele estava servindo a coisa certa, mesmo que não fosse a coisa verdadeira. Eu também tenho um amigo proprietário de um restaurante japonês, e ele me confidenciou a mesma coisa.

A maioria das pessoas que pedem *sushi* em um restaurante japonês logo reconhece os condimentos na travessa. Um deles é um emaranhado de fatias finas de gengibre em conserva, destinado a limpar o paladar no intervalo das mordidas, e o outro é uma bola verde de "*wasabi*". O gengibre é genuíno, sim, mas o *wasabi* provavelmente não. A maioria das pessoas fora do Japão nunca provou o verdadeiro *wasabi*.

Então o que é aquela bola de pasta verde que põem no seu prato de *sushi*? É uma mistura de raiz-forte, mostarda, maizena e tintura amarela e azul, e tudo junto é ligado com água para formar uma pasta espessa. Ponha mais que uma pitada na língua e essa coisa incendiária vai limpar seu *sinus*, fazer seus olhos lacrimejarem e quase arrancar a sua cabeça. A experiência com o verdadeiro *wasabi*, ao contrário, é surpreendentemente refinada.

O verdadeiro *wasabi* é uma haste, ou rizoma, matizada de verde que cresce por baixo da terra, conhecida botanicamente como *Wasabia japonica* ou *Eutrema japonica*, entre outros nomes. E não é bonita. As longas raízes franjadas brotam dos lados e, mesmo depois de limpo, o *wasabi* parece uma batata-doce encaroçada e despenteada. Seu cultivo é extremamente difícil, pois requer condições especiais em águas muito frias. Há apenas cerca de cinco plantadores no mundo inteiro. Ele custa algo equivalente a 240 reais o quilo quando é vendido inteiro e cerca de 300 reais o quilo quando vendido em pedaços. É por isso que é raro encontrar o verdadeiro *wasabi* fora do Japão.

Mas eu tive a sorte de encontrar uma vez.

O dono de um restaurante japonês em Pittsburgh fez um teste de comparação para minha esposa e para mim. Ele pôs dois pratinhos na mesa. Num deles, à esquerda, um punhado do impostor e familiar verde-azulado. No outro, à direita, um punhado do genuíno *wasabi*, verde-amarelado. Era difícil distingui-los pela aparência.

Com uma vareta de bambu, apanhamos uma pontinha do falso e familiar *wasabi* do prato à esquerda e a colocamos em nossas línguas. A textura era um pouco granulosa e farinhenta, e a sensação foi de intensa quentura, sem um sabor especial.

Depois experimentamos o verdadeiro. A textura era a de um legume ralado bem fininho. O gosto era ligeiramente picante, ligeiramente doce. O ardor era instantâneo e forte, mais como um rápido piparote que como a prolongada queimação da *chili*; permanecia como um sabor agradável e suave de vegetal, que até mesmo as pessoas em geral avessas a comidas picantes apreciariam.

O *wasabi* nunca é usado com pratos cozidos, porque o calor faz com que perca o sabor. Os isotiocianatos, substâncias químicas responsáveis pelo ardido do *wasabi*, são termicamente instáveis.

RALAR PARA DURAR

É uma tradição em nossa casa que meu marido rale a raiz-forte (a tradicional erva amarga) para nossa ceia na Páscoa judaica. Em geral ele rala uma grande quantidade, suportando o ardor nos olhos e no nariz, para preparar esse delicioso condimento. Entretanto, as sobras perdem a potência dois dias depois. Como manter a raiz ralada picante e potente durante os oito dias da Páscoa, para não ter que repetir a operação diariamente?

O composto ardido e produtor de lágrimas no óleo essencial da raiz-forte é o isotiocianato de alila, comumente conhecido como óleo de mostarda. (Está presente nas sementes da mostarda preta também.) Ele é criado quando as células da planta são cortadas enquanto é ralada, o que libera uma enzima chamada mirosina e um composto denominado sinigrina. Essas duas substâncias, antes, ficavam isoladas uma da outra em diferentes partes das células, mas quando liberadas ao mesmo tempo, na presença de água, elas reagem e formam o isotiocianato de alila.

Uma vez produzido, o óleo começa a evaporar, liberando seus fortes vapores no ar. O vapor, contudo, não é muito estável e se dissipa passados 10 ou 20 minutos.

Mantenha a sobra de material ralado num recipiente hermeticamente fechado na geladeira, o que vai refrear os vapores e retardar sua liberação. Ou tente misturar a raiz-forte ralada com gordura de galinha (o nome técnico é *schmaltz*), outro destaque na Páscoa judaica. Gelada, a gordura solidificada manterá selados os vapores picantes.

Melhor ainda, rale a raiz-forte dentro do vinagre para umedecê-la, como fazem os produtores comerciais. O ácido inibe a reação que provoca a produção de isotiocianato de alila, ao desativar a enzima mirosina presente na superfície dos pedaços ralados, assim, quando você mastigar a raiz-forte, abrirá mais células, mais enzima será liberada, e a pungência renascerá.

Guacamole com wasabi

Mesmo que você tenha acesso à "coisa em si", seria um desperdício usar o verdadeiro *wasabi* nesta receita, diluído, como ela indica, com os demais ingredientes. Portanto, compre um pouco da pasta de *wasab*i comum, recém-preparada, e conserva de gengibre num *sushi-bar*. O *wasabi* em pó, que pode ser reconstituído com água, é disponível em lata. Descobri que o *wasabi* em pasta, vendido em tubos, varia de qualidade. A pasta de *wasabi* vai perdendo seu ímpeto se ficar sem uso, portanto, prepare a sua uma hora antes de servir. Sirva a *guacamole* com triângulos de *tortilla* como aperitivo em qualquer menu que tenha um toque da culinária pan-asiática ou das ilhas do Pacífico.

- 1 abacate grande e maduro
- suco de 1 limão (mais ou menos 1 ½ colher de sopa)
- 1 colher de chá de pasta de *wasabi*
- 1 colher de chá de gengibre em conserva picado (opcional)
- 1 pequeno dente de alho, picado e amassado
- 1 boa pitada de sal *kosher*
- 1 alho-poró (partes verdes e brancas), aparado e picado
- 1 colher de sopa de coentro fresco, picado

1. Corte o abacate ao meio, no comprimento, e tire o caroço. Com uma colher, retire a polpa do abacate e coloque-a numa vasilha média. Junte o suco de limão.

2. Com um garfo, amasse grosseiramente o abacate. Junte a pasta de *wasabi*, o gengibre, alho e sal. Misture até todos os ingredientes ficarem bem incorporados. (Atenção: como o abacate e o *wasabi* têm a mesma cor, tenha cuidado de misturar tudo muito bem. Um vestígio de pasta de *wasabi* pura seria uma surpresa pouco agradável.)

3. Ajuste o tempero a seu gosto, adicionando mais *wasabi* e sal se necessário antes de servir.

- Rendimento: cerca de 1 xícara

O QUE VOCÊ ANDA FUMANDO?

Tenho um pequeno moedor de café que uso para moer especiarias secas, como sementes de mostarda e de pimenta. Mas percebi uma estranha ocorrência. Depois que moí alguns cravos-da-índia, a tampa de plástico do moedor ficou esburacada e mole em toda a volta. E não consigo acabar com o cheiro dos cravos. Será que eles têm alguma propriedade corrosiva?

Têm. O cravo é provavelmente a mais forte de todas as especiarias aromáticas, contendo mais de 20% de um óleo essencial intenso e de sabor acridoce.

Nativo de ilhas que hoje fazem parte da Indonésia, o cravo é o bulbo seco da flor de uma conífera tropical, *Syzygium aromaticum*. Esses bulbos secos têm uma haste e uma cabeça, e a forma que lhes deu seu nome, *cravo*, do latim *clavus*, "prego". Eles são vistos com frequência enfiados como estacas na superfície dos presuntos de Natal.

Os cravos contêm, é óbvio, óleo de cravo, cujo principal ingrediente é o eugenol, conhecido familiarmente pelos químicos por seu apelido: 2-metoxi-4-(2- propenil)fenol. É possível que em alguma ocasião ele tenha sido aplicado a um dente seu pelo dentista, como analgésico e antisséptico.

Ou, como eu fiz em Jacarta e em Bali, talvez você tenha fumado alguns cigarros indonésios com sabor de cravo. Esses cigarros, chamados *kreteks*, são feitos com duas partes de tabaco e uma de cravo moído. A paixão da Indonésia pelos *kreteks* consome aproximadamente metade da produção mundial de cravos.

O eugenol é um fenol, e os fenóis podem ter propriedades ácidas e corrosivas. No seu caso, o eugenol invadiu, dissolveu e amoleceu a tampa de plástico transparente do moedor, que é feita, provavelmente, de polimetil metacrilato, ou lucite. Seu aroma aderiu permanentemente ao objeto.

Temo que você agora tenha um exclusivo moedor de cravos. Compre outro para suas especiarias menos vorazes, e lave-o muito bem cada vez que usar, a menos que você goste do café temperado.

Vi na Bretanha saleiros de cerâmica que, segundo se dizia, conservam o sal seco, mesmo sendo abertos perto da parte superior, para que se possa enfiar uma colher ou tirar uma pitada com os dedos. Como é que isso funciona?

Esse tipo de recipiente, comum na França e na Inglaterra, mas também encontrado em muitas lojas nos Estados Unidos, é chamado de saleiro-leitão. Ele tem a forma de grandes bocas de entrada de ar nos navios, que as pessoas pensam que são buzinas de cerração: cilindros verticais atarracados, dobrados em ângulo reto.

Os saleiros-leitões são feitos de cerâmica ou terracota não esmaltada na parte interna, motivo pelo qual permanecem porosos. Os poros abertos proporcionam uma grande área para absorção de água. Os sais marinhos da Bretanha têm muita necessidade desse efeito secante: com frequência eles são úmidos se não forem refinados. Isso porque contêm pequenas quantidades de cloreto de cálcio, que é *higroscópico* – isto é, absorve a umidade do ar. O sal comumente usado nas mesas contém uma pequena quantidade de um agente secante.

E, sim, você pode deixar o sal *kosher* num saleiro-leitão.

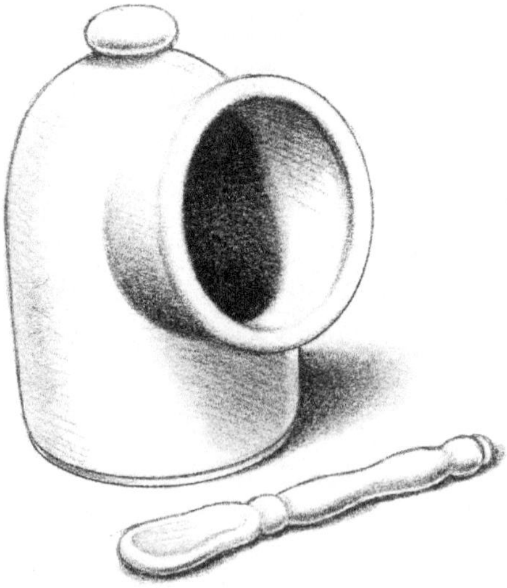

Saleiro-leitão de cerâmica para guardar e servir sal. A superfície porosa interna, não esmaltada, absorve a umidade e ajuda a manter o sal seco.

FICO COM A BAUNILHA

Faz alguns anos, um frasco com duas favas de baunilha custava x numa determinada loja. Agora o preço é sete vez mais. Faz alguns anos, na mesma loja, uma garrafa de 250g de extrato puro de baunilha Bourbon de Madagascar custava x. Agora o preço é três vezes mais. Com os preços da baunilha subindo dessa maneira, muitas pessoas passam a usar a baunilha mexicana. Mas será que ela é um produto natural, ou é artificial? Com base no preço baixo, suspeito que seja artificial.

Suas suspeitas são bem fundadas.

A baunilha verdadeira sempre foi cara porque arrancá-la da natureza é um empreendimento que consome tempo – e esforço –, e porque ela cresce em terras distantes. E, como o cacau, as castanhas-de-caju e os grãos de café, a baunilha é um bem sujeito às extravagâncias da natureza e às leis da oferta e da procura. Todas essas quatro muito apreciadas dádivas vêm das latitudes tropicais, onde as tempestades dizimam periodicamente as colheitas e, desta forma, afetam os preços no mundo inteiro.

Não posso explicar as leis da economia (às vezes acho que ninguém pode), mas posso explicar a natureza da verdadeira baunilha, como ela é diferente da baunilha de imitação, e em que consiste, ou não consiste, o produto mexicano.

Primeiro, a baunilha de verdade.

As favas da baunilha não são favas. Elas são as vagens com sementes (frutos), fermentadas e secadas, de uma das duas espécies de orquídea trepadeira, a *Vanilla tahitensis* (nativa das ilhas do Pacífico) ou da *Vanilla planifolia* (nativa do México). Os astecas, no México, foram os primeiros a combinar o sabor da baunilha com as sementes de outra planta nativa, aquela que agora conhecemos como cacau (um exemplo de casamento perfeito!). Os conquistadores espanhóis lançaram a palavra *vainilla*, que significa "pequena bainha de espada, estojo ou casulo", com referência à forma da vagem da baunilha.

Hoje, cerca de três quartos da produção mundial de baunilha vêm da variedade *Vanilla planifolia* mexicana, mas cultivada nas ilhas de Madagascar, Comoro e Reunião, no Oceano Índico. No início do século XIX, essas ilhas estavam sob o domínio dos reis da dinastia Bourbon, da França, e a baunilha dessa região ainda é conhecida como baunilha Bourbon.

Quando a orquídea da baunilha floresce, ela produz apenas umas poucas flores de cada vez. Cada flor abre numa determinada manhã e se fecha ao entardecer, e se não for polinizada cai morta da trepadeira no dia seguinte. Para carregar seu precioso fruto, ela deve ser polinizada na manhã do seu dia de glória.

Como, então, essa planta conseguiu se reproduzir e sobreviver durante eras, antes que os seres humanos chegassem e procurassem cultivá-la? Tentativas de cultivar a baunilha em outras partes do mundo, fora do México, foram infrutíferas por cerca de 300 anos. Finalmente descobriu-se que uma pequena abelha do gênero *Melipona*, nativa apenas do México, era quem fazia silenciosamente o trabalho de polinização, como as abelhas habitualmente fazem. Mas hoje quase todas as flores da baunilha, tanto no México como em Madagascar, são polinizadas por mãos humanas, que usam finas lascas de madeira inseridas com precisão em cada flor na hora certa. (Você está começando a entender por que a baunilha é tão cara?)

Quando a vagem da baunilha atinge seu comprimento máximo de cerca de 20cm, é colhida, seca ao sol por 10 a 30 dias e coberta à noite para transpirar e fermentar. Somente então as vagens terão desenvolvido seu magnífico sabor e aroma.

Cerca de 170 substâncias diferentes foram identificadas no aroma da baunilha, mas a maioria delas vem do composto fenólico aromático chamado vanilina. Feliz ou infelizmente, os homens conseguem fazer vanilina com muito mais eficiência que as plantas da baunilha. Ela pode ser sintetizada a partir do eugenol, principal constituinte aromático do óleo de cravo, ou do guaiacol, uma substância encontrada em três resinas tropicais. A vanilina também pode ser feita a partir da lignina, componente estrutural das plantas lenhosas e subproduto da fabricação de papel com pasta de madeira. A vanilina não é feita mais dessa forma nos Estados Unidos e no Canadá, porque o processo é inaceitável sob o aspecto ambiental.

A vanilina sintética é o principal ingrediente da baunilha artificial ou "de imitação", que custa muito menos que o verdadeiro extrato de baunilha e é, de fato, um substituto não muito ruim. Usada como aromatizante em sobremesas prontas, a vanilina sintética deve ter no rótulo a indicação "sabor artificial" (ver "É natural – ou é de verdade?", p.315).

Vagens inteiras de baunilha são vendidas em embalagens à prova de ar para que não murchem nem percam seu buquê floral. Elas não podem ser duras ou rijas como couro, e sim escuras e macias como uma barra de caramelo de alcaçuz. A maior parte do sabor está dentro e em volta dos milhares de sementes microscópicas, que podem ser vistas se abrirmos a vagem no comprimento. Elas podem ser retiradas com a ponta de uma faca e adicionadas a pudins, molhos e massas doces. Mas a vagem despojada das sementes ainda conterá muito sabor. Enterre-a em açúcar, dentro de um vidro bem fechado, e deixa-a ali por umas duas semanas. Use esse açúcar aromatizado com baunilha – em pudins, molhos e massas doces.

O extrato de baunilha é muito mais fácil de usar que as vagens inteiras. Em seu inimitável estilo burocrático, a FDA define o extrato puro de baunilha como "a solução em álcool etílico aquoso dos princípios saborosos e olorosos extraíveis das vagens de baunilha". Para ser rotulado como tal, ele deve ter um conteúdo de álcool de pelo menos 35% por volume e ser feito de não menos que 374g de vagens de baunilha por 3,8 litros. (Não me pergunte por quê.) Pode conter açúcar e outros ingredientes, como glicerina ou glicol propileno para ficar mais suave, mas se contiver vanilina sintética deverá dizer no rótulo: "Imitação de sabor de baunilha".

E, finalmente, a conexão mexicana:

O México perdeu a liderança mundial na produção de baunilha quando a revolução de 1910 destruiu quase toda a plantação de baunilha da costa do Golfo. Mas sua reputação permanece, e o "extrato de baunilha" mexicano é bastante usado. Como as leis para os rótulos não são aplicadas no México de um modo tão rígido como nos Estados Unidos, o extrato de baunilha mexicano pode muito bem ser um sabor de imitação feito a partir de extrato de vanilina.

Pior ainda, alguns produtos mexicanos e caribenhos podem conter cumarina (1,2 – benzopirona), extraída de sementes parecidas com feijões da árvore *tonka*, *Dipteryx odorata* (*cumari* em espanhol). A cumarina tem forte cheiro de baunilha mas é tóxica, sendo usada como veneno de rato, porque afina o sangue e faz o rato sangrar internamente até morrer. Como medicamento, é usada como anticoagulante no tratamento de doenças cardíacas.

A cumarina foi completamente banida como aditivo alimentar pela FDA em 1954.

A advertência da última linha é a seguinte: cuidado com os líquidos de "baunilha" do México e do Caribe. Na melhor das hipóteses, são pura imitação, e na pior contêm cumarina. Em teoria, a FDA deveria sustar a importação de produtos que contenham cumarina, mas ela foi encontrada em alguns importados que conseguiram escapar à vigilância.

9

A tralha da cozinha

Seja qual for o tamanho e o conforto, ou o lugar em que fica – residência ou restaurante, navio, trem ou mesmo ao ar livre –, onde puder ser abrigada, a cozinha é sempre um lugar dedicado à tarefa vital de preparar comida para alguém, seja um comensal solitário, um acampamento de trabalhadores ou mesmo um exército. Suas exigências básicas são algumas panelas de barro ou metal, abastecimento de água e calor, e talvez uma faca. Tudo o mais é excesso.

E como há excesso nas cozinhas de hoje!

Temos geladeiras; fogão a gás, elétrico e de indução magnética; fornos "tradicionais", micro-ondas e fornos elétricos, batedeiras, processadores, panelas antiaderentes e... Ora, basta olhar em volta de sua cozinha, seu felizardo. Você progrediu bastante.

Assim como todos esses instrumentos devem ter o tamanho adequado para lidar com uma variedade de alimentos, temos também de saber como lidar com as próprias ferramentas. Não há nada mais frustrante para um artesão que ter de consertar uma ferramenta antes de aprender a usá-la.

A sua lavadora de pratos mastiga os utensílios de alumínio? A geladeira exala um odor inesperado? A manteigueira estraga a manteiga? O forno assa a carne mais depressa ou mais devagar que a receita recomenda? As pizzas saem molengas e os bolos ficam solados?

Tudo depende de como você usa seu arsenal de eletrodomésticos, aparelhos, equipamentos, apetrechos, acessórios, engenhocas e utensílios. Trate-os com consideração e respeito porque, como Emerson escreveu: "Se você não usar suas ferramentas, elas usarão você."

Ou, parafraseando Thoreau, você se torna o instrumento de seus instrumentos.

EM BUSCA DAS PARTÍCULAS DO MAU CHEIRO

Sempre deixo uma caixa de bicarbonato de sódio aberta na geladeira para absorver os odores. Mas percebi que hoje existe no supermercado um novo tipo de caixa de bicarbonato de sódio que dizem funcionar ainda melhor, embora o rótulo não diga que ela contém algo além de bicarbonato de sódio puro. Como o bicarbonato absorve odores e como essa nova invenção pode funcionar melhor?

Como todos os donos de casa deste país, mantenho religiosamente uma caixa aberta de bicarbonato de sódio na geladeira, e posso testemunhar que nunca senti um cheiro ruim.

Será que nunca senti um odor desagradável na minha geladeira porque sou um dono de geladeira muito meticuloso? Absolutamente não, de acordo com o fabricante do bicarbonato de sódio e todas as autoridades domésticas dos EUA, que garantem com fidelidade que o bicarbonato de sódio absorve todos os odores.

Qual a prova concreta de que o bicarbonato de sódio realmente funciona, pelo menos em relação aos odores? Nenhuma que eu saiba. Mas aqui vai a teoria.

O bicarbonato de sódio ($NaHCO_3$), também conhecido como fermento para uso culinário, reage tanto com ácidos quanto com bases, isto é, tanto com substâncias ácidas quanto com substâncias alcalinas. (O íon do bicarbonato é *anfótero*.) Mas ele é 20 vezes mais eficiente em sua reação com ácidos que com bases. E é nisso que se baseia a teoria da absorção de odores. Se uma molécula errante de um ácido malcheiroso aterrissar sobre a superfície do bicarbonato de sódio, ela será neutralizada, se transformará num sal e ficará imobilizada para sempre. É verdade, não se pode negar o fato de que o bicarbonato engole os ácidos – se lhe derem uma chance. Esse é o problema. Como fazer o ácido entrar em contato com o fermento, e por que, afinal, queremos capturar os ácidos?

Primeiro, por que os ácidos são acusados de cheirar mal? Isso se refere quase sempre ao leite azedo. Nos tempos da refrigeração precária, e sobretudo antes da pasteurização, o leite estragava rapidamente, não só pelo desenvolvimento de bactérias como também pela decomposição de sua gordura em ácidos graxos, principalmente ácido butírico, cáprico, caproico e caprílico. O ácido butírico é em grande parte responsável pelo odor de manteiga rançosa, e os ácidos cáprico, caproico e caprílico recebem seus nomes por aquilo com que seu cheiro se parece: *caper*, em latim, "cabra".

Portanto, se você tem o costume de deixar o leite com a data vencida na geladeira durante semanas enquanto viaja, muitas das moléculas ácidas de gordura podem de fato encontrar o caminho até uma caixa aberta de bicarbonato, cair dentro dela e serem neutralizadas. Mas nem todas as moléculas fétidas que podem poluir o espaço aéreo da sua geladeira são de ácidos, ou mesmo de bases (álcalis); para a química, elas podem ser praticamente qualquer coisa. Afirmar que o bicarbonato de sódio absorve genericamente "odores" é aumentar a verdade em um quilômetro químico.

Vamos colocar as coisas do seguinte modo: um odor é uma bafejada de moléculas gasosas que flutuam pelo ar em direção ao nosso nariz. Cada tipo de molécula tem sua identidade química individual e seu conjunto individual de reações com outras substâncias químicas. Nenhuma substância, inclusive o bicarbonato de sódio, pode se vangloriar de reagir com – e desativar todas – as substâncias que cheiram mal.

Mesmo para os odores ácidos, que são o principal alvo do bicarbonato, a pista de aterrissagem para uma molécula malcheirosa numa caixa de bicarbonato teria apenas 15cm^2 (a área da abertura da caixa) e se localizaria aleatoriamente dentro de uma geladeira com 6,5m^3. Não é um sistema muito eficaz para capturá-las. Além disso, a caixa não *atrai* odores, como muitas pessoas acreditam.

A nova "invenção" que você viu é uma caixa-padrão de bicarbonato de sódio com as laterais removíveis, destinada a dar mais acesso às moléculas gasosas através de um papel poroso. Isso soa como uma grande ideia, mas essa caixa, "planejada especialmente para expor mais bicarbonato de sódio que qualquer outra embalagem", exibe apenas os mesmos 15cm^2 de superfície de bicarbonato. E, de qualquer forma, o ar na geladeira não "atravessa" a embalagem. Não há um leque ou outra força soprando-o para entrar por um lado da caixa e sair pelo outro.

E o que dizer das outras moléculas odoríferas que o fermento não absorve, mesmo que cheguem até ele? Existe apenas uma substância comum que pode engolir todas elas, indiscriminadamente: o carvão ativado. Ele funciona, sem tentar ser um produto químico infalível, usando uma capacidade de adesão física que nada tem a ver com química. Se os gases encontram seu caminho para a imensa rede interna de poros microscópicos, eles aderem em virtude de um fenômeno chamado adsorção, que é a adesão de moléculas a uma superfície graças ao que os químicos chamam de forças de van der Waals.

O carvão é feito aquecendo-se madeira, cascas de nozes, cascas de coco, ossos de animais ou outros materiais que contêm carbono, num ambiente livre de oxigênio, de modo que eles de fato não queimam, enquanto outras substâncias que não o carbono são expulsas. Ele é então "ativado", isto é, tratado com vapor a temperaturas muito altas, processo que remove quaisquer substâncias não carbônicas, e o resultado é uma microestrutura extremamente porosa dentro dos grãos de carvão. Um único grama de carvão ativado pode conter até 2.000m^2 de área superficial interna.

Você pode encontrar carvão vegetal ativado (o melhor é feito de cascas de coco) num armazém, loja de ferragens, loja de conveniências ou de produtos para animais. Espalhe-o numa fôrma que tenha lados altos e deixe-o na geladeira malcheirosa por uns dois dias. *Não* use pedras de carvão: elas contêm hulha, areia e outras substâncias, e seu conteúdo de carvão não funcionaria, de qualquer maneira, porque não está pulverizado nem ativado.

No final, há apenas uma rota segura para uma geladeira isenta de odores. Três palavras: prevenção, prevenção, e prevenção. Feche bem todos os seus alimentos, especialmente alimentos "fortes", como cebolas, em embalagens à prova de ar. Verifique com regularidade os sinais de deterioração, confira os habituais suspeitos, limpe imediatamente tudo que derramar. Limpe a geladeira com capricho. Sim, eu sei que você já faz isso, mas faça com mais frequência.

O MELHOR PARA A MANTEIGA

Tabletes de manteiga conservados numa manteigueira de vidro com tampa, no compartimento para manteiga da porta da geladeira, acabam ficando com uma cor amarela escura e com um gosto ligeiramente rançoso. Há algum modo de impedir isso?

Você provavelmente acha que está fazendo tudo certo, não é? Pois bem, o pior lugar para guardar manteiga é uma manteigueira, e o pior lugar para guardar a manteigueira é o compartimento de manteiga da geladeira.

As manteigueiras foram inventadas para facilitar o uso da manteiga, e não para guardá-la. Como elas não vedam a entrada de ar, o que está dentro pode pegar o gosto de outras coisas que estão dentro da geladeira, e a manteiga é muito boa nisso.

Os compartimentos de manteiga deviam ser banidos. Muitos deles têm um pequeno mecanismo interno de aquecimento para manter a manteiga em temperatura ligeiramente mais elevada que o resto da geladeira, a fim de ser espalhada no pão com facilidade. Mas essa temperatura mais alta acelera a oxidação da gordura, conhecida também como ranço. Eu guardo minha manteiga no congelador, bem embrulhada em filme plástico. Sim, ela estará dura como uma pedra quando for usá-la, mas uma faca afiada pode cortar fora o pedaço, que aquecerá e ficará macio bem depressa.

QUE OS SANTOS (E A QUÍMICA) NOS PROTEJAM!

Fico sempre imaginando por que alguns alimentos estragam tão rapidamente mesmo na geladeira, enquanto outros parecem durar para sempre sem refrigeração. Coisas como vidros abertos de mostarda e ketchup *podem durar semanas fora da geladeira, queijo, mel e manteiga de amendoim podem durar ainda mais em temperatura ambiente. Há algum modo simples de avaliar quanto tempo um alimento pode durar?*

Quem dera que a vida fosse tão simples! Não pode haver uma regra única que sirva para tudo o que comemos – um número quase infinito de combinações de milhares de diferentes proteínas, carboidratos, gorduras e minerais que constituem a nossa dieta de onívoros. "Ficar ruim" pode se referir à ação de bactérias, fungos e leveduras; de calor; de oxidação por exposição ao ar; ou de enzimas dos próprios alimentos. As enzimas nas frutas, por exemplo, estão nelas especificamente para acelerar seu amadurecimento, maturação e deterioração.

Uma coisa, entretanto, é inevitável: todos os alimentos acabam estragando, apodrecendo, se decompondo, se desintegrando, esfarelando, ficando rançosos ou simplesmente viscosos. As proteínas se tornam moles, pútridas e verdes; os carboidratos fermentam e ficam amargos; as gorduras rançam. *Ketchup* e mostarda duram mais porque contêm ácido inibidor de micro-organismos (vinagre), não têm gordura nem enzimas ativas.

Na batalha contra a deterioração dos alimentos, nós, seres humanos, os cozinhamos, defumamos, secamos, acidificamos e salgamos ou açucaramos – e, nas últimas décadas, em grande parte graças ao inventor norte-americano Clarence Birdseye (sim, este era mesmo o nome dele – "olho de pássaro"), nós os congelamos.

Durante um período como comerciante de peles no Labrador (Canadá), Birdseye observou os esquimós congelarem peixe e carne para uso posterior. Viu que os alimentos congelados mais rapidamente no inverno que em períodos menos frios retinham melhor a textura, o sabor e a cor ao descongelar. Em 1925, Birdseye concebeu sua "máquina de resfriamento rápido" e foi assim que a indústria de alimentos congelados decolou.

O congelamento conserva os alimentos porque os micro-organismos não conseguem deteriorar o gelo e, portanto, não se reproduzem nele. A refrigeração, que não se confunde com o congelamento, retarda o desenvolvimento deles, mas dentro de limites. À temperatura convencional de uma geladeira doméstica, dez mil bactérias podem se tornar dez bilhões em poucos dias.

Então surgem em cena os conservantes: produtos químicos são adicionados aos alimentos para prolongar suas vidas – e as vidas daqueles que os comem. Sim, os conservantes são produtos químicos. E, sim, eles são também aditivos, porque, obviamente, são adicionados aos alimentos. (Da mesma forma o sal, o açúcar, condimentos, vitaminas e assim por diante.) Em poucas palavras, sem os conservantes, a maioria dos nossos alimentos estragaria. E, no entanto, somos constantemente atraídos por produtos cujos rótulos dizem, apregoando modestamente sua superioridade: "Sem aditivos ou conservantes." Algum dia gostaria de ver um rótulo que acrescentasse: "Vai estragar pouco depois de você levar para casa."

O que são esses produtos químicos? Eles se enquadram basicamente em quatro categorias:

- **Antimicrobianos**: inibem o crescimento de bactérias, fungos e leveduras. Incluem o dióxido de enxofre e sulfitos usados em frutas, sucos de frutas, vinagres e vinhos; ácido sórbico usado em queijos; propionato de cálcio e outros propionatos usados para inibir fungos no pão e em outros produtos cozidos; e sódio e outros benzoatos usados para impedir o crescimento de fungos em bebidas, conservas de frutas, queijos, picles e muitos outros produtos. Os benzoatos ocorrem naturalmente no sabugeiro-d'água (*Viburnus opulus*), enquanto os propionatos podem ser encontrados em morangos, maçãs e queijos.
- **Antioxidantes**: inibem a oxidação pelo ar, que faz as gorduras, especialmente as não saturadas, ficarem rançosas. Incluem sulfitos, BHA (butilato-hidroxianisol), BHT (butilato-hidroxitolueno), TBHQ (terbutil-hidroquinona), ácido ascórbico (vitamina C) e propilgalato. São usados em batatas fritas, nozes, cereais e biscoitos.
- **Inibidores de enzimas**: retardam a deterioração causada por reações desencadeadas por enzimas. Os sulfitos inibem as reações de degradação enzimática em frutas como passas e damascos secos. Os ácidos, como o ácido ascórbico e o ácido cítrico do limão, tornam difícil a vida para muitas enzimas, inclusive a enzima fenolase, que faz maçãs e batatas escurecerem logo que são cortadas.
- **Sequestradores**: também conhecidos como agentes de quelação, eles engolem os átomos dos traços de metal como ferro e cobre que podem catalisar (acelerar) as reações de oxidação e causar descoloração. O mais usado é o EDTA (tetraetilenodiamina, ácido acético). Outros sequestradores são os polifosfatos e o ácido cítrico.

MEDIDAS DE SEGURANÇA

Quando viajamos ao exterior e voltamos para os Estados Unidos, não temos permissão para trazer plantas ou alimentos, por motivos de saúde pública. Mas esses produtos não são esterilizados ao passar pelas máquinas de raios X usadas para segurança dos aeroportos?

Não. Os raios X de segurança dos aeroportos não são fortes a ponto de matar insetos, parasitas e coisas assim. As radiações usadas para esterilizar e conservar alimentos são milhões de vezes mais intensas.

BASICAMENTE É BÁSICO

Estou inquieta porque minhas panelas e utensílios de alumínio estão se tornando descoloridos e parecem corroídos pela máquina de lavar louça. Uma peneira de alumínio logo ficou inutilizada. Será por efeito de algum ácido no sabão ou na água?

Não, não se trata de um ácido. Trata-se do oposto químico de um ácido: um álcali, conhecido pelos químicos mais apropriadamente como base.

A maioria dos detergentes usados nas máquinas de lavar louça, ao contrário dos detergentes para lavar louça a mão, contém carbonato de sódio, um composto altamente alcalino, também conhecido como água sanitária – *não* confundir com o fermento de cozinha, que é *bi*carbonato de sódio.

A máquina de lavar louça precisa dos produtos alcalinos porque eles devoram a gordura, transformando-a em sabão. O sabão pertence à classe de compostos químicos formados pela ação de um álcali sobre uma gordura. Um detergente, por outro lado, é um composto sintético mais moderno, concebido especificamente para desempenhar as funções do sabão. Essa diferença não impede que muitas pessoas chamem todos os detergentes domésticos de "sabão".

Mas eu discordo.

Tendemos a pensar que um produto químico é ácido porque ataca e dissolve um metal. E isso em geral é verdade: um ácido muito forte pode comer um jipe blindado e cuspir os pneus. Mas o alumínio é um metal fora do comum, porque é atacado tanto pelos ácidos quanto pelos álcalis. (Ele é *anfótero*.) Assim, o carbonato de sódio alcalino do detergente na lavadora realmente ataca o alumínio, pelo menos roendo a superfície o bastante para torná-lo opaco e cinzento como o estanho com compostos de alumínio. Por essa razão, a maioria dos fabricantes de panelas de alumínio de qualidade aconselha a não as colocar na lavadora.

Pior ainda, alguns detergentes contêm hidróxido de potássio ou hidróxido de sódio (barrela), que são álcalis muito mais fortes que o carbonato de sódio e devoram literalmente os utensílios de alumínio. É provável que tenha sido isso o que estragou a peneira. Se você ainda pretende lavar sua bateria de cozinha na máquina, verifique os rótulos dos detergentes no supermercado e escolha um que não contenha hidróxido de potássio ou de sódio, nem carbonato de sódio. Você vai encontrar.

Um segundo fenômeno pode estar causando o desgaste de seus utensílios de alumínio. É possível que na lavadora eles toquem outro metal que quase certamente é aço inoxidável. Sempre que dois metais diferentes – nesse caso, o alumínio e o que é essencialmente ferro – ficam em contato quando mergulhados em um líquido condutor, uma reação elétrica (o termo mais adequado é *eletrolítica*) se produz e ataca um dos dois metais, nesse caso o alumínio, corroendo sua superfície e embaciando-a. Portanto, se você insiste em lavar os utensílios de alumínio na máquina, garanta que eles não tocarão em qualquer outro tipo de metal.

Pega, ladrão!

Razões muito complexas para serem abordadas aqui fazem com que os átomos de ferro mantenham-se mais agarrados a seus elétrons que os átomos de alumínio aos seus. (Diz-se que o ferro é mais eletronegativo que o alumínio). Assim, se os dois metais ficarem em contato dentro de um líquido condutor de eletricidade (um *eletrólito*), como o detergente dissolvido na água, os átomos de ferro irão roubar os elétrons dos átomos de alumínio. Essa transferência de elétrons constitui um fluxo de corrente elétrica, com o eletrólito completando o circuito.

Os átomos de alumínio deficientes de elétrons (*cátions* de alumínio) vão querer recuperar seu complemento normal de elétrons, e para isso reagem com alguma coisa – qualquer coisa – que tenha elétrons para doar. A superfície do metal alumínio reage então com os íons negativos (*ânions*) da solução, formando uma camada embaçante de um composto de alumínio, em geral óxido de alumínio.

A COMPULSÃO DA EMULSÃO

As emulsões me deixam confusa. Algumas receitas me dizem para emulsificar determinados ingredientes; mas, pelo que posso ver, eu os estou apenas misturando. Será que existe algum truque que não conheço?

Não, mas compreendo sua preocupação. A palavra *emulsificar* muitas vezes é mal-empregada como sinônimo de misturar ou engrossar. Os cardápios dos restaurantes chamam qualquer molho espesso de emulsão. Não é. Os *chefs* gostam de dizer que estão emulsificando um molho com um *roux*. Não estão. Muitas coisas, inclusive farinha de trigo, maisena, gelatina, pectina, quiabo, ovos e até mesmo banana amassada, engrossarão uma sopa, um pudim, uma geleia ou um molho. Mas, ao usá-las, você não está emulsificando nada. Uma emulsão é um tipo muito específico de mistura de dois líquidos que normalmente não se misturariam, um deles em suspensão, na forma de gotículas, dentro do outro.

O exemplo culinário típico de uma verdadeira emulsão é a maionese, na qual a repulsão mútua entre óleo e água (a última presente como vinagre, suco de limão e clara de ovo) é superada por duas coisas: a força bruta que bate tudo junto e a ação de um ingrediente químico especial chamado emulsificador. Apenas quando essa combinação de força física e poderes químicos está em operação é que a mistura de óleo e água permanece na forma de uma verdadeira emulsão.

Como em um desses encontros às cegas, marcados com parceiras(os) ou desconhecidas(os), simplesmente não há forças de atração entre uma molécula de água e uma molécula de óleo. Assim, se você sacudir uma garrafa com óleo vegetal e vinagre até que eles pareçam coalescer numa mistura homogênea, mais cedo ou mais tarde – em geral mais cedo – eles se separarão em duas camadas distintas. Você não conseguiu fazer uma emulsão estável.

No máximo terá feito uma suspensão coloidal, na qual o óleo se fracionou em microglóbulos ou glóbulos que ficam em suspensão no vinagre graças ao constante bombardeio de moléculas de água por todos os lados. Mas esse casamento está fadado a terminar. Não importa quanto poder muscular você empregue ao sacudir o molho vinagrete, as moléculas de óleo acabarão esbarrando umas nas outras e se reunindo numa camada coerente e separada. Mais uma vez, esta não é uma emulsão permanente.

Nós podemos impedir a reunificação dos glóbulos de óleo adicionando um ingrediente secreto chamado agente emulsificador ou emulsificante. Os emulsificadores são feitos de moléculas semelhantes a cobras que têm caudas longas, amantes de óleo (lipofílicas), e cabeças amantes de água (hidrofílicas). Suas caudas lipofílicas se alojam dentro dos glóbulos de óleos deixando as cabeças hidrofílicas para fora, como se fossem milhares de cravos espetados num presunto. Os "cravos" atraem as moléculas de água porque contêm cargas positivas e negativas que puxam as moléculas de água delicadamente por suas partes positivas e negativas (as moléculas de água são bipolares). Então, mesmo que esbarrem uns com os outros, os glóbulos de óleo não coalescerão. Ao contrário, se manterão suspensos individualmente na água. Agora temos uma verdadeira emulsão.

Onde podemos encontrar esses agentes secretos chamados emulsificadores? Um, excelente, é a lecitina, substância que contém fósforo e é semelhante à gordura (um fosfolipídeo) presente na gema do ovo. Uma das pontas da molécula é hidrofílica e a outra é lipofílica. Na maionese, a lecitina emulsifica óleo e vinagre num molho homogêneo e permanentemente estável. Uma verdadeira emulsão.

Como fazemos maionese com uma pequena quantidade de vinagre ou suco de limão (água) e uma grande quantidade – cerca de oito vezes mais – de óleo, é difícil acreditar que todo esse óleo fique acumulado em uma quantida-

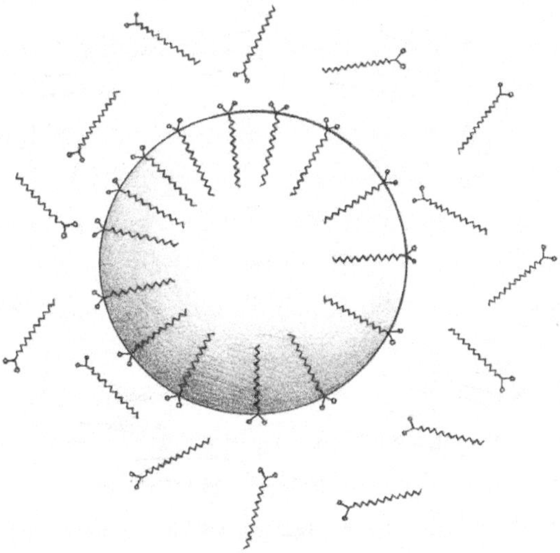

Como um emulsificador torna compatíveis as moléculas de água e de óleo. As caudas em zigue-zague das moléculas do emulsificador, que adoram gordura (lipofílicas), penetram no glóbulo de óleo, deixando suas "cabeças", que adoram água (hidrofílicas), espetadas para fora, e dessa maneira proporcionando ao glóbulo uma superfície amistosa à água.

de tão pequena de água. Por isso, muitas pessoas são levadas a acreditar que a maionese é uma suspensão de gotas microscópicas de água no óleo, e não uma suspensão de gotas microscópicas de óleo na água, o que de fato ela é. Mas na verdade há tantos glóbulos de óleo que eles não estão de fato suspensos no vinagre, e sim envolvidos por uma camada muito fina de água, como bolas de pingue-pongue molhadas dentro de um balde, que tendem a ficar grudadas umas às outras por causa da tensão superficial da água. É por isso que a maionese é tão espessa.

É verdade, contudo, que uma suspensão de minúsculas gotas d'água no óleo também é classificada como emulsão. Manteiga e margarina, por exemplo, são emulsões de água em óleo.

Ao bater a maionese com um batedor de ovos, devemos dirigir o óleo para dentro da mistura de ácido e ovo muito devagar, para garantir que cada pequena porção de óleo adicionada seja prontamente reduzida a glóbulos de tamanho coloidal. Se as gotas de óleo forem grandes demais para permanecer suspensas, elas vão se juntar (coalescer) enquanto estiverem flutuando e formarão uma camada separada na superfície. Diz-se então que o molho "desandou". Depois de algum tempo, o óleo pode ser adicionado um pouco mais depressa, porque as gotas relativamente grandes logo serão cercadas por milhões de glóbulos coloidais já emulsificados que as "insularão" umas das outras, mantendo-as temporariamente separadas até que elas próprias tenham se dividido e chegado ao tamanho coloidal.

Por outro lado, se a maionese for preparada com um liquidificador ou processador, podemos adicionar uma pequena quantidade de óleo diretamente à mistura de vinagre e ovo, logo antes de ligar a máquina. As pás do liquidificador são muito mais rápidas que um batedor de ovos na tarefa de reduzir os glóbulos de óleo ao tamanho coloidal – tão rápidas que os glóbulos nem têm tempo para coalescer.

Molhos vendidos prontos e outros alimentos contêm uma ampla variedade de emulsificadores para manter suas complexas misturas de carboidratos, gorduras, proteínas e água, juntas, numa textura estável. Alguns emulsificadores que você verá nos rótulos são mono e diglicerídeos, ésteres de poliglicerol, ésteres de propilenoglicol e ácidos graxos. E, naturalmente, lecitina.

Os alimentos com frequência são engrossados por substâncias como gelatina, amidos e gomas, inclusive ágar, acácia, xantina e carragenana. Mas os espessantes não são emulsificadores. Eles funcionam tornando a parte de água tão viscosa que mesmo gotas de óleo relativamente grandes não conseguem flutuar para coalescer numa camada.

SEPARANDO MISTURAS

Ao cozinhar, estamos sempre juntando e misturando ingredientes. Mas há vários tipos de misturas. As emulsões são uma delas.
Uma combinação de partículas sólidas, como farinha de trigo com sal, ou com temperos secos é uma simples mistura física. Mas quando os líquidos são incorporados, a mistura pode assumir uma dessas formas:

- **Solução**: a mais homogênea das misturas é a *solução*, na qual as moléculas individuais ou íons (grupos de átomos com carga elétrica) de uma substância se encontram dispersos intimamente, molécula ao lado de molécula, entre as moléculas das outras substâncias. Um exemplo é o álcool ou o açúcar dissolvidos em água, quando as moléculas de álcool ou açúcar estão intimamente misturadas às de água. Outro exemplo é o componente que dá cor vermelha ao tomate, o licopeno, quando dissolvido num óleo. (Já reparou como a gordura nas receitas que contêm tomate sempre fica vermelha? A cor é o licopeno dissolvido.)

- **Suspensão coloidal**: muitas outras misturas de alimentos são coloides, ou *suspensões coloidais*, nas quais partículas pequenas e invisíveis (entre milionésimos e milésimos de centímetro), porém maiores que uma molécula de uma substância, ficam suspensas no meio de outra substância, na maioria das vezes um líquido. As partículas são mantidas em suspensão, contrariando a força de gravidade, porque são continuamente bombardeadas por todos os lados pelas moléculas da substância na qual estão dispersas. Os líquidos internos de células de plantas e animais são partículas coloidais de proteína suspensas em soluções que têm como base a água.

- **Emulsão**: uma *emulsão* é similar a uma suspensão coloidal. Nela, que é formada pela ação de um agente emulsificador, glóbulos de um líquido ligeiramente maiores que as partículas coloidais estão suspensos em outro líquido com o qual normalmente não se misturaria. Os molhos de maionese e holandês são os exemplos culinários mais conhecidos desse tipo de mistura.

Maionese de alho defumada

A páprica defumada espanhola, *pimentón*, dá um sabor sutil de madeira queimada a essa maionese de alho. Ela é um acompanhamento clássico para a *paella* (p.196) e fica também muito bem com os "Mexilhões quentes na *wok*" (p.195). Você pode usá-la como pasta para acompanhar legumes crus ou sobre peixe cozido no vapor, especialmente bacalhau fresco.

Para fazer uma maionese de ervas, acrescente ½ xícara de ervas frescas misturadas (salsa, cebolinha, cerefólio, estragão) substituindo o alho. Um processador (ou liquidificador) é o mais aconselhável para misturar as ervas à emulsão.

- 1 ovo grande
- 1 colher de chá de *pimentón*
- ½ colher de chá de mostarda seca
- ½ colher de chá de sal
- 2 colheres de sopa de sidra, *sherry* ou vinagre branco
- 1 xícara de azeite de oliva extravirgem suave
- 1 dente grande de alho, picado

1. Quebre o ovo no copo do liquidificador. Junte o *pimentón*, a mostarda, o sal e o vinagre. Acrescente ¼ de xícara de azeite. Tampe o copo e ligue o motor em velocidade baixa.

2. Tire imediatamente a tampa e vá despejando o resto do azeite num fio fino. Não se apresse. Quando todo o óleo tiver sido incorporado, junte o alho (ou as ervas, se for o caso). Continue com o motor ligado por mais um minuto, ou até a mistura ficar homogênea.

3. Deixe a maionese descansar na geladeira pelo menos durante uma hora antes de usá-la, para que os sabores fiquem bem impregnados. A maionese pode ser conservada na geladeira por até quatro dias. Não a sirva gelada, porque o sabor do azeite será prejudicado.

- Rendimento: cerca de 1 ¼ de xícara

MEU FOGÃO É MINHA CASA

Controlar a temperatura do meu forno é fácil: os botões têm os números marcados. Mas, e no caso dos queimadores do fogão? Tenho um fogão a gás, e seus controles têm marcado "alto", "médio" e "baixo". Dois deles queimam num BTU mais alto que os outros dois; o "médio" neles é mais quente que o "alto" dos outros dois. Já tive um fogão elétrico com as mesmas marcas, mas suas velocidades de cozimento eram completamente diferentes das do fogão a gás. Será que não existe um padrão industrial para as temperaturas dos queimadores?

Infelizmente não. O meu fogão a gás, entre "alto" e "baixo", tem dígitos de 2 a 9, mas os números não têm nada a ver com a temperatura. As marcas "alto" e "baixo" e os números de 2 a 9 não se referem à temperatura, e sim à velocidade com que o queimador gera calor.

Há muita confusão entre as palavras *calor* e *temperatura*. Em primeiro lugar, calor e temperatura são duas coisas diferentes. Calor é uma forma de energia (*térmica*), como a energia gravitacional, a energia elétrica, a energia motora (*cinética*) ou a energia nuclear. De fato, ela é a forma final de energia, na qual todas as outras formas acabam degenerando. (Ver "A taxa de energia", p.290.)

A culinária emprega o calor para produzir mudanças físicas e químicas que, esperamos, melhorarão a maciez, a digestibilidade e o sabor dos alimentos. Não ficamos surpresos quando uma comida (ou qualquer outra coisa), ao absorver calor, fica mais quente. Isso significa que sua temperatura subiu. Mas o que é temperatura? Nada mais é que um número conveniente inventado pelos homens (os senhores Fahrenheit e Celsius; ver "Decifrando F&C", p.289) para indicar quanta energia térmica uma substância contém. Na culinária, mudanças específicas ocorrem quando um alimento alcança temperaturas específicas, isto é, quando o alimento adquire bastante calor com relação a seu tamanho. Você poderá dizer que a temperatura mede a concentração de calor em uma substância.

Portanto, o que importa para a cozinheira não é a temperatura da comida, não é a temperatura da chama do gás ou do queimador elétrico por baixo da panela. O queimador está ali apenas para bombear calor para a comida, não importa qual seja a sua própria temperatura enquanto faz isso. Poderíamos colocar um ferro em brasa sob uma frigideira, mas isto seria um modo por demais ineficiente de esquentar a comida.

Então, por que dizemos que um queimador num determinado ponto está "mais quente" que no outro? É só conversa fiada: na verdade não estamos querendo dizer que a temperatura está mais alta. Só queremos dizer que aquele queimador bombeia calor num ritmo mais rápido que o outro, e, assim, eleva a temperatura da comida – e a cozinha – mais rapidamente. Em lugar de "alto" e "baixo", então, o controle do queimador deveria dizer "rápido" e "lento".

Diferentes queimadores a gás ou elétricos de fato bombeiam calor em diferentes taxas. Nós medimos essas taxas em BTUs por hora. Uma BTU, ou *British thermal unit*, é uma quantidade de energia térmica, exatamente como uma caloria. (Uma caloria nutricional é quase igual a quatro BTUs.) Mas o que é importante para o queimador do fogão é quantas BTUs ou calorias ele pode bombear por minuto ou por hora. O número de BTUs bombeadas por hora é uma boa indicação da rapidez com que o fogo aquecerá e cozinhará a comida. Uma vela, por exemplo, proporciona um total de cerca de cinco mil BTUs de calor por um período de algumas horas, mas isso dificilmente será o bastante para cozinhar, porque sua quantidade de BTUs por hora é patética.

A maioria das pessoas, inclusive vendedores de eletrodomésticos e autores de livros de culinária, é muito preguiçosa para dizer "BTUs por hora", ou não sabe a diferença, e então fala simplesmente (como você em sua pergunta) "BTUs", como se fosse uma medida da velocidade de aquecimento.

A maioria dos queimadores dos fogões domésticos a gás ou elétricos despeja entre 9 mil e 15 mil BTUs por hora em sua regulagem máxima. Os dos fogões a gás em cozinhas de restaurantes podem fornecer calor duas vezes mais depressa, porque seus canos de abastecimento de gás são duas vezes maiores e podem levar mais gás por minuto. Além disso, os fogões dos restaurantes em geral têm vários anéis concêntricos nos queimadores, em lugar de um. Os restaurantes chineses que precisam de alta temperatura para cozinhar *woks* têm queimadores a gás que cospem calor como um dragão. Confira os folhetos que vieram com seu fogão ou contate o fabricante para descobrir as taxas dos queimadores, e ficará sabendo quais deles são mais quentes. (Epa! eu quis dizer "mais rápidos".)

Quando estamos cozinhando, o que realmente conta é em quanto tempo a temperatura da comida vai atingir o ponto ideal de cozimento e como se manterá constante ali, nas diferentes regulagens do queimador. Mas, infelizmente, a regulagem do queimador é um guia impreciso, pois, seja qual for a taxa de BTU por hora, a maior parte do calor que ele gera é desperdiçada. Em vez de ir diretamente para a comida dentro da panela, a maior parte esquenta a própria panela e a cozinha. Ponha duas panelas diferentes de comida sobre dois queimadores regulados para fornecer a mesma taxa de calor e elas aquecerão e cozinharão de modo diferente, dependendo de suas formas e tamanho, do material de que são feitas, do tipo e quantidade de comida que contêm, e assim por diante.

Decifrando F&C

Em 1714, um alemão soprador de vidro e físico amador chamado Gabriel Fahrenheit (1686-1736) fez um aparelho para mostrar se um objeto estava mais quente ou mais frio por meio de uma coluna de mercúrio que subia ou descia no interior de um tubo de vidro conforme variasse a temperatura do objeto. Ao colocar números no aparelho, ele decidiu que haveria 180 "graus" entre o ponto de congelamento e o ponto de ebulição da água. Depois preparou um monte da mistura mais fria que conseguiu criar – uma mistura de gelo e cloreto de amônia – e denominou-a de temperatura zero. Quando colocou o aparelho em água gelada, o mercúrio subiu 32° acima daquilo. Uma vez que a água fervente devia ter 180° acima *daquilo*, o resultado seria 212. E foi assim que chegamos a esses números malucos, 32 e 212.

Alguns anos depois, um astrônomo sueco chamado Anders Celsius (1701-44) decidiu que seria mais conveniente que houvesse apenas cem "graus" entre os pontos de congelamento e ebulição da água. Então estabeleceu o ponto de congelamento em zero e o de ebulição em cem. E foi assim que chegamos à escala Celsius de temperaturas.

Sempre que tenho oportunidade, faço *lobby* para um método simples mas pouco conhecido de conversão da escala Fahrenheit em Celsius. (Sim, isso está em todos os meus outros livros, e eu continuo a falar, até que todo mundo aprenda.) Esqueça as fórmulas confusas que você aprendeu na escola. (Você soma – ou subtrai – 32 antes – ou é depois – multiplicando – ou será dividindo – por 5/9? Ou é por 9/5?)

Meu modo é tão fácil quanto 1-2-3:

(1) Some 40 ao número que você deseja converter (seja F ou C).
(2) Multiplique ou divida o resultado por 1,8.
(3) Subtraia 40.

É só isso. Tudo que você tem de lembrar é que as temperaturas Fahrenheit são sempre números maiores que seu equivalente Celsius, portanto você *multiplica* por 1,8 para converter C em F, e *divide* por 1,8 para converter F em C.

Exemplo: 212° F + 40 = 252
252 ÷ 1,8 = 140
140 – 40 = 100° C

... e era isso mesmo que você esperava, correto?

A TAXA DE ENERGIA

O calor, energia que usamos para cozinhar, é a forma de energia mais universal. Todas as outras – energia química, energia do movimento (cinética), energia elétrica, energia nuclear – acabam degenerando em calor, que poderíamos considerar o último recurso em matéria de energia. Como as reações químicas desprendem energia, como as coisas que se movem se desaceleram, como as lâmpadas convertem energia elétrica em luz, como os átomos de urânio convertem massa em radioatividade e calor, não pode haver uma conversão total, de 100%. A ineficiência parece instalada no Universo. Uma parte da energia perdida ou convertida deve ser inevitavelmente "desperdiçada" ao se transformar em calor. Você pode pensar no calor como um imposto sobre a conversão de energia; é mais ou menos como uma taxa cobrada por uma casa de câmbio ao trocar uma moeda por outra.

A maioria das formas de energia se comporta bem. Por exemplo, a energia cinética se comporta bem quando um caminhão se move em linha reta por uma estrada. A energia elétrica se comporta bem quando o movimento dos elétrons é dirigido por um circuito. A energia nuclear se origina do fracionamento de átomos cuidadosamente controlado. Em contraste com tudo isso, entretanto, o calor é uma forma de energia mal-comportada e desordenada, porque consiste num movimento aleatório e selvagem de átomos e moléculas.

A ciência da *termodinâmica* descobriu que quando uma forma de energia, como a energia química presente no diesel do caminhão ou no urânio do reator nuclear, está sendo convertida em outra forma, a desordem ou aleatoriedade (a *entropia*) do sistema inevitavelmente aumenta. Esta é a segunda lei da termodinâmica. O Universo está definitivamente se enrolando ao perder energia e criar desordem. Um caos.

Portanto, quando uma forma de energia estiver sendo usada ou convertida em outra, um pouco de uma forma de energia desordenada, mais caótica e altamente entrópica está sendo produzida. Esta forma é o calor.

GRELHAR SEM FRUSTRAÇÃO

Ando procurando respostas para algumas perguntas a respeito de fornos para grelhar. Eles parecem ser o mais inconstante de todos os equipamentos da cozinha. Já tive vários. Um pode tostar um bife maravilhosamente, enquanto outro o cozinha antes que fique dourado. Qual a distância que deve ser mantida entre a carne e a fonte de calor? Qual a diferença entre as grelhas elétricas e as que funcionam a gás? O forno deve ser preaquecido ou não? Devo deixar a porta aberta ou fechada?

Você tem todo o direito a ficar desorientada. Dos seis métodos básicos de preparação de alimentos, grelhar é o mais difícil de se controlar.

Quais são esses seis métodos básicos, você pergunta? São: (1) imersão em água ou caldo quente (para ferver, escaldar ou ensopar); (2) exposição a vapor quente (para cozinhar no bafo); (3) imersão em óleo quente (para fritar); (4) contato com metal quente (para grelhar, saltear, ou tostar); (5) exposição a ar quente (cozinhar ou assar no forno); e (6) exposição a radiação infravermelha. O último desses métodos é o que chamamos de grelhar. (Tudo bem, acrescente a absorção de micro-ondas à lista, se quiser.)

Talvez você pense que não está cozinhando com radiação infravermelha. Mas as moléculas de tudo o que está quente emitem raios infravermelhos, uma espécie de energia eletromagnética que outras moléculas podem absorver, tendo como resultado ficarem quentes, por sua vez. Você pode sentir o aquecimento das moléculas em seu rosto quando passa por perto de qualquer coisa quente, como um forno aceso ou mesmo um queimador de fogão que você esqueceu de desligar. Portanto, qualquer método culinário que envolva uma fonte de calor – e qual não envolve? (tudo bem, com exceção do micro-ondas) – cozinha os alimentos, pelo menos em parte, lançando radiação infravermelha sobre eles.

Ao grelhar a comida, nós a cozinhamos quase inteiramente por meio de radiação infravermelha. A fonte de calor, seja ela um elemento elétrico que esquenta até ficar vermelho ou uma fila de bicos de gás, não toca a comida, mas a inunda com uma intensa radiação infravermelha que é absorvida pela superfície do alimento, aquecendo-a de 320 a 370º e dourando-a rapidamente. Então, depois que você vira a carne ao contrário, o mesmo acontece do outro lado.

Nos fornos elétricos, ajustados para essa operação, apenas os elementos da parte superior se acendem e esquentam a comida colocada abaixo. Em alguns fornos a gás, os queimadores ficam sob a bandeja do forno, e então o alimento a ser grelhado deve ser colocado ainda mais embaixo, em geral numa espécie de gaveta que esses fornos têm.

Mas todos nós aprendemos na escola que o calor sobe, não é? Então, como é possível cozinhar comida *embaixo* da fonte de calor? Desculpe, mas o calor não sobe. O calor de um objeto quente pode ir para cima, para baixo, para os lados. Ele flui para qualquer objeto adjacente que esteja com temperatura mais baixa. O que as pessoas querem dizer quando dizem que o calor sobe é que o ar quente sobe. O ar aquecido se expande e se torna menos denso, portanto flutua para cima, através do ar mais frio e mais denso, como uma bolha de ar dentro da água.

Já que estamos falando de ninharias, aquilo que em geral chamamos de "fazer churrasco" – que é colocar a carne acima de brasas de carvão ou chamas de gás – também pode ser denominado de "grelhar" porque não é o ar quente que cozinha a comida, mas principalmente a radiação infravermelha. Ainda assim, em grande parte por causa da fumaça do carvão e dos sucos que escorrem sobre as superfícies quentes e viram vapor, esse processo dá à carne um sabor muito diferente daquele que ela tem quando é grelhada "dentro de casa".

Grelhar é um bom método para preparar carnes macias, aves e peixes, porque é a seco, em alta temperatura e rápido. Carnes menos macias em geral necessitam de um cozimento mais longo e mais úmido para "quebrar" o colágeno em seus tecidos conjuntivos. Bifes e outras carnes vermelhas são ideais para a grelha. Com carne de porco, galinha e peixe deve-se prestar mais atenção, para evitar que ressequem.

O problema maior com a grelha é a distância a manter entre a carne e a fonte de calor ou as chamas de gás, porque uma pequena diferença nessa distância pode fazer grande diferença na temperatura. A distância certa dependerá do tipo e da espessura da carne, de seu conteúdo de gordura e, principalmente, das idiossincrasias do próprio forno. Como você percebeu, o seu não é igual ao de sua mãe ou ao do seu vizinho. Todos são diferentes. Em geral, contudo, a carne deve ficar de 8 a 15cm da fonte de calor: a carne fina relativamente próxima, e a carne espessa mais longe, de modo que possa cozinhar antes que fique tostada.

A porta do forno deve ficar aberta? Em geral ela fica aberta no forno elétrico, para impedir que a comida cozinhe (asse) por ar quente e para deixar a fumaça sair. Nas grelhas que ficam embaixo dos fogões a gás, a gaveta fica fechada porque as chamas consomem a fumaça, e se a porta ficar aberta sua cozinha ficará impregnada de gordura.

O forno deve ser aquecido antes? Em geral não é necessário, mas eu conheço um número quase igual de partidários do "aquecimento prévio" e dos que são de opinião contrária. O melhor conselho – na verdade o único bom conselho – é seguir cuidadosamente as instruções do manual que acompanha o forno.

Os fabricantes gastaram um bom tempo e esforço para determinar as melhores condições para grelhar vários tipos de carne naquele equipamento. Se você é uma dessas pessoas que jogam fora os manuais, ou se não conseguir achar o seu, não é difícil pedir outro ao fabricante.

Lembre-se de que, junto com o forno, deve ter vindo uma bandeja própria para receber a gordura. Ela é uma parte importante do processo, portanto não espere obter os mesmos resultados com qualquer panela velha e talvez de tamanho diferente. Quando uso a bandeja adequada, a prateleira na altura certa, a porta entreaberta, e o tempo indicado para grelhar galinha em meu forno elétrico, o processo sai perfeito, mesmo que me pareça que ficou perto demais da unidade de aquecimento ou que a porta estava muito aberta. Não vale a pena contrariar os fabricantes. Eles sabem mais.

2 x 1 = 1,8

As instruções do meu micro-ondas me dizem por quanto tempo devo esquentar um prato com alguma coisa. Mas às vezes quero esquentar dois ou mais pratos ao mesmo tempo. Para esquentar x pratos devo marcar o cronômetro para x vezes o número de minutos recomendado para um único prato?

Não. Esquentar dois pratos de alguma coisa leva menos de duas vezes o tempo requerido para um só.

Comidas diferentes absorvem micro-ondas em diferentes graus. Água e gordura absorvem micro-ondas com eficiência, enquanto proteínas e carboidratos não as absorvem tão bem. É por isso que alimentos diferentes necessitam de quantidades de tempo diferentes para aquecer ou cozinhar. Além disso, o gerador de micro-ondas (o *magnetron*) varia em produção de acordo com a "carga" do material absorvente (isto é, a comida) que está dentro do forno.

Vejamos uma maneira simplificada de encarar o problema. Digamos que o que você deseja aquecer absorva – e transforme em calor – um certo percentual do rendimento de micro-ondas do magnetron. Mas quando há dois pratos no forno, nenhum deles está sendo exposto ao produto total de micro-ondas do magnetron, cada um recebe apenas os "restos" não absorvidos pelo outro. Então, obviamente, levará mais tempo para aquecer dois pratos que um. Mas quanto tempo mais?

Vou poupar você da aritmética, mas o modo como isso funciona é que, se um dos pratos absorve, digamos, 40% das micro-ondas a que está exposto, aquecer as duas porções levará só mais 25% do tempo gasto para aquecer uma. Esse tempo a mais não será sempre de 25%: ele será diferente para diferentes alimentos que têm diferentes "pontos" da absorção de micro-ondas.

Testei essas ideias em meu forno micro-ondas, que tem ciclos pré-programados para várias tarefas de aquecimento e preparação de alimentos. Para "esquentar uma bebida", por exemplo, o forno primeiro me pede para apertar um botão e dizer quanto líquido desejo aquecer. Então inicia seu ciclo de aquecimento pré-programado para essa determinada quantidade. Cronometrei os vários tempos e eis os resultados: para ½ xícara, 30 segundos; para 1 xícara, 50 segundos; para 1 ½ xícara, 70 segundos; para 2 xícaras, 90 segundos. Você pode ver que a primeira meia xícara requer 30 segundos, mas que cada meia xícara adicional requer apenas mais 20 segundos. Duas xícaras levam 1,8 vez o tempo (90 ÷ 50) de uma única xícara.

Outro exemplo: para fazer "batatas cozidas" (bem, de fato não são "cozidas", mas vou deixar passar), o manual diz que uma batata leva 4 ½ minutos e acrescenta mais três minutos e dez segundos para cada batata adicional. Em outras palavras, duas batatas levam só 1,7 vez o tempo gasto com uma única batata; três batatas 2,4 vezes esse tempo, e quatro batatas 3,1 vezes.

Na falta de um micro-ondas onisciente que tenha ciclos pré-programados para todos os tipos concebíveis de alimentos, tudo o que podemos dar é um palpite razoável. Para dois pratos, seu primeiro palpite pode ser de mais ou menos três quartos do tempo requerido para um único prato. Se usar o dobro do tempo, a comida corre o risco de espirrar para todos os lados ou ressecar. É melhor ser precavido, porque sempre se pode colocar de novo o prato no forno e aquecer um pouco mais.

O QUE É QUE VOCÊ DISSE?

Fornos de micro-ondas são aparelhos muito complicados, e só os engenheiros eletrônicos que os projetam é que entendem mesmo deles. A análise precedente, baseada num percentual constante de energia de micro-ondas que cada porção absorve, é supersimplificada. Mas não imagino que você deseje se envolver com impedâncias de carga, ressonâncias de cavitação e perdas constantes. Nem eu, e pela simples razão de que não entendo disso.

NADA BATE UMA PIZZA

Uma nova pizzaria foi inaugurada recentemente no meu bairro, com tudo importado da Itália, desde os móveis até os tijolos para o forno e o proprietário, que conquistou um diploma de pizzaiolo *em Nápoles. Ele atribui a excelente qualidade de suas pizzas ao forno de tijolos. Amigos meus que cozinham bem só confiam em seus fornos de pedra para fazer pizzas e pães. Há realmente alguma coisa especial nos fornos de tijolos e pedras?*

Há, sim. As massas, sejam de pizza ou de pão, quando cozidas sobre uma superfície de pedra, como o chão de um forno de tijolos, realmente ficam mais douradas e torradas do que sobre um tabuleiro ou forma de metal. Se as paredes do forno são também de pedra ou de tijolo, melhor ainda. Antigamente os padeiros tinham de construir seus fornos com os materiais naturais disponíveis, como pedras e tijolos feitos de barro. Hoje cozinhamos nosso pão em fornos "melhorados", de tecnologia sofisticada, feitos de aço. E, por ironia, eles não chegam aos pés dos antigos.

Pedra e tijolo têm duas propriedades que fazem com que o forno faça um trabalho tão bom: alta capacidade calorífica e alta emissividade.

Capacidade calorífica é um termo técnico que significa (claro) capacidade de conservar o calor. Se uma substância tem grande capacidade calorífica, ela pode absorver muito calor sem que a sua própria temperatura suba muito. Essa resistência a mudar de temperatura funciona dos dois lados: durante o aquecimento e durante o resfriamento. Uma vez que a substância teve a sua temperatura elevada, ela não quer esfriar, assim como não queria se aquecer, portanto retém o calor por um período de tempo relativamente longo.

Pedra e tijolo têm mais capacidade calorífica que os metais. Um chão de forno feito de argila refratária tem duas vezes a capacidade calorífica de um feito de ferro e duas vezes e meia a de um feito de cobre, tendo todos três a mesma espessura. Portanto, uma vez aquecido à temperatura desejada (e isso pode levar um bom tempo), o chão de barro segura bem o calor, mantendo-se uniformemente naquela temperatura e resistindo a mudanças, como a que ocorre quando a massa fria do pão é colocada sobre ele. Observe também que quanto maior o volume de um material, maior sua capacidade de armazenar calor, da mesma forma que um jarro maior armazena mais água. É por isso que os fornos de tijolo maciço com chão e parede grossos sempre foram mais apreciados por seu desempenho. Numa escala menor, é por isso também que uma frigideira pesada "conserva mais seu calor" (isto é, se mantém numa temperatura constante) que uma fina.

Tijolo, barro e pedra têm ainda uma segunda vantagem, mais poderosa que a capacidade calorífica, sobre os fornos de materiais metálicos: sua *emissividade*, altamente superior.

A radiação infravermelha (vulgarmente chamada "calor") do forno é absorvida pelas moléculas dos materiais que toca, os quais, por sua vez, voltam a emitir a maior parte da radiação quase instantaneamente. Em algumas substâncias, sobretudo metais, a maior parte da radiação absorvida se dissipa em outras formas de energia antes de poder voltar a emitir. Apenas uma fração da radiação absorvida (16% no caso de uma parede de forno de aço inoxidável) é devolvida a seu ambiente: o ar dentro do forno. (Em linguagem "*tech*", a *emissividade* da superfície de aço inoxidável é 0,16.) O resto do seu calor permanece na parede do forno e é desperdiçada, à medida que a comida é preparada, exceto aquela parcela que fica no ar.

Então, na mesma temperatura, a pedra emite mais raios infravermelhos que o metal. E como essa radiação não penetra além da superfície do material, mais radiação tocará a massa do pão, cuja superfície ficará mais tostada e torrada.

Portanto, quando você estiver aquecendo a pizza que encomendou na esquina, ou improvisando uma, ou cozinhando um pão moldado à mão, coloque-os num prato de barro para pizza preaquecido. Se o barro for poroso, não esmaltado, terá a vantagem adicional de absorver o vapor emitido pela superfície da massa, mantendo-a seca para torrar melhor ainda.

CAPACIDADE CALORÍFERA E EMISSIVIDADE

• **Capacidade calorífera**: vamos usar a água como exemplo familiar de um material que tem uma capacidade calorífera relativamente alta.

Quando aquecemos água, estamos bombeando calorias de calor para dentro dela: sua temperatura, portanto, subirá. Temperatura é uma medida da velocidade com que as moléculas se movem. As moléculas da água ficam unidas muito tenazmente umas às outras (por atração dipolo-dipolo e ponte de hidrogênio), então é relativamente difícil apressá-las para que se movam mais depressa. Temos de acrescentar uma caloria inteira (nutricional) de calor para elevar a temperatura de 1kg de água em apenas 1°. (Ou seja, o *calor específico* da água é de uma quilocaloria por quilograma por grau centígrado.) Inversamente, quando a água esfria, ela tem que perder muito calor

→

– a mesma caloria nutricional por quilograma – para que sua temperatura se reduza em um único grau centígrado.

Duas consequências desses fatos são: (1) demora "uma enormidade" para que uma panela de água comece a ferver; (2) um corpo de água, como um lago grande ou um oceano, modera o clima à sua volta, recusando-se a aquecer ou a esfriar tão facilmente como acontece com a terra.

• **Emissividade**: em qualquer ambiente acima do zero absoluto de temperatura – e isso inclui *todos* os ambientes –, há radiação infravermelha solta no espaço. Quando essa radiação ataca toda uma superfície, as moléculas dessa superfície absorvem uma parte da radiação. Elas exibem o fato de que agora contêm mais energia movendo-se com mais agitação: serpenteiam, giram e caem. Cada tipo de molécula tem seu modo peculiar e característico de girar e cair, em correspondência aos peculiares e característicos conjuntos de energia que ela é capaz de absorver. (Isto é, diferentes moléculas têm diferentes *espectros de absorção do infravermelho*.)

Depois de absorver a energia, as excitadas moléculas "se acalmam", voltando a emitir um pouco dela. Alguns tipos de moléculas emitem de volta praticamente toda a energia que absorveram, enquanto outras retêm alguma, convertendo-a em diferentes formas de energia. A substância que emite 100% da energia que absorve tem uma emissividade de 1,00. (No jargão, ela se comporta como um *radiador de corpo negro*.)

Em geral, os metais têm emissividades baixas. O alumínio, por exemplo, volta a emitir apenas 5% da radiação infravermelha que o toca; o cobre, apenas 2%. Em contrapartida, materiais como pedra e tijolo emitem de volta virtualmente toda a radiação que absorvem: 90%, no caso do tijolo escuro, 93% no mármore, 97% nos azulejos. Isto é, a emissividade desses materiais é de 0,90, 0,93 e 0,97, respectivamente. Isso acontece porque suas moléculas se fixam rigidamente em seus lugares, e não podem reter a energia oscilando e caindo. Nesses materiais, a energia infravermelha desperdiçada é muito pouca; quase toda a radiação infravermelha que toca superfícies semelhantes à pedra é emitida de volta para a comida.

Por que as instruções nas caixas das misturas para bolo nos dizem para baixar a temperatura do forno para 140° se estivermos usando uma fôrma de vidro, e não de metal?

Nem todas as caixas de misturas para bolo dizem isso. Numa pesquisa pelas centenas de metros de misturas para bolo nas prateleiras do supermercado, descobri, conforme esperava, uma grande variedade de instruções de preparo, especificando ampla variedade de tempo no forno e de temperatura para fôrmas de diferentes tamanhos, formatos e materiais. E isso não é nada diante do aperto dos infelizes que moram em altitudes elevadas e são exortados a modificar quase tudo, desde o tempo e a temperatura até as quantidades de farinha e água.

A necessidade de mudar o tempo e a temperatura de acordo com os formatos e os tamanhos das fôrmas é fácil de explicar. É uma questão de proporção entre superfície e tamanho. Isto é, se o mesmo volume de massa de bolo é espalhado em um tabuleiro, expondo uma grande superfície ao calor do forno (uma grande proporção de superfície por tamanho), ela cozinhará mais depressa do que se estivesse numa fôrma funda, que expõe uma área superficial relativamente pequena ao ar quente.

Na minha pesquisa no supermercado, constatei que, para as fôrmas-padrão de alumínio brilhante, quase todas as misturas especificam forno preaquecido à temperatura de 175°. Para as panelas escuras ou pretas, muitas das caixas especificam uma temperatura mais baixa (160°). Várias caixas especificam 160° igualmente para fôrmas de vidro, mas várias outras indicam essa mesma temperatura para as de vidro ou de metal, sem mencionar as fôrmas escuras. E uma caixa mais estouvada diz "175° para qualquer tipo de fôrma".

Então, o que se pode fazer?

Agora vou violar o mais fundamental princípio de explanação escrita, e até de ensino, admitindo de saída que nenhuma dessas recomendações importa no final, e pedindo a você que seja indulgente comigo enquanto explico as razões científicas por trás dessas recomendações:

- **A cor da fôrma**: uma fôrma razoavelmente brilhante de alumínio ou de aço inoxidável reflete – é óbvio – mais luz visível que uma fôrma escura anodizada ou que uma fôrma revestida de material não aderente. Como toda a luz que cai sobre um objeto será refletida ou absorvida, isso significa que a superfície escura absorverá mais luz que a brilhante. Essa energia luminosa absorvida a mais torna a fôrma escura ligeiramente mais quente que a fôrma brilhante, mesmo sob a mesma temperatura no forno. (Para lidar com o calor do nosso corpo, usamos cores mais claras no verão e mais escuras no inverno.)

Mas – você pergunta – que luz existe dentro de um forno escuro? Radiação infravermelha, a que muitas pessoas se referem como "luz infravermelha", mesmo sendo invisível para o olho humano. Uma superfície escura absorve mais dessa radiação que uma superfície clara ou brilhante. Isso é especialmente importante porque, quando um objeto absorve radiação infravermelha, ele fica mais quente. Assim, um bolo cozinhará mais depressa numa fôrma escura que numa clara, e por isso nos aconselham a baixar a temperatura do forno para compensar.

• **O material de que a fôrma é feita**: uma fôrma de metal fino de qualquer cor conduz eficientemente o calor do forno para a massa do bolo. Mas, comparada com a fôrma de metal, uma fôrma de vidro é um condutor de calor muito fraco, e é muito lenta para transmitir para seu conteúdo o calor que o forno lhe dá. Ao usar uma fôrma de vidro e diante das opções de cozinhar a massa mais depressa em temperatura mais alta, ou cozinhar mais devagar em temperatura mais baixa, escolheríamos a segunda, porque o calor do forno precisa de mais tempo para penetrar na massa através do vidro. A diferença não é grande e, portanto, uma redução relativamente pequena da temperatura do forno, ou um pequeno aumento do tempo de cozimento (que algumas instruções especificam) bastam.

E agora, como prometi, repito que nada disso realmente importa. Os fornos domésticos não funcionam como o equipamento cuidadosamente calibrado das cozinhas experimentais dos fabricantes de misturas para bolos. Ali, exércitos de técnicos em aventais de laboratório desenvolvem meticulosamente as melhores condições possíveis para o preparo de suas misturas, para garantir que em sua casa o cozinheiro ou a cozinheira recebam os aplausos da família e corram para comprar mais. Mas, na vida real, os padrões de temperatura dos fornos domésticos podem variar em mais ou menos 14°, ou até em mais, e a questão dos 175 ou 160° fica sem sentido.

Portanto, use qualquer tipo de fôrma e, por favor, vire o botão do forno para o número recomendado. Mas não leve isso muito a sério. Afinal, em todas as instruções sobre material da fôrma, temperatura do forno e tempo de cozimento, em todas as caixas que vi, acaba-se admitindo que o bolo está pronto quando, e só quando, ele *parece* pronto, e quando um palito inserido nele sair limpo.

E esta é a verdade.

Como os fornos cozinham?

Costumamos falar de temperatura do forno como se fosse a principal variável que determina em quanto tempo um bolo ficará pronto ou qualquer comida estará cozida. Mas, embora a temperatura seja de fundamental importância, não é o único fator. Sob uma determinada temperatura do forno, as quantidades de energia calorífica que um alimento de fato recebe e absorve podem não ser as mesmas.

Quando falamos "temperatura do forno", queremos dizer a temperatura do ar dentro daquele espaço confinado; isso é regulado pelo aparelho de controle da temperatura. Uma vez que o forno esteja aquecido a uma determinada temperatura, contudo, existem ainda três maneiras pelas quais o calor do ar pode ser transmitido para o alimento: condução, convecção e radiação.

- **Condução**: quando duas substâncias com diferentes temperaturas ficam em contato, tais como o ar quente do forno e a superfície de um alimento, o calor irá do ar, de temperatura mais quente, para o alimento, de temperatura mais baixa, pelo processo de condução. Assim como a água sempre flui ladeira abaixo, quando pode, o calor sempre tenta fluir "temperatura abaixo", do mais quente para o mais frio. A energia calorífica é conduzida do ar para o alimento através da superfície pelas colisões moleculares diretas. Ou seja, as moléculas de ar quente movem-se mais depressa que as moléculas mais frias do alimento (esta é realmente a definição de temperatura: é a média da energia do movimento – energia *cinética* – das moléculas), e, quando colidem com as moléculas do alimento, elas as empurram para uma velocidade mais rápida (mais quente), como uma bola de sinuca lançada sobre as bolas que estão paradas.

Mas a condução é pouco eficiente. As moléculas de ar estão separadas entre si por distâncias interplanetárias. Em termos comparativos, portanto, as chances de que uma molécula de ar quente colida com a superfície de uma fôrma de bolo ou de assado são pequenas. A condução do calor pode ser muito mais eficiente entre dois sólidos em contato, como sua mão e o cabo de uma frigideira quente, mas não entre o ar quente e uma outra coisa. Você consegue colocar a mão dentro de um forno a 93° por vários segundos sem medo, porque a taxa de condução do calor do ar para sua pele é extraordinariamente baixa. Mas não tente pôr a mão dentro de água a 93°. A água é um condutor de calor muito melhor porque suas moléculas estão muito mais próximas que as do ar.

E por que os metais são os melhores condutores de calor?

Em quase todos os outros materiais, os elétrons dos átomos fazem parte das moléculas individuais. Mas, nos metais, os elétrons pertencem a todos

→

os átomos simultaneamente. Podemos imaginar os átomos metálicos como que encravados num enxame, ou num mar de elétrons compartilhados, como passas num pudim de elétrons. Quando um metal entra em contato com as moléculas agitadas de uma substância quente, é o enxame de elétrons que transfere a agitação – o calor – rapidamente para todas as outras partes do metal. Isso é a condução de calor.

Num forno, contudo, as duas outras formas de transmissão de calor – convecção e radiação – são mais importantes que a condução.

• **Convecção**: condições variáveis dentro do forno, como temperaturas desiguais entre um ponto e outro, fazem o ar se mover, porque as "partes" mais quentes do ar sobem, enquanto as "partes" mais frias descem, criando um tipo de circulação chamado de convecção, ou correntes de convecção. Essa circulação estimula a eficiência da transmissão de calor do ar para o alimento porque aumenta o contato entre o alimento e as moléculas de ar quente dentro do espaço confinado. Um forno de convecção acentua esse efeito por meio de uma ventoinha que faz circular o ar interno do forno ou algum ar quente aquecido externamente e que entra nele, levando a uma transferência de calor mais eficiente e a um cozimento mais rápido. Por isso é uma boa prática baixar a temperatura para cerca de 70° quando se usa um forno de convecção em lugar de um forno comum.

• **Radiação**: o terceiro mecanismo pelo qual a comida fica quente em um forno é a absorção de radiação. O elemento de aquecimento do forno, ou as chamas, suas paredes e o chão são quentes – são eles que fazem o ar ficar quente –, e as coisas quentes emitem radiação infravermelha. De fato, todos os materiais em todas as temperaturas emitem um pouco de sua energia na forma de radiação infravermelha. (Veja "Capacidade calorífera e emissividade", p.296.)

No caso de um objeto, quanto mais quente ele for, mais radiação infravermelha emite. Quando a radiação infravermelha vinda das paredes quentes do forno e do ar quente toca o alimento, as moléculas do alimento a absorvem e se movem com maior energia. Isto é, elas ficam mais quentes.

A radiação infravermelha não é calor, e muitos livros lhe dirão isso. É radiação eletromagnética, como rádio, radar e micro-ondas, mas exatamente com o exato comprimento de ondas para ser absorvida pela maioria dos tipos de moléculas, que, por meio dela, ficam mais energéticas e mais quentes. Eu chamo a radiação infravermelha de "calor em trânsito", porque ela é emitida por matéria quente e viaja pelo espaço, porém não retorna como calor até ser absorvida por outra matéria.

BORRACHAS NO FORNO

Cada vez mais vejo nas lojas objetos para cozinha, como espátulas e pincéis para pastelaria feitos de silicone. O que me espanta mais são as fôrmas para bolo e pãezinhos feitas de um material que parece borracha e tem a textura da borracha, mas pode suportar temperaturas de 280°. Qual o segredo?

O segredo é que toda borracha se divide em três partes. Ou, em linguagem um pouco mais moderna: se chamarmos a borracha por qualquer outro nome, ela não cozinhará tão bem.

Vou tentar novamente. Há três tipos básicos de borracha: a natural, que vem do látex, a seiva da árvore tropical conhecida como seringueira (*Hevea brasiliensis*); a borracha sintética, que vem de uma usina química; e a borracha de silicone, que vem de um outro tipo de usina química. As duas últimas foram concebidas pelos químicos, na tentativa de reproduzir algumas das propriedades ímpares da borracha natural e melhorar outras.

Uma borracha sintética chamada neoprene, fabricada pela Dupont, foi a primeira que chegou ao mercado, em 1931. E desde a década de 1940, uma grande variedade de borrachas de silicone vem sendo manufaturada pela General Electric e pela Dow Corning. A borracha foi batizada de *rubber* (literalmente "apagador") em 1770, pelo padre e químico inglês Joseph Priestley, ao descobrir que ela apagava riscos de lápis, mesmo que não apagasse pecados. Assim, os dois produtos feitos pelo homem herdaram o nome do material natural.

Infelizmente, nos tempos atuais, a palavra *silicone* foi implantada, por assim dizer, na mente do público, num único contexto: aumentos de volume estéticos. Mas os silicones são uma família notavelmente versátil de compostos químicos com centenas de utilidades. No campo da culinária, a panela francesa de silicone reforçado com fibra de vidro chamada Silpat chegou às lojas em 1982. Mas só recentemente os silicones invadiram as cozinhas dos lares norte-americanos sob muitas formas, todas elas aprovadas pela FDA para ter contato constante com os alimentos.

Antes de prosseguir, devo esclarecer a terminologia, para que não haja confusão entre as palavras *silicone* e *silício* [em inglês, *silicon*].

Silício é um elemento químico, o segundo elemento mais abundante na Terra (depois do oxigênio). É um material cinzento e friável encontrado na rocha que serviria para as piores fôrmas de bolo do mundo, sem mencionar implantes estéticos. Entretanto, o elemento silício é um semicondutor e, por isso, imensamente valioso na forma de *chips* ou microprocessadores em computadores e centenas de outros aparelhos eletrônicos. Por causa dele, a região de alta tecnologia em volta de San José, na Califórnia, é chamada Vale do Silício (*Silicon Valley*). (Não se deve confundir essa região com Los Angeles, que foi apelidada de Vale do Silicone, por motivos que não preciso explicar.)

Silicones, por sua vez, são compostos químicos que, como as borrachas naturais e sintéticas, são polímeros, o que significa que suas moléculas consistem em longas cadeias de milhares de moléculas menores amarradas juntas. As moléculas de silicone têm colunas constituídas de átomos de silício e oxigênio alternados, aos quais se ligam vários grupos de átomos de carbono e hidrogênio. Dependendo dos comprimentos das cadeias e das identidades dos grupos a elas ligados, os silicones variam de líquidos (usados em fluidos para freios e em *sprays* impermeabilizantes) a géis (para implantes mamários), graxas (em lubrificantes e batons), elastômeros ou materiais semelhantes à borracha para, entre outras coisas, juntas para portas de geladeiras e, agora, utensílios de cozinha.

As fôrmas de silicone têm um notável conjunto de propriedades. Em primeiro lugar, o material é translúcido, portanto, um verdadeiro caleidoscópio de cores vivas pode ser incorporado aos produtos. As panelas de silicone podem suportar altas temperaturas sem derreter (sem que suas moléculas se separem umas das outras) porque as moléculas são muito longas e fortemente entrelaçadas. É também por isso que você pode levá-las diretamente do forno para o congelador e vice-versa sem medo que rachem; as moléculas, embora sejam flexíveis individualmente, ficam fixadas em seu lugar tão firmemente que o material não pode se contrair ou expandir muito com as mudanças de temperatura.

Os silicones não absorvem micro-ondas, mas, como todos os utensílios próprios para forno de micro-ondas, podem se aquecer dentro dele, pelo contato com a comida quente. Como os silicones são quimicamente inertes, as panelas são à prova de máquinas de lavar: detergentes cáusticos não as danificam. Também por causa dessa não reatividade, elas são antiaderentes: bolos e pães soltam-se facilmente – uma vez que você pode flexionar a fôrma para fazer o bolo se soltar. Mas não tente usá-las para gelatinas ou musses: mesmo colocando a fôrma numa bacia com água morna a gelatina não se desprenderá, porque o silicone é isolante térmico.

E as desvantagens? Por serem isolantes elétricos (uma das mais importantes propriedades das borrachas de silicone em outras aplicações), elas estão sujeitas à eletricidade estática e podem juntar poeira dentro do armário. E, por serem moles, podem causar uma certa aflição, por exemplo, quando você está levando uma fôrma de silicone cheia de massa de bolo para o forno. Para evitar isto, coloque-a sobre o fundo de uma fôrma de torta sem o anel, e use o fundo da fôrma como pá para introduzi-la no forno.

Advertência ao consumidor: como acontece com tudo, os utensílios de silicone têm boas e más qualidades. Lembre-se que "silicone" não é um único material químico. A Dow Corning, por exemplo, vende dezenas de formulações diferentes de silicone com diferentes propriedades para fabricantes que usam o material para dar forma a seus produtos comerciais. Alguns podem não ser tão resistentes ao calor quanto outros, portanto verifique os níveis máximos de temperatura nos rótulos. Eles podem ir de 232 a 357° para utensílios de cozinha.

O FORMATO IMPORTA

As receitas sempre nos dizem para assar ou cozinhar no forno alguma coisa numa determinada temperatura e por um determinado tempo. Mas depois nos dizem para verificar, perto do final, se a comida está mesmo pronta. Pela minha experiência ela quase nunca está. Será que o criador da receita não é capaz de me fornecer o tempo exato de cozimento?

A resposta certa – e chata – é não, porque há muitas variáveis que fogem ao controle.

O lado cruel da vida é que, quando uma receita lhe diz para cozinhar por "*x* horas na temperatura *y*", trata-se apenas de uma orientação, de uma estimativa razoável.

Exceto, talvez, num laboratório de pesquisa de alimentos, não existe isso de um assado-padrão numa panela-padrão numa posição-padrão num forno-padrão a uma temperatura cuidadosamente regulada. Cada um desses fatores pode variar, produzindo resultados diferentes mesmo que todos os demais permaneçam iguais. Mas, como a lei de perversidade pervasiva de Wolke diz, "todas as outras coisas nunca são iguais".

A gente não pode sair por aí dizendo que o bife ou o lombinho assado, uma galinha ou um peru devem cozinhar por tantos minutos por quilo a uma determinada temperatura. Mesmo que a lei de Wolke não fosse aplicada e você pudesse controlar magicamente tudo, a única variável sobre a qual você não teria controle é a mais importante: o formato do assado. Não o seu peso, mas o seu *formato*: quanta área superficial ela apresenta ao calor do forno. O calor só pode penetrar na carne através da superfície, portanto quanto maior a área de superfície de um assado em relação a seu peso, mais depressa ele ficará pronto. O peso de um assado é proporcional a seu volume, portanto, o fator importante é quanta área de superfície ele tem em relação a seu volume: a chamada razão superfície-volume. Como peso e volume são proporcionais, podemos usar apenas a razão superfície-peso. (Em linguagem matemática, duas quantidades que são proporcionais à mesma coisa são proporcionais entre si.)

Aqui vai um exemplo.

Se temos dois assados com o mesmo peso, sendo um no formato de um cubo e o outro no formato de uma esfera, o cúbico terá uma área de superfície 24% maior que o esférico. Isso é só geometria. Faça as contas você mesmo, se tiver queda para isso.

Outro exemplo: imagine que cortamos um assado cúbico em metades paralelas a um lado. Sua área de superfície aumentará 33%. As duas metades, então, cozinharão aproximadamente num tempo 33% menor que o necessário para cozinhar o assado inteiro.

Portanto, minha ingênua Virgínia, nem Papai Noel nem mesmo uma fada razoavelmente boa existem para medir as superfícies irregulares de seus assados de costela ou de peru e lhe dizer exatamente quantos minutos por quilo eles devem ficar no forno, mesmo que a lei de Wolke fosse revogada.

TEMPO E TEMPERATURA NÃO ESPERAM O PRESUNTO

Quero assar uma peça de carne num forno elétrico ou a gás por 24 horas à temperatura de 82°. Será que isso ficará mais barato, em termos de gasto de energia, que assá-lo por três horas a 191°? E em relação a seis horas a 121°?

Essa pergunta pode parecer estranha, mas quem a fez foi uma autoridade em culinária, Paula Wolfert, quando estava escrevendo seu livro *The Slow Mediterranean Kitchen: Recipes for the Passionate Cook*. Sua concepção era de que um cozimento mais demorado resulta em carnes mais macias, suculentas e saborosas, que o cozimento em temperaturas altas não consegue igualar. E, como de hábito, ela está certa, e as receitas de seu livro o comprovam amplamente (embora nenhuma delas chegue a 24 horas de cozimento).

Dizer que o tempo e a temperatura de cozimento são inversamente proporcionais – que o mesmo resultado pode ser obtido num curto espaço de tempo a uma temperatura mais alta, ou num espaço longo a temperatura mais baixa – sempre foi uma supersimplificação. Mas esse conceito também é lastimavelmente inadequado, exceto numa variação muito limitada de tempos e temperaturas, porque cozinhar não é uma simples questão de injetar determinado número de calorias num alimento. Como uma antiga canção de jazz dizia, "*It ain't whatcha do, it's the way hotcha do it*" [Não é o que você faz, é como você faz]. Um dos motivos é que a carne é má condutora de calor, e é preciso tempo para que o calor consiga abrir caminho dentro dela. Portanto, fazer um assado depressa demais em alta temperatura vai deixar uma carne vermelha sob um envoltório seco e marrom.

Na época de nossa discussão, o mundo passava por uma de suas crises periódicas de energia, e a preocupação de Paula era que um cozimento prolongado, em temperatura baixa, gastasse mais energia que assar a carne mais depressa em temperatura mais alta. Fascinado, aceitei o desafio. Em vez de adotar a abordagem experimental e passar dias na cozinha depois de desligar todos os aparelhos elétricos da casa, exceto o forno elétrico, e registrar as leituras no medidor, decidi seguir a abordagem teórica e tentar resolver o problema pela matemática. Aí vão as minhas conclusões.

Existem dois estágios de consumo de energia no processo de assar a carne: preaquecimento do forno até a temperatura adequada e manutenção dessa temperatura enquanto a carne assa.

É óbvio que preaquecer o forno até a mais alta das duas temperaturas requer mais energia. (A real diferença dependerá das características de cada forno.) Mas, em nenhum dos dois casos, o tempo de preaquecimento é curto em comparação com o tempo total gasto em assar a carne, portanto, provavelmente podemos desprezar essa diferença. Contudo, a diferença no tempo de preaquecimento favorece o consumo menor de energia pelo método da temperatura baixa.

Durante o período em que a carne está assando, o forno se empenhará com persistência em esfriar perdendo energia para o ambiente. Mas sempre que a temperatura cai a um determinado nível, o termostato (regulador automático da temperatura) manda mais gás ou energia elétrica para completar o calor perdido. Assim, durante todo o período, o *input* total de energia será igual ao total de energia *perdida* pelo esfriamento. Posso então obter o consumo de energia sob os dois métodos (o lento e o rápido) calculando as taxas da perda de energia decorrente do esfriamento. A taxa média de esfriamento (em calorias por hora ou BTU por hora) multiplicada pelo número de horas que a carne assou me dará a quantidade total de energia usada.

Para meus cálculos, usei a lei de esfriamento de Isaac Newton, segundo a qual a taxa de esfriamento de um corpo quente é proporcional à diferença de temperatura entre o corpo e seu ambiente. Nesse caso, o "corpo" é o ar dentro do forno, e seu ambiente é o ar dentro da cozinha. (As paredes do forno interferem, retardando a transferência de calor, mas não alteram a quantidade de calor que finalmente é transferida.)

Como todos os parâmetros de transferência de calor serão diferentes de um caso para outro, não posso calcular as quantidades absolutas de perda de energia. Mas, com a lei de Newton, posso calcular o ponto de equilíbrio em que o consumo de energia pelo método rápido é igual ao consumo de energia pelo método lento. Se prolongarmos além desse ponto o método lento, gastaremos mais energia que pelo método rápido.

Eis a seguir os resultados dos meus cálculos. (Os gulosos por detalhes matemáticos podem consultar "Cuidado! Cálculos à frente!", logo a seguir.)

No primeiro exemplo de Paula, o ponto de equilíbrio da energia para um assar lento a 82° será de cerca de nove horas. Assim sendo, assar a carne durante 24 horas a 82° gastaria muito mais energia do que assá-la durante três horas a 191°. Mas 24 horas a 82° seria, de qualquer forma, um exagero.

No segundo exemplo de Paula, o ponto de equilíbrio para o assar lento a 121° é de cerca de cinco horas, o que é bastante próximo das seis horas que Paula desejava. Portanto, faça isso, Paula!

O que descobri, então, é que assar uma carne devagar, por longo tempo, não requer mais energia que assá-la rapidamente em temperatura alta, sob a condição de que temperatura não seja excessivamente baixa. Algo entre 106 e 121° é provavelmente o limite prático mais baixo. Mas se o consumo de energia não for problema, por favor, ignore os obstáculos e asse a sua carne a qualquer temperatura acima de 74°, que é quente o bastante para matar todos os germes. Ou faça como Paula recomenda em seu livro: toste primeiro a carne para liquidar qualquer germe superficial antes de baixar a temperatura do forno até o ponto desejado para assá-la.

CUIDADO! CÁLCULOS À FRENTE!

Para comparar os gastos de energia nos métodos rápido (*r*) e lento (*l*), compararemos a quantidade total de esfriamento do forno enquanto a carne é assada pelo método rápido por h_r horas à temperatura T_r graus, com a quantidade total de esfriamento do forno durante o método lento por h_l horas à temperatura de T_l graus.

Para obter o número de horas de cozimento lento em que os dois consumos de energia se equivalem, vamos equacionar as duas taxas de esfriamento e calcular h_l – o ponto de equilíbrio.

→

Para essa aplicação, a lei de esfriamento de Newton pode ser escrita assim:

$$-\,dT/dt = k(T - T_{ambiente}),$$

em que T é a temperatura do forno, t é o tempo, e $T_{ambiente}$ é a temperatura ambiente. A constante k depende de um forno específico e assume-se que seja a mesma nas duas situações.

Se as flutuações de temperatura no forno forem relativamente pequenas em comparação com as temperaturas do próprio forno, e se os sucessivos períodos de esfriamento forem curtos em comparação com o número de horas em que a carne está assando, podemos chegar a uma aproximação da taxa diferencial de esfriamento dividindo a diferença das temperaturas pelo tempo de esfriamento. Além disso, assumirei que as quantidades totais de tempo gasto nos ciclos esfriamento/reaquecimento sob ambos os conjuntos de condições são pelo menos comparáveis. Isso pode se justificar em parte se considerarmos que assar lentamente e em baixa temperatura, mesmo levando mais tempo, requer menos ciclos de reaquecimento em virtude da taxa de esfriamento mais lenta.

Com base nessas suposições, concluímos que

$$h_l = h_r\,(T_r - T_{ambiente}) \,/\, (T_l - T_{ambiente}).$$

Dito em palavras: o número de horas pelo método lento que consome a mesma quantidade de energia que o método rápido é igual ao número de horas pelo método rápido multiplicado pelo número de graus acima da temperatura ambiente no método rápido, dividido pelo número de graus acima da temperatura ambiente no método lento.

Nos exemplos de Paula, se o método rápido assa em 3 horas ($h_r = 3$) a uma temperatura $T_r = 191°$, o ponto de equilíbrio h_l para o método lento a uma temperatura $T_l = 82°$ será de 8,6 horas, e o ponto de equilíbrio para o método lento à temperatura $T_l = 121°$ será de 5,1 horas.

Não compreendo por que Paula decidiu não incluir esse cálculo no seu livro.

Perna de carneiro assada à moda de Paula Wolfert, com molho de romã e geleia de cebola roxa e salsa

Assar a carne em temperatura baixa deixa-a tenra e malpassada. Primeiro, ela é tostada no forno quente, e depois a temperatura é reduzida para 106°. Ela continua a ser assada até que a temperatura interna atinja de 75 a 80°. O assado deve descansar antes de ser trinchado. A temperatura subirá lentamente até 80 ou 85° para que se obtenha um assado malpassado e suculento.

Ao trinchá-lo, comece pela extremidade e corte fatias perpendiculares ao osso principal. Para obter uma carne tenra, fatie sempre atravessando o fio da carne. Sirva esse carneiro ao estilo turco com a tradicional geleia de cebola roxa e salsa.

- 1 perna de carneiro, de 2 ½ a 3 quilos
- 2 colheres de sopa de concentrado de romã ou melado
- ⅓ de xícara de água
- 1 ½ colher de sopa de azeite extravirgem
- ½ xícara de cebola cortada bem fina
- 4 dentes de alho amassados
- 2 colheres de chá de purê de tomate
- 1 colher de chá de lascas de pimenta-vermelha amassadas
- 1 pitada de açúcar
- sal e pimenta-do-reino moída na hora
- 1 xícara de caldo de galinha ou de legumes
- 1 a 2 colheres de sopa de manteiga sem sal
- geleia de cebola roxa e salsa (receita adiante)

1. Cinco ou seis horas antes de servir o carneiro, retire o excesso de gordura, deixando apenas uma camada de 6mm. Numa bacia grande, dissolva o concentrado de romã ou o melado na água. Acrescente azeite, cebola, alho, purê de tomate, pimenta-vermelha e açúcar. Ponha a carne dentro e envolva-a nesse molho. Deixe descansar por não mais de duas a três horas em temperatura ambiente, virando-a uma ou duas vezes.

2. Cerca de três horas antes de servir, preaqueça o forno a 250°. O carneiro será colocado na prateleira mais baixa do forno.

→

3. Coloque o carneiro com o lado mais gordo para cima dentro de uma assadeira rasa untada com óleo. Tempere-o com bastante sal e pimenta-do-reino e ponha-o no forno. Reduza imediatamente a temperatura do forno para 70º. Asse regando-o de vez em quando com o suco depositado na assadeira, durante uma hora e 20 minutos. Vire a carne e continue a assá-la e a regá-la por mais 30 minutos, ou até que ela atinja uma temperatura interna de 75 a 80º.

4. Transfira o carneiro para uma tábua de trinchar, cubra-o frouxamente com papel laminado e deixe-o descansar por 15 a 20 minutos. (Durante esse tempo, a temperatura subirá de 80 para 90º.) Enquanto isso, desengordure os sucos que ficaram na assadeira. Junte o caldo, coloque a assadeira sobre fogo médio e mexa para raspar todos os pedacinhos tostados que ficaram grudados no fundo. Ferva até reduzir a uma consistência untuosa. Ajuste o tempero e mantenha-o quente.

5. Trinche o carneiro e sirva-o com o molho e a geleia.

- Rendimento: 6 a 8 porções

Geleia de cebola roxa e salsa

- 2 cebolas roxas, cortadas bem finas
- 1 colher de chá de sal grosso
- ½ xícara de salsa fresca picada
- 1 colher, de chá, de sumagre* moído

Misture as cebolas com o sal. Esfregue o sal nas fatias e deixe-as descansar por cinco minutos. Enxágue as cebolas debaixo de água fria corrente e seque-as perfeitamente. Misture as fatias de cebola com salsa e sumagre. Sirva dentro de 30 minutos.

- Rendimento: cerca de 1 xícara

---

* Sumagre é uma frutinha vermelha não venenosa que dá um sabor diferente, entre tangerina e limão, aos pratos. As lojas de especiarias costumam ter sumagre moído. O de melhor qualidade vem da Jordânia. Deve ser conservado no congelador para manter a qualidade.

10

Algumas cortesias

O costume de dar às pessoas "uma coisinha extra" está presente em todas as sociedades, de uma forma ou de outra.

Nos restaurantes e táxis, habitualmente pagamos, na forma de gorjeta, mais que a conta apresentada. E por motivos que nunca consegui compreender, os funcionários de muitas companhias recebem regalias chamadas bônus.

Nos dias anteriores ao advento dos supermercados, uma dúzia para o padeiro eram 13 pãezinhos em lugar de 12, um reforço de 8,33% na quantidade do produto que, para um cínico, estaria escondendo um aumento de preço de 8,33%. Era uma maneira brilhante de vender mais pãezinhos aproveitando-se do conceito arraigado no freguês de "uma dúzia" como uma unidade rigidamente fixa. Porque, se a pessoa comprasse 12 e recebesse 13, era uma dúzia mais um "de graça". Uma dúzia falsificada, eu diria. Contudo, certamente faz o freguês sair mais satisfeito.

Também faz o freguês sair mais satisfeito o costume, em certos restaurantes, de oferecer uma *cortesia*, um presentinho inesperado que não aparece no menu nem na conta. Sempre que me oferecem uma dessas amabilidades num restaurante, meu cinismo se desvanece num instante e eu penso: "Que gentileza!".

Nessa tradição (e porque não encontrei um lugar melhor para inseri-las), ofereço neste capítulo final algumas cortesias para sua insaciável mente inquiridora: itens variados sobre linguagem, culinária e ciência com os quais coroo o festival de informação que – espero – você tenha apreciado até agora.

Para tomar emprestado a Sara Lee um famoso *slogan* de gramática duvidosa, ninguém não gosta de chocolate. Portanto, já que começamos nossa refeição com alguma coisa para beber, termino-a com duas sobremesas de chocolate que deixarão um agradável e prolongado sabor em sua mente inquiridora.

CUIDADO COM A LINGUAGEM

Caro dr. Wolke: O senhor pode escrever alguma coisa sobre o mau uso dos termos técnicos em relação aos alimentos? Seu dedicado leitor, R.L. Wolke.

Com prazer. Obrigado por me dar um pretexto para fazê-lo, porque, sem ele, uma discussão sobre linguagem num livro de ciência culinária poderia parecer inadequada. Mas a língua inglesa é um dos meus tesouros mais preciosos, e agradeço a oportunidade de responder a seu pedido.

Sou o tipo de cara que, ao receber o menu num restaurante, fica procurando os erros ortográficos antes de começar a pensar na comida. Mas, embora outro dia eu tenha visto "atum tar tar" no menu (é fato!), esta seção não tratará de ortografia. Todo mundo pode escorregar nela de vez em quando.

Bom, talvez mais um detalhe sobre ortografia. A palavra *restaurateur* não tem um *n* antes do último *t*. Na França do século XVIII, antes que a palavra entrasse em uso generalizado como "operador de um estabelecimento de alimentação", ela se referia ao proprietário de um lugar na estrada onde o viajante parava para descansar os cavalos e talvez fazer uma pequena refeição, que podia incluir um restaurador de energias, ou *restaurant*, por exemplo, uma tigela de caldo nutritivo. Aquele que fazia a sopa ou o proprietário – quase sempre a mesma pessoa – recebia a honra de ser chamado de *restaurateur*, o restaurador.

• **Calor alto**: calor não é o mesmo que temperatura. Calor é energia, enquanto temperatura é uma medida da quantidade de energia calorífica que um objeto contém. Ponha mais calor num objeto, e a temperatura dele subirá.

As pessoas costumam falar de "calor mais elevado" no sentido de "temperatura mais elevada". Posso compreender a conveniência de dizer "Cozinhe isto em calor alto" (ou baixo), significando a marca mais alta (ou mais baixa) no botão do fogão, quando o objetivo real é produzir uma temperatura mais alta (ou mais baixa) na comida. A manteiga se dissolve em baixa temperatura, não em calor baixo.

Uma panela de sopa quente pode estar a determinada temperatura – isto é, ela contém uma determinada quantidade de calor por grama. Quando você retira uma colherada da sopa, a temperatura dessa colherada será a mesma que a da sopa na panela, mas a colher conterá um pouco menos de calor porque contém menos sopa.

- **Derreter**: você já ouviu alguém dizer quando sai na chuva sem um guarda-chuva: "Será que não vou derreter?" E quantas vezes você ouviu que o açúcar se derrete no café quente? Errado!

Derretimento, ou fusão, é a mudança de um sólido em líquido pela aplicação de calor. E nem o chá nem o café são quentes o bastante para derreter o açúcar. Cada sólido tem seu ponto de fusão, em cuja temperatura essa transição de sólido para líquido se processa. O gelo funde a 0°, o sal (cloreto de sódio) a 801°, e o ferro a 1.538°. O açúcar (sacarose) derreterá se você o colocar numa caçarola e o aquecer até chegar a cerca de 177°, como você faz ao preparar calda de caramelo, pé de moleque e outros doces. Mas não derreterá quando você o mistura à água quente, que não passa dos 100°.

- **Dissolver**: o açúcar no café e o sal no assado não derretem, eles se dissolvem (o verbo dissolver vem do latim *dissolvere*, que significa separar-se). A estrutura cristalina do açúcar sólido e do sal de fato se desintegra ou se separa, e os fragmentos submicroscópicos resultantes (moléculas ou íons) liberados nadam livremente em torno e entre as moléculas de água. Na água, o açúcar e o sal não se tornam torrões derretidos, como que liquefeitos pelo calor. Eles estão presentes, porém invisíveis, sob a forma dissolvida, "em solução".

Agora, não me escreva para dizer que seu dicionário define derreter como "(1) passar do estado sólido para o estado líquido, em geral pelo calor; (2) dissolver, desintegrar". Os lexicógrafos compilam dicionários com o propósito expresso de refletir o uso corrente da nossa linguagem mutante, não de determinar o que é certo e o que é errado. A responsabilidade final deve caber aos insistentes como eu.

- **Lixiviação**: sempre que um nutriente ou um componente aromatizante se dissolve de uma comida para a água de cozimento, dificilmente alguém dirá que ele foi "lixiviado". Não, ele simplesmente está "se dissolvendo" na água. "Lixiviação" é um tipo altamente específico de dissolução, e não ocorre com frequência na preparação de alimentos.

Lixiviação verdadeira é o gotejamento de um líquido através de um leito poroso de partículas sólidas, processo durante o qual o líquido dissolve certas substâncias que estão no sólido. Por exemplo, quando você despeja água sobre o pó de café num cone de coador, a água lixiviará os minerais solúveis que estão nos grãos moídos, e esses minerais ficarão em solução na água que goteja pela base da coluna.

A chuva separa por lixiviação minerais do solo quando se infiltra nele. E o lençol de água arrasta os minerais de cálcio das rochas quando passa pelas suas fendas. É assim que é feita a água pesada.

Por outro lado, quando você cozinha espinafre numa panela com água, um pouco da vitamina C das folhas pode se dissolver na água. Mas a água apenas extraiu, dissolveu (não lixiviou) a vitamina do espinafre.

Em resumo, qualquer velho processo de dissolução não é lixiviação.

• **Amalgamação**: similar porém diferente de derreter é amalgamar. Os livros de culinária nos mandam combinar ingredientes – digamos, para um molho, uma pasta para comer com torradinhas, e depois refrigerá-los por várias horas para deixar que os sabores "se incorporem", ou seja, fiquem amalgamados. Mas será que isto acontece mesmo? A fusão dos sabores ficará mais fundida depois que eles são amalgamados?

A palavra amalgamar é uma mistura de derreter, fundir e soldar, e significa combinar, unir. Poderia ser usada acertadamente como sinônimo de dissolver, porque diluir ou dissolver é de fato combinar uma substância (o *soluto*) dentro de outra (o *solvente*, em geral água).

Os sabores podem certamente mudar, e em muitos casos melhorar, ficando parados ou sendo misturados. Um dos motivos é que os atos físicos de cortar ou amassar como um purê os ingredientes podem liberar enzimas, e estas reagem produzindo sabores e aromas que não estavam ali antes. Todo mundo sabe que um cozido fica melhor no dia seguinte. E sabe-se muito bem que muitos vinhos amadurecem com a idade, embora a química desse processo seja muito complexa e não perfeitamente compreendida.

Pode ser que esteja para sempre fora do nosso alcance identificar uma substância química A em um ingrediente X que reage com uma substância B num ingrediente Y para produzir algum produto novo C com um sabor absolutamente único. Mas se descobrimos empiricamente que o sabor como um todo melhora, vamos tirar o melhor proveito disso. Amalgamar é uma palavra que serve tanto quanto qualquer outra. Escritores ligados mais romanticamente à comida preferem dizer que os sabores "se casam".

No fundo, a verdadeira mistura e combinação da profusão de sabores, aromas e texturas que experimentamos ao mastigar uma comida acontece no cérebro. Moléculas individuais de comida agem sobre nossos receptores de sabor e aroma, que então enviam mensagens químicas ao córtex cerebral. Ali elas se combinam com os sinais das texturas físicas e das sensações da boca captados pelos nervos situados em nossas cavidades orais para produzir a sensação consumada de "hum, que gostoso!"

Este é o verdadeiro amálgama.

É NATURAL – OU É DE VERDADE?

Minha pergunta tem a ver com as embalagens de alimentos que dizem "sabores naturais" entre os ingredientes relacionados no rótulo, mas quando consulto a tabela de nutrientes nenhum detalhe específico é apresentado. O que eles estão adicionando e por que não têm de dizer o que é? É sal, enzimas ou o quê? Natural não é nada esclarecedor como adjetivo. Meu professor de química costumava protestar, dizendo que na Terra tudo é natural.

Este professor de química, aqui, concorda. Se não é natural, o que deveria ser? Sobrenatural?

Meu dicionário relaciona 14 significados para a palavra *natural*, que vão de "não adotado" (para o pai de uma criança) a "nem sustenido nem bemol" (para uma nota musical). Portanto a confusão é perfeitamente... natural.

A maioria dos consumidores parece acreditar que *natural* é sinônimo de bom ou saudável, em oposição a qualquer coisa feita ou processada por seres humanos, que seria inerentemente ruim e danosa. Mas a natureza esconde muitas substâncias químicas definitivamente inamistosas em nossa comida. Muitas das substâncias químicas em concentração-traço responsáveis pelos sabores naturais dos alimentos são tão tóxicas em quantidades maiores que nunca seriam aprovadas como aditivos alimentares.

Considere também que a substância amidalina, um glicosídeo "natural" encontrado nos caroços dos pêssegos e damascos, reage com o ácido do estômago produzindo ácido prússico (ácido cianídrico), o gás letal usado nos Estados Unidos para executar criminosos condenados à morte. Um derivado químico parecido, chamado laetrila foi promovido como cura para o câncer em certas clínicas de medicina alternativa no México.

O ácido prússico também está presente nos tubérculos da mandioca, da iúca e da tapioca, que, quando arranhados, devem ser muito bem lavados para remoção do veneno antes que deles se façam a farinha e outros produtos. Na Venezuela, comprei das crianças na estrada pães redondos, chatos como discos e torrados, feitos de farinha de iúca, rezando para que a matéria-prima tivesse sido lavada adequadamente, e sobrevivi.

Para controlar o uso crescente da palavra *natural* nos rótulos dos produtos alimentícios, a FDA chegou a uma definição, pelo menos no contexto dos aditivos aromatizantes. O ambíguo *totalmente natural*, que os fabricantes usam para vender tudo, desde cosméticos até desinfetantes de privada, não é regulamentado e provavelmente não pode ser, porque pode significar quase tudo que o fabricante quer que signifique – inclusive absolutamente nada.

Em termos simples, um sabor natural é definido como uma substância extraída, destilada ou obtida de outra maneira de um material vegetal ou animal, seja diretamente, seja depois de o material ter sido assado, esquentado ou fermentado. Observe a inclusão de "material animal" nessa definição, uma revelação que pode chocar os vegetarianos até a raiz dos cabelos e levar correndo para os rabinos, em busca de aconselhamento, os que aderem à separação *kosher* entre a carne e os laticínios. Mas os animais são tão naturais quanto as plantas, não são? Repare também que um sabor natural não tem de vir da própria comida à qual ele dá sabor. Por exemplo, um sabor natural químico derivado da galinha – que não precisa necessariamente ter gosto de galinha – pode ser usado para dar sabor a uma lata de ravióli de carne.

Um sabor artificial, em contrapartida, é definido sem rodeios pela FDA como qualquer substância que não cabe na definição de sabor natural. Ironicamente, tais substâncias químicas sintéticas aromatizantes, embora escancaradamente não naturais, são aceitáveis em todas as dietas restritivas, desde a vegetariana até a *kosher*, porque não são nem animais nem vegetais. (É inútil você procurar quaisquer injunções históricas, filosóficas ou religiosas contra o notório sabor artificial químico no chocolate, que os químicos conhecem como 2,6-dimetilprazina.) Mais ainda: a maioria dos compostos químicos tanto nos sabores artificiais como nos naturais não é reconhecida como comida por nosso aparelho digestivo e não é metabolizada. É por isso que você não encontra esses compostos relacionados nos rótulos, entre os nutrientes; eles não são nutrientes e, de qualquer modo, estão presentes apenas em quantidades residuais.

Nem sempre se tem consciência do fato de que os aditivos aromatizantes, naturais ou artificiais, são feitos por seres humanos. Para fazer um sabor artificial, um químico especializado (chamado flavorista) deve selecionar e misturar em laboratório os compostos químicos apropriados nas proporções apropriadas para simular um sabor natural. E alguém, em outro laboratório ou fábrica, tem que extrair e destilar ou concentrar os compostos do sabor natural de materiais vegetais ou animais.

Um fato ainda menos considerado é que em muitos casos os produtos químicos flavorizantes feitos pelo homem são idênticos às substâncias químicas flavorizantes da natureza.

Por exemplo, um dos principais flavorizantes nas bananas é o acetato de isoamila, que pode ser feito sinteticamente e usado como imitação (muito fraca) do sabor de banana.

Os sabores mais naturais, porém, são muito mais complexos que isso. Cerca de 37 diferentes compostos químicos foram identificados no sabor das mangas, e mais de 800 no aroma do café. Para imitar os efeitos desses sabores naturais sobre o paladar, o flavorista precisa misturar pelo menos uma dúzia de substâncias químicas, e nenhuma delas, sozinha, sinalizará com precisão aquele sabor para o nosso cérebro.

Um caso interessante é o da fava de baunilha, cujo sabor natural vem sobretudo de seus 2% de conteúdo de vanilina, conhecida pelos químicos por seu apelido de 4–hidroxi–3–metoxibenzeno. Se esta substância e os outros sabores naturais da baunilha forem extraídos no álcool, o produto pode ser rotulado legalmente como "puro extrato de baunilha", um flavorizante "natural". Mas se o produto contiver vanilina sintética, que pode ser feita por vários processos, deve ser rotulado de "imitação de sabor de baunilha".

Mas veja só: se a vanilina sintética fosse feita não pela combinação de substâncias químicas em laboratório, mas permitindo-se que as bactérias fermentassem o ácido ferúlico, produto obtido do milho ou do arroz, ela poderia ser rotulada como "sabor natural de baunilha", porque a fermentação é um processo "natural". A vanilina obtida por fermentação é, contudo, absolutamente idêntica à vanilina feita na bancada do laboratório.

A pergunta que fica para os cozinheiros e cozinheiras é: "O sabor artificial de baunilha é tão bom quanto o sabor natural de baunilha?" Bem, nos encontros de degustação convocados pela revista *Cook's Illustrated* durante um período de vários anos, o sabor imitado da baunilha teve a preferência sobre o produto natural. Aí está!

A UNIÃO FAZ A FORÇA

Tenho observado um fenômeno interessante com as caixas de leite e de suco de laranja. Quando despejo as "últimas gotas", não importa por quanto tempo vire a caixa, sempre posso voltar depois e despejar novamente mais um pouquinho de líquido. Por quê?

Então você também percebeu isso, heim? Acontece quando você está "esvaziando" todos os tipos de recipientes, inclusive os misturadores de coquetel e as garrafas de vinho. Nunca dei muita atenção, mas você me inspirou a imaginar o que realmente se passa.

O que sem dúvida acontece é que, quando você "esvazia" o recipiente, um pouco do líquido encontra microscópicos pontos ásperos ou impermeáveis na superfície interna do recipiente. Esses pontos retêm gotas do líquido, que então permanecem grudadas ali, enquanto o recipiente está na posição invertida. Mas quando você coloca-o na posição normal, as gotinhas podem escorregar novamente para baixo, porque o caminho estava livre até o líquido encontrar esses obstáculos. Então as gotas escorregam de volta para o fundo, juntando-se às suas irmãs e formando uma piscina. A piscina é mais pesada que qualquer gota individual, e então, quando você inverte o recipiente mais uma vez, ela tem força para passar sobre os pontos ásperos.

Espero que você se sinta feliz ao compreender isso. Garanto que eu fiquei.

QUER MAIS?

O* marshmallow *desperta a minha curiosidade. Desde criança ficava imaginando como aquela substância doce e fofa, com uma textura e um nome tão estranhos, foi inventada. É verdade que é uma invenção muito antiga?

A versão moderna tem apenas cerca de cem anos, mas é uma reedição de uma iguaria que tem vários milhares de anos.

O material mágico que chamamos de *marshmallow* recebeu esse nome por causa da planta conhecida como malva-do-pântano (*Althaea officinalis*), cujas raízes contêm uma resina doce e elástica que vem sendo usada em doces e por suas supostas propriedades medicinais há cerca de quatro mil anos. No final do século XIX, quando os fabricantes de balas não conseguiam atender à demanda, uma imitação de *marshmallow* foi preparada com açúcar, amido e gelatina. Hoje, a maioria dos doces de *marshmallow* é feita com xarope de milho, açúcar, amido modificado e gelatina. (Amido modificado é um amido tratado física ou quimicamente para melhoramento de suas características, o que facilita sua manipulação, permitindo, entre outras coisas, que se misture com água fria e a engrosse.)

A característica mais agradável do *marshmallow* é sua textura macia, semelhante à de um travesseiro, não igualada por qualquer outra coisa comestível. Para fazê-lo, uma mistura quente (116º) de xarope de milho, açúcar, água e gelatina é batida vigorosamente até se transformar numa espuma e dobrar de duas a três vezes o volume original. Zilhões de bolhas microscópicas de ar ficam presas ali, enquanto a mistura esfria e a gelatina endurece. O resultado é uma espuma sólida que tem apenas 35 a 45% da densidade da água.

Tecnicamente, uma espuma é uma suspensão de bolhas de gás dentro de um líquido. As bolhas são tão minúsculas (elas têm o tamanho *coloidal*) que nunca sobem à superfície; ficam suspensas no líquido. Com frequência, como no caso do *marshmallow*, da espuma de polistireno e dos merengues, nós ainda chamamos a isso de espuma depois que o líquido se solidificou ou secou. As espumas podem ser estabilizadas – as bolhas de ar são impedidas de se aglutinar em bolhas maiores – por agentes emulsificadores, tais como sabão e certas proteínas. Na alimentação, preferimos estabilizadores de proteína: gelatina, a caseína no creme batido e as albuminas nos merengues feitos de clara de ovo podem cumprir essa função.

As marcas mais conhecidas de *marshmallow* fazem esses doces com o formato de pequenos cilindros com mais ou menos 2,5cm de diâmetro e de altura. Por que esse formato? Nas fábricas de *marshmallow*, a espuma líquida é empurrada através de um tubo comprido, com 2,5cm de diâmetro, enquanto esfria, e a "corda" que sai dali é então cortada em pedaços com aproximadamente essa medida. Nos Estados Unidos consomem-se anualmente mais de 40 milhões de quilos de *marshmallows*.

A textura do *marshmallow* pode ser controlada com o ajuste das proporções dos ingredientes e de quanto eles são batidos. Pode variar entre uma textura semilíquida à mais elástica e mastigável, que aguenta receber uma cobertura de chocolate. É por isso que os *marshmallows* cobertos com chocolate nunca são tão macios por dentro quanto se gostaria que fossem.

Para quem já provou, são inesquecíveis também os *marshmallows* tostados no calor de uma fogueira, que simultaneamente aquece e derrete a gelatina enquanto carameliza o açúcar, deixando na língua um sabor *yin-yang*. Mas, como sempre acontece na culinária, há um modo certo e um modo errado de prepará-los.

Modo errado: mantenha o *marshmallow* bem por cima das chamas até que ele se incendeie, e deixe-o queimar até ficar com uma crosta preta e torrada. Não se importe com o fato de que a crosta é formada por carvão não digerível de gosto amargo e sem dúvida alcatrões carcinogênicos.

Modo certo: espere as chamas se extinguirem, deixando as brasas acesas, e mantenha os *marshmallows* bem alto, acima delas, girando-os, até que aos poucos adquiram uma bela e uniforme tonalidade dourada (paciência, paciência). Se pegarem fogo, apague imediatamente, deixe-os esfriar por alguns segundos e retome a operação.

Quando eu era escoteiro, aprendi a identificar e cortar varetas finas e verdes de árvores que não se incendiavam para espetar os *marshmallows*. Hoje em qualquer supermercado é fácil encontrar pacotes com varetas perfeitamente adequadas a essa função.

Ultimamente muitas das lojas mais finas de alimentos apresentam um grande sortimento de barras de chocolate de vários países. Minhas amigas comparam e discutem as qualidades dos chocolates estrangeiros como se estivessem comparando vinhos. Elas falam muito de "percentagens", mas percentagens de quê? As embalagens dos chocolates não são muito explícitas. Você poderia me esclarecer essas coisas, para eu ficar tão esnobe quanto elas?

"Chocolate" não significa apenas aquelas barrinhas que compramos na infância. Existem também barras "sérias" de chocolate, que abrem um novo mundo de sabores. Hoje existem à venda dezenas de barras de chocolate amargo, fabricadas no país e no exterior. Entre os chocólatras, os sabores dos chocolates ameaçam substituir os sabores dos vinhos em suas atividades educacionais e recreativas.

As listas de ingredientes nas embalagens podem de fato nos deixar perplexos, porque a maioria deles é tratada pelos apelidos. Portanto vamos examinar mais de perto o que é uma verdadeira barra de chocolate amargo.

Tudo começa com os caroços do cacau, não com o chocolate. Os caroços do cacau são as sementes do fruto da árvore tropical *Theobroma cacao*, o cacaueiro. (*Theobroma*, em latim, significa literalmente "manjar dos deuses", nome obviamente escolhido por um taxonomista chocólatra.) A semente amarga do cacau foi apreciada como condimento pelos maias e astecas, mas só depois de entrar na Europa foi adocicada com açúcar.

O número percentual que consta da embalagem do tablete é a percentagem do peso que vem de fato da semente de cacau. Ou seja, é o que o tablete possui em termos honestos de componentes da semente de cacau. As sementes do cacau natural contêm 54% de gordura em relação a seu peso; os outros 46%, como na maioria das sementes, é a dura e sólida matéria vegetal. Assim, o percentual declarado na embalagem da barra de chocolate é a soma do que ela contém em gordura de cacau (também chamada manteiga de cacau) e seus materiais sólidos.

O restante da barra é quase inteiramente constituído de açúcar, portanto uma barra de chocolate com "75%" conterá cerca de 25% de açúcar. Assim, quanto mais alta a percentagem na embalagem, menos adocicado, mais amargo e mais complexo será o sabor do chocolate. Ingredientes menos importantes, em geral presentes em menos de 1%, podem incluir baunilha ou vanilina (sabor artificial) e lecitina, um emulsificador obtido da soja que contribui para que o chocolate fique macio e cremoso.

São três, então, os principais componentes de um chocolate de boa qualidade, que apresento com seus vários apelidos. Os nomes que prefiro estão em primeiro lugar.

- **Licor de chocolate,** cacau, massa de cacau, pasta de cacau, ou licor de cacau. Sob qualquer destes nomes, esta é a "matéria-prima" do chocolate: sementes de cacau moídas. É frequente a referência a ela como pasta ou licor porque a fricção da moagem derrete a gordura densa, e o que sai da máquina de moer é uma pasta marrom e brilhante. A percentagem de licor de chocolate numa barra é a percentagem de bom e honesto chocolate.
- **Manteiga de cacau** ou de chocolate. É a gordura da semente de cacau. *Manteiga* é um nome mais atraente que *gordura*, mas não se deixe enganar, pensando que ela vem de uma vaca.
- **Chocolate**, sólidos de cacau ou sólidos de chocolate. As partes marrons e duras das sementes de cacau reduzidas a pó.

É isto. Apenas três atores na relação de personagens: o chocolate puro, sua parte gordurosa e sua parte sólida. Se a manteiga de cacau e o cacau sólido estão separados, podem ser combinados com açúcar em várias proporções para fazer uma variedade de diferentes "chocolates".

"Chocolate sem açúcar" ou "chocolate para cozinhar" é simplesmente o licor de chocolate que foi despejado em fôrmas e solidificado ao esfriar. A FDA exige que contenha entre 50 e 58% de gordura, uma margem de 4% para cima e para baixo do conteúdo natural de gordura das sementes de cacau, que é de 54%.

Além desses 54% de gordura, o licor de chocolate contém cerca de 17% de carboidratos, 11% de proteína, 6% de taninos, e 1,5% de teobromina, alcaloide similar à cafeína e estimulante suave. Também contém menos de 1% de feniletilamina, estimulante um pouquinho mais forte, similar à anfetamina. Outros ingredientes menos importantes do chocolate são os polifenóis, antioxidantes que contrabalançam os efeitos prejudiciais dos radicais livres; anandamina, parente próximo do tetraidrocanabinol (THC) ingrediente ativo da maconha. Mas atenção: as quantidades de todas essas substâncias químicas fisiologicamente ativas são minúsculas. Além disso, os "piques" produzidos por elas têm vida curta e não muito alta.

Antes que um monte de chocolate derretido esteja pronto para ser despejado nas fôrmas de barras, a mistura em geral é sovada e massageada em tanques aquecidos durante dois a seis dias, enquanto modificações químicas ocorrem, o sabor se desenvolve, umidade e sabores desagradáveis como o ácido acético se evaporam, e o açúcar é reduzido a pequenas partículas, produzindo uma textura mais macia.

As fábricas de chocolate costumam retirar a gordura do chocolate puro, separando-a dos sólidos. Os sólidos sem a gordura são comumente e de maneira apropriada chamados de chocolate e vendidos como tal. O fabricante muitas vezes acrescenta um pouco da gordura separada à mistura para a barra de chocolate, a fim de ajustar as propriedades de maciez e liquefação ao produto final. Como essa manteiga de cacau acrescentada modifica a proporção de gordura e sólidos, que é de 54 para 46% no cacau natural, ela é relacionada separadamente na lista de ingredientes como um aditivo. A percentagem que consta da embalagem inclui essa gordura acrescentada.

Observe que não incluí leite desnatado entre os ingredientes porque (e vão me criticar por isso) não considero o chocolate ao leite um chocolate. É apenas um doce. O chocolate ao leite contém tanto leite e açúcar que seu percentual de cacau de verdade chega a apenas 10%, o mínimo requerido pela FDA para chamá-lo de "chocolate" no rótulo. Em contraste, uma barra de chocolate amargo conterá algo entre 65 e 85% de cacau.

A maciez de uma barra de chocolate – resultado da quantidade de gordura que ela tem – é uma questão de preferência nacional. Na Europa continental, as pessoas gostam do chocolate bem macio, contendo partículas de açúcar não maiores que 40 milionésimos de centímetro, enquanto os ingleses preferem chocolate mais "areento", contendo 200 milionésimos por centímetro de partículas de açúcar. Quase ninguém gosta da aspereza do chocolate que contenha partículas sólidas maiores que 300 milionésimos de centímetro.

Em 2003, como resultado de uma disputa entre Bélgica, Inglaterra, França e Alemanha, com ansiosa participação da Suíça, a União Europeia determinou que até 5% da manteiga de cacau no chocolate podiam ser substituídos por outras gorduras vegetais. É por isso que muitas das melhores barras Europeias de chocolate escuro se vangloriam de seu alto conteúdo de cacau, imprimindo suas percentagens em letras grandes nas embalagens.

Se você está mesmo interessada em elevar seu quociente de esnobismo, prove quantas barras sérias de chocolate escuro conseguir encontrar (ou comprar, porque elas não são baratas). Use o percentual de licor de chocolate apenas como guia inicial para saber se o chocolate que você prefere é mais para o amargo ou mais para o doce. Depois experimente uma variedade de marcas para encontrar a sua favorita em textura e sabor.

MEU CHOCOLATE TEVE UM ATAQUE

Como mestre-confeiteiro, conheço todas as técnicas para lidar com chocolate e impedir desastres que o fariam ter um ataque e perder a calma, ou ficar duro demais ou mole demais para modelagem etc. Treinamento e experiência me fizeram aprender as temperaturas exatas e assim por diante, mas eu gostaria de saber mais sobre como e por que elas funcionam.

Chocolate é mesmo um material muito difícil, pela composição complexa, sobretudo as cinco ou seis gorduras diferentes que contém.

Quando chega das mãos de seu fornecedor à cozinha, na forma de blocos ou pastilhas, ele consiste em partículas microscópicas de chocolate e açúcar distribuídas num mar de gordura solidificada ou manteiga de cacau. O principal problema é a gordura, porque ela consiste em pelo menos seis compostos químicos diferentes – diferentes gorduras com diferentes temperaturas e cristalização –, e você tem que impedir que todas, menos uma, se cristalizem. É esse malabarismo com a temperatura que se chama temperar. A Tabela 6 mostra como os chocolateiros lidam com isso.

Nessa tabela, os seis tipos de gorduras diferentes estão relacionados na ordem de suas temperaturas de cristalização. Você pergunta: o que é uma temperatura de cristalização? Bem, consideremos o líquido chamado água, a velha e boa H_20. Quando você a esfria até 0°, ela se cristaliza no que chamamos de gelo. Mas quando a aquecemos acima de 0°, os cristais derretem (fundem) e viram líquido. Essa temperatura mágica é ao mesmo tempo a temperatura de cristalização e de congelamento de H_20.

De modo similar, as temperaturas de cristalização da tabela são as temperaturas abaixo das quais as gorduras se cristalizam em suas próprias espécies de cristais e acima das quais elas se transformam em líquido. Das seis formas de cristais (*polimorfos*), apenas a V é a que tem exatamente as propriedades que desejamos em nosso chocolate: é brilhante e, quando solidificada, lustrosa, friável e agrádavel ao ser mordida. Mas ela derreterá em nossas bocas, porque a temperatura de nossos corpos (37°) é poucos graus mais alta do que sua temperatura de cristalização (ou de fusão) de 34,5°.

O problema é: como vamos nos livrar das outras formas de cristais menos desejáveis? Primeiro (1), aquecemos o chocolate a cerca de 50°, e todas as seis formas se fundem. Depois (2) e (3) o esfriamos a cerca de 27°, quando as formas I, II, III e IV se cristalizam. E então (4) elevamos lentamente a temperatura a 31°, que funde os cristais da forma IV, deixando para nós apenas as formas V e VI na forma cristalizada. Mas, uma vez que V requer dias ou semanas para cristalizar, ela não se cristaliza imediatamente. Então, os únicos cristais remanescentes são os da forma desejada, V. É assim que temperamos nosso chocolate, para que ele adquira as características ideais para o trabalho do mestre-confeiteiro.

Se, enquanto você estiver trabalhando com chocolate temperado, ele perder a têmpera (ao mesmo tempo que você perde a paciência) ao ser aquecido ou esfriado demais, nada há a fazer exceto repetir todo o ciclo.

Na culinária, mais que na decoração com chocolate, há uma quantidade de armadilhas, e a mais exasperante é "perder o ponto": o chocolate de repente se transforma de um líquido macio e escorregadio em uma maçaroca lamacenta e encaroçada. Isso pode acontecer por diversas razões, mas é comum acontecer por causa de uma pequena quantidade de água. Paradoxalmente, porém, uma quantidade grande de água ou outra substância aquosa, como creme, não fará o chocolate desandar; chocolate e líquido se misturam como um sonho.

Vou explicar por quê.

Pense no chocolate bem temperado como zilhões de partículas microscópicas de chocolate (e de açúcar, se ele for meio-amargo) suspensas num mar de gordura. As partículas de chocolate e de açúcar não são lipofílicas (amigas das gorduras); pelo contrário, elas são hidrofílicas (amigas da água). Se umas

Tabela 6. As seis formas de cristal da manteiga de cacau

FORMA	TEMPERATURA DE CRISTALIZAÇÃO	CARACTERÍSTICAS
VI	36°	Temperatura de cristalização mais alta Mais estável Demora para se formar (semanas) Densa, pesada
V	34°	Forma mais desejável Bom brilho, crocante
IV	28°	Características intermediárias
III	26°	Características intermediárias
II	21°	Características intermediárias
I	17°	Temperatura de cristalização mais baixa Menos estável Menos densa, mais fragmentada Suave, não crocante

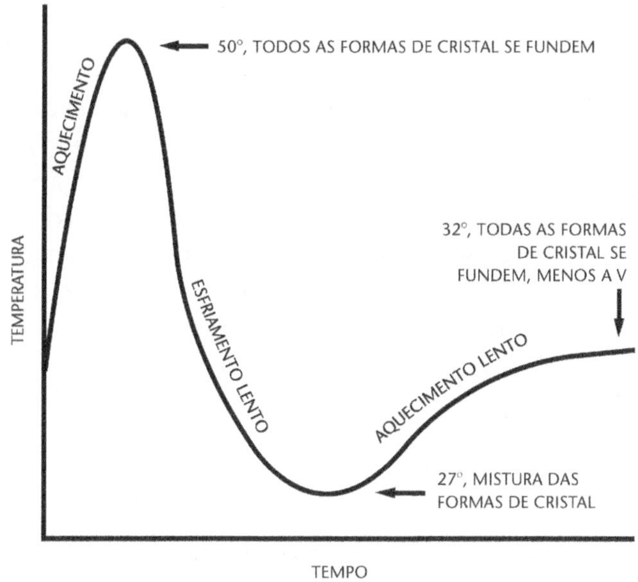

Temperar o chocolate. Primeiro o chocolate é aquecido até 50° para fundir todas as formas de cristal; então é esfriado devagar até 27° e reaquecido a 32°; aí todas as formas de cristal se fundem, exceto a forma V, a desejada. (As temperaturas são aproximadas.)

poucas gotas de água forem adicionadas, elas serão atraídas pelas partículas, as umedecerão e reunirão num aglomerado semelhante a uma bola de lama. E basta só um pouco de água para molhar uma enorme quantidade de pequenas partículas, infiltrando-se entre elas como um filme muito fino e mantendo-as unidas por atração capilar.

Se a massa for mexida, a panela inteira de chocolate derretido vai então se paralisar numa lama espessa – imprestável para ser usada pelo confeiteiro nas suas brilhantes e macias decorações. É por isso que o chocolate derretido deve ser protegido do contato com uma pequena quantidade de água, por exemplo, o vapor condensado de uma panela de banho-maria. Muitos dos atuais *chefs* derretem seu chocolate em micro-ondas, para passar ao largo desse risco.

Mas, ainda que pareça estranho, uma *grande quantidade* de líquido não produzirá esse efeito. Se você algum dia fez um castelo de areia na praia, sabe que uma pequena quantidade de água vai grudar os grãos de areia numa massa que conservará seu formato. Mas quando chega uma onda, a *grande quantidade* de água desintegra a massa, separando os grãos uns dos outros.

É por isso que, na receita de *ganache* (p.329), você pode adicionar uma xícara inteira de creme ao chocolate derretido e ele não vai desandar. O fato de que o creme batido tenha 38% de gordura não atrapalha.

Bolos decorados

Ao decorar um bolo com chocolate derretido, você vai querer que o chocolate endureça, em vez de continuar líquido e escorrer pelos lados. Para isso, antes de decorar o bolo, leve o chocolate ao ponto delicadamente, acrescentando a água com cuidado, gota a gota, enquanto mexe, até que ele comece a engrossar. Para verificar se a quantidade de água já é suficiente, faça um teste com um filete de chocolate colocado num prato. Ele deve endurecer rapidamente, sobretudo se ficar na geladeira durante três a cinco minutos.

QUANDO O CHOCOLATE FLORESCE

Numa caixa de chocolates sortidos, reparei que, depois de alguns meses, só os doces cobertos com chocolate escuro ficavam com uma espécie de filme branco, enquanto os com chocolate ao leite não ficavam. Gostaria de saber o que, na composição química do chocolate escuro, é a causa disso.

Depois de alguns meses, você diz? Na minha casa uma caixa de chocolates tem sorte se durar uma semana.

O "filme" branco é chamado "flor" e é causado por temperaturas muito altas ou que variam muito. Você cometeu o crime de maltratar o chocolate por não ter conservado sua caixa de modo adequado.

O filme branco não é um fungo e é perfeitamente inofensivo, afetando apenas a aparência do chocolate e, até certo ponto, sua textura. O chocolate ao leite consiste basicamente em cerca de 70% de leite em pó e de açúcar, com apenas 12% de licor de chocolate, portanto, não é tão propenso à flor quanto o chocolate escuro, que pode conter 75% de licor.

Há três tipos de flor de chocolate: de gordura, de açúcar e de idade.

A flor de gordura acontece quando, sob calor excessivo (o chocolate nunca deve ser guardado sob temperatura acima de 27°; o ideal é 17°), alguns dos constituintes líquidos da gordura migram para a superfície, onde formam cristais relativamente grandes, que refletem a luz.

A flor do açúcar acontece quando o chocolate é molhado ou guardado em ambiente muito úmido, pois a umidade dissolve uma parte do açúcar de sua superfície, que ali permanece na forma de cristais sólidos depois que a água evapora.

A flor da idade acontece no chocolate velho, quando os cristais de formação lenta da gordura VI (ver p.323) têm tempo para se desenvolver. Eles formam cristais grandes e ásperos que perturbam a textura macia do chocolate a ponto de fazê-lo finalmente se esfarelar.

O melhor meio de evitar todos os tipos de flor de chocolate é comer todo o chocolate logo que ele esteja a seu alcance. É o meu método.

A BRUXA QUE ROUBOU O CHOCOLATE

Nas lojas de produtos naturais, eu vi barras de chocolate feitas de alfarroba, presumivelmente para evitar a gordura e a cafeína contidas no chocolate comum. O que, exatamente, é a alfarroba?

Eis aí: do sublime passamos para o ridículo.

Antes de mais nada, e ao contrário do que todo mundo parece acreditar, chocolate não contém cafeína. Contém cerca de 1,5% de um alcaloide muito parecido, a teobromina, que também é um estimulante suave. Portanto, este é um dos supostos benefícios causados pela substituição do chocolate pela alfarroba.

A árvore leguminosa chamada alfarrobeira (*Ceratonia siliqua*), também conhecida desde os tempos bíblicos como "árvore dos gafanhotos", cresce em climas relativamente áridos e semitropicais. Suas vagens foram apelidadas de pão-de-são-joão, porque a Bíblia diz que João Batista sobreviveu no deserto comendo "gafanhotos e mel". Embora a Bíblia se preocupe, em outras passagens, com gafanhotos (a palavra aparece 29 vezes na versão do rei Jaime), ainda há quem acredite que são João mastigou *vagens* da árvore dos gafanhotos, e não os insetos.

A goma de alfarrobeira, presente nas listas de ingredientes de muitos pratos, é um espessante mucilaginoso e sem gosto, obtido das sementes da alfarroba. É usada para espessar sobremesas geladas, laticínios, *cream cheese* e outros alimentos. Ela interage com outras gomas vegetais, como xantina e carragenana, formando géis rígidos, e por isso raramente é usada sozinha.

Onde o chocolate entra nisso? A alfarrobeira produz sementes longas, comestíveis, que podem ser moídas depois de secas. O pó obtido é marrom, adocicado (contém 40% de açúcares) e praticamente isento de gorduras, e por isso alguém teve a ideia não muito brilhante de usá-lo como substituto para o chocolate. Infelizmente, por lhe faltar a gordura do chocolate, ele tem uma textura farinhenta, de areia, sem mencionar a quase total ausência de sabor.

Alfarroba é a bruxa que roubou o chocolate. Fuja dela.

Chegamos ao último prato de nossa festa de conhecimento: a sobremesa. Encerraremos, portanto, com duas receitas doces, uma clássica, outra original.

A clássica é a *ganache*, uma mistura de dois dos ingredientes mais inebriantes de nosso *armamentarium* epicurista: chocolate e creme batido. Em essência, um casamento entre manteiga de cacau e gordura de manteiga, a *ganache* não costuma aparecer no menu. Nunca servida por seu próprio nome, ela pode estar escondida na cobertura de um bolo ou no recheio entre suas camadas. Ou pode estar no centro de uma trufa. Sempre que aparece, a *ganache* é o definitivo *crème* do chocolate, e você sabe que, quando creme é pronunciado à moda francesa, deve ser bom.

Nossa confecção original de encerramento é um sanduíche grelhado de chocolate. Sim, um sanduíche. Com pão e tudo. A qualquer hora que você estiver com vontade de um alimento para a alma, ele pode ser a resposta dos deuses ao velho sanduíche de queijo quente.

Não posso suportar quando o garçom que me serve no restaurante diz: "Bom apetite!".

Mas, bom apetite!

Ganache

A *ganache* é uma mistura de chocolate derretido e creme espesso aquecido, incorporados um ao outro até tudo ficar bem macio. As quantidades relativas dos dois ingredientes podem variar, mas quantidades iguais dão um bom resultado e são fáceis de lembrar. A *ganache* é muito usada, depois de gelada e separada em bolinhas, como recheio cremoso para trufas. Também pode ser amornada e despejada sobre um bolo, como cobertura brilhante e deliciosa.

Para um bolo redondo de uma camada você vai precisar de mais ou menos uma xícara de *ganache*. Use as sobras como molho para peras escaldadas, sorvete, ou outra sobremesa. Pode ser guardada na geladeira até por dois meses num recipiente bem fechado, isto é, se você resistir a comê-la com uma colher.

- 250 gramas de chocolate meio amargo ou amargo, bem picado
- 1 xícara de creme espesso

1. Ponha o chocolate picado em uma vasilha refratária média.

2. Numa caçarola pequena, dê uma fervura no creme. Despeje o creme quente sobre o chocolate e vá batendo delicadamente até que o chocolate derreta completamente e fique macio. Deixe amornar.

3. Ponha uma camada de bolo frio com 20 ou 22cm de diâmetro sobre uma grelha colocada sobre um tabuleiro ou uma folha de papel laminado. Despeje a *ganache* morna sobre o bolo e use uma espátula de metal para ampará-la e espalhá-la por cima e pelos lados do bolo. Deixe o bolo gelar por cerca de uma hora antes de servir.

- Rendimento: 1 ½ xícara

Sanduíche de chocolate grelhado

Como sobremesa divertida e deliciosa, lanchinho no meio da tarde ou servido num café da manhã especial, esse sanduíche sempre faz sucesso. É um casamento meio incestuoso de primos transatlânticos, do sanduíche de queijo quente americano com o *pain au chocolat* francês, uma *pâtisserie* clássica feita com *batons* de chocolate envolvidos em retângulos de massa folhada.

Bob e eu preferimos o chocolate escuro, mas você pode fazer a *ganache* com chocolate ao leite, se preferir.

- 2 colheres de chá de manteiga sem sal, em temperatura ambiente
- 2 fatias de pão de fôrma, cada uma com cerca de 1,25cm de espessura.
- 30g de chocolate meio amargo, em pedaços picados

1. Passe uma colher de chá de manteiga amolecida em um lado de cada fatia de pão. Ponha uma das fatias com o lado amanteigado para baixo, no centro de uma pequena frigideira não aderente, fria. Espalhe cuidadosamente os pedaços de chocolate sobre a superfície do pão, exceto numa borda de uns 7mm. Cubra o chocolate com a outra fatia de pão, com o lado amanteigado para cima, formando um sanduíche.

2. Coloque a frigideira em fogo entre médio e alto. Ponha um peso chato sobre o sanduíche, por exemplo, um prato pequeno. Cozinhe por dois a três minutos ou até que a fatia de baixo esteja levemente tostada. O chocolate deve estar ainda mal derretido, sem sair pelos lados. Vire o sanduíche e cozinhe por mais dois minutos, ou até que o outro lado fique tostado também.

3. Transfira o sanduíche para um prato, corte-o ao meio ou em quatro e sirva morno.

- Dá para 1 porção, ou para 2, com boa vontade

AGRADECIMENTOS

Parafraseando John Donne, nenhum escritor é uma ilha, porque ele tem editores.

Talvez nem todo mundo esteja ciente de que cada palavra em um livro ou em um jornal foi esmiuçada e conferida por pelo menos um par – e às vezes até mesmo por uma dúzia de pares – de olhos, cujas impressões digitais invisíveis (para misturar aqui duas metáforas) estão em todas as suas páginas.

Enquanto escrevia este livro e o anterior, tirei enorme proveito da sabedoria, dos conselhos e discernimento da editora sênior da W. W. Norton, Maria Guarnaschelli, a personificação do "amor implacável", que atuou não apenas como uma simples editora *a posteriori*, mas como agradável colaboradora, desde a concepção do projeto até a finalização. Sem sua mão orientadora nas tarefas de elaborar e reelaborar o planejamento e a organização, este livro não teria sido possível.

Minha gratidão foi conquistada também pelo mais competente e perspicaz assistente de Maria, Erik Johnson, que coordenou muitos dos elementos que contribuem para a publicação de um livro – inclusive ralhar com o autor a respeito dos prazos de entrega do texto.

Entre os mais eficientes profissionais da W.W. Norton que transformaram o manuscrito em livro, liderados pelo seu presidente Drake McFeely, o editor-chefe Star Lawrence e a editora administrativa Nancy Palmquist, estão os artistas Barbara Bachman, John Fulbrook III e Georgia Liebman; a gerente de divulgação Jeannie Luciano, o diretor industrial Andy Marasia, a gerente de produção Anna Oler, o gerente comercial Bill Rusin, e a editora de projetos Susan Sanfrey. As ilustrações são o produto dos talentosos desenhistas Alan Witschonke e Rodney Duran. Agradeço a todos eles.

Continuo grato a meu agente literário, Ethan Ellenberg, que há muito tempo me encorajou a escrever o livro que se tornou o primeiro da minha "série Einstein".

Até agora, nunca dispensei uma oportunidade de agradecer em letras impressas as pessoas que, ao longo dos anos, catalisaram minha metamorfose de químico para escritor.

Por ter me lançado no primeiro degrau de minha viagem jornalística, sou grato a Nancy Brown, editora de *University Times*, o jornal dos docentes e funcionários da Universidade de Pittsburgh, que me pediu para escrever uma coluna quando eu ainda não sabia que era capaz de fazer isso.

Minha dívida de gratidão se estende a Mark Nordenberg, ex-decano da Faculdade de Direito e atual reitor da Universidade de Pittsburgh, por ter percebido em mim algo de escritor, quando me pediu que escrevesse os perfis de ex-alunos que se distinguiram para a revista dos graduados pela Faculdade de Direito.

E sempre me recordarei do falecido reitor da Universidade de Pittsburgh, Wesley Posvar, por reconhecer a preciosidade do humor como elemento construtivo do vigor de uma universidade, e por encorajar meus monólogos satíricos nas conferências anuais da instituição.

Pelos últimos pouco mais de sete anos, as editoras de culinária do *Washington Post*, Nancy McKeown, Jeanne McManus e Judy Havermann, deram-me o privilégio de escrever para este emérito jornal e seus perspicazes e curiosos leitores, que me proporcionaram os ingredientes para este livro. Eu nunca poderia imaginar este resultado quando frequentei durante um semestre as aulas de jornalismo no Ginásio de Fort Hamilton, sob a orientação incomparável de A.H. Lass.

Um abraço especial para Paula Wolfert, que acreditou em mim como escritor de culinária novato, me encorajou e deu sugestões valiosas.

E, é claro, minha esposa e coautora, Marlene Parrish, merece minha admiração, não só pelo trabalho que fez com as receitas, mas também por privar-se da minha companhia durante os muitos meses que passei escravizado pelo computador.

ÍNDICE REMISSIVO

A

B

C

D

E

F

G

H

I

J

K

L

M

N

O

P

Q

R

S

T

U

V

W

X

Z